中國學術思想 研究輯刊

十 二 編

林 慶 彰 主編

第 35 冊

魏晉樂律、樂理、樂境抉微

黃 潔 莉 著

花木蘭文化出版社

國家圖書館出版品預行編目資料

魏晉樂律、樂理、樂境抉微／黃潔莉 著 — 初版 — 新北市：
花木蘭文化出版社，2011〔民 100〕
目 4+300 面；19×26 公分
（中國學術思想研究輯刊 十二編：第 35 冊）
ISBN：978-986-254-675-8（精裝）
1. 樂律學　2. 樂理　3. 魏晉南北朝
030.8　　　　　　　　　　　　　　　100016072

ISBN-978-986-254-675-8

9 789862 546758

中國學術思想研究輯刊
十二編　第三五冊　　　　　　　　ISBN：978-986-254-675-8

魏晉樂律、樂理、樂境抉微

作　　者　黃潔莉
主　　編　林慶彰
總 編 輯　杜潔祥
出　　版　花木蘭文化出版社
發 行 所　花木蘭文化出版社
發 行 人　高小娟
聯絡地址　新北市永和區中正路五九五號七樓
　　　　　電話：02-2923-1455／傳眞：02-2923-1452
網　　址　http://www.huamulan.tw 信箱 sut81518@gmail.com
印　　刷　普羅文化出版廣告事業
封面設計　劉開工作室
初　　版　2011 年 9 月
定　　價　十二編 55 冊（精裝）新台幣 90,000 元
　　　　　　　　　　　　　　　　　　　版權所有‧請勿翻印

魏晉樂律、樂理、樂境抉微

黃潔莉　著

作者簡介

黃潔莉，高雄市人，國立成功大學中文所博士。曾發表〈高羅佩《嵇康及其〈琴賦〉》探析〉、〈先秦儒、道與古希臘之音樂形上思維——以「和」為核心觀念的解讀〉、〈阮籍〈樂論〉思想釐析〉、〈論嵇康之藝術化生命〉、〈論荀勖「笛律」〉、〈莊子「逍遙遊」之藝術精神〉、〈莊子「氣」論思想釐析〉、〈嵇康〈聲無哀樂論〉之音樂美學〉、〈《呂氏春秋》音律研究〉、〈佤族神話與宗教析論〉等論文，現為國立高雄應用科技大學通識教育中心兼任助理教授。

提　　要

　　本論文旨在以魏晉玄學有無、本末、體用之思維方式來探索魏晉時期之音樂風貌，以音樂的形上原理——「氣」做為論述之主軸，由形而上的音樂本原貫穿到現象界的音樂表現，逐一開展出樂律、樂理及樂賦三個面相。

　　是以，本文主要分為幾個部份來加以剖析：第一章為緒論，此為問題意識之導出、研究進路、研究方法及前人研究成果之說明。

　　第二章則以《晉書‧律曆志》的音樂觀做為首要探討之對象，從「妙本於陰陽，義先於律呂，觀四時之變，察五行之聲」的說法做為切入視角，溯源風、氣、陰陽、五行與音樂的結合，探討中國音樂與「氣」之關係。

　　在第三章的部份，則延續《晉書‧律曆志》的思考，由「氣」延伸至「律」的探索，針對《晉書‧律曆志》中的相關文獻，結合現代聲學的研究方法，逐一把梳各種律制的發展，並對荀勖之「笛律」進行分析。

　　至於第四章，乃針對阮籍、嵇康之音樂理論來探討。阮籍、嵇康承襲了氣化宇宙論的思考軸線，建立起形上美學之體系，並由此落實到對音律的看法，明確地呈現出氣→律→數之思維模式，同時，還加入了玄學的新觀點，開展出魏晉時期新的音樂面相。

　　而在第五章的部份，則以魏晉樂賦作為論述對象，主要從幾個方面來加以說明：

　　1、魏晉音樂的文化現象。2、魏晉樂賦之濫觴。3、玄學影響下之樂賦。4、魏晉樂賦之多元面相。5、尚「和」的音樂觀等，藉此來分析魏晉樂賦所彰顯出的文化及美學意蘊。

　　至於第六章，主要針對樂律、樂理及樂賦三者進行一結構性之反思，由於音樂本身，兼具物質與精神之雙重特性，因此，本章乃試圖藉由玄學的視角，透過王弼「因有明無」、「由用見體」之理路，將音樂中的雙重特性加以整合為一有機之整體。

　　最後，在第七章的部份，則縮結樂律、樂理及樂境三者，將音樂的抽象原理及具體的音聲之美加以整合，並且透過主體的工夫實踐，達到「會而共成一天」的暢玄體和之境。

目次

第一章 緒 論

第一節 問題之導出及研究進路

　　宗白華先生曾指出：「漢末魏晉六朝是中國政治上最混亂、社會上最苦痛的時代，然而卻是精神史上極自由、極解放，最富於智慧、最濃於熱情的一個時代。因此也就是最富有藝術精神的一個時代。」〔註1〕在此氛圍下，無論是文學、思想或藝術方面，皆呈現出百花齊放之姿，充滿著濃厚的人文精神。由此，筆者乃對於魏晉時期的音樂領域充滿極大的興趣與好奇，從既有的研究成果來看，研究者多集中於嵇康、阮籍的樂論來探討，其餘的部份，相關研究十分稀少，因此也給後人留下了可能拓展的空間。從這個角度出發，筆者乃進一步去思索：魏晉的音樂究竟是何種樣貌？此時的音樂，其內涵及外延可以拓展到什麼樣的程度？吾人又該用何種方式去理解音樂？這三個問題的提出，便涵蓋了魏晉時期的音樂原理、律制、音樂風格、樂器形制、時代思潮及文化意蘊等相關議題，由此開展出一連串可供討論的空間。但另一方面，由於這些議題，並不集中於某一文本之中，而是散落於史籍、詩、賦、論等各處，缺乏有機的系統性，加上年代久遠，某些重要文本或已成為斷簡殘篇而造成研究上的缺憾，因此，如何將這些零散的材料，透過一種有系統性的組織，成為嚴謹的論述，乃成為魏晉音樂研究者的一大考驗。而更重要的是，由於音樂本身，乃是以聲音為重要媒介，只有透過此一媒介，才能具體了解當時的音樂內容，而不僅是表面文字之抽象敘述，然亦因時代因素，這些相關的音樂內容，包括實質的音聲、曲調、演奏方式等皆已不復留存，

〔註1〕 宗白華著，《美學散步》，上海：上海人民出版社，1999年，頁208。

使音樂的研究更具有某種侷限性。然而，若撇開有聲資料的部份，有關魏晉的音樂研究現況，除了嵇、阮的樂論之外，樂律、樂賦的研究都甚爲匱乏，因此也仍然具有發揮的空間。

在本文的研究進路上，筆者主要從「音樂」的概念入手，但「音樂」的概念，在中國古代，具有各種不同的用法，如「聲」、「音」、「樂」、「聲音」、「聲樂」及「音樂」等，用法十分多樣。因此，首先必須釐清其確切的涵蓋範圍。若就許慎的《說文解字》來看，其言：「聲，音也。從耳，殸聲。殸，籀文磬。」〔註2〕「聲」從「耳」形，代表「聽」之意。而「音」，按《說文》言：「聲生於心有節於外謂之音。宮商角徵羽，聲也。絲竹金石匏土革木，音也。從言含一。」〔註3〕此將「聲」視爲宮商角徵羽，而「音」則指金石絲竹匏土革木等八種材質的樂器。至於「樂」，其於甲骨文中已存在，寫作「　」，〔註4〕而金文則多作「　」，〔註5〕在中間加上「　」，許慎以爲其乃「鼓」之象形，〔註6〕羅振玉則曰：「從絲附木上，琴瑟之象也。或增　以象調弦之器，猶今彈琵琶阮咸者之有撥矣。」〔註7〕而修海林則從「樂」字當中「糸」的分析入手，其以爲「糸」乃穀實累累的象徵，穀實累累則意味豐收，而古人在豐收時又會有狂歡的樂舞活動，因此「樂」乃包含了豐收、愉悅及樂舞三種意涵。〔註8〕但無論是哪一種說法，事實上，都說明了聲、音、樂皆與具體的音響相關。

再從典籍來看，《尚書·虞書·舜典》乃是最早論及「聲」者，其曰：「詩言志，歌永言，聲依永，律和聲。」〔註9〕此「聲」指宮、商、角、徵、羽五聲。而《尚書·虞書·益稷》則是最早提及「音」者，其言：「予欲聞六律、五聲、八音。」「八音」是指八種樂器之材質。而就「樂」而言，《周易·豫》曰：「先王以作樂崇德，殷薦之上帝，以配祖考。」〔註10〕《尚書·虞書·舜

〔註2〕　許慎撰、段玉裁注，《說文解字注》，高雄：復文圖書出版社，2004 年，頁 592。
〔註3〕　許慎撰、段玉裁注，《說文解字注》，頁 102。
〔註4〕　中國社會科學院考古研究所編輯，《甲骨文編》，北京：中華書局，1989 年，頁 261。
〔註5〕　容庚編著，《金文編》，北京：中華書局，1985 年，頁 398。
〔註6〕　許慎《說文解字》曰：「樂，五聲八音總名。象鼓鞞。木，虡也。」
〔註7〕　羅振玉撰，《增訂殷虛書契考釋》，台北：藝文印書館，1981 年，頁 40。
〔註8〕　修海林著，《中國古代音樂美學》，福州：福建教育出版社，2004 年，頁 70。
〔註9〕　孔安國傳、孔穎達正義，《尚書正義》，卷三，〈舜典〉，台北：台灣古籍出版有限公司，2001 年，頁 95。
〔註10〕　王弼注、孔穎達疏，《周易正義》，卷二，〈豫卦〉，北京：北京大學出版社，2000 年，頁 101。

典》云：「夔，命汝典樂。」說明了「樂」乃是歌、舞、樂三位一體的綜合藝術。此外，尚有「音聲」、「聲音」、「聲樂」並舉的用法，如《莊子・至樂》曰：「所樂者，身安厚味美服好色音聲也。」〔註11〕《春秋繁露・爲人者天》言：「聲音應對者，所以說耳也。」〔註12〕《荀子・王霸》云：「耳好聲而聲樂莫大焉。」〔註13〕《韓非子・解老》曰：「是以聖人不引五色，不淫於聲樂。」〔註14〕由這些例證來看，除了「樂」較明顯地涵蓋了「聲」與「音」二個層面，而有樂舞的意涵之外，五聲、八音，雖一指音階階名，一爲樂器的材質，然二者之間實密不可分，因爲五聲必透過樂器來演奏，而八音中亦必包含五聲，故有時便直接用「音」來涵蓋「聲」，如《左傳・隱公五年》曰：「夫舞所以節八音而行八風。」〔註15〕唯一對聲、音、樂三個層次進行區辨的乃是《禮記・樂記》，其言：「凡音之起，由人心生也。人心之動，物使之然也。感於物而動，故形於聲。聲相應，故生變，變成方，謂之音。比音而樂之，及干戚、羽旄，謂之樂。」〔註16〕「聲」起於人心感物而動，「音」乃是「聲」按一定的組織排列而成，即旋律或曲調，「樂」則是在「音」之上加上干戚、羽旄等舞具的樂舞表演。至於眞正將「音樂」二字連用者，乃是《呂氏春秋》，其言：「音樂之所由來者遠矣，生於度量，本於太一。」〔註17〕「音樂」乃源自於「太一」，即「氣」，而此處之用法，已較接近現代意義下的「音樂」。

　　透過以上的考察，可以發現，除了《禮記・樂記》之外，聲、音、樂的用法，並無太大的差別，甚至時有混用的情形，大多指現象界的五聲、六律、八音而言。只有《呂氏春秋》的提法，較爲特別，其將音樂視爲「生於度量，本於太一」從形上學的角度來思考音樂的本原。由此，即給本文提供了二種思考的方向，一是針對現象界的五音六律來探索，一是針對音樂形上學的部

〔註11〕郭慶藩輯，《莊子集釋》，台北：華正書局，1991年，頁609。

〔註12〕蘇輿撰，《春秋繁露義證》，卷十一，〈爲人者天〉，北京：中華書局，1992年，頁320。

〔註13〕梁啓雄著，《荀子柬釋》，〈王霸〉，台北：台灣商務印書館，1973年，頁151。

〔註14〕陳奇猷校注，《韓非子》，卷六，〈解老〉，台北：華正書局，1975年，頁361。

〔註15〕左丘明傳、杜預注、孔穎達正義，《春秋左傳正義》，卷三，北京：北京大學出版社，2000年，頁113。

〔註16〕鄭玄注、孔穎達疏，《禮記正義》，卷三十七，〈樂記〉，北京：北京大學出版社，2000年，頁1251。

〔註17〕呂不韋著，陳奇猷校注，《呂氏春秋》，卷五，〈仲夏紀〉，上海：上海古籍出版社，2002年，頁255。

份，由此開展出由形而上到形而下的思考軸線。首先，從現象界的五聲、六律、八音來看，其牽涉到了中國音樂當中「樂律學」的領域，黃翔鵬指出，所謂「樂學」主要是從音樂藝術實踐中所用樂音的有關組合形式或藝術規律出發，取形態研究的角度，運用一般邏輯推斷的方法（非精密計算）來研究樂音之間的關係。律學主要是以自成樂學體系的成組樂音為對象，從音響的自然規律出發，取音響學（中國古代稱「聲學」）角度，運用數理邏輯的精密計算方法來研究樂音之間的關係。此二者乃出自「共生」過程，其理論的表述也互為條件；樂學、律學的發展更互有因果關係，律制上新的方法起源於旋宮的要求，新律制的應用也是重新確立宮調系統的原因，〔註 18〕二者實是不可分割的整體。在此，將二者的關係表列如下：〔註 19〕

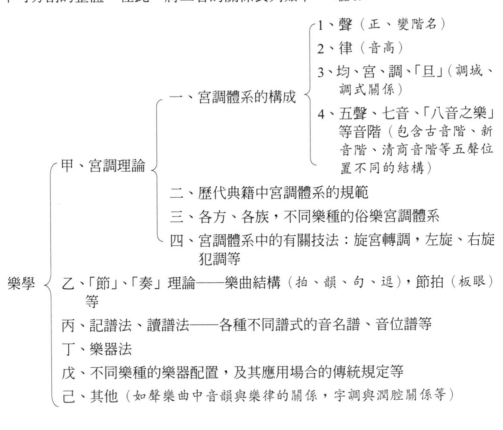

〔一、宮調體系的構成〕
1、聲（正、變階名）
2、律（音高）
3、均、宮、調、「旦」（調域、調式關係）
4、五聲、七音、「八音之樂」等音階（包含古音階、新音階、清商音階等五聲位置不同的結構）

甲、宮調理論
一、宮調體系的構成
二、歷代典籍中宮調體系的規範
三、各方、各族，不同樂種的俗樂宮調體系
四、宮調體系中的有關技法：旋宮轉調，左旋、右旋犯調等

樂學
乙、「節」、「奏」理論──樂曲結構（拍、韻、句、逗），節拍（板眼）等
丙、記譜法、讀譜法──各種不同譜式的音名譜、音位譜等
丁、樂器法
戊、不同樂種的樂器配置，及其應用場合的傳統規定等
己、其他（如聲樂曲中音韻與樂律的關係，字調與潤腔關係等）

〔註 18〕 《中國大百科全書‧音樂舞蹈卷》，台北：錦繡出版事業股份有限公司，1993年，頁 872～873。
〔註 19〕 《中國大百科全書‧音樂舞蹈卷》，頁 873。

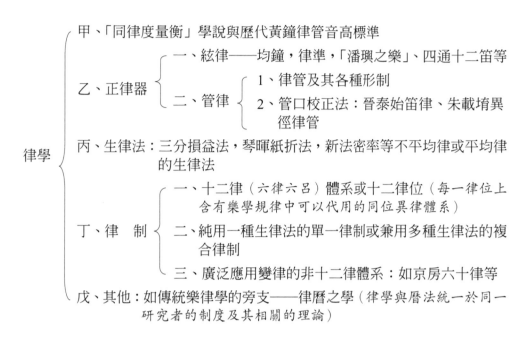

律學
甲、「同律度量衡」學說與歷代黃鐘律管音高標準
乙、正律器
　一、絃律——均鐘，律準，「潘璵之樂」、四通十二笛等
　二、管律
　　1、律管及其各種形制
　　2、管口校正法：晉泰始笛律、朱載堉異徑律管
丙、生律法：三分損益法，琴暉紙折法，新法密率等不平均律或平均律的生律法
丁、律制
　一、十二律（六律六呂）體系或十二律位（每一律位上含有樂學規律中可以代用的同位異律體系）
　二、純用一種生律法的單一律制或兼用多種生律法的複合律制
　三、廣泛應用變律的非十二律體系：如京房六十律等
戊、其他：如傳統樂律學的旁支——律曆之學（律學與曆法統一於同一研究者的制度及其相關的理論）

　　從這個圖表來看，律學與樂學乃是相互包含，互不可分的。樂學包含了宮調體系的構成，宮調體系又涵蓋了聲、律、均、五聲、七聲音階等，而音階型態與旋宮性能又需要與律制結合，因此，若從前文對「音樂」的定義來看，五聲、六律、八音等皆爲樂學的主要內容，而律學又是樂學的理論基礎，因此，研究魏晉音樂，便無法脫離「律學」的領域而孤立論述。是以，本文乃以「樂律」做爲研究對象之一，並以《晉書‧律曆志》爲主要的研究文獻。至於樂學的部份，魏晉的材料較爲有限，關於記譜、配器法等在魏晉時期都尚未出現，亦無有聲資料可供參考，只剩下一些零散的材料，例如樂器形制、音色及曲目等呈現在樂賦之中，故以樂賦做爲探討的焦點。但樂賦所涵蓋的範圍，又不只是在音樂的層面而已，音樂做爲魏晉文化現象之一環，還具有更爲寬廣的文化意蘊，因此，本文也試圖透過樂賦來折射出魏晉時期的文化樣貌。

　　以上所述，乃是就音樂的具體層面而言，但依《呂氏春秋》的看法，具體音聲的背後實有一個不可見的存在原理，藉以說明一切音聲的本原，此便涉及形上學的問題，亦契合於魏晉玄學的精神。湯一介曾指出，魏晉玄學乃是要爲天地萬物的存在找一形而上學的根據，它所討論的問題就必有其特殊的內容，這就是所謂「本末有無」問題。「本」爲「體」，「末」爲「用」；「有」即是有名有形的具體的存在物，指天地萬物、政治人倫，「無」則爲無名無形的超時空的本體，名爲「道」或「自然」。魏晉玄學所討論的問題就是指作爲

無名無形的超時空的本體和有名有形具體的天地萬物的關係問題。〔註 20〕從這個角度來看，魏晉文人，既處於玄風大盛的時代，那麼其對事物本體的探索，勢必延伸到音樂的層面，這一點，在阮籍、嵇康的樂論中，體現得最為明確，二者的樂論，始終對音樂本體的探討投以極大的關注，這也給了筆者在理解音樂的問題上，提供了另一種不同的思考向度。於是，本文即借助於魏晉玄學的思維模式來探討音樂的相關問題。從這個角度出發，首先思考的即是：從具體的音聲到不可聽聞的音樂本體，究竟是什麼樣的關係？究竟該如何思考音樂中「無」與「有」的問題？事實上，尅就音樂本身的特質來看，可以發現，音樂具有一種介於形而上與形而下之間的性格，其一方面具有物質性的實體，可藉由聲音、曲調或歌舞表演等方式被感知，但同時又虛無縹緲、不見其形，雖似聽聞，又來去無蹤，充份具備了「無」與「有」之雙重性。由此，筆者乃以《晉書‧律曆志》及嵇阮樂論中對本體的探索，做為論述的軸線，由此迤邐而下，由形而上的音聲之體，開展出現象界之五音六律，此一部份的文本，則以《晉書‧律曆志》的律制及魏晉樂賦為主，凸顯出各種曲調、音韻、器樂音聲之美，最後，再將樂律、樂論及樂賦加以整合，開顯出魏晉音樂的完整性及豐富性。

因此，本文在第二章的部份，主要探討音樂的形上原理，試圖透過《晉書‧律曆志》的角度來理解魏晉時期的音樂觀，將「氣」或「陰陽」視為音樂的起源，考察音樂與陰陽、五行之間的關係，藉此了解音樂是如何被納入宇宙圖式的框架中來思考，藉此說明為何「候氣說」始終在中國的音律史上佔有一席之地，成為許多研究者爭論不已的焦點。〔註 21〕

其次，在第三章的部份，本文乃沿著氣化宇宙論的思維脈絡，由「律曆之數乃天地之道」〔註 22〕的角度開展出音律的層面。由於古代乃是以陰陽之氣的消長來解釋季節氣候的改變及日月的運行，但在科學更為發達之後，便以數理

〔註 20〕湯一介著，《郭象與魏晉玄學》，北京：北京大學出版社，2000 年，頁 12。

〔註 21〕關於「候氣」的問題，戴念祖、唐繼凱、劉道遠等人，分別有不同的看法，或肯定、或否定，學界尚未有定論。參見戴念祖著，《中國物理學史大系‧聲學史》，長沙：湖南教育出版社，2000 年，頁 424。唐繼凱，〈中國古代天文曆法與律呂之學──中國傳統律呂之學及律曆合一學說初探〉，《交響──西安音樂學院學報》，2003 年第 3 期，頁 25。劉道遠，〈中國古代十二音律釋名及其與天文曆法的對應關係〉，《音樂藝術》，1988 年 9 月，第 3 期，頁 15～16。

〔註 22〕何寧撰，《淮南子集釋》（上），卷三，〈天文訓〉，北京：中華書局，2006 年，頁 260。

的方式來詮釋宇宙現象，進而產生曆法。同樣的道理，亦應用在音律上，古人藉由數學的計算，可以尋找出弦長或管長比例，爲音律科學奠定紮實的基礎。除此之外，本文又結合當代律學的方法，對《晉書‧律曆志》中的歷史文獻進行考察，並輔以出土文物，如編鐘的測音結果來分析三分損益律及純律，並指出「複合律制」的存在形式。其次，乃針對《晉書‧律曆志》中所載史書對律制的看法，比較《晉書‧律曆志》與其同異之處，以釐清相關的問題。

而在第四章的部份，則以嵇康、阮籍的樂論爲主。由於嵇、阮二人皆爲玄學家，因此，對音樂的本質問題，具有高度的興趣，二者皆由氣化宇宙論的角度來思考音樂，以「氣」爲本原，並強調音律的重要性，承襲著氣→數→律的思維模式來說明音樂的存在。此外，二人的樂論還加上了玄學的思想，例如阮籍旨在調和儒道，於是乃援道入儒，將儒家的概念巧妙地加以轉化，使儒家的樂論深具道家色彩。而嵇康則透過玄學辨名析理的方法，由名實之辨來考察聲、情之間的關係，提出「聲無哀樂」的說法，更加側重於音樂的客觀性，而對音樂的內在結構、形式風格、及樂器音色等有更爲細緻的探討。

至於第五章的部份，可說是音樂的形上原理向現象界各種音聲之美的延伸，在魏晉樂賦當中，多爲具體音聲的描繪，包括樂器形制、音色、曲調及曲目方面，一方面體現了魏晉的文化思潮，一方面也保留了許多當時的音樂特色。

在第六章的部份，旨在以玄學的思維方式來反思樂律、樂論、樂賦之間的結構關係，此一關係，可用有無、體用的思考模式來加以涵攝，從「有」的角度來看，現象界的五音六律，皆是可聞可感的物質性實體，然而，音樂又具有超越物質性的層面，一如道體之恍惚縹緲、窈冥玄絕，此即《老子》之「大音」、《莊子》之「天籟」，但老、莊僅偏於境界型態之探討，而不重音樂的物質層面，此亦有所不足，因爲「無」必寓於「有」而顯，若無物質載體，境界便無從彰顯，故王弼所謂「因有明無」、「即用見體」的說法，正可圓融地縮結「有」與「無」的二個面相，使樂律、樂論及樂賦三者成爲一完滿有機的整體。

第二節　研究方法

本文的研究對象，以魏晉時期的史料文獻爲主，透過哲學及音樂型態學的交叉使用爲研究方法。哲學所探討的範圍，乃是以音樂的本體、本質等形而上問題爲主，由此確立音樂的本原及其意義。至於音樂型態學，則借用黃

翔鵬及趙宋光所創的名詞。此為二者在討論音樂信息的電子技術應用與有關電子計算機儲存編碼問題時創用的。名詞是借用自生物學中的形態學（morphology）——有關生物體形態上的遺傳、變易問題的研究。其以為使用這個新詞的必要性乃是因為音樂的各種表現形態向來沒有整體性的概念，例如音高和律制屬於律學範疇，在物理學中成為音響學的分支；而音階、調式、節奏、節拍、旋律型等問題卻屬於基本樂理範疇；音色、調高、律制、音階、音域等問題和樂器的調弦法、孔位相關時，又分別屬於樂器學或樂器法範圍；旋律型、節奏型、句法等問題和語言音韻相關時，又另外屬於「語言音樂學」範疇；句法結構、曲式、調性布局等問題則屬於作曲法或曲式學範圍。事實上，傳統音樂研究所涉及的問題還將超出上述五個方面。因此，採用「型態學」能從整體上把握音樂現象中的各種表現手段及表現型態。〔註23〕

　　從這個角度來看，音樂型態學乃是企圖整合所有相關卻又各自分散的領域，而魏晉時期的音樂題材，正是屬於此一狀況，其所涵蓋的範圍極為廣闊，包括了對音樂本體的探索、音樂物理學、音樂美學、樂器學、音樂風格、曲式、旋律等不同面相的交融互滲，而這些層面，雖散落在不同的文本之中，卻又密切相關、互不可分，因此，本文乃嘗試使用跨學科的方式，將這些不同的面相整合為一完整的體系，藉以重新思考魏晉的音樂，以發掘出新的可能性。

第三節　文獻回顧

　　有關魏晉音樂的相關研究，專書部份有郭平的《魏晉風度與音樂》，〔註24〕其主要透過魏晉的文化現象來考察音樂在魏晉文化中所扮演的角色，分別從六朝前的音樂發展、魏晉風度與音樂、嵇阮樂論、嵇阮樂論與老莊音樂觀、六朝樂論與文論、畫論、書論的綜合研究及魏晉風度與中國音樂精神等幾個方面來探討，若就魏晉音樂的斷代研究上來說，本書有其一定的意義，其中包含了十分豐富的魏晉素材，且試圖將魏晉的各類藝術予以整合，然而若針對音樂自身的本質特徵、規律、形式以及嵇、阮之樂論來看，其論述則稍顯不足。

〔註23〕王耀華、杜亞雄編著，《中國傳統音樂概論》，福州：福建教育出版社，2006年，頁11。
〔註24〕郭平著，《魏晉風度與音樂》，合肥：安徽文藝出版社，2000年。

　　至於魏晉音樂史的部份，主要有吉聯抗的《魏晉南北朝音樂史料》、〔註25〕
及陳玉燕之《魏晉音樂史》。〔註26〕前者爲史料之輯譯，而後者則爲概述性質之
說明。

　　在魏晉樂律的研究方面，最重要者乃是王子初之《荀勖笛律研究》。〔註27〕
王子初按荀勖的製笛方法，將理論付諸實驗，藉此探討管口校正、荀笛的功用、
管徑以及何謂笛上三調等問題，並針對徐養原、凌廷堪及陳澧對荀勖的看法，
提出一己之評述，其在笛律的研究方面實乃功不可沒。而國內的樂律研究方面，
則多集中於先秦、兩漢、宋、明、清等，主要有沈冬〈先秦律學考〉、〔註28〕
沈冬〈蔡元定十八律理論平議——兼論朱子與「律呂新書」〉、〔註29〕陳萬鼐〈朱
載堉律學之研究〉、〔註30〕陳萬鼐〈中國古代音樂的基準：談馬王堆的竽律〉、
〔註31〕陳萬鼐〈漢京房六十律之研究〉、〔註32〕陳萬鼐〈清史音樂志的研究——
——清樂志十四律理論的探討〉、〔註33〕劉美枝〈試從漢代樂律思想略論樂律與曆
法之關係〉、〔註34〕張蕙慧，〈呂氏春秋的音樂觀與樂律學〉等。〔註35〕

　　而有關魏晉之樂論部份，研究成果最爲豐碩，專書主要有徐麗眞，《嵇
康的音樂美學》、〔註36〕張蕙慧，《嵇康音樂美學思想探究》。〔註37〕前者是
從音樂的本質、音樂欣賞中的主客體關係及音樂的功能方面來加以論述，說

〔註25〕吉聯抗輯譯，《魏晉南北朝音樂史料》，上海：上海文藝出版社，1982年。
〔註26〕陳玉燕，《魏晉音樂史》，國立台灣師範大學音樂研究所碩士論文，1997年。
〔註27〕王子初著，《荀勖笛律研究》，北京：人民音樂出版社，2001年。
〔註28〕沈冬，〈先秦律學考〉，《台大中文學報》，1991年6月，第4期，頁341～358。
〔註29〕沈冬，〈蔡元定十八律理論平議——兼論朱子與「律呂新書」〉，《台大中文學
　　　　報》，1995年4月，第7期，頁121～154。
〔註30〕陳萬鼐，〈朱載堉律學之研究〉，《東吳文史學報》，1990年3月，第8期，頁
　　　　267～326。
〔註31〕陳萬鼐，〈中國古代音樂的基準：談馬王堆的竽律〉，《故宮文物月刊》，1984
　　　　年1月，第1卷第10期，頁49～55。
〔註32〕陳萬鼐，〈漢京房六十律之研究〉，《東吳大學中國藝術史學刊》，1981年7月，
　　　　第11期，頁1～25。
〔註33〕陳萬鼐，〈清史音樂志的研究——清樂志十四律理論的探討〉，《故宮季刊》，
　　　　1977年冬，第12卷第2期，頁5～58。
〔註34〕劉美枝，〈〈試從漢代樂律思想略論樂律與曆法之關係〉，《台灣音樂研究》，2006
　　　　年10月，第3期，頁21～44。
〔註35〕張蕙慧，〈呂氏春秋的音樂觀與樂律學〉，《新竹師範學報》，1987年12月，第
　　　　1期，頁129～157。
〔註36〕徐麗眞著，《嵇康的音樂美學》，台北：國立編譯館，1997年。
〔註37〕張蕙慧著，《嵇康音樂美學思想探究》，台北：文津出版社有限公司，1997年。

法中肯而恰切。至於後者則從嵇康音樂美學思想的要旨、思想淵源、嵇康與
各家音樂思想之比較及嵇康音樂思想的評論著手，將前人的說法有系統地加
以整理，可以清楚見出音樂思想的發展脈絡。其餘的部份，則分散在專書中
的某一章節來論述，如牟宗三〈阮籍之莊學與樂論〉及〈嵇康之名理〉、〔註
38〕李澤厚、劉綱紀〈阮籍的《樂論》及其它〉與〈嵇康的《聲無哀樂論》〉、
〔註39〕戴璉璋〈玄學中的音樂思想〉、〔註40〕曾春海〈從儒道樂論析論嵇康
的「聲無哀樂論」〉、〔註41〕謝大寧〈嵇康的美學世界〉、〔註42〕蔡仲德〈阮
籍的音樂美學思想〉及〈嵇康的音樂美學思想〉、〔註43〕吳冠宏〈當代《聲
無哀樂論》研究之三種論點商榷〉及〈鍾情與玄智的交會──嵇康〈聲無哀
樂論〉之理解新向度〉、〔註44〕童強〈聲無哀樂〉、〔註45〕修海林〈《聲無哀
樂論》的音樂美學思想〉、〔註46〕張節末〈美善關係理論的一個古典範本〉、
〔註47〕林朝成〈音樂的情感特徵與審美理想〉、〔註48〕高柏園〈阮籍〈樂論〉
的美學意義〉等。〔註49〕其中，較為重要的觀點，有牟宗三的說法，其以阮
籍論樂，重元氣，而嵇康論樂，則主純美也。阮籍重元氣，故上提於太和，
而崇雅樂，並以樂之和為「天地之體，萬物之性」，是即希慕原始之和諧也。
而嵇康之主純美者，乃「託大同於聲音，歸眾變於人情」、認為「和聲無象，
哀心有主」，且以「單複、高埤、善惡為體」等，純以和聲論樂，因此所謂
「和聲」即聲樂本身之「和」，非天地之和也，故嵇康乃是內在於聲樂本身

〔註38〕牟宗三著，《才性與玄理》，台北：台灣學生書局，1997年。
〔註39〕李澤厚、劉綱紀主編，《中國美學史》（第二卷）上，台北：谷風出版社，1987年。
〔註40〕戴璉璋著，《玄智、玄理與文化發展》，台北：中央研究院中國文哲所，2002年。
〔註41〕曾春海著，《竹林玄學的典範—嵇康》，台北：萬卷樓圖書有限公司，2000年。
〔註42〕謝大寧著，《歷史的嵇康與玄學的嵇康──從玄學史看嵇康思想的兩個側面》，台北：文史哲出版社，1997年。
〔註43〕蔡仲德著，《中國音樂美學史》，台北：藍燈文化事業有限公司，1993年。
〔註44〕吳冠宏著，《魏晉玄義與聲論新探》，台北：里仁書局，2006年。
〔註45〕童強著，《嵇康評傳》，南京：南京大學出版社，2006年。
〔註46〕修海林著，《中國古代音樂美學》，福州：福建教育出版社，2004年。
〔註47〕張節末著，《嵇康美學》，杭州：浙江人民出版社，1994年。
〔註48〕林朝成，《魏晉玄學的自然觀與自然美學研究》，國立台灣大學哲學研究所博士論文，1992年。
〔註49〕高柏園〈阮籍〈樂論〉的美學意義〉，《鵝湖》，1992年6月，第17卷，第12期，頁34～44。

而主客觀之純美論。〔註50〕至於李澤厚、劉綱紀，則以「自然」的概念論阮籍之〈樂論〉，認為阮籍乃是從「樂」來自「自然」的「本體」，引出了「樂」所具有的「常處」、「常數」，論證了「樂」源於「自然」的不可改易的和諧，進一步把它推及於人類社會的和諧。〔註51〕至於嵇康之樂論，李澤厚、劉綱紀認為，此與〈養生論〉乃是不可分割，由於養神的關鍵在於達到精神上的「和」，而音樂為養生的重要手段之一，因此音樂的本質就是「和」，故〈聲無哀樂論〉最重要的意義，就是確立了音樂的本體，將音樂的問題，提到宇宙本體的高度，並將其與人格本體的「和」聯繫起來，強調精神上的無限與自由，可說是魏晉玄學的美學之完成。〔註52〕至於謝大寧則是從牟宗三之詮解進路出發，認為牟氏以嵇康之〈聲論〉乃客觀的和聲之美，有其自身相互矛盾之處，因為牟氏一方面指出聲音之「和」有其通性，然而，「和」除通性之外，尚有其具體而個別之色澤，如高亢、低沈、急疾等，而聲音之具體色澤，則與哀樂之情必有相當之關係。因此，謝大寧指出，牟宗三將嵇康之「和」視為一客觀的本體論概念，此為不妥。因為嵇康並不只是一個音樂哲學家，更不會以音樂審美為第一義的客觀主義者，〈聲論〉的詮釋進路不應與「玄理」有矛盾之處，因此，其乃從「玄理」的角度出發，認為嵇康所指的「和域」、「太和」所描述的，並非音樂之客觀和諧性，而是一種主體自足無待之境界，因此，我們必須由「樂之第二序意義」上來理解嵇康之和，亦即和乃是通過主體實踐所顯示的一個價值，而不是從樂理上所顯示的一個音樂本體論之概念。〔註53〕但另一方面，吳冠宏則認為，牟氏雖標之以「客觀主義」，然亦察覺到主客之間無法截然斷開，因此〈聲論〉仍關涉「內容真理」與「審美主體」，但為了彰顯〈聲論〉的殊旨別趣，乃特從「客觀主義之純美論」著力。畢竟，若過於強調「主體境界」的面向，將使嵇康掘發「音樂客體」——並將之提昇至「道」的位階，使聆樂等同於體道進而形成主客並濟共美的發展關係，在主體面向的全然收攝下無法彰顯。因此，其乃主張重回「主客並重」的立場，認為嵇康一則分判聲情，使情歸情，聲歸聲，然而又滌情顯氣，使主客體相離於「哀樂之情」而於「躁靜之情」處相即，進

〔註50〕 牟宗三著，《才性與玄理》，頁295～296。

〔註51〕 李澤厚、劉綱紀主編，《中國美學史》（第二卷）上，頁193。

〔註52〕 李澤厚、劉綱紀主編，《中國美學史》（第二卷）上，頁237～251。

〔註53〕 謝大寧著，《歷史的嵇康與玄學的嵇康——從玄學史看嵇康思想的兩個側面》，頁184～203。

而在更高的層次──「道」上玄同主客於至和之理境。〔註54〕

透過以上的論述，可以發現，有關魏晉之樂論，各家學派的觀點，可謂眾說紛紜、莫衷一是，然而這一局面，也說明了相同的文本具有各種詮釋的開放性，可以不斷給予研究者思考的空間。至於嵇、阮之樂論，在碩博士論文方面，則有黃韻涵，《嵇康〈聲無哀樂論〉與阮籍〈樂論〉比較研究》、〔註55〕鄭明慧，《嵇康與漢斯里克音樂美學研究》、〔註56〕楊旋，《嵇康之養生觀與樂論研究》、〔註57〕吳明芳，《阮籍嵇康音樂美學思想及其比較研究》、〔註58〕張珍禎，《嵇康〈聲無哀樂論〉之玄學思維──論題架構的思想格局對魏晉思潮之回應》、〔註59〕何淑雅，《嵇康之音樂思維及其藝術精神──魏晉玄學的一個側面：美感世界與道的追尋》等。〔註60〕研究成果十分豐富，也顯現出魏晉音樂研究的側重點。

至於樂賦，則研究成果較為闕如，主要有郭慧娟《魏晉樂賦的音樂美學觀》、〔註61〕戴依澄《文選音樂類賦篇研究》、〔註62〕楊佩螢《從六朝樂賦再探文學抒情傳統》、〔註63〕其內容多就音樂與文學之間的關係來探討，而缺乏對音樂自身意義之深入了解，尤其是在樂器形制及文化意蘊的部份，皆有所不足。此外，在較近的著作中，則有將樂論樂賦並列研究者，此為何美諭之《魏晉樂論與樂賦音樂審美研究》。〔註64〕

〔註54〕吳冠宏著，《魏晉玄義與聲論新探》，頁218～222。

〔註55〕黃韻涵，《嵇康〈聲無哀樂論〉與阮籍〈樂論〉比較研究》，中國文化大學哲學研究所碩士論文，2007年。

〔註56〕鄭明慧，《嵇康與漢斯里克音樂美學研究》，中國文化大學藝術研究所碩士論文，1987年。

〔註57〕楊旋，《嵇康之養生觀與樂論研究》，東海大學中文所碩士論文，2002年。

〔註58〕吳明芳，《阮籍嵇康音樂美學思想及其比較研究》，國立高雄師範大學國文所碩士論文，2005年。

〔註59〕張珍禎，《嵇康〈聲無哀樂論〉之玄學思維──論題架構的思想格局對魏晉思潮之回應》，國立台灣師範大學國文研究所碩士論文，2006年。

〔註60〕何淑雅，《嵇康之音樂思維及其藝術精神──魏晉玄學的一個側面：美感世界與道的追尋》，暨南國際大學中文所碩士論文，1999年。

〔註61〕郭慧娟，《魏晉樂賦的音樂美學觀》，輔仁大學中國文學研究所碩士論文，1997年。

〔註62〕戴伊澄，《文選音樂類賦篇研究》，國立台灣師範大學國文研究所碩士論文，2002年。

〔註63〕楊佩螢，《從六朝樂賦再探文學抒情傳統》，國立台灣師範大學國文研究所碩士論文，2004年。

〔註64〕何美諭，《魏晉樂論與樂賦音樂審美研究》，國立成功大學中文所博士論文，

第四節　本論文之意義與價值

　　從以上的研究現況來看，樂律、樂論、樂賦皆呈單一面向的陳述，然而，若僅著墨於單一的面相，並不足以涵蓋魏晉音樂的豐富與多元，尤其，在這三個層面上，研究者又多聚焦於樂論的部份，相形之下，魏晉樂律的研究，國內相對較少，因爲其必牽涉到音樂物理學、音樂理論等跨學科方法之使用，故在此一領域，唯大陸之音樂學者，結合出土之文物，如編鐘、編磬等，再透過測音儀器的使用，嚴謹地測出樂器的音高，再重新耙梳文本，以印證歷史文獻中的音律理論，因此，本文除了參酌國內的研究論述之外，特別援引大陸音樂學者的研究成果，在此基礎上，透過文獻比對，重新透視《晉書·律曆志》對先秦、兩漢音律理論的繼承與創新，而此爲國內研究魏晉音樂領域所無。

　　在樂論的部份，本文雖亦援用阮籍與嵇康的音樂論述，然而，相同的文本，可以具有開放性的詮釋觀點，透過視角的轉化，即能產生不同的結論。從以往的研究成果來看，研究者多從魏晉玄學以及西方音樂美學來探索二者之理論，例如在魏晉玄學的部份，主要是以「自然與名教」的問題做爲切入的視角，來凸顯嵇阮的差異性，並以《禮記·樂記》做爲嵇阮樂論的對照版本，將嵇康樂論視爲道家思想的一脈，而阮籍則偏於儒家思想。至於西方音樂美學的使用，則主要以漢斯立克（Hanslick Eduard 1825～1904）《論音樂的美——音樂美學的修改芻議》一書做爲比較的基點，[註65] 認爲嵇康與漢斯立克同屬自律論一派，提出音樂的本質在於其形式結構，而不在於情感。而本文除了融合各家所述之外，在縱向的結構上，則從第二章〈《晉書·律曆志》的音樂觀尋繹〉開始，透過歷史軸線之發展，以「氣」做爲音樂之本原，爲嵇阮樂論尋覓出一背後的形上原理，逐步進入到嵇阮論音律的部份，深化嵇阮對音律的看法，此亦爲以往之研究者尙未論及之面相。而阮籍與嵇康，亦有其殊異之處，阮籍〈樂論〉主要承襲儒家的音樂思想，此已爲學界之共識，然而，魏晉玄學旨在溝通儒道，論者多著墨於〈樂論〉之儒家思想，而較爲忽略阮籍對道家思想之轉化，故本文首先透過阮籍〈樂論〉中對「自然」概念的界定以及〈樂論〉文本與儒家原典的比對，來說明〈樂論〉如何融合儒

2008 年。

〔註65〕 愛德華·漢斯立克著、楊業治譯，《論音樂的美——音樂美學的修改芻議》，北京：人民音樂出版社，2003 年。

道思想於其中。按魏晉時期的「自然」概念，原有其歧義性，〔註66〕因此，確立「自然」概念在阮籍〈樂論〉之確切意涵，方能掌握〈樂論〉之旨。而論者雖多有討論阮籍〈樂論〉中的「自然」概念，卻因未能連繫音律的關係來思考，故所論之基礎則稍顯薄弱。其次，再從文本的比對中，發掘阮籍所謂「正樂聲希」、「至樂無欲」等說法，實已如劉邵《人物志》中以「中庸」為名，卻注入道家內涵的作法，而對儒家樂論進行了道家式的翻轉。至於嵇康之〈聲無哀樂論〉，筆者除了連貫第二章及第三章由「氣」至「律」的思維模式之外，在橫向的結構上，亦透過西方音樂美學體系從「和諧」到「數」的形上思維，來展開中西對話的空間，深化嵇康於〈聲無哀樂論〉中對音樂自律性的思考，由此說明聲情二分之理據。此外，確立嵇康〈聲無哀樂論〉中所討論之「音樂」，乃是「純器樂音樂」，而非中國傳統中詩、歌、舞三者合一的「樂」，並由此說明文學與音樂之殊異性。

而在樂賦的部份，目前國內的研究尚顯闕如，僅有三篇碩士論文及一篇博士論文中的部份章節。由於魏晉樂賦本身，除了嵇康〈琴賦〉、成公綏〈嘯賦〉及潘岳〈笙賦〉等為完整的篇章以外，餘者皆為斷簡殘篇，故亦造成研究上的某些侷限。因此，在既有的研究上，郭慧娟《魏晉樂賦的音樂美學觀》，乃是從美學角度析論魏晉樂賦，然而，美學與樂賦的關係為何？如何透過文本分析來呈現魏晉的美學觀點？在其論述中，略顯不足，而對於斷簡殘篇的樂賦，則幾乎未見分析。其次，戴依澄《文選音樂類賦篇研究》則主要針對《文選》中的樂賦進行討論，因此，涉及魏晉的文本只有完整的三篇樂賦，且主要是從結構佈局來涵蓋樂賦的內容，對於魏晉時期的思想及美學特色之論述較少。至於楊佩螢《從六朝樂賦再探文學抒情傳統》，主要是從音樂論述來切入文學抒情傳統之研究，亦已留心於斷簡殘篇的樂賦分析，然而，對於玄學精神及時代風尚對樂賦的影響，則較少呈現。而何美諭《魏晉樂論與樂賦音樂審美研究》一文，主要從理想人格及文體的觀點來分析魏晉樂賦，能呈現出魏晉時期對理想人格的追求，並藉由嵇阮樂論及樂賦的文體分析，說明二者在文體上的差異性，然而，卻未針對音樂的本質問題進行探索，使論文在音樂的核心思考上，稍顯不足。從以上的成果來看，本文除了對嵇康〈琴賦〉、成公綏〈嘯賦〉及潘岳〈笙賦〉三篇做完整的文本解讀之外，亦幾乎包

〔註66〕謝大寧著，《歷史的嵇康與玄學的嵇康——從玄學史看嵇康思想的兩個側面》，頁13～18。

含了所有斷簡殘篇的分析，並試圖從中折射出魏晉的時代精神，如玄學思想在樂賦中的呈現、強調器合自然、抒情寫意、反映貴遊之風、軍旅用樂、描繪異族音樂等，將每一篇樂賦與魏晉精神緊密結合，呈現出完整的魏晉風貌。

　　最後，針對樂律、樂論、樂賦三者，重新反思此三者之間的關連性，著重在對「關係」範疇的重視與思考。〔註67〕在此，筆者乃透過玄學有、無關係之辯證，從形而上的音樂本原到現象界的音聲之美，來開展出魏晉「以大和為至樂」的音樂境界，形成一完整的組織結構，期能由此發掘出魏晉音樂研究的新面相。

〔註67〕康德著、鄧曉芒譯，《純粹理性批判》，北京：人民出版社，2004年，頁71。

第二章 《晉書·律曆志》之音樂觀尋繹

前 言

　　李約瑟於《中國之科學與文明》中論及〈氣的概念與聲學的關係〉一節時，曾提到欲瞭解中國聲學思想，必須從「氣」的概念出發，雖然企圖去尋探這思想的發展，多少有些假定的，但某些形式的假定，是有其必要的。〔註1〕朱載堉於《律學新說》中亦曰：「律與天地之氣相通而無窒礙，然後正音出焉。」〔註2〕本章旨在為魏晉時期之音樂，〔註3〕尋繹出其背後之原理原則，而《晉書·律曆志》則提供了此一向度的思維線索，在《晉書·律曆志》中，明確地將「五音」配上「五行」，「十二律」配以「陰陽」，即將音律放置在陰陽五行、四時節氣的脈絡中來思考，因此，如何從中國的角度去思考音樂？中國的音樂觀又是如何？若無法從中國的思維方式重新去看待音樂，那麼許多有關音樂的理論或現象，實是難以解釋的。

〔註1〕 Needham Joseph 著、陳立夫譯，《中國之科學與文明》（第七冊），台北：台灣商務印書館，1976 年，頁 224。

〔註2〕 朱載堉撰，《律學新說》，卷一，〈吹律〉，北京：人民音樂出版社，1997 年，頁 42。

〔註3〕 有關音樂、音律、音聲之名稱界定，各種相關文獻的論述，並不十分明確，五音中常包含音律的概念，而音律亦可涵蓋五音或五聲，至於《晉書·樂志》則言：「凡樂之道，五聲、八音、六律、十二管，為之綱紀云。」（參見房玄齡等撰，《晉書》，卷二十二，〈樂志〉上，北京：中華書局，2003 年，頁 677。）因此，本文乃以音樂做為涵蓋五聲十二律的總體概念，由此探討音樂產生的本原。

但音樂與陰陽五行之結合，實有一漫長的發展過程，按地下出土的樂器遺物來看，河南舞陽賈湖出土的墓葬（距今約七千多年前），墓主為一男性樂師兼巫師，下葬時因無人頭，乃以八枚「龜鈴」替代，這種鈴用龜的背甲與腹甲合成，每串八枚，每枚殼內放有不同顏色的大小石粒，搖之便沙沙作響，有的腹甲還有刻契符號。〔註4〕這種樂器的出土，呈現了上古時期樂與占卜的關連性，而數字「八」可涵攝「八風」、「八方」等，已在音樂與風之間，建立了某種獨特的關連性，在文獻上，《國語》即明確地記載了音樂具有「省風」的功能，而按平岡禎吉的說法，「風是氣的異名。」〔註5〕音樂與風、氣的關係，在文獻上始終緊密相繫，因此本章在探討音樂之本原時，乃從「氣」的概念出發，逐一說明音樂與「氣」及「陰陽五行」之關係，試圖為魏晉時期的音樂觀做一鳥瞰及定位。

第一節 「妙本於陰陽，義先於律呂，觀四時之變，察五行之聲」之歷史流衍

《晉書・律曆志》一開始，即開宗明義地說道：

> 「形而上者謂之道，形而下者謂之器。」夫神道廣大，妙本於陰陽；形器精微，義先於律呂。聖人觀四時之變，刻玉紀其盈虛，察五行之聲，鑄金均其清濁，所以遂八風而宣九德，和大樂而成於政道。

〔註6〕

所謂「妙本於陰陽，義先於律呂，觀四時之變，察五行之聲」，可說具體詮釋了中國人藉由陰陽五行來思索音樂的思維模式。按徐復觀的說法，本來，陰陽與五行為各自發展的體系，其演變亦有很大的不同，直到鄒衍，才將二者牽合在一起，而建立新的五行觀，此即司馬遷於《史記・孟子荀卿列傳》中所言：「稱引天地剖判以來，五德轉移，治各有宜，而符應若茲。」此種新五行觀乃來自他的「深觀陰陽消息」。〔註7〕事實上，從五行與陰陽之間的關係來看，本身就

〔註4〕 吳釗著，《追尋逝去的音樂蹤迹──圖說中國音樂史》，北京：東方出版社，1999 年，頁 8。

〔註5〕 轉引自小野澤精一、福永光司、山井涌編著、李慶譯，《氣的思想──中國自然觀和人的觀念的發展》，上海：上海人民出版社，1999 年，頁 20。

〔註6〕 房玄齡等撰，《晉書》第二冊，《律曆》上，頁 473。

〔註7〕 徐復觀著，《中國人性論史》（先秦篇），台北：台灣學生書局，1994 年，頁

經歷了一個複雜的結合過程。學界一般認為，五行說早於陰陽說，而有關五行說的產生，根據胡厚宣的說法，其乃濫觴於殷代的五方說，此可從甲骨卜辭中得到證實。〔註8〕接著，隨著農業、水利建設和金屬工具的發展，五行又演變為金、木、水、火、土五種材質，例如《國語·鄭語》中史伯所言：「先王以土與金木水火雜，以成百物。」〔註9〕爾後，五行又昇華為五種功能屬性，也就是五種元素間相生相勝的作用，例如在《管子·五行》中曾將木火土金水與一年的五個時節——春、夏、長夏、秋、冬相配，而這五個時節乃是一一相續的過程，春生夏，夏生長夏，長夏生秋，秋生冬，冬生春，此可推斷《管子》中已含有五行相生的思想。至於五行相勝，《左傳·昭公三十一年》中載有史墨曰：「火勝金，故弗克。」以及「水勝火，伐姜則可。」（《左傳·哀公九年》）的說法，說明在春秋時，已有五行相生的觀念產生。

至於陰陽的原義最初指日照的向背，例如《詩經·邶風》所謂「曀曀其陰」的陰，指陰闇之意，《詩經·召南·殷其雷》所謂「在南山之陽」的陽則指山水的方位，並由山水的方位引申出日光照射、寒暖之意。及至春秋時，陰陽成為天所生的六氣中之二氣，例如《左傳·昭公元年》所言：「天有六氣，降生五味，發為五色，徵為五聲，淫生六疾。六氣，曰陰陽風雨晦明也。」此時的陰陽，已由寒暖的感覺，推想為實物性的氣，而與風雨晦明四者並列。春秋後期以後，陰陽與五行乃開始合流，子產曰：「天生六氣，用其五行」（《左傳·昭公二十五年》）而伶州鳩亦有「氣無滯陰，亦無散陽，陰陽序次，風雨時至。」（《國語·周語》下）的說法。至於將陰陽與五行結合成較為完整的體系，則可從《管子·四時》來看，所謂「陰陽者，天地之大理也；四時者，陰陽之大經也；刑德者，四時之合也。刑德合於時則生福，詭則生禍。」〔註10〕陰陽之氣的消長為天地之大理，因此四時的運行及人事之刑德皆須順任陰陽的原理來進行，而為了結合陰陽與五行二個體系，《管子·四時》又選擇以時令做為結合的切入點，將陰陽當做全篇的綱領，而透過五行方位貫徹到每一個季節中去，例如「東方曰星，其時曰春，其氣曰風……南方曰日，其時曰夏，其氣曰陽……中央曰土，土德

567～572。

〔註8〕 胡厚宣著，《甲骨學商史論叢》，台北：台灣大通出版社，1972年，頁386。

〔註9〕 左丘明撰、韋昭注，《國語》，卷十六，〈鄭語〉，上海：上海古籍出版社，1978年，頁515。

〔註10〕 王冬珍、徐文助、陳郁夫、陳麗桂校注，《管子》，卷十四，〈四時〉，台北：國立編譯館，2002年，頁958。

實輔四時入出，以風雨節土益力……西方曰辰，其時曰秋，其氣曰陰……北方曰月，其時曰冬，其氣曰寒。」在此，《管子》將陰陽、四時與五方結合起來，初步形成了一個完整的宇宙圖式，此種思維方式，可透過劉長林的說法來加以詮解，其曰：

> 四時說、五方說、五材說是從不同的方面對世界進行整體概括的嘗試。這三種學說都堅持認爲，世界是有秩序的整體。萬事萬物紛然雜陳，卻被一種內在的聯繫所統攝，而形成一個和諧的宇宙大系統。在這種觀念指導下，許多古代學者把研討宇宙萬物的行爲方式和內在結構，作爲自己的使命。因此，四時說、五方說、五材說形成的同時，他們就開始了將此三者綜合起來的工作。〔註11〕

這可以說是古人對於宇宙存在的一個探尋過程，而值得注意的是，音樂，永遠伴隨著這個宇宙圖式而存在，無論在五行、陰陽說各自發展或合流的過程中，音樂皆與其密不可分，例如五行對應五聲，陰陽對應律呂，及至陰陽五行合流以後，音樂更成爲其宇宙圖式中的一部份，可見音樂在古人的宇宙觀中所扮演的重要性。

那麼，回到《晉書・律曆志》的文本來看，即可清楚見到道——氣——形器——律呂這樣的架構。「道」的概念，在原始道家中，原指超言絕象、無形無名的陰陽變化之理，然而，經過秦漢氣化宇宙論的階段之後，「道」的內容已被轉化爲「氣」，陳麗桂於《秦漢時期的黃老思想》中即指出《老子》中的「道」，到了《呂氏春秋》已逐漸由物質性的「氣」來填充，而漸次落實。〔註12〕由此，從《晉書・律曆志》中對「氣」、「陰陽」及「五行」之多所著墨，亦可清楚見到此一發展脈絡到魏晉時期之延伸。尤其是音樂與氣的關係，格外密切。因爲聲音，乃是物體振動之後，以空氣爲介質而產生，而音律則是由發音體振動的自然規律出發，運用數學方法來研究樂音之間關係的律則。其中，黃鐘律乃爲定音之標準，故具有和樂之重要性，唯音高標準確立，才有「八音克諧」可言。因此，本節乃由風、氣、陰陽、五行之概念溯源爲起點，逐一把梳中國思想中音樂所扮演的角色，並考察《晉書・律曆志》中的音樂思想，以透視魏晉時期對音樂之界定。

〔註11〕楊儒賓、黃俊傑編，《中國古代思維方式探索》，台北：正中書局，1996 年，頁 316。
〔註12〕陳麗桂著，《秦漢時期的黃老思想》，台北：文津出版社，1997 年，頁 12。

一、風、氣、陰陽、五行概念之溯源

就「風」的概念而言，許慎《說文》曰：「風，八風也。東方曰明庶風，東南曰清明風，南方曰景風，西南曰涼風，西方曰閶闔風，西北曰不周風，北方曰廣莫風，東北曰融風。」〔註13〕段注曰：「樂記，八風從律而不姦，鄭曰，八風從律，應節至也。左氏傳，夫舞所以節八音而行八風。」〔註14〕可見，風與律之間，關係密切。然「風」與「律」之結合，究竟起於何時，目前缺乏相關之文獻，而有關「風」概念之產生，則源自殷商。

在殷代，「風」的有無，對從事農業生活的先民具有重大影響，因此，殷人乃是透過占卜來探問的，如「不風」、〔註15〕「癸日雨止風」等。〔註16〕同時，殷人還將颳風與否視爲上帝之權能，如「貞翌癸卯，帝令其風？」〔註17〕由於風與雲、雨一樣，影響了穀物的生成與收穫，因此被視爲與上帝信仰相聯繫之物。此外，透過生活的實踐及對風向的觀察，殷人也發現不同季節的風來自不同的方位，因此將風與方位聯繫起來，胡厚宣於〈甲骨文四方風名考證〉一文中，依據劉晦之所藏之甲骨文進行解讀，曰：

> 東方曰析，鳳（風）曰劦（協）；
>
> 南方曰夾，鳳曰岂；
>
> 西方曰𢍏，鳳曰彝；
>
> 北方曰□，鳳曰伇。〔註18〕

甲骨文中無「風」字，乃假借「鳳」字以代之。〔註19〕由此可見，四方之風的概念於殷代即有，而「東風曰劦者，劦，龢也，和也，有惠風和暢之義。南風曰岂者，岂即微，風暖則微矣。西風曰𢍏者，𢍏有盛義，猶言屬

〔註13〕 許慎撰、段玉裁注，《說文解字注》，頁 677。

〔註14〕 許慎撰、段玉裁注，《說文解字注》，頁 677。

〔註15〕 胡厚宣主編，《甲骨文合集釋文》（三），北京：中國社科出版社，1999 年，28641（5）。

〔註16〕 胡厚宣主編，《甲骨文合集釋文》（三），29908（2）。

〔註17〕 胡厚宣主編，《甲骨文合集釋文》（一），006729 正（23）。

〔註18〕 胡厚宣著，《甲骨學商史論叢初集》（上），台北：台灣大通出版社，1972 年，頁 369。

〔註19〕 王國維曰：「卜辭屢云『其遘大鳳』即其遘大風，周禮大宗伯風師作飌師，從蕈，而卜辭作鳳，二字甚相似。」羅振玉曰：「予案：此說是也，考卜辭中諸鳳字誼均爲風，古金文不見風字，周禮之飌乃卜辭中鳳字之傳譌，蓋譌爲譌凡爲風耳，據此知古者假鳳爲風矣。」參見羅振玉著，《殷虛書契考釋》，台北：藝文印書館，1969 年，頁 32。

風也。北風曰㲋，猶言寒風也。」〔註 20〕四方之風隨著四季之更迭變化，乃有春生、夏長、秋收、冬藏之意。此外，在中央研究院第十三次發掘殷墟所得武丁時龜甲文中，又發現另一片：

貞帝（禘）于東方曰析，鳳曰劦。

貞帝于南方曰夾，鳳曰岂。

貞帝于西方曰彝，鳳曰 𡙡 。

卜内，貞帝于北方曰□，鳳曰㲋。〔註 21〕

其四方風名與前片大致相同。另有金璋所藏甲骨卜辭出書，其第四七二片武丁時之牛骨卜辭曰：

卯于東方析，三牛，三羊，南三。〔註 22〕

此卜辭亦稱「東方析」。胡氏以爲其中所不同者，在於中研院第十三次發掘殷墟所得之龜甲中，有「西方曰彝，鳳曰 𡙡 。」與劉晦之所藏者相互顛倒，應以十三次發掘所言爲是，劉晦之所藏，或爲誤刻。總之，殷武丁時於四方及四方之風，已各有專名。〔註 23〕因此，《左傳》所謂「夫舞所以節八音而行八風。」〔註 24〕「五聲，六律，七音，八風，九歌。」（《左傳・昭公二十年》）「五聲和，八風平。」（《左傳・襄公二十九年》）以及《國語・周語》所言「鑄之金，磨之石，繫之絲木，越之匏竹，節之鼓而行之，以遂八風。」（《國語・周語》）等，透過甲骨文字觀之，乃以武丁時之四方風，爲其濫觴。〔註 25〕

「風」之所以受到古人重視，乃因其爲自然現象之一，而「風」與「氣」又往往被視爲同類之物，如《左傳・昭公元年》曰：「六氣曰陰、陽、風、雨、晦、明也。」《莊子・齊物論》亦云：「大塊噫氣，其名爲風。」〔註 26〕赤塚忠氏以甲骨卜辭爲資料，詳細論述了風的信仰及特性，認爲「氣」乃是「在與給予生物，尤其是農作物的生成以變化的風類比中誘導出的概念」，〔註 27〕因此

〔註 20〕 胡厚宣著，《甲骨學商史論叢初集》（上），頁 376～377。
〔註 21〕 胡厚宣著，《甲骨學商史論叢初集》（上），頁 369～370。
〔註 22〕 胡厚宣著，《甲骨學商史論叢初集》（上），頁 370。
〔註 23〕 胡厚宣著，《甲骨學商史論叢初集》（上），頁 370。
〔註 24〕 左丘明傳、杜預注、孔穎達正義，《春秋左傳正義》，卷三，北京：北京大學出版社，2000 年，頁 113。
〔註 25〕 胡厚宣著，《甲骨學商史論叢初集》（上），頁 376～377。
〔註 26〕 郭慶藩輯，《莊子集釋》，台北：華正書局，1991 年，頁 45。
〔註 27〕 小野澤精一、福永光司、山井涌著、李慶譯，《氣的思想——中國自然觀和人的觀念的發展》，頁 20。

「氣」的概念，乃是由風和季節變化的關係所產生。那麼，有關於「氣」之概念，就至今所發現的甲骨文來看，並未有「氣」字，而只有「气」。按許慎《說文解字》對「氣」之定義爲：「氣，饋客之芻米也，从米气聲。春秋傳曰：齊人來氣諸侯。」〔註28〕段注曰：「今字叚氣爲雲氣字。」〔註29〕顯然以「氣」非「雲氣」本義，那麼雲氣之本字乃爲「气」。《說文》曰：「气，雲气也，象形，凡气之屬皆从气。」〔註30〕段注曰：「气、氣古今字，自以氣爲雲气字。乃又作餼爲廩氣字矣。气本雲气，引伸爲凡氣之稱。……又省作乞。」〔註31〕段注據許慎所言，以「气」之本義爲「雲气」。然而，于省吾以甲骨卜辭「三」爲「气」，具有「乞」、「迄」與「訖」三義，並無雲氣之義。〔註32〕而徵諸《易》、《詩》、《書》三者，亦未見「气」或「氣」之使用，其中或有論及「陰陽」者，然此陰陽之義，並非宇宙論意義下之陰陽之氣，而是指日光向背、山南水北之初義。顯見西周以前，先民尚未形成「氣」之觀念，而「氣」字首先出現於《左傳》、《國語》，屬於人生命之氣及自然界之氣皆已出現。

　　陰陽之字義，見《說文》曰：「陰，闇也。水之南，山之北也。從自，侌聲。」〔註33〕「陽，高明也。從自，昜聲。」〔註34〕然而，阜部爲後起之義，其原字爲侌昜。〔註35〕「霒，雲覆日也。從雲，今聲。侌，古文霒省。」〔註36〕「昜，開也。從日一勿。一曰飛揚，一曰長也，一曰彊者眾兒。」〔註37〕段注曰：「霒者，雲覆日。昜者，旗開見日。」〔註38〕「侌」釋雲覆日則引申有覆蔽之義，覆蔽則闇，而「昜」者，日出地上而建旗焉，則氣象極爲飛揚。按梁任公考察《詩》、《書》、《易・爻辭》中陰陽之用法，皆爲日光向背、溫度冷暖之原始義，因此認爲，商周以前所謂陰陽者不過自

〔註28〕許愼撰、段玉裁注，《說文解字注》，頁333。
〔註29〕許愼撰、段玉裁注，《說文解字注》，頁333。
〔註30〕許愼撰、段玉裁注，《說文解字注》，頁20。
〔註31〕許愼撰、段玉裁注，《說文解字注》，頁20。
〔註32〕于省吾著，《殷契駢枝全編》，〈釋气〉，台北：藝文印書館，1975年，頁117～121。
〔註33〕許愼撰、段玉裁注，《說文解字注》，頁731。
〔註34〕許愼撰、段玉裁注，《說文解字注》，頁731。
〔註35〕顧頡剛編著，《古史辨》（第五冊），台北：藍燈文化事業有限公司，1993年，頁343～344。
〔註36〕許愼撰、段玉裁注，《說文解字注》，頁575。
〔註37〕許愼撰、段玉裁注，《說文解字注》，頁454。
〔註38〕許愼撰、段玉裁注，《說文解字注》，頁575。

然界中一種粗淺微末之現象，絕不含有何等深邃之意義。陰陽二字意義之劇變，乃自老子始。老子曰：「萬物負『陰』而抱『陽』。」此語當作何解，未易斷言，抑固有以異於古所云矣。〔註39〕

　　五行的概念，有以「五方為綱」到「五材為綱」的發展過程，五方說，最早見於殷商甲骨文，胡厚宣據帝乙帝辛時之卜辭曰：「己巳，王卜，貞今歲商受年。王（占）曰：吉。東土受年，南土受年，西土受年，北土受年。」此卜商與東南西北四方受年之辭也。商者亦稱中商，如武丁時卜辭曰：「戊寅卜，王，貞受中商年，十月。」中商即商也。中商而與東南西北並貞，則殷代已有中東南西北五方之觀念明矣。同時，殷人已有先祖死後可以配天在帝左右，供其驅遣之觀念，而帝臣之有五，當由五方而來，蓋上帝為人間中東南西北五方之主宰，為帝之臣者，遂亦有五數，此即後世五行學說之濫觴。〔註40〕此時，殷人將自己所處的方位稱為「中商」，而與東、西、南、北方並列，說明當時已透過東西南北中五個概念來確定空間方位。而正式提出「五行」的文獻，則為《尚書‧夏書‧甘誓》，其曰：「有扈氏威侮五行，怠棄三正，天用勦絕其命，今予惟恭行天之罰。」〔註41〕此處之「五行」所言為何，〈甘誓〉並未說明。明確提出「五行」為五種材質的，為《尚書‧周書‧洪範》，文曰：

　　　　箕子乃言曰：我聞在昔，鯀陻洪水，汩陳其五行。……一，五行。
　　　　一曰水，二曰火，三曰木，四曰金，五曰土。水曰潤下，火曰炎上，
　　　　木曰曲直，金曰從革，土爰稼穡。潤下作鹹，炎上作苦，曲直作酸，
　　　　從革作辛，稼穡作甘。

五行指木、火、土、金、水，即《左傳‧襄公二十七年》所謂「天生五材，民並用之。」之「五材」。《左傳‧文公七年》亦有郤缺言於趙宣子曰「六府」，即指「水、火、木、金、土、穀謂之六府。」《國語‧周語》下曰：「天六地五，數之常也。」韋注曰：「天有六氣，謂陰、陽、風、雨、晦、明也。地有五行，金、木、水、火、土也。」〔註42〕皆指五種實用之資材而言。李漢三認為，蓋本篇詳五行名稱，順序，與性能，雖未發展為五行說（配合時方等），

〔註39〕顧頡剛編著，《古史辨》（第五冊），頁343～347。

〔註40〕胡厚宣著，《甲骨學商史論叢初集》（上），頁384～386。

〔註41〕孔安國傳、孔穎達疏，《尚書正義》，卷七，〈甘誓〉，北京：北京大學出版社，2000年，頁207。

〔註42〕左丘明撰、韋昭注，《國語》，卷三，〈周語〉下，上海：上海古籍出版社，1978年，頁95。

然與日後所謂五行目次性能，固無不大體相合也。〔註43〕而劉長林則指出，以木、火、土、金、水爲構成萬物的基本物質材料，此種思想，應在農業、水利建設和金屬工具有相當發展之後才產生的。〔註44〕

總而言之，從陰陽五行的發展過程來看，殷代即有五方觀念的產生，而春秋已盛行金、木、水、火、土五材爲綱的「五行」說。「陰陽」與「五行」之間，有由分而合的發展過程，如西周末、春秋前期虢文公、史伯、伯陽父言陰陽與農事、地震之關係而不及五行，史伯、郤缺論五行與百物產生、政事成敗的關係不及陰陽，在春秋後期的子產、醫和那裡，二者已開始融合。及至鄒衍，則完成「陰陽」說、「五行」說的結合，形成學派，至兩漢大爲盛行。

二、音樂與「氣」之關係

從音樂的發展過程來看，可以發現，音樂始終與「氣」相關的概念，包含「風」、「陰陽」或「五行」等，密切結合，甚至於到「氣」概念發展成熟，具有宇宙論意義時，便將「氣」視爲音樂所產生的本原，〔註45〕然而「氣」概念之發展，從甲骨文的出現，又經歷不同階段之演變，而這些不同階段所衍生的概念，是如何與音樂結合？古人又是如何去思考音樂？以下，就從音樂與「氣」相關的概念出發，探討音樂思想的發展。

（一）省風說

中國古人在音樂實踐的過程中，便發現了「風」與音律之間密切的相關性，周宣王時即有「瞽能聽協風」及「以音律省土風」的說法，文曰：

> 宣王即位，不籍千畝。虢文公諫曰：「不可，夫民之大事在農，……古者太史順時覛土，陽癉憤盈，土氣震發。……先時九日，太史告稷曰：『自今至于初吉，陽氣俱蒸，土膏其動。弗震弗渝，脈其滿眚，穀乃不殖。』先時五日，瞽告有協風至，王即齋宮，百官御事，各即其齋。……是日也，瞽帥、音官以風土。」〔註46〕

〔註43〕 李漢三著，《先秦兩漢之陰陽五行學說》，台北：維新書局，1978年，頁16。
〔註44〕 楊儒賓·黃俊傑編，《中國古代思維方式探索》，頁315。
〔註45〕 《呂氏春秋·仲夏紀·大樂》曰：「音樂之所由來者遠矣，生於度量，本於太一。太一出兩儀，兩儀出陰陽。陰陽變化，一上一下，合而成章。」參見陳奇猷校釋，《呂氏春秋校釋》（上），卷五，〈大樂〉，台北：華正書局，1984年，頁255。
〔註46〕 左丘明撰、韋昭注，《國語》，卷一，〈周語〉上，上海：上海古籍出版社，1978

周宣王不按四時節序行籍田禮，虢文公認爲不妥。因爲籍田禮關係著民生問題，立春時，陽氣憤盈、土氣震發，若不使陽氣宣洩，則脉滿氣結，產生災疫，而穀乃不殖。在此凸顯出中國以農立國，重視順應天時之思想，音律乃與農事、協風、陰陽之氣等相關，因此要判斷是否適宜農事，則須由「瞽帥、音官以風土。」韋昭注曰：「風土，以音律省土風，風氣和則土氣養也。」音律能夠測候季節的風向，當風氣和暢之時，即可行籍田禮。事實上，「協風」之說由來已久，史伯曰：「夫成天地之大功者，其子孫未嘗不章，虞、夏、商、周是也。虞幕能聽協風，以成樂物生者也。」（《國語・鄭語》）關於舜后是否爲虞思，且不做考據上之論證，然而，就聽知「協風」而言，其來源應當甚早，殷商時期，即有四方之風的概念，而《呂氏春秋・仲夏紀・古樂》則將音樂視爲對自然之風的模仿，其云：

> 帝顓頊生自若水，實處空桑，乃登爲帝。惟天之合，正風乃行，其音若熙熙淒淒鏘鏘。帝顓頊好其音，乃令飛龍作效八風之音，命之曰《承雲》，以祭上帝。〔註47〕

熙熙淒淒鏘鏘，乃是形容正風之音，顓頊雅好其音，乃令飛龍仿效之，而作《承雲》之曲。《呂氏春秋・季夏紀・音律》曰：

> 大聖至理之世，天地之氣，合而生風，日至則月鐘其風，以生十二律。

風是由天地之氣聚合而成，古人透過長期的生活實踐，對四時之風具有敏銳之觀察，發現不同季節的風其溫度、強度、濕度皆有不同的變化，而這些不同的風吹過林中孔竅時，會發出不同高度的聲音，因此可藉由音高相異的聲音來表現，逐漸產生以音律省風的觀念。李純一即指出，在古代科學十分幼稚的情況下，如果四時的四方之風可以用音樂所用聲音或音律表示出來，那麼，用音樂所用的聲音或音律來聽測四時的四方之風的方法去爲農事服務的可能性也許是早已有了的。〔註48〕

從音律與風氣相通的角度出發，又衍伸出吹律可以預測敵情的說法，《左傳・襄公十八年》載有師曠「吹律聽風」之說，文曰：「晉人聞有楚師，師曠曰：『不害。吾驟歌北風，又歌南風，南風不競。』」杜注曰：「歌者吹律以詠

　　　年，頁20。
〔註47〕陳奇猷校釋，《呂氏春秋校釋》（上），卷五，〈古樂〉，頁285。
〔註48〕李純一著，《困知選錄》，上海：上海音樂學院出版社，2004年，頁234。

八風。南風音微，故曰：『不競』也師也。師曠唯歌南北風者，聽晉、楚之強弱。」〔註49〕師曠認爲，音律與風相通，因此透過吹律，可以得知風的強弱，藉此判斷敵情。《周禮》亦曰：「大師，執同律以聽軍聲，而詔吉凶。」〔註50〕《史記・律書》曰：「王者制事立法，物度軌則，壹稟於六律，六律爲萬事之根本焉。其於兵械尤所重，故云『望敵知吉凶，聞聲效勝負。』」〔註51〕皆以音律與風氣相通，是以透過吹律，可以得知軍情。

「音樂」的概念，除了包含音律之外，還指歌、樂、舞三者合一之「樂舞」，而樂舞亦與風、氣相關，如《左傳・隱公五年》載魯隱公爲仲子之廟落成，將行獻禮，演《萬》舞而問羽數於眾仲，眾仲曰：

> 天子用八，諸侯用六，大夫四，士二，夫舞所以節八音而行八風，
> 故自八以下。

孔疏曰：「舞爲樂主，音逐舞節，八音皆奏，而舞曲齊之，故舞所以節八音也。八方風氣寒暑不同，樂能調陰陽，和節氣。八方風氣由舞而行，故舞所以行八風也。」〔註52〕此處之「八、六、四、二」指樂舞的行列，舞爲樂主，音樂須配合舞蹈而演奏，是故舞蹈能節制音樂並讓人抒發情性。同時，又由於音樂與風氣的關係密切，所以音樂能作用於陰陽之氣與四時節氣，使之和洽，凸出了音樂能「行八風」的功用。《晉書・律曆志》中所謂「遂八風而宣九德」，即承此而來。

（二）史伯以「五行」為音樂之本原

由於農業生活須因天時、制地利，因而觀察自然、研究自然即成爲生存意識之前提，而「五行」觀念乃濫觴於殷商之「五方」觀念，起源可謂甚早，然而，由五方觀發展到五材觀，此一思想反映在音樂上，即有音樂源於「五行」之說，《國語・鄭語》曰：

> 桓公爲司徒，……公曰：「周其弊乎？」對曰：「殆於必弊者也。《泰
> 誓》曰：『民之所欲，天必從之。』今王棄高明昭顯而好讒慝暗昧，
> 惡角犀豐盈而近頑童窮固，去和而取同。夫和實生物，同則不繼。

〔註49〕左丘明傳、杜預注、孔穎達等正義，《春秋左傳正義》，卷三十三，頁1514。
〔註50〕鄭元注、賈公彥疏，《周禮注疏》，卷二十三，〈大師〉，台北：新文豐出版公司，2001年，頁980。
〔註51〕司馬遷撰、裴駰集解、司馬貞索隱、張守節正義，《新校本史記三家注并附編二種》，卷二十五，〈律書〉，台北：鼎文書局，1981年，頁1239。
〔註52〕左丘明傳、杜預注、孔穎達等正義，《春秋左傳正義》，卷三，頁146。

以他平他謂之和，故能豐長而物歸之；若以同裨同，盡乃棄矣。故
先王以土與金木水火雜，以成百物。是以和五味以調口，剛四肢以
衛體，和六律以聰耳，正七體以役心，平八索以成人，建九紀以立
純德，合十數以訓百體。……聲一無聽，物一無文，味一無果，物
一不講。王將棄是類而與剗同。天奪之明，欲無弊得乎？」

史伯認為，萬物由金、木、水、火、土五種不同的物質雜糅而成，此為「和」
之概念。「和」意指異質事物之相加，「同」則是同類事物之加合，唯異質事
物之相加，才能產生萬物，所謂「和實生物，同則不繼。以他平他謂之和，
故能豐長而物歸之。」此一概念，運用在音樂上，則是「和六律以聰耳」，由
於六律各自具有不同的音高、音階排列方式，因此能造成音樂效果的變化，
若只有單一的聲音，則「聲一無聽」，無法產生和諧的效果。由此衍伸到政治
上，即以執政者必須廣納各方不同的意見，若「棄高明昭顯，而好讒慝暗昧」，
則「以同裨同，盡乃棄矣。」劉長林於〈中國系統思維的三種模式〉一文中
指出，「和」的概念，即是古代中國人的「整體」概念。凡是達到了「和」的
事物，即把若干種不同的事物按照一定的秩序結構綜合成一個統一體，可以
產生出比原來內容更豐富、更優良、更富於生命力的新質。〔註53〕說明了「五
行」的「和」之思維，乃是一種整體性的思維，由此乃能「豐長而物歸之」。

（三）郤缺以「九功之德，皆可歌也」

郤缺在史伯以「五行」來解釋音樂產生的根源上，又提出「九功之德，
皆可歌也」（《左傳・文公七年》）的說法。文曰：

晉郤缺言於趙宣子曰：「……《夏書》曰：『戒之用休，董之用威，
勸之以九歌，勿使壞。』九功之德皆可歌也，謂之《九歌》。六府、
三事，謂之九功。水、火、金、木、土、穀，謂之六府。正德、利
用、厚生，謂之三事。義而行之，謂之德、禮。無禮不樂，所由叛
也。若吾子之德，莫可歌也，其誰來之？盍使睦者歌吾子乎？」

所謂「九功」，即指「六府」、「三事」，《尚書・虞書・大禹謨》曰：「水、火、
金、木、土、穀，惟修；正德、利用、厚生，惟和；九功惟敘，九敘惟歌。」
郤缺將九功之德視為被歌詠的對象，認為只有上位者為人民解決基本的民生
問題，並且修德行禮之後，才能使人歌樂，將音樂所涵蓋的範圍，擴大到「正

〔註53〕楊儒賓・黃俊傑編，《中國古代思維方式探索》，頁323。

德、利用、厚生」，加入了「德禮」之意涵，楊伯峻曰：「無禮即無德，……樂爲音樂之樂，亦爲快樂之樂。歌是音樂；不樂，猶言無可歌者。對霸主無可歌，則虐政肆行，亦無可樂矣。」〔註54〕上位者之德性與對禮之實踐，成爲是否可歌之條件。

（四）醫和「六氣五行」之音樂觀

晉侯求醫於秦，秦伯使醫和往視之，醫和透過對晉侯之疾的說明，開始將「六氣」與「五行」結合起來，認爲「天有六氣，降生五味，發爲五色，徵爲五聲，淫生六疾。」（《左傳·昭公元年》）「六氣」須有節有序，過則爲災，同理，由「六氣」而生之氣、味、聲、色雖本諸於天，而以養人，但須適可而止，過則爲菑，淫生六疾，文曰：

> 先王之樂，所以節百事也，故有五節，遲速本末以相及，中聲以降，五降之後，不容彈矣。於是有煩手淫聲，慆堙心耳，乃忘平和，君子弗聽也。物亦如之。至於煩，乃舍也已，無以生疾。君子之近琴瑟，以儀節也，非以慆心也。天有六氣，降生五味，發爲五色，徵爲五聲。淫生六疾。六氣曰陰、陽、風、雨、晦、明也，分爲四時，序爲五節，過則爲菑。陰淫寒疾，陽淫熱疾，風淫末疾，雨淫腹疾，晦淫惑疾，明淫心疾。（《左傳·昭公元年》）

按「天有六氣，降生五味，發爲五色，徵爲五聲，淫生六疾。」孔疏曰：「氣皆由天，故言天有六氣也。五味在地，故云降生五味也。五味是五行之味，六氣共生五行，故杜解五味，皆由陰、陽、風、雨、晦、明而生，是言六氣共生之，非言一氣生一行也。味則嘗而可知，未有形色可視，發見而爲五色也。色既不同，其聲亦異，徵驗而爲五聲也。」〔註55〕醫和已直接將「六氣」與「五行」的關係聯繫起來，認爲「五味」、「五色」「五聲」乃是由天之「六氣」降生而來。「六氣」支配著四時與五節之變化，因此陰、陽、風、雨、晦、明之運行，必須調和有序，倘若太過，則會致病，所謂「陰淫寒疾，陽淫熱疾，風淫末疾，雨淫腹疾，晦淫惑疾，明淫心疾。」而音樂源於「六氣」，自應體現六氣調和之適度狀態，此謂「中聲」，所謂「中聲」，乃是指音域、緩急、節奏適中，而不趨數煩志，故先王取宮、商、角、徵、羽五音，就在於其音域不過高或過低，「中聲以降，五降之後，不容彈矣。」相對於「中聲」

〔註54〕楊伯峻編著，《春秋左傳注》（上），高雄：復文圖書出版社，1991年，頁564。
〔註55〕左丘明傳、杜預注、孔穎達等正義，《春秋左傳正義》，卷四十一，頁1848。

者，則爲「煩手淫聲，慆堙心耳。」（《左傳·昭公元年》）其速度必快，且雜聲並奏，故手煩不已，如此會使人心流盪不平，則易致病，此一原理運用在人事上，則人之百事，亦應有所節度，「至於煩，乃舍也已，無以生疾。」醫和以音樂爲喻，來談養生，已具音樂與養生初步關連的雛形。

（五）子產「六氣五行」之音樂觀

子產在「五行」的基礎上，更爲明確地提出「天生六氣、用其五行」來說明音樂的產生，文曰：

> 子大叔見趙簡子，簡子問揖讓、周旋之禮焉。對曰：「是儀也，非禮也。」簡子曰：「敢問何謂禮？」對曰：「吉也聞諸先大夫子產曰：『夫禮，天之經也，地之義也，民之行也。』天地之經，而民實則之：則天之明，因地之性，生其六氣，用其五行；氣爲五味，發爲五色，章爲五聲。淫則昏亂，民失其性。是故爲禮以奉之：爲六畜、五牲、三犧，以奉五味；爲九文、六采、五章，以奉五色；爲九歌、八風、七音、六律，以奉五聲。……生，好物也；死，惡物也。好物，樂也；惡物，哀也。哀樂不失，乃能協於天地之性，是以長久。」簡子曰：「甚哉，禮之大也！」對曰：「禮，上下之紀，天地之經緯也，民之所以生也。是以先王尚之。故人之能自曲直以赴禮者，謂之成人。大，不亦宜乎？」（《左傳·昭公二十五年》）

杜注以「六氣」爲「陰、陽、風、雨、晦、明」，「五行」爲「金、木、水、火、土」。〔註56〕「六氣」屬天，「五行」屬地，天生六氣，用其五行，五行之氣，入人之口爲五味，水味鹹，火味苦，木味酸，金味辛，土味甘。發見於目爲五色，木色青，火色赤，土色黃，金色白，水色黑。彰徹於耳爲五聲，土爲宮，金爲商，木爲角，火爲徵，水爲羽。味、色、聲由五行而來，而五行又爲六氣所生，因此，五行與六氣之配合，乃爲天地自然之秩序，而人由天地所生，故人倫社會亦須仿效天地自然之序，此即爲「禮」。君臣上下，以則地義；夫婦外內，以經二物；父子兄弟，以象天明；政事行務，以從四時等。

此外，子產還將人之好、惡、喜、怒、哀、樂視爲六氣所生，並將此六種情欲歸納爲「生、死」即「好物」、「惡物」二類，「好、喜、樂」爲「好物，樂也」，「惡、怒、哀」爲「惡物，哀也」，認爲上位者應審行信令、明定賞罰，

〔註56〕左丘明傳、杜預注、孔穎達等正義，《春秋左傳正義》，卷五十一，頁2289。

使人民好惡、哀樂不失，乃能協於天地之性，此即所謂「禮」，子產透過「禮」乃源於六氣五行的說法，亦將音樂納入此一系統中來了解。

（六）伶州鳩「陰陽五行」之音樂觀

伶州鳩論樂，一方面凸出陰陽在六氣中之地位，一方面又認為音律可宣養六氣、九德，更明確地將音樂與陰陽五行結合起來。首先，就伶州鳩對陰陽的看法而言，其曰：「氣無滯陰，亦無散陽，陰陽序次，風雨時至。」（《國語‧周語》下）徐復觀認為，陰陽成為「六氣」中的首要因素，乃是春秋時代陰陽觀念的重要演變。因為在六氣中，陰陽二氣，較之風雨晦明四氣稍為抽象，更適合於人們合理地想像；在想像中所受的限制，比風雨晦明四氣來得小；所以它對許多現象所具備的解釋力特大，於是它開始從六氣中突出，而與其他更多的事物或現象發生關連。〔註57〕從這個角度出發，伶州鳩將陰陽二氣視為六氣中之最重要者，同時，亦將其與六律六閒對應起來，文曰：

> 王將鑄無射，問律於伶州鳩。對曰：「律所以立均出度也。古之神瞽考中聲，而量之以制，度律均鍾，百官軌儀，紀之以三，平之以六，成於十二，天之道也。夫六，中之色也，故名之曰黃鍾，所以宣養六氣、九德也，由是第之：二曰太蔟，所以金奏贊陽出滯也。三曰姑洗，所以修潔百物，考神納賓也。四曰蕤賓，所以安靖神人，獻酬交酢也。五曰夷則，所以詠歌九則，平民無貳也。六曰無射，所以宣布哲人之令德，示民軌儀也。為之六閒，以揚沈伏，而黜散越也。元閒大呂，助宣物也。二閒夾鍾，出四隙之細也。三閒仲呂，宣中氣也。四閒林鍾，和展百事，俾莫不任肅純恪也。五閒南呂，贊陽秀也。六閒應鍾，均利器用，俾應復也。」（《國語‧周語》下）

按伶州鳩的看法，古之神瞽考合中和之聲並度量之，以此制樂，乃能度律均鍾，為百官軌儀，所謂「紀之以三，平之以六，成於十二，天之道也。」「紀之以三」指天、地、人三者，古代紀聲合樂以舞天神、地祇、人鬼，故能使人神以和；而「平之以六」則指平之以六律；「成於十二」則為十二律呂，韋注曰：「十二，律呂也。陰陽相扶，律取妻，而呂生子，上下相生之數備也。」〔註58〕天有六氣，其中又以陰陽二氣為主，而黃鍾、太蔟、姑洗、蕤賓、夷

〔註57〕徐復觀著，《中國人性論史》（先秦篇），台北：台灣商務印書館，1994 年，頁517。

〔註58〕左丘明著、韋昭注，《國語》，卷三，〈周語〉下，頁132。

則、無射等六律乃是屬陽；至於大呂、夾鍾、仲呂、林鍾、南呂、應鍾等六閒則屬陰，韋注曰：「六閒，六呂在陽律之閒。……呂，陰律，所以侶閒陽律，成其功，發揚滯伏之氣，而去散越者也。伏則不宣，散則不和。陰陽序次，風雨時至，所以生物也。」〔註59〕十二律呂既是效法陰陽二氣之運行，因此，透過音律之和諧有序，亦能使風氣調和。而在十二律呂中，又以六律之首的黃鍾最為重要，因為黃鍾為十一月，此時陽氣潛伏於下，萬物始萌，於五聲為宮聲，含元處中，所以能徧養六氣、九德。「九德」自指「六府」、「三事」，而黃鍾能徧養六氣、九德，即以音律一方面與陰陽相通，一方面又與五行結合，故音律上可通於天，下可通於地，亦可通於人，故伶州鳩乃是將天、地、人三者放置於陰陽的框架中來思考。由此，音樂自當如陰陽之氣的和諧，以「和」為完美的音樂狀態，此一觀念運用在天子鑄鐘上，即應以平和之聲為標準，鐘過大或過小，過高或過低，都會使得所費不貲，匱財用、罷民力，而導致財亡民罷，此乃不「和」，其曰：

> （周景王）二十三年，王將鑄無射，而為之大林，……問之伶州鳩。對曰：「臣之守官弗及也。臣聞之，琴瑟尚宮，鍾尚羽，石尚角，匏竹利制；大不踰宮，細不過羽。夫宮，音之主也。第以及羽，聖人保樂而愛財，財以備器，樂以殖財。……夫政象樂，樂從和，和從平。聲以和樂，律以平聲。金石以動之，絲竹以行之，詩以道之，歌以咏之，匏以宣之，瓦以贊之，革木以節之。物得其常曰樂極，極之所集曰聲，聲應相保曰和，細大不踰曰平。如是而鑄之金，磨之石，繫之絲木，越之匏竹，節之鼓而行之，以遂八風。於是乎氣無滯陰，亦無散陽，陰陽序次，風雨時至，嘉生繁祉，人民和利，物備而樂成，上下不罷，故曰樂正。」（《國語・周語》下）

在伶州鳩看來，金、石、絲、竹、匏、土、革、木八音，由於本身的材質不同，故可發出不同音高的聲音，如琴瑟尚宮、鍾尚羽、石尚角等，而其音域必須高低適中，「大不踰宮，細不過羽」，並以「樂從和，和從平。」做為音樂的理想，所謂「和平」，按韋注曰：「和，八音克諧也。平，細大不踰也。」〔註60〕此指聲音和諧相應，細大不踰，乃為「和平」。伶州鳩並以周景王所欲鑄造之「無射」與「大林」鐘為例，來說明二者之間的關係。按「無射」乃

〔註59〕左丘明著、韋昭注，《國語》，卷三，〈周語〉下，頁132。
〔註60〕左丘明著、韋昭注，《國語》，卷三，〈周語〉下，頁128。

為陽聲之細者，而「大林」則為陰聲之大者，若在「無射」之上加鑄「大林」，那麼「大林」就會陵越「無射」，使其聲抑而不聞，而「無射」既為「大林」所陵，則聽之微細迂遠，其聲不平，故曰：「細抑大陵，不容於耳，非和也。聽聲越遠，非平也。」伶州鳩並將鑄鐘與政治、民生的問題連繫起來，以為「細過其主妨於正，用物過度妨於財，正害財匱妨於樂。」由於鑄鐘須耗費大量財力與民力，而周景王在「無射」之上，還欲鑄「大林」，一方面妨害正聲，一方面又用物過度，使得民用匱乏，而離民怒神。是故，聖人當謹其物用，保樂而愛財，如此才能使「嘉生繁祉，人民龢利，物備而樂成，上下不罷。」此方稱為「樂正」。

（七）《管子》「陰陽五行」之音樂觀

《管子》一書中的音樂觀，則將陰陽與五聲六律配合起來，使天道、地道與人道相互貫通，文曰：

> 一者本也，二者器也，三者充也，治者四也，教者五也，守者六也，七者八也，終者九也。十者然後具五官於六府也，五聲於六律也。六月日至，是故人有六多，六多所以街天地也。天道以九制，地理以八制，人道以六制。以天為父，以地為母，以開乎萬物，以總一統。通乎九制、六府、三充而為明天子。……審合其聲，修十二鍾，以律人情。人情已得，萬物有極，然后有德。故通乎陽氣，所以事天也，經緯日月，用之於民。通乎陰氣，所以事地也，經緯星曆，以視其離。〔註61〕

《管子‧五行》認為，「天道」屬陽、「地道」屬陰，所謂「通乎陽氣，所以事天也，經緯日月，用之於民。通乎陰氣，所以事地也，經緯星曆，以視其離。」〔註62〕天以積陽成德，故通陽氣然後能事天。而地以積陰成體，故通陰氣然後能事地。至於人何以能與天地之道相通？其曰：「六月日至，是故人有六多，六多所以街天地也。」「六月日至」，房玄齡注曰：「陽生至六，為夏至。陰生至六，為冬至。」〔註63〕夏至、冬至自與陰陽消長有關。而此處之「六多」是個值得注意的概念，按李純一的說法，從全篇以音律立說之思想

〔註61〕黎翔鳳撰，《管子校注》（中），〈五行〉，北京：中華書局，2004年，頁859～860。

〔註62〕黎翔鳳撰，《管子校注》（中），〈五行〉，頁860。

〔註63〕黎翔鳳撰，《管子校注》（中），〈五行〉，頁859。

特點來看，「六多」應作爲「六律」。「多」恐「律」之壞字之訛。律字古作𦀗，多字古作𠃟，律字壞僅殘存其偏旁𠃟，形與𠃟極相近，後人不解，乃誤定爲多字。若將「六多」改爲「六律」，則與上文的「十者然後具五官於六府也，五聲於六律也」，下文的「審合其聲，修十二鐘，以律人情」及「昔者黃帝以其緩急作立五聲，以正五鐘。……五官以正人位」的思想體系貫通一致。〔註64〕從這個角度來看，音律與陰陽相通，故具有「衔天地」的功能，同時，由於人間萬物皆秉陰陽之氣所生，故天子若能依循天道，並善於利用木、火、土、金、水、穀之「六府」，使人的陰陽之氣與天道相通，便能成爲聖明之天子，此即所謂「天道以九制，地理以八制，人道以六制。以天爲父，以地爲母，以開乎萬物，以總一統。通乎九制、六府、三充而爲明天子。」（《管子‧五行》）可見《管子》將陰陽視爲人與天地相通之中介，而音律又成爲「衔天地」的手段，故人可藉由「六律」與天道相通。因此，聖明之天子，若能審合其聲，修十二鐘以律人情，即可使人民和樂、萬物繁榮。

在此宇宙圖式中，五聲與十二律便成爲通於陰陽、五行之中介，因此《管子》提出黃帝以五聲作五鐘，五鐘既調之後，乃能作立五行，以正天時，以正人位，文曰：

> 昔黃帝以其緩急作五聲，以政五鐘。令其五鐘：一曰青鐘，大音。二曰赤鐘，重心。三曰黃鐘，洒光。四曰景鐘，昧其明。五曰黑鐘，隱其常。五聲既調，然后作立五行，以正天時，五官以正人位。人與天調，然后天地之美生。（《管子‧五行》）

劉師培云：「『景』乃『顥』字之緫，『顥』即白也。『顥』與『青』、『赤』、『黃』、『黑』並文，均主方色言。」〔註65〕五鐘之作，乃是依四時之風的高低、緩急之差異而來，並分別配列青、赤、黃、白、黑五色，對應東、南、中、西、北五方。五聲既調之後，乃作立五行，故五聲之重要性乃在五行、五官之前。而人道地道又須順應天道，故唯「人與天調，然後天地之美生。」《管子‧幼官》則進一步將五聲與五節、五色、五味、五數、五方及和、燥、陰、陽、濕五氣配合，以此說明天子在不同的時節，須從事不同的事務，以因順自然之運行，其云：

> ……五和時節，君服黃色，味甘味，聽宮聲，治和氣，用五數，飲於

〔註64〕李純一著，《因知選錄》，頁260。
〔註65〕黎翔鳳撰，《管子校注》（中），頁868。

黃后之井，以倮獸之火爨，藏溫儒，行歐養，坦氣修通。……春行冬政肅，行秋政雷，行夏政閣。……八舉時節，君服青色，味酸味，聽角聲，治燥氣，用八數，飲於青后之井。以羽獸之火爨。藏不忍，行歐養，坦氣修通。……夏行春政風，行冬政落，重則雨雹，行秋政水。……七舉時節，君服赤色，味苦味，聽羽聲，治陽氣，用七數，飲於赤后之井，以毛獸之火爨。藏薄純，行篤厚，坦氣修通。……秋行夏政葉，行春政華，行冬政耗。……九和時節，君服白色，味辛味，聽商聲，治溼氣，用九數。飲於白后之井。以介蟲之火爨。藏恭敬，行搏銳，坦氣修通。……冬行秋政霧，行夏政雷，行春政烝泄。……六行時節，君服黑色，味鹹味，聽徵聲，治陰氣，用六數，飲於黑后之井，以鱗獸之火爨。藏慈厚，行薄純，坦氣修通。

在此，自然的四時流布及農政教令，皆是按照五行圖式來加以安排的，唯中位無時可配，孤立於四時之外，因此有「五和時節」一語，意指中位既為君位，那麼就空間來說，則應統轄四方，就時間來說，則能統領四時，發揮協調四時節氣的功能。因此為政者之舉措須與時令節氣相符，否則會擾亂時序，而招致災禍，此所謂「春行冬政肅，行秋政雷，行夏政閣。……夏行春政風，行冬政落，重則雨雹，行秋政水。……秋行夏政葉，行春政華，行冬政耗。……冬行秋政霧，行夏政雷，行春政烝泄。」此外，〈幼官〉還將春夏秋冬四季加上中央，配上成數，如春季其數八，其音角，其位為東方。夏季其數七，其音羽，其位為南方。秋季其數九，其音商，其位西方。冬季其數六，其音徵，其位北方。中央其數五，其音宮。然而，〈幼官〉尚未提及木火土金水五行，這些說明，在五行學說的形成過程中，是先建立四時與五方的統一，後來才與五行相配。值得注意的是，〈幼官〉在表面上看來，雖以五行為理論體系，但在五行之上，支配天道與人事者，仍是陰陽消長的規律，此亦可參照《管子・四時》來看，其曰：「陰陽者，天地之大理也。四時者，陰陽之大經也。刑德者，四時之合也。」陰陽為天地之大理，又與四季變換交互影響，故天子之政令刑德必循四時而動，此正是對「春行冬政肅，行秋政雷，行夏政閣。」的最佳註腳。其中，音律或音樂的重要性，便在於貫通天道與人道，而促進農業生產，故〈五行〉開宗明義即言：「一者本也，二者器也，三者充也，……十者然後具五官於六府也，五聲於六律也。」房注曰：「本，農桑也。」〔註66〕農桑乃是萬事之本，故天子之

〔註66〕黎翔鳳撰，《管子校注》（中），頁859。

一切作為，皆須以此為原則。〈四時〉亦言：「唯聖人知四時。不知四時，乃失國之基。不知五穀之故，國家乃路。」四時運行影響五穀收成，而音樂能調和陰陽，使風雨有節、四時有序，因此特別受到重視。

（八）《呂氏春秋》「陰陽五行」之音樂觀

《呂氏春秋》十二紀乃是在《管子》的基礎上，形成更為完整的陰陽五行體系。其以十二月為十二篇，每篇之後，又間以他文四篇，余嘉錫對此四十八篇之安排說道：

> 此所謂春生夏長秋收冬藏也，其因四時之序而配以人事，則古者天人之學也。……故十二月紀以第一篇言天地之道，而以四篇言人事（其實皆言天人相應），以春為喜氣而言生，夏為樂氣而言養，秋為怒氣而言殺，以冬為哀氣而言死。〔註67〕

此以人事應天，人須依四時之循環消長而行事。而其論樂之文，則集中於〈仲夏〉、〈季夏〉二紀之中，〈仲夏紀〉曰：「是月也，命樂師，修鞀鞞鼓，均琴瑟管簫，執干戚戈羽，調竽笙壎篪，飭鍾磬柷敔。命有司，為民祈祀山川百原，大雩帝，用盛樂。」夏既主生長，那麼將音樂放置於〈仲夏〉、〈季夏〉二紀，則有樂助生長之意。然四時之循環消長，實依陰陽二氣之運行而來，而陰陽之氣又本之於「太一」，此為音樂與萬物所產生之根源，其曰：

> 音樂之所由來者遠矣，生於度量，本於太一。太一出兩儀，兩儀出陰陽。陰陽變化，一上一下，合而成章。渾渾沌沌，離則復合，合則復離。是謂天常。天地車輪，終則復始，極則復反，莫不咸當。……聲出於和，和出於適。和適先王定樂，由此而生。（《呂氏春秋‧仲夏紀‧大樂》）

《莊子‧天下》曰：「建之以常無有，主之以太一。」成疏曰：「太者廣大之名，一以不二為稱。言大道曠蕩，無不制圍，括囊萬有，通而為一，故謂之太一也。」〔註68〕而《禮記‧禮運》則云：「夫禮，必本於大一，分而為天地，轉而為陰陽，變為四時。」孔疏曰：「必本於大一者，謂天地未分混沌之元氣也。」〔註69〕此處之「太一」，一指大道，一指元氣，就前者而言，此即《老

〔註67〕余嘉錫著，《四庫提要辨證》，卷十四，〈呂氏春秋二十六卷〉，昆明：雲南人民出版社，2004年，頁693～695。

〔註68〕郭慶藩輯，《莊子集釋》，頁1094。

〔註69〕鄭元注、孔穎達等正義，《禮記注疏》，卷二十二，〈禮運〉，台北：新文豐出

子》第十四章所云：「視之不見名曰夷，聽之不聞名曰希，搏之不得名曰微。此三者，不可致詰，故混而爲一。」〔註70〕以及「天得一以清，地得一以寧，神得一以靈，谷得一以盈，萬物得一以生，侯王得一以爲天下貞。」（《老子》第三十九章）此「一」，指無名無形、超言絕象又囊括萬有之道體。而《禮記‧禮運》所謂「大一」，乃指天地未分的混沌之氣而言。《呂氏春秋》之「太一」則合此二義言之，其言：

> ……萬物所出，造於太一，化於陰陽。……道也者，視之不見，聽之不聞，不可爲狀。有知不見之見、不聞之聞，無狀之狀者，則幾於知之矣。道也者，至精也，不可爲形，不可爲名，彊爲之謂之太一。（《呂氏春秋‧仲夏紀‧大樂》）

就其視之不見、聽之不聞之屬性而言，此誠《老子》與《莊子》所言之形上道體。然而，論及「道」具化生萬物、動態流衍的功能而言，則曰：「萬物所出，造於太一，化於陰陽。」此顯然以「太一」爲渾沌未分之「氣」，故陳麗桂即言：

> 《呂氏春秋》也就用這「太一」、「陰陽」、「精氣」去填充《老子》「道」的内容，從而轉化《老子》的修養論爲唯物的精氣説。由《老子》無時空、非相對、太上律則、生化之源的「道」，而「太一」，而物質性的「精氣」，「道」的内容漸次落實。〔註71〕

由此可見，《呂氏春秋》雖取道家之「道」爲萬物之本原，但卻以「氣」爲其内容，由「氣」變化不已的動態功能來說明萬物化生、四時循環，而音樂本於「太一」所生，實亦可說本諸於「氣」，故〈音律〉言十二律之產生乃源自「天地之氣」，文曰：

> 大聖至理之世，天地之氣，合而生風，日至則月鐘其風，以生十二律。仲冬日短至，則生黃鐘。季冬生大呂。孟春生太簇。仲春生夾鐘。季春生姑洗。孟夏生仲呂。仲夏日長至，則生蕤賓。季夏生林鐘。孟秋生夷則。仲秋生南呂。季秋生無射。孟冬生應鐘。天地之風氣正，則十二律定矣。（《呂氏春秋‧季夏紀‧音律》）

十二律乃由天地之氣聚合成風所生，西周末年，即有「以音律省土風」（《國

版公司，2001年，頁1098。

〔註70〕王弼等著，《老子四種》，台北：大安出版社，1999年，頁11。

〔註71〕陳麗桂著，《秦漢時期的黃老思想》，台北：文津出版社，1997年，頁12。

語‧周語》上）的說法。而音樂與風、氣概念的結合，《呂氏春秋‧仲夏紀‧古樂篇》亦有記載，文曰：

> 昔古朱襄氏之治天下也，多風而陽氣畜積，萬物散解，果實不成，故士達作爲五弦瑟，以來陰氣，以定群生。

朱襄氏認爲萬物散解而果實不成乃是由於陽氣太過，於是令士達做五弦瑟以招來陰氣，說明音樂與風氣相通，並具調和陰陽的功能。而《呂氏春秋》則以四時配十二律，依十二月的風聲長短、高低定十二律，並認爲人須應時節之變而行當行之事，其曰：

> 黃鐘之月，土事無作，慎無發蓋，以固天閉地，陽氣且泄。大呂之月，數將幾終，歲且更起，而農民，無有所使。太蔟之月，陽氣始生，草木繁動，令農發土，無或失時。夾鐘之月，寬裕和平，行德去刑，無或作事，以害群生。姑洗之月，達道通路，溝瀆修利，申之此令，嘉氣趣至。仲呂之月，無聚大眾，巡勸農事，草木方長，無攜民心。蕤賓之月，陽氣在上，安壯養俠，本朝不靜，草木早槁。林鐘之月，草木盛滿，陰將始刑，無發大事，以將陽氣。夷則之月，修法飭刑，選士屬兵，詰誅不義，以懷遠方。南呂之月，蟄蟲入穴，趣農收聚，無敢懈息，以多爲務。無射之月，疾斷有罪，當法勿赦，無留獄訟，以亟以故。應鐘之月，陰陽不通，閉而爲冬，修別喪紀，審民所終。（《呂氏春秋‧季夏紀‧音律》）

此依陰陽消長來論十二律，並與人事之刑德相互配合，春生夏長，陽氣勃發，故主德；秋收冬藏，陰氣盛大，故主刑。事實上，陰陽家倡陰陽終始之說，所謂「終始」，即消長之意，《史記‧孟荀列傳》云鄒衍乃「深觀陰陽消息」。〔註72〕在陰陽家看來，宇宙之運行、歷史之演化，都是因爲陰陽消長之故，因此馮友蘭即言：「陰陽家以五行，四方，四時，五音，十二月，十二律，天干，地支及數目等互相配合，以立一宇宙間架。又以陰陽流行於其間，使此間架活動變化，而生萬物。」〔註73〕在此架構之內，音律與陰陽盛衰相配合，如黃鐘之月至仲呂之月，陽氣漸盛而陰氣漸衰，反之，由蕤賓之月至應鐘之

〔註72〕司馬遷撰、裴駰集解、司馬貞索隱、張守節正義，《新校本史記三家注并附編二種》，卷七十四，〈孟荀列傳〉，頁 2344。

〔註73〕馮友蘭著，《中國哲學史附補編》，台北：藍燈文化事業股份有限公司，1989年，頁 499。

月，則陰氣漸盛而陽氣漸衰，每六個月爲一循環，以音律來說明陰陽之消長。
除此之外，《呂氏春秋》尚將天干、日月星辰、蟲鱗鳥獸及五行等納入此一框
架，文曰：

> 孟春之月：日在營室，昏參中，旦尾中。其日甲乙。其帝太暭。其
> 神句芒。其蟲鱗。其音角。律中太蔟。其數八。……是月也，以立
> 春。先立春三日，太史謁之天子曰：「某日立春，盛德在木。」……
> 仲春之月：日在奎，昏弧中，旦建星中。其日甲乙。其帝太暭。其
> 神句芒。其蟲鱗。其音角。律中夾鐘。其數八。……季春之月：日
> 在胃，昏七星中，旦牽牛中。其日甲乙。其帝太暭。其神句芒。其
> 蟲鱗。其音角。律中姑洗。其數八。……孟夏之月：日在畢，昏翼
> 中，旦婺女中。其日丙丁。其帝炎帝。其神祝融。其蟲羽。其音徵。
> 律中仲呂。其數七。……是月也，以立夏。先立夏三日，太史謁之
> 天子曰：「某日立夏，盛德在火。」……仲夏之月：日在東井，昏亢
> 中，旦危中。其日丙丁。其帝炎帝。其神祝融。其蟲羽。其音徵。
> 律中蕤賓。其數七。……季冬之月：日在婺女，昏婁中，旦氐中。
> 其日壬癸。其帝顓頊。其神玄冥。其蟲介。其音羽。律中大呂。其
> 數六。（《呂氏春秋·十二紀》）

此可謂《管子·幼官》的進一步發展，其所包含的物象，十分廣博，有天干、
動物、音樂、數學、臭味、氣候、草木、時令等，包羅萬象，並且將五行與四
方、五行與五色、五行與十干、五行與五音十二律等相配，若針對五音與十二
律的部份而言，王利器疏引《月令》曰：「其春時之音爲當於角，取象木之聲。
不云其聲角，而云其音者，單出曰聲，雜比曰音，音則樂曲也。以春時調和樂，
以角爲主，故云其音角。……但角是扣木之聲，但作樂器之體，象此古木之聲。」
〔註74〕角音爲扣木之聲，以應春季，乃是將五音與五行、五時相配，至於「太
蔟」，據高誘注曰：「太蔟，陽律也，竹管音與太蔟聲和，太陰氣衰，少陽氣發，
萬物動生，蔟地而出，故曰『律中太蔟。』」〔註75〕此與「太蔟之月，陽氣始生」
（《呂氏春秋·季夏紀·音律》）之說相合。在此，陰陽五行已完全合而爲一，
按傅武光的說法，《呂氏春秋》十二月紀乃繼承了鄒衍之陰陽五行學說，在此之
前，陰陽與五行原各獨立，而內容性質，亦較素樸。至鄒衍始將二者綰合爲一，

〔註74〕王利器著，《呂氏春秋注疏》，〈孟春紀〉，成都：巴蜀書社，2002 年，頁 11。
〔註75〕王利器著，《呂氏春秋注疏》，〈孟春紀〉，頁 11。

以陰陽消息解釋五行所以終始循環之故。蓋鄒衍以五行為五種氣質，由陰陽二氣所化生。五行之變化轉移，實乃陰陽二氣一消一息，潛移默運之結果。鄒衍於是以五行配時位、配帝神、配音律……舉凡宇宙萬物，皆組入五行系統中，而以五行之運，說明宇宙一切現象；歸根結柢，則不外陰陽二氣之消息也。〔註76〕因此，無論是五音或十二律皆以陰陽為其本原，所謂「凡樂天地之和，陰陽之調也。」（《呂氏春秋·仲夏紀·大樂》）

　　由於萬物皆是「與元同氣」（《呂氏春秋·有始覽·應同》），因此天人能夠相感相應，此所謂「類固相召。氣同則合，聲比則應。鼓宮而宮動，鼓角而角動，……無不皆類其所生以示人。」（《呂氏春秋·有始覽·應同》）而此一原則體現在政治上，則人之政令行為，皆應順五行之氣的性格來操作，此所謂「法天」，若有違於天道，則會招致災異。而天人之關係，按徐復觀的說法，我國自新石器的仰韶文化時代起，即以農業為經濟骨幹。農業生產的豐凶，與氣候有不可分之關係，這與天的關係，便更加密切。另一方面，由周初道德精神高揚後對天所作的性格轉變後的肯定，即是從信仰上加以擺脫，從價值上加以肯定，使其成為虛位的存在，這很難為一般人所體會，因而在此時，有一部份人將古代天文家由測候所發展、提昇上來的陰陽觀念，作為天的性格的新說明，更由鄒衍之徒，把五行組入到陰陽的下位中去，使其更為具體化，更與農業的氣候關連密切，這較之道德法則、精神，及形而上的無，更能為一般人所接受。及至呂氏門客，把陰陽五行之氣，即天之所以為天的氣，表現於十二個月之中，使人的生活、行為，皆與其相應，如此則天即隨處與人同在。所以由陰陽五行所構造的天，不是人格神，不是泛神，不是靜態的法則；而是有動力，有秩序，有反應（感通）的氣的宇宙法則，及由此所形成的有機體地世界。〔註77〕此一論述，清楚地說明了《呂氏春秋》中的天人關係，而五聲十二律，因與陰陽相通，亦成為人與天道之間不可或缺的重要中介。

（九）《淮南子》「陰陽五行」之音樂觀

　　「氣」可說是《淮南子》的核心宇宙觀，按統計的數據來看，「氣」在此

〔註76〕傅武光，〈呂氏春秋與陰陽家〉，《教學與研究》，1989 年 6 月，第 11 期，頁163。

〔註77〕徐復觀，〈呂氏春秋及其對漢代學術與政治的影響〉，《新亞書院學術年刊》，1972 年 9 月，第 14 期，頁 50。

使用達二百零四次。〔註78〕顯見此一概念在《淮南子》中之重要性，〈天文訓〉
曰：「天地之襲精爲陰陽，陰陽之專精爲四時，四時之散精爲萬物。」〔註79〕
宇宙四時、天地萬物，皆由「氣」所生，音律亦不例外，所謂「合氣而爲音，
合陰而爲陽，合陽而爲律，故曰五音六律。」（《淮南子‧天文訓》）在《淮南
子》的系統中，陰陽五行與音律之結合，多出現於〈時則訓〉與〈天文訓〉
之中，如〈時則訓〉曰：

> 孟春之月，招搖指寅，昏參中，旦尾中。其位東方。其日甲乙，盛
> 德在木。其蟲鱗。其音角。律中太蔟。其數八。……季冬之月，招
> 搖指丑，昏婁中，旦氐中。其位北方。其日壬癸。其蟲介。其音羽。
> 律中大呂。其數六。

此說顯與《呂氏春秋》十二紀一脈相承，陰陽二氣之消長對應著十二月與十二
律，因此劉道遠即以爲，天地陰陽之氣，隨著時間的推移，與十二律名中的陰
陽之義相吻合，此爲古代律呂陰陽之義的大概。〔註80〕而陳廣忠、梁宗華則指
出，道家系統觀念對「天──地──人」體系的確立，集中地體現在《淮南子‧
時則訓》中。它以曆法爲綱，以五行作爲紐帶，把北斗、二十八宿、天干、地
支、五行、五蟲、五音、十二律、五神、五數、五味、五臭、五祀、五臟、五
色、五車、五穀、五畜、五迎、五兵、十二官、十二樹、節氣、物候、農事、
政事等結爲一體，成爲一個龐大的系統工程。〔註81〕說明了《淮南》作者在天
地之道、四時節氣及社會人事之間，企圖探索其不可分割之對應關係，也充份
發揮了《老子》所謂「人法地，地法天，天法道，道法自然」（《老子》第二十
五章）的觀點。此外，《淮南子》還將二十四節氣與音律結合，其曰：

> 斗指子則冬至，音比黃鐘；加十五日指癸則小寒，音比應鐘；加十
> 五日指丑則大寒，音比無射；加十五日指報德之維，則越陰在地。
> 故曰距日冬至四十六日而立春，陽氣凍解，音比南呂；加十五日指
> 寅則雨水，音比夷則；加十五日指甲則雷驚蟄，音比林鐘；加十五

〔註78〕小野澤精一、福永光司、山井涌編著，《氣的思想──中國自然觀和人的觀念
的發展》，頁128。

〔註79〕何寧撰，《淮南子集釋》，卷三，〈天文訓〉，北京：中華書局，2006年，頁166。

〔註80〕劉道遠，〈中國古代十二音律釋名及其與天文曆法的對應關係〉，《音樂藝術》，
1988年第3期，頁11。

〔註81〕孫以楷主編，陳廣忠、梁宗華著，《道家與中國哲學》（漢代卷），北京：人民
出版社，2004年，頁164。

日指卯中繩，故曰春分則雷行，音比蕤賓；加十五日指乙則清明風
至，音比仲呂；加十五日指辰則穀雨，音比姑洗；加十五日指常羊
之維則春分盡，故曰有四十五日而立夏，大風濟，音比夾鐘；加十
五日指巳則小滿，音比太簇；加十五日指丙則芒種，音比大呂；加
十五日指午則陽氣極，故曰有四十六日而夏至，音比黃鐘；加十五
日指丁則小暑，音比大呂，加十五日指未則大暑，音比太簇，加十
五日指背陽之維則夏分盡，故曰有四十六日而立秋，涼風至，音比
夾鐘；加十五日指申則處暑，音比姑洗；加十五日指庚則白露降，
音比仲呂；加十五日指酉中繩，故曰秋分雷戒，蟄蟲北鄉，音比蕤
賓；加十五日指辛則寒露，音比林鐘；加十五日指戌則霜降，音比
夷則；加十五日指蹞通之維則秋分盡，故曰有四十六日而立冬，草
木畢死，音比南呂；加十五日指亥則小雪，音比無射；加十五日指
壬則大雪，音比應鐘。(《淮南子‧天文訓》)

此一說法，亦是在《呂氏春秋》十二紀的基礎上發展而來，梁韋弦指出，在
《月令》及《十二月紀》中雖有二至（日長至、日短至）二分（仲春之月的
夜分、仲秋之月的日分）與四立（立春、立夏、立秋、立冬）是明確的，儘
管尚未稱夏至冬至、春分秋分，但表明八節的劃分已經成熟。其次，其中「始
雨水」、「小暑至」、「白露降」、「霜始降」四句的說法中已含有後來二十四節
中雨水、小暑、白露、霜降之名，但「始雨水」與「東風解凍」、「枸始花」
對舉，「小暑至」與「螳螂生」並提，從這種行文來看，此四者之名還是被做
為一般的表明自然變化的徵候提出來的，尚非後來二十四節氣意義上的節氣
之名，而且文中又未見其餘節氣之名，這表明此時二十四節的劃分尚在成熟
的過程之中。〔註82〕然及至《淮南子》，二十四節氣的劃分，已臻於成熟的階
段，二十四節氣的理論基礎，乃是依北斗之運行而來。北斗七星距北天極不
遠，圍繞著北極星運轉，由北斗之斗柄指向不同，來確定季節及認識天體其
它星辰。北斗旋轉一周為 365 又 1/4 度，分為四維，兩維間為 91 又 5/16 度。
每維之中又可分成六個區塊，因此共有二十四個區塊，每個區塊的交點便是
一個節氣，而斗柄日行一度，行十五日為一節，由此定出二十四節氣，並與
地球繞行太陽公轉一周 365 又 1/4 度結合起來。在此，天文、氣象、物候、節

〔註82〕梁韋弦，〈《禮記‧月令》《呂氏春秋‧十二月紀》及《周髀算經》所記之節氣〉，
　　　　《古籍整理研究學刊》，2001 年第 5 期，頁 12。

令、農事、音律、陰陽、動植物、干支等，構成一天、地、人相結合的完美體系。此外，《淮南子》亦將五音與五行加以結合，其云：

> 何謂五星？東方木也，其帝太皞，其佐句芒，執規而治春。其神爲歲星，其獸蒼龍，其音角，其日甲乙。南方火也，其帝炎帝，其佐朱明，執衡而治夏。其獸朱鳥，其音徵，其日丙丁。中央土地。其帝黃帝，其佐后土，執繩而制四方。其神爲鎮星，其獸黃龍，其音宮，其日戊己。西方金也。其帝少昊，其佐蓐收，執矩而治秋。其神爲太白，其獸白虎，其音商，其日庚辛。北方水也。其帝顓頊，其佐玄冥，執權而治冬。其神爲辰星，其獸玄武，其音羽，其日壬癸。（《淮南子‧天文訓》）

五方、五行、五音、五色與四時相互配列，時間與空間相互涵攝，東、南、中、西、北五方對應木、火、土、金、水，同時又與四時結合，意味著萬物之生、長、盛、衰、亡五個階段，何寧引《說文‧木部》所云：「冒地而生，東方之行。」〔註83〕來詮釋「木」。以《說文》火字下云：「燬也。南方之行，炎而上，象形。」〔註84〕來釋「火」。引陶方琦曰：「《五行大義》一引許注曰：『土者吐生者也。』」〔註85〕來釋「土」等，皆說明了五方與四時之間的對應關係，加上角、徵、宮分別對應東方木、南方火、中央土象徵萬物之生長、繁盛，而商、羽對應西方金、北方水則爲衰落與凋零，展現了時空統一的宇宙觀。

（十）《史記‧律書》「陰陽五行」之音樂觀

　　《史記‧律書》對音律、音樂的看法，除了繼承前人的說法之外，已完全融入漢代思想，將十二音律與風、氣、陰陽、天干、地支、二十八星宿相配，《史記‧律書》曰：「律曆，天所以通五行八正之氣，天所以成孰萬物也。」〔註86〕「五行」，自指木、火、土、金、水，而「八正之氣」則爲「八風」。此乃繼承虢文公的「省風說」、眾仲之「舞所以節八音而行八風」、伶州鳩「有和平之聲，則有蕃殖之財。」的看法，並更具體地指出十二律與八風、八方、陰陽、天干、地支之關係，其曰：

〔註83〕何寧撰，《淮南子集釋》，卷三，〈天文訓〉，頁184。
〔註84〕何寧撰，《淮南子集釋》，卷三，〈天文訓〉，頁186。
〔註85〕何寧撰，《淮南子集釋》，卷三，〈天文訓〉，頁186。
〔註86〕司馬遷撰、裴駰集解、司馬貞索隱、張守節正義，《新校本史記三家注并附編二種》，卷二十五，〈律書〉，頁1243。

不周風居西北，主殺生。東壁居不周風東，主辟生氣而東之。……
十月也，律中應鍾。應鍾者，陽氣之應，不用事也。其於十二子
為亥。亥者，該也。言陽氣藏於下，故該也。廣莫風居北方。廣
莫者，言陽氣在下，陰莫陽廣大也，故曰廣莫。……十一月也，
律中黃鍾。黃鍾者，陽氣踵黃泉而出也。其於十二子為子。子者，
滋也；滋者，言萬物滋於下也。其於十母為壬癸。壬之為言任也，
言陽氣任養萬物於下也。癸之為言揆也，言萬物可揆度，故曰
癸。……閶闔風居西方。閶者，倡也；闔者，藏也。言陽氣道萬
物，闔黃泉也。其於十母為庚辛。庚者，言陰氣庚萬物，故曰庚；
辛者，言萬物之辛生，故曰辛。……九月也，律中無射。無射者，
陰氣盛用事，陽氣無餘也，故曰無射。其於十二子為戌。戌者，
言萬物盡滅，故曰戌。

十干、十二支與二十八宿，表示年、月、日、時之依次運行，而此一運行，
自與月令節氣密不可分，以十月的「應鍾」為例，由於漢人沿用秦曆，以十
月為歲首，故以十月「應鍾」為起始，所謂「應鍾者，陽氣之應，不用事也。」
《白虎通・五行》曰：「應者，應也。鍾者，動也。言萬物應陽而動下藏也。」
〔註87〕此時陽氣深埋於陰氣之下，雖未壯大，然已潛藏於萬物之中，有待勃
發。而「八風」，在十月時乃是「不周風居西北，主殺生。」按《易・說卦傳》
曰：「戰乎乾，乾，西北之卦也。言陰陽相薄也。」〔註88〕西北方陰陽相薄，
而不周風居西北，故主殺生。至於「天干」，《史記・律書》只論及甲、乙、
丙、丁、庚、辛、壬、癸，未及戊、己，或有闕佚，所謂「甲者，言萬物剖
符甲而出也；乙者，言萬物生軋軋也。……丙者，言陽道著明，故曰丙；丁
者，言萬物之丁壯也，故曰丁。……癸之為言揆也，言萬物可揆度，故曰癸。」
說明了萬物在不同的季節月份之生長狀態，但於應鍾之月，則未列出天干。
有關應鍾之月的「地支」，文曰「其於十二子為亥。亥者，該也。言陽氣藏於
下，故該也。」「該」指陽氣閉藏之意。可見，無論是音律、八風、或地支，
事實上，都是呈現陰陽二氣之盛衰消長。值得注意的是，《左傳》提出「天有
六氣」，視「陰陽」為「天氣」，但除此之外，司馬遷則進一步指出「地氣」，

〔註87〕陳立撰，《白虎通疏證》（上），卷四，〈五行〉，北京：中華書局，2007年，頁187。

〔註88〕王弼韓康伯注，《周易正義》，卷九，〈說卦〉，台北：新文豐出版公司，2001
年，頁674。

所謂「黃鍾者，陽氣踵黃泉而出也。」「南呂者，言陽氣之旅入藏也。」皆以「地氣」解釋土壤隨著節令改變所產生的變化，因此，自然界各類萬物的生長，乃與天氣、地氣密切相關，而音律可調和陰陽，使天地之氣和暢，故《史記‧樂書》曰：「大樂與天地同和。」張守節《正義》曰：「言天地以氣氤氳合生萬物，大樂之理，順陰陽律呂，生養萬物。」〔註89〕因此李美燕即言：

> 《史記‧律書》很巧妙地運用十二律呂遞相展衍的特性，來標識出陰陽之氣的消長變化，所以，十二律呂的解釋並非義訓，而是記錄陰陽氣之交迭變化的說明，藉此以展現物候隨著月令節氣的轉移而不同，換言之，《史記‧律書》乃是以陰陽之氣隨著月令節氣而有周而復始的變化爲經，十二律呂遞相展衍的規律爲緯，形成時空交錯的宇宙圖式，再依歲時月令的週期性規律，將八風、十天干、十二地支、十二月令，二十八星宿等關聯在一起，開展出律曆一體的宇宙觀。〔註90〕

因此，漢人乃是將音律放置在天人合一的有機宇宙論中來思考，透過陰陽五行的理論框架，使天地萬物統一於陰陽之氣的運轉中而成爲一有機的和諧整體，此種思維模式，可說是漢代文化心理的重要特徵。

（十一）《漢書‧律曆志》「陰陽五行」之音樂觀

至於《漢書‧律曆志》論音律，大抵依循《史記》之思路，但有更進一步的發展，文曰：

> 聲者，宮、商、角、徵、羽也。所以作樂者，諧八音，蕩滌人之邪意，全其正性，移風易俗也。八音：土曰塤，匏曰笙，皮曰鼓，竹曰管，絲曰絃，石曰磬，金曰鐘，木曰柷。五聲和，八音諧，而樂成。商爲言章也，物成孰可章度也。角，觸也，物觸地而出，戴芒角也。宮，中也，居中央，暢四方，唱始施生，爲四聲綱也。徵，祉也，物盛大而繁祉也。羽，宇也，物聚臧宇覆之也。夫聲者，中於宮，觸於角，祉於徵，章於商，宇於羽，故四聲爲宮紀也。〔註91〕

<hr>

〔註89〕司馬遷撰、裴駰集解、司馬貞索隱、張守節正義，《新校本史記三家注并附編二種》，卷24，〈樂書〉，頁1189。

〔註90〕李美燕，〈《史記‧律書》中「律曆一體」的天人宇宙觀〉，《國文學報》，2003年12月，第34期，頁125。

〔註91〕班固撰、顏師古注，《新校本漢書集注并附編二種》，卷二十一，〈律曆志〉，台北：鼎文書局，1983年，頁958。

《漢書‧律曆志》直接將五聲視爲萬物生長的狀態，賦予五聲以一種盛衰消長之意義，與前人僅將五聲與五時相配有所不同，例如其以「商」對應「秋」，指萬物皆已成熟，即將盛極而衰。「角」對應「春」，即萬物觸地而出，故曰戴芒角。「宮」屬中央，可促進四季和暢，爲四聲之綱。「徵」對應「夏」，此時萬物生長繁茂，達於極盛。「羽」對應「冬」，宜閉藏蓄養萬物，有待來年，此呼應著班固《白虎通‧五行》所云：「水位在北方。北方者陰氣，在黃泉之下，任養萬物。……木在東方。東方者，陽氣始動，萬物始生。木之爲言觸也。陽氣動躍觸地而出也。火在南方。南方者，陽在上，萬物垂枝。……火之爲言化也。陽氣用事，萬物變化也。金在西方。西方者，陰始起，萬物禁止。金之爲言禁也。土在中央。中央者土，土主吐含萬物，土之爲言吐也。」〔註92〕五聲已直接反映著萬物生、長、盛、衰的過程，而不僅只是五音而已，至於「八音」則指金、石、絲、竹、匏、土、皮、木等八種材質之樂器。

其次，班固還將五聲配以五行、五常、五事、五位，其曰：

> 夫聲者，中於宮，觸於角，祉於徵，章於商，宇於羽，故四聲爲宮紀也。協之五行，則角爲木，五常爲仁，五事爲貌。商爲金爲義爲言，徵爲火爲禮爲視，羽爲水爲智爲聽，宮爲土爲信爲思。以君臣民事物言之，則宮爲君，商爲臣，角爲民，徵爲事，羽爲物。唱和有象，故言君臣位事之體也。

《漢書‧律歷志》在木、火、土、金、水五行之外，還將音律與仁、義、禮、智信五常與思、言、貌、視、聽五事及君、臣、民、事、物五位等相互配列，凸出了儒家思想中的倫理意涵。事實上，在《史記‧樂書》中即將五聲與君、臣、民、事、物相互對應，其曰：「宮爲君，商爲臣，角爲民，徵爲事，羽爲物。五者不亂，則無怗滯之音矣。宮亂則荒，其君驕；商亂則搥，其臣壞；角亂則憂，其民怨；徵亂則哀，其事勤；羽亂則危，其財匱。五者皆亂，迭相陵，謂之慢。」〔註93〕五聲代表著五位，因此必須中正平和，不可相互陵越，否則會導致君臣失序，而《漢書‧律曆志》則延續此一看法，認爲「唱和有象」爲君臣位事之體。

再者，《漢書‧律曆志》於十二地支之外，提出完整之十天干，其云：

〔註92〕陳立撰，《白虎通疏證》（上），卷四，〈五行〉，頁 167～168。
〔註93〕司馬遷撰、裴駰集解、司馬貞索隱、張守節正義，《新校本史記三家注并附編二種》，卷二十四，〈樂書〉，頁 1181。

> 出甲於甲，奮軋於乙，明炳於丙，大盛於丁，豐楙於戊，理紀於己，
> 斂更於庚，悉新於辛，懷任於壬，陳揆於癸。故陰陽之施化，萬物
> 之終始，既類旅於律呂，又經歷於日辰，而變化之情可見矣。

事實上，天干原是用於紀日，以三十日為一個月，分為三旬，每旬十日，也
可用來表示四時，顯示萬物的生、長、盛、衰等週期。而此一週期的循環，
主要由陰陽施化而成。

此外，《漢書・律曆志》清楚界定「律」以「統氣類物」，「呂」以「旅陽
宣氣」，並以十二律配以陰陽有規則之循環，其言：

> 五聲之本，生於黃鐘之律。……律十有二，陽六為律，陰六為呂。律
> 以統氣類物，一曰黃鐘，二曰太族，三曰姑洗，四曰蕤賓，五曰夷則，
> 六曰亡射。呂以旅陽宣氣，一曰林鐘，二曰南呂，三曰應鐘，四曰大
> 呂，五曰夾鐘，六曰中呂。有三統之義焉。……黃中：黃者，中之色，
> 君之服也；鐘者，種也。天之中數五，五為聲，聲上宮，五聲莫大焉。
> 地之中數六，六為律，律有形有色，色上黃黃色莫盛焉。故陽氣施種
> 於黃泉，孳萌萬物，為六氣元也。以黃色名元氣律者，著宮聲也。宮
> 以九唱六，變動不居，周流六虛。始於子，在十一月。大呂：呂，旅
> 也，言陰大，旅助黃鐘宣氣而牙物也。位於丑，在十二月。……應鐘，
> 言陰氣應亡射，該臧萬物而雜陽閡種也。位於亥，在十月。

十二律呂以陰陽為區分，「律」為陽，「呂」為陰，陰陽與音律的互滲，早在
春秋末年時，伶州鳩即提出「六律」、「六閒」（《國語・周語》下）之說。而
《呂氏春秋》十二紀，則是以自然節氣做為論述的軸線，將黃鐘至仲呂此六
個月，視為陽氣漸盛而陰氣漸衰，但在此以陽氣為主的狀態中，大呂、夾鐘、
仲呂三者為陰律，陰律的存在與漸盛的陽氣便產生矛盾。反之，將蕤賓至應
鐘六個月，視為陰氣漸盛而陽氣漸衰，而在陰氣漸盛的狀態中，又存在陽律
的蕤賓、夷則、無射，與漸盛的陰氣產生矛盾。而《漢書・律曆志》在此，
則將十二月與十二律相配，並以一陰一陽之交迭起伏，做為主要的軸線，解
決了《呂氏春秋》無法解決的問題。因此蔡仲德即曰：

> 《史記・律書》所說陰陽變化無規律可言。《呂氏春秋》所說為十一
> 月至四月陽勝陰，五月至十月陰勝陽，陰陽隨自然節氣逐漸變化，
> 故律呂與十二月相配，而與陰陽之義不合，十一月至四月皆屬陽，
> 五月至十月皆屬陰。《漢書・律曆志》所說則為一陰一陽此起彼伏，

相互交替，故律呂雖與十二月相配，卻與自然節氣無關，而與陰陽
緊密相關。且訓呂為「助」，強調律為主，呂為助，陽為綱，陰為紀，
互相配合，成就萬物。這就符合「陽六為律，陰六為呂」之說，大
大突出了律呂的陰陽之義。〔註94〕

從這個意義來看，在《漢書·律曆志》中，陰陽與音律的關係，顯然較以往
之論述更為密切。此外，班固為將天、地、人涵蓋在同一宇宙圖式之中，提
出了「三統」與「三律」之說，其將黃鐘視為天統，林鐘為地統，太蔟為人
統，天、地、人合而為一，其哲學基礎即是以陰陽二氣為其同構。

（十二）《後漢書·律曆志》「陰陽五行」之音樂觀

及至《後漢書·律曆志》，主要在詳述京房六十律，六十律之生律法，乃
是以陰陽思想為其架構，其曰：「六十律相生之法：以上生下，皆三生二，以
下生上，皆三生四，陽下生陰，陰上生陽，終於中呂，而十二律畢矣。中呂
上生執始，執始下生去滅，上下相生，終於南事，六十律畢矣。」〔註95〕從
三分損益的生成過程來看，前一律乃是後一律的生成基礎，反過來說，後一
律對前一律而言，又是一個變化和發展。因此，京房音律的生成過程體現了
陰陽交互相感之原理，其於《律術》中亦言：

陽以圓為形，其性動。陰以方為節，其性靜。動者數三，靜者數二。
以陽生陰，倍之；以陰生陽，四之；皆三而一。陽生陰曰下生，陰
生陽曰上生。上生不得過黃鐘之濁，下生不得及黃鐘之清。皆參天
兩地，圓蓋方覆，六耦承奇之道也。

京房在此，以陽律生陰律為三分損一，陰律生陽律為三分益一，已清楚地將
陰陽原理與生律法明確地結合起來，雖然班固於《漢書·律曆志》中已提到
「故以成之數忖該之積，如法為一寸，則黃鐘之長也。參分損一，下生林鐘。
參分林鐘益一，上生太蔟。……陰陽相生，自黃鐘始而左旋，八八為伍。」
但不如京房之明晰。因此，傅榮賢在〈京房律學略論〉中就指出，京房六十
律是從音律上來體現陰陽五行原理的。他認為，京房把術數看得比音律本身
更有價值，是因為術數意義上的六十律可以達到「以日主律」，因而能夠形象

〔註94〕蔡仲德著，《中國音樂美學史》，台北：藍燈文化事業股份有限公司，1993 年，
頁 453。

〔註95〕司馬彪著，《後漢書志》，卷十一，〈律曆志〉上，台北：史學出版社，1974
年，頁 3000。

的表達抽象的陰陽五行原理。同時，六十律主要在符合「旋宮」的要求，因此從始發律出發，經過旋宮之後，最後一律與始發律的音高近乎相等，此種循環式的體系，乃是對自然陰陽五行原理的模仿，將抽象的宇宙循環原理體現在不同律高的演奏與欣賞過程之中。〔註96〕此乃京房所言：

> 宓羲作《易》，紀陽氣之初，以爲律法。建日冬至之聲，以黃鐘爲宮，太蔟爲商，姑洗爲角，林鐘爲徵，南呂爲羽，應鐘爲變宮，蕤賓爲變徵。此聲氣之元，五音之正也。故各統一日。其餘以次運行，當日者各自爲宮，而商徵以類從焉。《禮運篇》曰「五聲、六律、十二管還相爲宮」，此之謂也。以六十律分朞之日，黃鐘自冬至始，及冬至而復，陰陽寒燠風雨之占生焉。於以檢攝群音，考其高下，苟非革木之聲，則無不有所合。《虞書》曰「律和聲」，此之謂也。（《後漢書・律曆志》上）

京房以宓羲作《易》，乃是爲了記錄陽氣萌動之狀態，做爲音律之準則，並且認爲冬至日所用之音階，以黃鐘爲宮、太蔟爲商、姑洗爲角……等，做爲聲氣之根本，再配上日數，以六十律對應日期，在此往復過程中，以黃鐘、太蔟、姑洗、林鐘、南呂、應鐘、蕤賓等，爲「聲氣之元，五音之正」，所以各統一日，其餘則依次運行，此一系統可說是六十律群體運動的不同階段的表現形式。因此，傅榮賢更認爲，京房的律學成就正是源於他對陰陽五行原理的深刻理解。〔註97〕本來，陰陽五行與音律的關係就密不可分，中國以農立國，四時節氣之循環深切地影響農作之收成，而四時節氣的循環，又源於日月星宿之運行，日月運行導致不同季節之風向、節氣，因此，史書中的《律志》往往與《曆志》合爲一體，《晉書・律曆志》中即曰：

> 昔者聖人擬宸極以運璿璣，揆天行而序景曜，分辰野，辨躔曆，敬農時，興物利，皆以繫順兩儀，紀綱萬物者也。……軒轅紀三綱而闡書契，乃使羲和占日，常儀占月，臾區占星氣，伶倫造律呂，大撓造甲子，隸首作算數。

天文、曆法、音律、農時等之建構，都是爲了「繫順兩儀，紀綱萬物。」而中國人擅長整體性思維，乃將日、月、地等三者之運動統攝於陰陽五行之框架之中，如「陰陽之義配日月」（《易・繫辭》上）、「天爲陽，地爲陰，日爲

〔註96〕傅榮賢，〈京房律學略論〉，《中國音樂》，1992年第2期，頁37。
〔註97〕傅榮賢，〈京房律學略論〉，《中國音樂》，1992年第2期，頁37。

陽，月爲陰。」〔註98〕「陰陽繫日月。」（《靈樞經・陰陽繫日月》）等。從這個角度來看，京房推衍六十律，每一律或對應於一天，或對應於五、六、七、八天等，在六十律輪過一周時，恰合三百六十六天，從而形象地表達陰陽遞互消長，五行相推制衡、周而復始的宇宙法則。因此，唐繼凱便說：「京房六十律完全是藉律呂之學以完成其易學及天文曆法研究爲宗旨的，並且其研究成果最終被實際的天文觀測所證實。」〔註99〕正面肯定了京房律呂之學及天文曆法之間的跨學科研究。

（十三）《晉書・律曆志》「陰陽五行」之音樂觀

《晉書・律曆志》「陰陽五行」的音樂觀，主要承襲了《國語》、《周禮》、《呂氏春秋》、《史記》、《漢書》及《後漢書》的看法而來，首先，其引《國語・周語》所言：

> 是以神瞽作律，用寫鍾聲，乃紀之以三，平之以六，成於十二，天之道也。又叶時日於晷度，效地氣於灰管，故陰陽和則景至，律氣應則灰飛。灰飛律通，吹而命之，則天地之中聲也。故可以範圍百度，化成萬品，則《虞書》所謂「叶時月正日，同律度量衡」者也。中聲節以成文，德音章而和備，則可以動天地，感鬼神，導性情，移風俗。叶言志於詠歌，鑒盛衰於治亂，故君子審聲以知音，審音以知樂，審樂以知政，蓋由茲道。

此乃承周景王問律於伶州鳩一段而來，認爲律呂的根源乃是天地之道，而神瞽作律以定鍾聲，即是天地之道的體現，故曰：「紀之以三，平之以六，成於十二，天之道也。」此處，「紀之以三，平之以六，成於十二」，按黃翔鵬的說法，乃是鍾律當中的「複合律制」，〔註100〕所謂「複合律制」的確切意涵，將於第三章中詳述，在此不重覆論述。那麼，所謂「天地之道」，事實上，乃是由於陰陽之氣的運行所致，故《管子・五行》云：「通乎陽氣，所以事天地。……通乎陰氣，所以事地也。」而音律既源於天地之道，即能反映出日月星辰的運行與陰陽的消長與變化，因此，透過晷影能測度時令日月，而律管的葭灰

〔註98〕《黃帝素問靈樞經》，卷七，〈陰陽繫日月〉，板橋：藝文印書館，1966 年，頁 1。

〔註99〕唐繼凱，〈中國古代天文曆法與律呂之學——中國傳統律呂之學及律曆合一學說初探〉，《交響——西安音樂學院學報》，2000 年 9 月，第 19 卷第 3 期，頁 28。

〔註100〕黃翔鵬著，《溯流探源——中國傳統音樂研究》，北京：人民音樂出版社，1993 年，頁 260。

則能測候地氣，故云：「叶時日於晷度，效地氣於灰管，故陰陽和則景至，律氣應則灰飛。」當陰陽調和時，則晷影準確，而地氣相應於律管時，管內的葭灰就會飛散。此時，律管內所產生的音律，即是最合於天地之「中聲」，按《國語‧周語》的說法，「夫六，中之色也，故名之曰黃鍾，所以宣養六氣九德也。」可見「中聲」即是指「黃鍾」一律。由於中和之聲具有法度，可範圍百度，化成萬品，故《尚書‧虞書‧舜典》即云：「叶時月正日，同律度量衡。」以「黃鍾」一律能調和四時節氣與日月運行，並做為律度量衡的準繩，體現出一種秩序與規律，而充滿和諧的精神，如此一來，便能動天地、感鬼神，導性情，移風俗，並由此聯繫政治人事與音律的關係，認為黃鍾律乃是德音，唯上位者有德，才能相應於此中和之聲，因此，「君子審聲以知音，審音以知樂，審樂以知政，蓋由茲道。」音樂既反映著上位者的內在德性，故君子能透過音樂來考察政治良窳。從這個角度來看，音律的內涵乃無所不包，上至天文、下至地理，同時又與人事相對應，因此，《晉書‧律曆志》於此一段話的最後，乃以「此皆所以律述時氣效節物也」做為總結，認為音律具有驗正四時之氣的功用，並體現出人事的各種現象。

　　其次，《晉書‧律曆志》論及十二律呂，乃引《周禮》所言，以六律為陽、六呂為陰，文曰：

> 太師掌六律、六呂，以合陰陽之聲。六律陽聲，黃鍾、太蔟、姑洗、蕤賓、夷則、無射也；六呂陰聲，大呂、應鍾、南呂、林鍾、仲呂、夾鍾也。又有太師則執同律以聽軍聲，而詔以吉凶。其典同掌六律六呂之和，以辨天地四方陰陽之聲，以為樂器，皆以十有二律而為之數度，以十有二聲而為之齊量焉。〔註101〕

鄭玄注曰：「陽聲屬天，陰聲屬地，天地之聲布於四方。」〔註102〕《周禮》明確地將六律與陽氣，六呂與陰氣結合起來，並指出，六律六呂的和諧，反映出天地之道、四時之序，故鄭玄云：「律，述氣者也。」（《周禮‧春官‧典同》注）說明了音律源於陰陽，又具調節陰陽的功用，賦予音律與陰陽更為密切的關連性，此種關連性，《晉書‧律曆志》還透過《呂氏春秋‧仲夏紀‧古樂》

〔註101〕房玄齡等撰，《晉書》，卷十六，〈律曆志〉上，北京：中華書局，2003 年，頁 475。
〔註102〕鄭玄注、賈公彥疏，《周禮注疏》，卷二十三，〈典同〉，台北：新文豐出版公司，2001 年，頁 998。

對十二律的起源來加以考察，其曰：

> 十二律，黃帝所作也。使伶倫自大夏之西，乃之崑崙之陰，取竹之
> 嶰谷生，其竅厚均者，斷兩節間長三寸九分而吹之，以爲黃鍾之宮，
> 曰含少。次制十二竹筩，寫鳳之鳴，雄鳴爲六，雌鳴爲六，以比黃
> 鍾之宮，皆可以生之以定律呂。

《晉書》的作者以爲，十二律的產生，乃是黃帝命伶倫取崑崙之陰，溪谷間
的竹子所製，而竹中的空腔與腔壁的厚薄必須勻稱，由此截取中間的一段，
長爲三寸九分，作爲黃鍾律之宮音，再依序截取十二段的竹子，製成十二個
筩體，聆聽鳳凰之鳴，以雄鳴爲六律，雌鳴爲六呂，以定律呂，透過鳳凰的
雌雄來說明律呂與陰陽的關係。

此外，《晉書‧律曆志》尚承襲了「省風」之說，以音律與風氣相通，故
能透過吹律聽風以探測敵情，預知吉凶，所謂「太師則執同律以聽軍聲，而
詔以吉凶。」以及《史記‧律書》所曰：「王者制事立物，法度軌則，一稟於
六律。六律爲萬事之本，其於兵械尤所重焉。故云望敵知吉凶，聞聲效勝負，
百王不易之道也。」都是將音律與風氣連繫起來，藉此說明六律在軍事上的
使用。這些觀點，乃是源於古人在科學尚不發達的情況下，經由對自然現象
的觀察，發現律管的長短能夠反映出四時不同的風向，而產生不同的音高，
因此，藉由「吹律聽風」來了解風氣的變化，再以風氣的強弱來判斷敵情，
聞聲效勝負，而具有重要的軍事用途。

再者，《晉書‧律曆志》並徵引《史記‧律書》中「生鐘分」一節，以陰
陽升降來說明律呂相生之理，其曰：

> 司馬遷《八書》言律呂，粗舉大經，著於前史。則以太極元氣函三
> 爲一，而始動於子，十二律之生，必所起焉。於是參一於丑得三，
> 因而九三之，舉本位合十辰，得一萬九千六百八十三，謂之成數，
> 以爲黃鍾之法。又參之律於十二辰，得十七萬七千一百四十七，謂
> 之該數，以爲黃鍾之實。實如法而一，得黃鍾之律長九寸，十一月
> 冬至之氣應焉。蓋陰陽合德，氣鍾於子，而化生萬物，則物之生莫
> 不函三。故十二律空徑三分，而上下相生，皆損益以三。其術則因
> 黃鍾之長九寸，以下生者倍其實，三其法，以上生者，四其實，三
> 其法。所以明陽下生陰，陰上生陽。

在此，其以十二律呂之生，乃是源於太極元氣，而元氣則包含了天、地、人三

統，因此，由三、一相乘於丑得三，再以九個三相乘，加上本位共十辰，而得19683，為法數；接著，再以三相乘，加上本位共歷十二辰，得 177147，為實數。以實數除以法數，得黃鍾九寸，並對應十一月的冬至之氣，此時，陰陽合德，聚集於子，故能化生萬物。至於律呂的上下相生，乃是透過「以下生者倍其實，三其法，以上生者，四其實，三其法。」此即律學上的「三分損益法」，由此遞相生出十二律呂，關於「三分損益法」則將於第三章中詳加論述。值得注意的是，「三分損益法」的相生原理，乃是藉由「陽下生陰，陰上生陽」的升降原理而來，故謂「律取妻，呂生子，陰陽升降，律呂之大經也。」（《晉書‧律曆志》）由此可見，音律的概念，與「數」密不可分，而「數」乃意味著陰陽之理，因此，在《晉書‧律曆志》中即引《漢書‧律曆志》說道：

> 孝武帝正樂，乃置協律之官，雖律呂清濁之體粗正，金石高下之音
> 有準，然徒挹採遺存，以成一時之制，而數猶用五。

其中，「數猶用五」一句，按《漢書‧律曆志》的說法：「數者，一、十、百、千、萬也；所以算數事物，順性命之理也。《書》曰：『先其算命。』本起於黃鍾之數，始於一而三之，三三積之，歷十二辰之數，十有七萬七千一百四十七，而五數備矣。」孟康曰：「初以子一乘丑三，餘則轉因其成數以三乘之，歷十二辰，得是積數也。五行陰陽變化之數備於此矣。」〔註103〕可見，「數」中蘊涵著陰陽五行之變化，而律呂相生之法是透過「數」的計算而來，自然也蘊涵著陰陽五行的原理。

透過以上的論述，可以發現，《晉書‧律曆志》的音樂觀，完全繼承了先秦、兩漢的音樂觀，其由音律的本原、律呂的陰陽性質、吹律聽聲、律呂相生等各方面來思考音樂，皆不脫離陰陽五行之框架，同時，又更為明確地將五音與五行、五時、五位，結合起來，例如其曰：

> 土音宮，數八十一，為聲之始。屬土者，以其最濁，君之象也。季
> 夏之氣和，則宮聲調。宮亂則荒，其君驕。黃鍾之宮，律最長也。……
> 木音角，三分羽益一以生，其數六十四。屬木者，以其清濁中，人
> 之象也。春氣和，則角聲調。角亂則憂，其人怨也。凡聲尊卑，取
> 象五行，數多者濁，數少者清；大不過宮，細不過羽。

在此，五音、五行、律數、時令的配列，皆十分明晰，如土音宮，數八十一，

〔註103〕班固撰、顏師古注，《新校本漢書集注并附編二種》，卷二十一，《律曆志》，頁 957。

屬季夏；火音徵，數五十四，屬夏；金音商，數七十二，屬秋；水音羽，數四十八，屬冬；木音角，數六十四，屬春，顯示《晉書・律曆志》已融合各家之說，並加以整合。同時，又藉由律數的多寡，來區分五聲之尊卑，所謂「凡聲尊卑，取象五行，數多者濁，數少者清；大不過宮，細不過羽。」此乃滲透了漢代以來，以五聲配上五位之倫理意涵，其中，尊卑之劃分，乃是由律數多寡而決定，以「數多者濁，數少者清」，「數多」指律最長者，所謂「黃鍾之宮，律最長也。」數八十一，故聲濁，為「君之象」也；而「數少」則為律最短者，指羽聲，數四十八，故聲清，為「物之象」也。而傳統對音聲的看法，乃是以「中和」的適音為貴，故「大不過宮，細不過羽」為音樂形式的重要原則。

另一方面，《晉書・律曆志》又將十二律、十二月及節令之氣對應起來，其言：

> 十一月，律中黃鍾，律之始也，長九寸。仲冬氣至，則其律應，所以宣養六氣九德也。班固三分損一，下生林鍾。十二月，律中大呂，司馬遷未下生之律，長四寸二百四十三分寸之五十二，倍之為八寸二百四十三分寸之一百四。季冬氣至，則其律應，所以助宣物也。三分益一，上生夷則，京房三分損一，下生夷則。正月，律中太蔟，未上生之律，長八寸。孟春氣至，則其律應，所以贊陽出滯也。三分損一，下生南呂。……十月，律中應鍾，已下生之律，長四寸二十七分寸之二十。孟冬氣至，則其律應，所以均利器用，俾應復也。

十一月律中黃鍾，對應仲冬之氣，十二月律中大呂，對應季冬之氣，正月律中太蔟，對應孟春之氣等，四時節令的交替，即是陰陽起伏的狀態，支配著萬物的生長盛衰，而音律與節令對應，即意味著具有揚沈伏、黜散越的功效，此亦是承繼《國語・周語》當中，周景王問鍾律於伶州鳩一段話而來，而在《晉書・樂志》中，亦有相似的說法，其曰：

> 十一月之管謂之黃鍾，黃者，陰陽之中色也。天有六氣，地有五才，而天地數畢焉。或曰，冬至德氣為土，土色黃，故曰黃鍾。正月之管謂為太蔟，蔟者蔟也，謂萬物隨於陽氣太蔟而生也。三月之管名為姑洗，姑洗者：姑，枯也；洗，濯也，謂物生新潔，洗除其枯，改柯易葉也。五月之管名為蕤賓，蕤蕤，垂下貌也；賓，敬也，謂時陽氣下降，陰氣始起，相賓敬也。七月之管名為夷則，夷，平也；

則，法也，謂萬物將成，平均皆有法則也。九月之管名爲無射，射
者出也，言時陽氣上升，萬物收藏無復出也。十二月之管名爲大呂，
呂者助也，謂陽氣方之，陰氣助也。十月之管名爲應鍾，應者和也，
謂歲功皆成，應和陽功，收而聚之也。八月之管名爲南呂，南者任
也，謂時物皆秀，有懷任之象也。六月之管名爲林鍾，林者茂也，
謂時物茂盛於野也。四月之管名爲仲呂者，呂，助也，謂陽氣盛長，
陰助成功也。二月之管名爲夾鍾者，夾，佐也，謂時物尚未盡出，
陰德佐陽而出物也。

可見，音律與陰陽的相配，始終與中國古代天人關係的思考有關，雖然部份
學者，如梁啓超、王光祈認爲，音律與陰陽五行之牽合，實爲迷信，〔註104〕
然而，劉長林卻認爲陰陽概念集中體現了中國傳統科學路線的特點。按劉氏
的說法，宇宙分爲物質存在和運動關係之網兩個層面，西方傳統的認識論屬
於前者，中國傳統的認識論則屬於後者。就前者而言，物質實體層面，其存
在乃是有邊界的個別事物。面對這樣的事物，須從相對靜止的角度去觀察，
才能對其存在和變化做出明晰的刻畫。而從相對靜止的角度去看事物，人們
看到的是整體由部份組成，部份決定整體。因此，對它們的認識就要從實體
構成上去進行。因此，切割分解、還原的方法便成爲基本的方法。而對後者
來說，這些具體的物質存在於運動過程中，必定會與其他物質存在發生錯綜
複雜的關係和聯繫。這些關係和聯繫即是運動的顯示，運動的過程和體現。
它們以自然整體的方式存在，沒有時空界限，構成一個永恒變化著的錯綜交
織的整體運動關係之網，此即《老子》所謂「天之道，不爭而善勝，不言而
善應，不召而自來，繟然而善謀。天網恢恢，疏而不失。」（《老子》第七十
三章）之意。「天網」即「天之道」，乃宇宙運動關係之網，中國人即是在此

〔註104〕 如梁啓超認爲，春秋戰國以前所謂陰陽，所謂五行，其語甚希見，其義極平
淡。然則造此邪說以惑世誣民者，起於燕齊方士；而其建設之，傳播之，宜
負罪責者三人焉：曰鄒衍，曰董仲舒，曰劉向。顯以陰陽五行乃惑世誣民之
邪說。參見顧頡剛編著，《古史辨》，第5冊，台北：藍燈文化事業股份有限
公司，1993年，頁353。王光祈則言：「音律之數，以五爲限之故，當與當時
陰陽五行等迷信有若干關係。中國後世言律之人除極少數例外，多以陰陽五
行爲大本營，誠然穿鑿附會，令人討厭，但初民思想，不能超出陰陽五行等
迷信，卻是一種事實，爲研究人類學者所公認，不過當時彼等陰陽五行思想
尚不若後世之周密複雜而已。」參見王光祈編，《中國音樂史》，桂林：廣西
師範大學出版社，2005年，頁5。

發現了陰陽、五行。劉氏認為，陰陽不代表任何物質實體，是指某種運動狀態及其所形成的關係。而這種狀態和關係源於日、月、地三者的交錯運動，陰陽在大地上的本始表現即晝夜、四時。晝為陽，夜為陰；春夏為陽，秋冬為陰。這一過程直接顯示為明暗、寒熱的交替，明暗、寒熱乃陰陽的基本性態。從此基本性態出發，則引申出動靜、進退、出入、升降、內外、顯隱、伸縮等動態關係，分屬於陰陽兩範疇。〔註105〕這樣的思維方式，正可與本文對音律的考察不謀而合。事實上，從音律與陰陽、五行的關係來看，可以發現當陰陽五行開始合流之後，五行便多被涵攝在陰陽的系統之中，其思維模式乃是五方、五時與五行結合，而五方、五時又是與不同季節的風向有關，季節風向實為陰陽消長的結果，同時對應著萬物生長盛衰的生命歷程。因此陰陽五行之關係，乃是以陰陽統攝五行，五行關係為陰陽關係的展開，而陰陽既然能通過宇宙運動之網而賦予萬事萬物，那麼天地萬物即可按照「同氣相求」的法則，發生「以陽召陽，以陰召陰」(《莊子‧徐無鬼》)的相互感應，音律所扮演的角色，就是透過以「氣」相召，而與天地萬物感通。

第二節　候氣說

「候氣說」即是在音樂以「氣」為本原的基礎上，所發展出以律管測候節氣的一種方式，此一說法，從西漢、東漢直到明、清，歷經各個時期的反覆論證，也包括具體的實驗，正反兩面的說法皆有，明中葉以後，質疑的聲浪增高，一直到清代南懷仁對候氣的拒斥，造成官方對此說的正式絕裂。〔註106〕民國十五年，鄭覲文依古人之法，成功地完成了一次候氣的實驗，〔註107〕然而批評者始終不斷，劉道遠於 1989 年在成都舉行的「高校物理學史討論會」中，曾發表〈一九八九年夏至候氣實驗報告〉一文，宣稱據其實驗結果顯示，氣應灰飛可能與日地引力的周期性變化有關，是一種物理共振現象。〔註108〕然而現代的學

〔註105〕劉長林，〈陰陽的認識論意義〉，《中國社會科學院研究生院學報》，2006 年第5 期 9 月，頁 25～28。

〔註106〕黃一農、張志誠，〈中國傳統候氣說的演進與衰頹〉，《清華學報》，1993 年 6月，第 23 卷第 3 期，頁 145。

〔註107〕轉引自唐繼凱，〈中國古代天文曆法與律呂之學——中國傳統律呂之學及律曆合一學說初探〉，《交響——西安音樂學院學報》，2000 年 9 月，第 19 卷第 3期，頁 25。

〔註108〕黃一農、張志誠，〈中國傳統候氣說的演進與衰頹〉，《清華學報》，1993 年 6

者，包括戴念祖、黃一農等人，多以此爲附會的結果。〔註109〕姑且不論其說之
眞僞或者附會與否，值得注意的是，「候氣說」其實凸顯著中國人特有的思維方
式，李約瑟曾言：「在聲學，亦如在其他很多科學，中國人之方法，與歐洲人不
盡相同。古希臘好分析，古中國則著重關連。……例如董仲舒在西元前第二世
紀時，面對更爲驚人的共振現象，泰然認爲無足驚奇，因爲這與中國人傳統的
有機世界觀，甚相符合。」〔註110〕如果將「候氣說」視爲中國有機世界觀的一
種呈現，那麼是否有助於對中國音樂有更爲深層的認識？換句話說，中國人對
音樂的看法，事實上與其本體宇宙論是無法分割的，如果從這個角度來看，是
否可能開展出另一種新的面相？提供一種對音樂的新的詮釋？試析如下。

一、「物類相召」之原理

按《晉書・律曆志》上曾有一段論及「候氣說」的文字，其曰：

> 夫陰陽和則景至。律氣應則灰除。是故天子常以冬夏至日御前，合
> 八能之士，陳八音，聽樂均，度晷景，候鍾律，權土炭，效陰陽。
> 冬至陽氣應則灰除，是故樂均清，景長極，黃鍾通，土炭輕而衡仰。
> 夏至陰氣應則樂均濁，景短極，蕤賓通，土炭重而衡低。進退於先
> 後五日之中，八能各以候狀聞，太史令封上。效則和，否則占。
>
> 候氣之法，爲室三重，戶閉，塗釁周密，布緹幔。室中以木爲案，
> 每律各一，內庳外高，從其方位，加律其上，以葭莩灰抑其內端，
> 案歷而候之：氣至者灰去；其爲氣所動者，其灰散；人及風所動者，
> 其灰聚。殿中候用玉律十二，惟二至乃候。靈臺用竹律。楊泉記云：
> 「取弘農宜陽縣金門山竹爲管，河內葭莩爲灰。」或云以律著室中，
> 隨十二辰埋之，上與地平，以竹莩灰實律中，以羅縠覆律呂，氣至
> 吹灰動縠。小動爲和；大動，君弱臣強；不動，君嚴暴之應也。

依此說，古代天子常於冬、夏至之時，召來調和陰陽律曆之士，審音度律、
測候鍾律、權衡土炭，以測候陰陽之氣。而冬至之日，陽氣應黃鍾律，因此
填塞於黃鍾管內的葭灰飛除，樂音高而晷影長。反之，夏至陰氣應蕤賓律，

月，第 23 卷第 3 期，頁 146。

〔註109〕戴念祖著，《中國物理學史大系・聲學史》，長沙：湖南教育出版社，2000 年，
頁 424。

〔註110〕Needham Joseph 著、陳立夫譯，《中國之科學與文明》（第七冊），頁 216～218。

則樂音低而晷影短。至於「候氣之法」，則是在三重的密室之內，緊閉門戶，將血塗於四周，並懸掛紅色的布幔。然後依每一律位做一木案，填以葭莩灰，按律候之，每逢對應之節氣至，則管內之灰除，其葭莩灰若爲節氣所動，則灰散；爲人或風所動者，其灰聚。而據楊泉所云，做爲竹律之竹，以弘農金門山之竹爲上，而葭莩灰則以河內爲佳。另一種說法，則是將律管隨十二辰埋於土中，上與地平，填以葭莩，並於上端之管口覆以細絲，節氣至則吹灰動穀，小動，則君臣和洽；大動，君弱臣強；不動，君嚴暴也。

　　事實上，「候氣說」，乃是漢代天人感應思潮下的產物，「感應」之意，最早出現於《周易·乾·九五·文言》，其曰：「同聲相應，同氣相求。」〔註 111〕《莊子·漁父》亦言：「同類相從，同聲相應，固天之理也。」《淮南子·覽冥訓》亦有「物類之相應」、「陰陽同氣相動」等說法。物類之間的相互感應，主要源於「氣同則合」的原理，而此自受陰陽五行觀之影響，律管所以能測候節氣，乃是長期歷史文化積澱的結果，從先秦之省風聲占說，結合漢代天人感應之興起，最終產生「候氣說」，此可視爲當時的人，爲了取得天、地、人和諧之道的一種直觀認識方法，而將律曆之數視爲天地之道。Bodde Derk便指出，中國的宇宙觀，乃是一種和諧功能的有機體，由大量的物體、特性及力量所組成，雖然它們皆爲異質性的存在，但藉由將其歸類於一種或許多不同的範疇之下，構成了連貫性的模式，而其中最令人好奇的世界觀之體現即是「候氣說」。〔註 112〕在此一系統之中，音律與節氣、晷影、政治分屬不同的範疇，彼此爲異質性的存在，然而卻又密切相關，這種關係的產生，乃是以「氣」爲中介，透過物類相召的原理所產生的一種整體性的宇宙觀。

二、「候氣說」之發展

　　依據史料，最早提出「候氣」一說者，乃西漢之京房。《後漢書·律曆志》上引京房《律術》曰：「截管爲律，吹以考聲，列以物氣，道之本也。」此處已有以管候氣的說法，由於京房律學在東漢時已失傳，因此這一段話極有可能是出自京房自撰，而司馬彪之《續漢志》乃在此一基礎上撰述。Bodde Derk

---

〔註 111〕王弼韓康伯注、孔穎達等疏，《周易正義》，卷一，〈乾卦〉，頁 43。

〔註 112〕Bodde Derk. "The Chinese Cosmic Magic Known as Watching for the Ethers". *Essays on Chinese Civilization.* NJ:Princeton University Press1981.pp351～352.

亦以爲京房與候氣之起源頗具關連性。〔註113〕接著，有關候氣的說法，乃是鄭玄《禮記‧月令》注中言「律中大蔟」之文字，其曰：「律，候氣之管，以銅爲之。中，猶應也。孟春氣至則大蔟之律應，應謂吹灰也。」〔註114〕鄭玄以銅爲律管之材質，而太簇律則與孟春氣相應，二者一旦相應，則管內的葭莩灰就會飛散。第三，乃是蔡邕之《月令章句》，其言：

> 上古聖人本陰陽，別風聲，審清濁，而不可以文載口傳也。於是始鑄金作鍾，以生十二月之聲，然後以效升降之氣。而鍾難分別不可用，乃截竹爲管謂之律，律者，清濁之率法也。聲之清濁以律管長短爲制。太簇正月之律清濁與太簇鍾律相應，以法爲室三重，户閉塗釁必周，密布緹縵室中。以木爲案，每律各一案，内庫外高，從其方位，加律其上。以葭灰實其端，其月氣至則灰飛而管通。〔註115〕

蔡邕的記載，可以說是候氣說最初的原型。其以爲，聖人本諸陰陽之理來辨別地氣之升降清濁，然而此一原理，又難以透過文載口傳來表達，所以乃截竹爲管，以律管來反映清濁之法。至於律管究竟如何來反映陰、陽之氣？沈括在《夢溪筆談》中提到：

> 乃埋律琯，皆使上齊，入地則有淺深。冬至陽氣距地面九寸而止，唯黃鐘一琯達之，故黃鐘爲之應。正月陽氣距地面八寸而止，自太簇以上皆達，黃鐘、大呂先已虛，故唯太簇一律飛灰。如人用鍼徹其經渠，則氣隨鍼而出矣。〔註116〕

所謂「陽氣」、「陰氣」，乃是指地下土壤中溫度年變化很小的空氣。土壤和地面附近的空氣在不斷進行熱量交換。白晝，尤其是夏季，土壤將來自於太陽輻射的部份熱量以傳導方式向土壤深層傳送。夜晚，尤其是冬季，土壤中的熱量乃是從深處向上傳送至表層，然後再輸送給地表上的空氣層。由於冬季土壤中的空氣比起地表附近的空氣較爲濕熱，所以稱爲「陽氣」。反之，夏季土壤中的空氣則顯得既冷又重，故名「陰氣」，所謂「冬至一陽生，夏至一陰

〔註113〕Bodde Derk. "The Chinese Cosmic Magic Known as Watching for the Ethers". *Essays on Chinese Civilization*.p372.
〔註114〕鄭元注、孔穎達等正義，《禮記注疏》，卷十四，〈月令〉，頁700。
〔註115〕馬國翰輯，《玉函山房輯佚書》（第二冊），台北：中文出版社，1990年，頁928。
〔註116〕沈括著，《夢溪筆談》，卷七，〈象數一〉，北京：中華書局，1985年，頁91。

生。」〔註117〕即為此理。因此沈括以「陽氣」說來解釋不同律管管長之對應，實有其科學上的根據，而此亦即蔡邕在《月令章句》中所言「律管可效升降之氣」之意。其次，蔡邕認為，「冬至陽氣以法為室三重，戶閉塗釁必周，密布緹縵室中」，說明「候氣」的環境必須在一密不通風的室內，不可有外界氣流的干擾，才能進行。至於律管的排列方式，蔡邕提出「以木為案，每律各一案……加律其上」的說法，說明律管並非埋於地下，而是放置於木案上，按十二辰位排成圓形，蘇夔《樂志》中即言：「候氣者，舊說密室中，依辰埋管，云齊管端，以輕薄紗穀覆之。」〔註118〕顯然是依十二辰來排律管。而律管的管端乃是「以葭灰實其端」，即以蘆葦管莖內層的薄膜，燒製成灰，用以驗氣，然此葭莩灰究竟是置於律管上端或律管下端，則無可得知。最後，當相應的節氣一到，則律管內的葭莩灰便會飛散。

史書上第二段有關「候氣說」較為詳盡的記載，則是《後漢書·律曆志》，文曰：

> 夫五音生於陰陽，分為十二律，轉生六十，皆所以紀斗氣，效物類也。天效以景，地效以響，即律也。陰陽和則景至，律氣應則灰除。是故天子常以日冬夏至御前殿，合八能之士，陳八音、聽樂均、度晷景、候鍾律、權土灰、效陰陽。冬至陽氣應，則樂均清、景長極、黃鍾通、土灰輕而衡仰。夏至陰氣應，則樂均濁，景短極，蕤賓通、土灰重而衡低。進退於先後五日之中，八能各以候狀聞，太史封上。效則和，否則占。候氣之法，為室三重；戶閉，塗釁必周，密布緹縵。室中以木為案，每律各一，內庳外高，從其方位，加律其上；以葭莩灰抑其內端，案曆而候之。氣至者灰動。其為氣所動者其灰散，人及風所動者其灰聚。殿中候，用玉律十二。惟二至乃候靈臺，用竹律六十。候日如其曆。

大體上，司馬彪仍是採取律管與節氣相應的說法，所以其言「陰陽和則景至，律氣應則灰除。」冬至對應黃鍾，夏至對應蕤賓。其候氣思想與蔡邕之說，並無太大差異，然《後漢書·律曆志》在《月令章句》之外，又另有補充：1、陰陽二氣原本產生十二律，然因十二律相生至仲呂時，仲呂無法返回始發律—

〔註117〕鄭元注、賈公彥疏，《周禮注疏》，卷二十二，〈大司樂〉，頁949。
〔註118〕武則天撰，《樂書要錄》，卷六，〈審飛候〉，台北：台灣商務印書館，1966年，頁58。

黃鍾，所以京房繼續推衍至六十律，此乃《後漢書‧律曆志》在論及律制問題時，比《月令章句》更進一步之發展。同時，京房推衍此六十律時，不僅具有音律上的意義，其甚至欲以六十律替代干支計日，因此司馬彪在《後漢書‧律曆志》中所錄之京房六十律，便附有各自代表的日數。〔註119〕2、候氣的地點有二，一為「殿中」，即「御前殿」，一為「靈臺」，乃望雲物之高臺。〔註120〕在「殿中」候氣時所使用的律管為「玉律」，按月候氣。而在「靈臺」候氣時所使用的律管則為「竹律六十」，其非按月候氣，而是「候日如其曆」。3、依據「其為氣動者其灰散，人及風所動者其灰聚」的說法，認為灰散乃是由氣流的流動所引起，而灰聚則是由人與風動引起，可以藉由葭莩灰的狀態來判斷其為氣動或為人所動。這些補充說法，乃是《後漢書‧律曆志》在《月令章句》之外，更為詳盡的說明，《晉書‧律曆志》所論之「候氣」，可說承此而來，但有一些更為細節的說明，例如文中提到楊泉記云：「取弘農宜陽縣金門山竹為管，河內葭莩為灰。」此乃從楊泉《物理論》所出。由於《物理論》已佚，文中所提及之處，乃見載於《太平御覽‧時序部》及《藝文類聚‧歲時部》，〔註121〕文曰：

> 聽清濁五聲之和，然後制為鍾律，取宏農宜陽縣金門山竹為律管，
> 河內葭為灰，可謂同氣。

此外，清人馬國翰所輯的《梅子新論》一卷，亦言：

> 梅子曰：宏農宜陽縣金門山竹為律管，河南葭莩以為灰，可以候氣。
> 取灰實管端，置之深宮，覆以緹幕，勿令見風，日節至則灰飛管通
> 矣。〔註122〕

依據馬國翰之考證，梅子應為晉人。其於《梅子新論》中按語曰：「按御覽卷四十二引阮籍《宜陽記》曰：金門山之竹堪為笙管。然則楊泉及梅子所稱皆述阮籍語也。」〔註123〕可見以「宏農宜縣金門山竹為律管，河南葭莩以為灰」之說，應起於晉代。由此可以發現，及至晉代，律管所使用的材料，已統一

〔註119〕司馬彪撰，《後漢書志》第一，〈律曆〉上，頁3003～3014。
〔註120〕《後漢書‧章帝紀》云：「登靈臺，望雲物。」
〔註121〕《太平御覽》，卷十六，台北：新興書局，1959年，頁7。《藝文類聚》，卷五，台北：新興書局，1960年，頁8。
〔註122〕馬國翰輯，《玉函山房輯佚書》（四），〈梅子新論〉，台北：中文出版社，頁2649。
〔註123〕馬國翰輯，《玉函山房輯佚書》（四），〈梅子新論〉，頁2649。

為竹，且須以「弘農宜陽縣金門山」所產之竹方可，可見其在品質上的講究。
其次，提出另一種說法，「或云以律著室中，隨十二辰埋之，上與地平，以竹
莩灰實律中，以羅縠覆律呂，氣至吹灰動縠。」說明律管位置由擺放在木案
上改為埋在地下，而管口乃是「上與地平」，再將葭莩灰填充於律管中，並以
細絲覆蓋管口，節氣一至，便吹灰動縠。最後，將氣之流動與政治人事相結
合，其言：「小動為和；大動，君弱臣強；不動，君嚴暴之應也。」此一說法，
亦可見諸於熊安生之《禮記義疏》，文曰：

> 案吹灰者，謂作十二律管，於室中四時位上埋之。取蘆莩燒之作灰，
> 而實之律管中，以羅縠覆之，氣至則吹灰動縠矣。小動為氣和，大
> 動為君弱臣強、專政之應，不動為君嚴猛之應。〔註124〕

文中除了說明埋管位置、飛灰質料以及製作方法之外，更將「氣」與現實人
事關係做了結合，董仲舒曾於《春秋繁露・王道篇》中說道：「王正，則元氣
和順，風雨時，景星見，黃龍下，王不正，則上變天，賊氣並見。」〔註125〕
透過天人感應來說明自然現象與政治狀況，此處的說法，可視為對董仲舒的
觀點，進一步之延伸。Bodde Derk 即指出，晉代「候氣說」的哲學意義，乃
是在氣的運動及人類政府之間，存在著相互之關連，這是中國信仰的自然發
展，即在人類與自然世界中有一種交互關係。〔註126〕

三、「候氣說」之詮釋與評價

按《隋書・律曆志》上的說法：「魏代杜夔，亦制律呂，以之候氣，灰悉
不飛。」〔註127〕顯然，杜夔的候氣是失敗的，葭莩灰並未與節氣產生對應之
關係。而歷來有關「候氣」的各種實證、詮釋或評價，亦是眾說紛紜、莫衷
一是。明中葉以後，王廷相、劉濂、季本、邢雲路、祝允明、朱載堉等，皆
質疑候氣說，例如朱載堉在《律學新說》中即曰：

> 夫候氣乃荒唐之所造，人聽無憑據之中聲，舍累黍無一定之法
> 度。……近世迷者，反從而善之，何哉？或問：畫工貌物，孰易孰

〔註124〕熊安生，《禮記義疏》，卷二，〈月令第六〉，參見馬國翰輯，《玉函山房輯佚書》
（第二冊），頁 1061。

〔註125〕鍾肇鵬主編，《春秋繁露校釋》，山東：山東友誼出版社，1994 年，頁 155。

〔註126〕Bodde Derk. "The Chinese Cosmic Magic Known as Watching for the Ethers".
Essays on Chinese Civilization. p359.

〔註127〕魏徵等撰，《隋書》，卷十六，〈律曆〉上，台北：鼎文書局，1980 年，頁 395。

難？答曰：鬼神易，犬馬難。何故？貌物欲其似也，鬼神無證故易，
犬馬有證故難。夫律家累黍制管，犬馬之類也；候氣審音，鬼神之
類也。〔註 128〕

清允祿、張照等亦在《律呂正義後編》中強烈批判曰：

未有驗於古不驗於今，殆昔人之主，忽視律數，而以付之有司，未
嘗親加實驗，史亦仍其舊文以相傳，而不知其誤也。如或偶有一驗，
而非古人之常，則事屬渺茫而益不足以爲據矣。〔註 129〕

戴念祖則提出，20 世紀尚有人相信候氣。或許，是由於《後漢書·律曆志》
關於候氣方法的描述中那種所謂閉室、所謂葭莩灰聚散現象，在不問究竟而
稍有皮毛近代科學知識的人看來，確實頗有迷惑性。有些人將京房的候氣密
室想像爲近代科學實驗室，將「灰散」想像爲「孔脫管」（Kundt' stuber）實驗
中的波節與波腹。在錯誤地標點與理解《後漢書·律曆志》有關文字之後，
有人將候氣看做是「最古老、最偉大的物理共振實驗」；又有人將其中「灰飛」、
「灰散」現象看做是引力波存在的證據；而在 20 世紀初時，鄭覲文和近年都
有人做候氣實驗而成功，這些見解，皆甚爲可怪。〔註 130〕

　　然而，就肯定「候氣說」的研究者而言，鄭覲文於 1926 年仲冬，依古人
之法做了一次實驗，而引起時人關注。其於《中國音樂史》中曰：

余於民國十五年冬至日，試於上海大同樂會而驗。用三分徑口之竹
管，自七寸七分（裁衣尺）至八寸九分相距二分一管，共六管。因
無葭灰，用通草切爲細末塗管尾，置空室內桌上，首端稍昂。過一
夜視之，八十一分之管通草末全去，餘八寸三分之管則去則半，八
寸一分之管則去三分之一。此外均未動。雖不足據爲定法，亦可驗
之一證也。〔註 131〕

此爲近世的一次候氣法實驗，顯然成功地驗證了此說。

　　而劉道遠於〈中國古代十二音律釋名及其與天文曆法的對應關係〉一文

〔註 128〕朱載堉撰，《律學新說》，頁 115。

〔註 129〕《欽定四庫全書薈要·子部·御製律呂正義後編》，卷一百二十，〈飛灰〉，台
　　　　　北：世界書局，1988 年，頁 274～648。

〔註 130〕戴念祖著，《中國物理學史大系·聲學史》，頁 424。

〔註 131〕轉引自唐繼凱，〈中國古代天文曆法與律呂之學──中國傳統律呂之學及律曆
　　　　　合一學說初探〉，《交響──西安音樂學院學報》，2000 年 9 月，第 19 卷第 3
　　　　　期，頁 25。

中，即試圖從地球物理學的角度來說明「候氣說」。劉氏指出，二十四節氣本身，是地球圍繞太陽公轉軌道上的二十四個等分點，而根據開普勒定律，行星圍繞太陽公轉呈橢圓形軌道運行，因此，地球北半球的冬至點，恰好是公轉軌道上的近日點，而北半球的夏至則為遠日點。因此地球與太陽之間的距離，乃是處於周而復始的變化之中。然而，就太陽與地球本身而言，距離的變化會導致引力大小的變化。牛頓萬有引力學說指出，行星受到指向太陽的引力與距離的平方成反比，即 $f=C/r^2$。如果從振動和波的角度上看，地球做為一個受迫振動的系統，它的振幅大小直接與週期性變化的太陽引力相關，同時，地球又是一個不同質量的物質組合體，由大陸板塊、大地、海洋、地核等組合而成，而引力的變化，會導致地球各個子系統的振幅大小呈現週期性變化。因此，如果自然中週期性變化的某種頻率接近或者與律管本身的固有頻率重合時，律管的內部就會發生共振現象。此刻，律管中的輕灰就在這種現象中散除了，此即候得「真元之氣」。〔註 132〕唐繼凱亦肯定了劉道遠的說法，認為「候氣說」乃是古人不知萬有引力一說，而從樸素的觀察歸納中，發現萬物消長之規律有著年復一年的雷同性，因而在當時的歷史條件下，把它歸之為陰陽二氣的消息，而最能體察陰陽二氣消息的，正是用來候氣定音的律管。從這個意義上說，律管確定天文觀察中一件最普通且實用的工具。從科學的角度看，這僅僅是一個普通的物理現象，而古人限於當時的歷史條件及認識水平，給它加上了種種神祕的說法。〔註 133〕

　　以上乃是對於「候氣法」的各種詮釋觀點，但本文以為，姑且不論其實證的成敗如何，如果回歸到中國的思維方式來待此一問題，或者，會產生一種新的體會，而毋須糾葛於實驗的成敗之中，李約瑟於〈中國科學之基本觀念〉一節中曾言：「……事實上中國古代和傳統的思想系統，是否僅系迷信或僅系一種的『原始思想』，或者它是否有些內容，是中國文明的獨特產物。」〔註 134〕這確實是一個值得思考的問題。李氏曾以「關聯式的思考」（coordinative thinking）來說明陰陽五行的思維方式。其以為，這一種直覺的聯想系統，有它自己的因果關係以及自己的邏輯。關聯式的思考方法絕不是迷信或原始迷

〔註 132〕劉道遠，〈中國古代十二音律釋名及其與天文曆法的對應關係〉，《音樂藝術》，1988 年 9 月，第 3 期，頁 15～16。

〔註 133〕唐繼凱，〈中國古代天文曆法與律呂之學——中國傳統律呂之學及律曆合一學說初探〉，《交響——西安音樂學院學報》，頁 25。

〔註 134〕Needham Joseph 著、陳立夫譯，《中國之科學與文明》（第二冊），頁 463。

信，而是其自己獨特的思想方式，此與歐洲科學特有的思想方式「從屬式的思考」（subordinative thinking）互相對比，此種「從屬式」的思考方式偏重於事物外在的因果關係。在「關聯式的思考」中，概念與概念之間並不互相隸屬或包涵，它們只在一個「圖樣」（pattern）中平等並置；至於事物之相互影響，亦非由於機械的因之作用，而是由於一種「感應」（induction）。符號間之關聯或對應，都是一個大「圖樣」中的一部份。萬物之活動皆以一特殊的方式進行，它們不必是因為前此的行為如何，或由於他物之影響；而是由於其在循環不已之宇宙中的地位，被賦與某種內在的性質，使它們的行為，身不由己。如果它們不按這些特殊的方式進行，便會失去其在整體中之相關地位，而變成另一種東西。所以萬物之存在，皆須依賴於整個「宇宙有機體」而為其構成之一部份。它們之間的相互作用，並非由於機械性的刺激或機械的因，而是出於一種神祕的共鳴。李約瑟並且認為，董仲舒乃是將此觀念詮釋得最好的例證，《春秋繁露‧同類相動》中曰：

> 今平地注水，去燥就濕。均薪施火，去溼就燥。百物其去所與異，
> 而從其所與同。故氣同則會，聲比則應，其驗皦然也。試調琴瑟而
> 錯之。鼓其宮則他宮應之，鼓其商而他商應之。五音比而自鳴，非
> 有神，其數然也。

李氏認為，董仲舒利用聲的共振現象來說明他的實驗，這是非常有趣的。此種說明，可以令那些不懂得聲波的人也能心悅誠服，同時又證明了他的主張，即宇宙內屬於同類的事物皆可相互感應。這種看法並非渾沌未開的思想，以為任何事物皆可相互影響，而是主張萬物皆密切地結合在一起而各成為宇宙的一部分，但只有同類的事物才能影響同類的事物。〔註135〕

　　從這個角度來看，音律與天文、地理、政治、人事之相互關連，原就非一從屬、因果式的思考，而是一關連式的思維模式，在這個模式中，透過「氣」來相互感應，尋求一種人、事、物之間的彼此和諧，誠如 Bodde Derk 所指出的，陰陽學說在中國的極大成就，顯示出中國人是要在宇宙萬物之中，尋出基本的一統與和諧，而非混亂與鬥爭。〔註136〕如果從歐洲科學的因果思維來看，「候氣說」也許荒謬可笑，李約瑟曾提到 Levy-Bruhl 將中國人和印度人的宇宙圖象，視為典型的原始思想。Levy-Bruhl 認為，就原始的心智而言，每一

〔註135〕Needham Joseph 著、陳立夫譯，《中國之科學與文明》（第二冊），頁 465～467。
〔註136〕Needham Joseph 著、陳立夫譯，《中國之科學與文明》（第二冊），頁 460。

件事皆是奇蹟，或者應該說：沒有一件是奇蹟；因此，每一件皆可相信，沒有一件是荒謬或不可能。沒有邏輯素養的人，原就體會不出邏輯上和物理上的荒謬性。他們會認為每一件事物皆可做為其他任何事物的「因」。因此，將中國人的思維模式視為「原始思維」。然而，李約瑟認為，中國人之關聯式思考或聯想式思考的概念結構，與歐洲因果式或法則式的思想方式，在本質上根本就不同。它沒有產生出十七世紀那種理論科學，並不構成說它是「原始的」理由。同時，他提出了「有機哲學」的概念來說明中國的宇宙觀。其以為，中國的宇宙，是一個極其嚴整有序的宇宙，在那裡，萬物「間不容髮」地應合著。但這種有機宇宙的存在，並不是由於至高無上的造物者之諭令，也不是由於無數球體的撞擊。它的存在無需依賴於「立法者」，而只由於意志之和諧。〔註137〕此處，其對「意志之和諧」中之「意志」，未有更進一步的說明，但可視為對「和諧」的某種預設。如果從這個角度來看「候氣說」，而非以歐洲科學的因果關係來看待之，似乎更能彰顯中國人透過氣、陰陽、感應等概念，所欲追求天人合一的「和諧」精神。

小　結

　　透過前文之演繹，可以發現，古人對音樂的思考，始終與風、氣、陰陽、五行密切相關。而這樣的音樂觀，可說根源於中國以農立國的農業文化，由於農事的進行必須依循日月星辰、四時節令的運行規律，而此一運行規律又是由「氣」的變化所支配，因此，天文、曆法、地理、四時、天地萬物等便被統合在「氣化和諧」的整體性框架中來思考。在此一框架中，音律的產生，亦與農事的進行有關，由於古代科學尚不發達，而古人卻發現四季風向的變化會影響律管的音高，因此乃藉律管來測候風氣以行籍田禮，故有「以音律省土風」的說法。

　　隨著氣化宇宙論及陰陽五行學說的發展，古人乃將「氣」視為音律的本原，認為藉由每月風氣的聚合乃能產生不同的十二律，故有所謂「大聖至理之世，天地之氣合而生風，日至則月鐘其風，以生十二律。」（《呂氏春秋‧季夏紀‧音律》）的說法。同時，又將五聲與十二律與陰陽五行結合起來，以五聲對應五行，十二律對應陰陽，藉此來反映萬物生長之變化，例如《漢書‧

〔註137〕Needham Joseph 著、陳立夫譯，《中國之科學與文明》（第二冊），頁 471～476。

律曆志》所言：「商爲言章也，物成孰可章度也。角，觸也，物觸地而出，戴芒角也。宮，中也，居中央，暢四方，唱始施生，爲四聲綱也。徵，祉也，物盛大而繁祉也。羽，宇也，物聚臧宇覆之也。」其以位於西方的商音，象徵秋收刈斂之時，爲萬物成熟之極。位於東方的角音，則象徵春回大地、萬物觸地而出。位於中央的宮音，統領四方，唱始施生，爲四聲之綱領。位於南方的徵音，則象徵萬物盛大繁茂之狀。而位於北方的羽音，則象徵萬物聚藏宇覆之意，說明五音不僅具有音聲的意義，還包含了宇宙萬物的盛衰交替。此外，《漢書‧律曆志》並以「律」爲統氣類物，「呂」爲旅陽宣氣，將律呂視爲具有統攝陰陽的功能。

　　既然音律源於陰陽，而陰陽又是天地之道，因此，《禮記‧樂記》即曰：「大樂與天地同和。」其以音樂的和諧乃是宇宙和諧的反映，薩克斯‧庫特（Sachs Curt）在《比較音樂學》中即指出：「在古代亞細亞高度文化的精神裡，所謂音樂的作用，決不是純音樂的，而是反映宇宙關係的一面鏡子。」〔註138〕音律與宇宙四季的運行、空間方位的配合，一方面是宇宙精神的呈現，一方面又是宇宙秩序的藍圖。而這樣一種重視整體與和諧的思維模式，乃形成了中國音樂追求天人合一的境界。宗白華即言：「春夏秋冬配合著東南西北。這個意識表現在秦漢的哲學思想裡。時間的節奏（一歲十二月二十四節）率領著空間方位（東南西北等）以構成我們的宇宙。所以我們的空間感覺隨著我們的時間感覺而節奏化了、音樂化了。……一個充滿音樂情趣的宇宙（時空合一體）是中國畫家、詩人的藝術境界。」〔註139〕宇宙自然中的季節遞嬗猶如音樂中的節奏，而五音所象徵的萬物盛衰即是宇宙精神的體現，可見音樂與宇宙乃是合爲一體，以「和諧」爲其本質，此即《禮記‧樂記》所言：「陰陽相摩，天地相盪，鼓之以雷霆，奮之以風雨，動之以四時，煖之以日月，而百化興焉。如此，則樂者天地之和也。」音樂的律動即是宇宙的律動，音樂的精神包含了風雨、四時、日月運行及萬物興衰於其中，直透著宇宙流行的生命節奏，因此，方東美即指出，中國藝術的通性，乃在表現盎然的生意，它是玄學性重於科學性，科學在其實際歷程中，是把握分析的原則，來勾劃各種自然現象的細密結構，據以導出最後綜合的可能性；但是，玄學從一開

〔註138〕Sachs Curt 著、林勝儀譯，《比較音樂學》，台北：全音樂譜出版社，1982 年，頁 15。
〔註139〕宗白華著，《美學散步》，上海：上海人民出版社，1999 年，頁 106。

始，就是以廣大和諧的原則來玄覽一致性，中國哲學家特別是如此。中國的藝術家尤擅於馳騁玄思，在創作中宣暢氣韻生動的宇宙機趣，所以他們透過藝術品所要闡述的，正是對宇宙之美的感受。〔註140〕此一說法，正精確地說明《晉書‧律曆志》以「氣」爲音樂本原之緣由，由於此一宇宙意識，中國的音樂乃呈現出一種和諧廣大、生氣盎然的宇宙機趣。

〔註140〕方東美著，《中國人生哲學》，台北：黎明文化事業股份有限公司，2005 年，頁 289～290。

第三章　論《晉書‧律曆志》之律制

前　言

　　古人以「氣」爲音樂之本原，而陰陽之氣的消長，又有一定的規律性，這種規律性，藉由數的運算來進行，乃是人類思想發展到一定階段時的必然結果，《呂氏春秋‧知分》即言：「凡人物者，陰陽之化也。陰陽者，造乎天而成者也。天固有衰嗛廢伏，有盛盈坌息。人亦有困窮屈匱，有充實達遂。此皆天之容、物理也，而不得不然之數也。」陰陽之氣的盈虛，有一種必然性，這種必然性即是「數」，而將此種概念反映在音樂上，即是對音律的重視。所謂「律」，即是指樂音的音高標準以及樂音的法則或規律。〔註1〕就「律」做爲音高標準而言，與尺度密切相關，故伶州鳩曰：「律所以立均出度也。」（《國語‧周語》下）「立均」指確立音階中之律高，而「出度」則爲律高的弦長比例。音高標準之重要性，主要牽涉到音準的問題，因爲無論是獨奏或合奏，若缺乏音準的條件，則音樂皆難以入耳，而古代音樂又擔任祀神的角色，更不能使音準有所偏差，因此伶州鳩曰：「凡人神以數合之，以聲昭之。數合聲和，然後可同也。」（《國語‧周語》下）所謂「數合聲和」，即說明了對音律之重視。

　　由於音律的產生往往經過嚴密的計算，因此又與度量衡相關，故朱載堉於《律學新說》序中即言：「歷代群儒言律呂者不過四法：一曰長短之形，二

〔註1〕 丹青藝叢編委會編，《中國音樂詞典》，台北：丹青圖書有限公司，1986年，頁10。

日容受之積，三曰審音，四曰候氣。以理論之，長短之形，律之本也。是故有定形而後有容受之積，有眞積而後發中和之音，有正音而後感天地之氣。」〔註2〕因此音律的計算，就是在於計算管長或弦長的比例，唯有正確的比例，才能有正確的音準，而一旦音準精確無誤，才能發出「中和之音」而與天地之氣相通感，此可說是中國音樂觀之特色。但關於音樂與「氣」之關係，前文已經論述，不再重覆。

本章在此，主要針對《晉書‧律曆志》中的律制文獻，結合現代聲學的研究方式來進行剖析。其中，首要探討的議題，乃是荀勗之「笛律」，「笛律」涉及了一系列相關的音律理論，如尺度、律制、管口校正、調式等問題。然而，荀勗製笛除了涉及音樂內部的理論之外，又與漢末以來的音樂發展密不可分，因此，在第一節的部份，即就荀勗定律的歷史背景來加以耙梳。其次，由於標準音之確立又須涉及尺度的問題，因此，第二節的部份，乃就荀勗尺與音律之間的關係進行釐析。接著，在確立標準音之後，即展開生律法之演繹，在《晉書‧律曆志》中，有大量的篇幅，是記載「三分損益律」的流衍與發展，其所述者，雖多為前代之史料，然而，亦有異於前人所說之處，例如關於《呂氏春秋》的生律法，原典的部份並未對於三分損益法的上生下生，給予無明確之界說，因而造成後人解讀上的困難，那麼，《晉書‧律曆志》是如何來論述十二律呂的上生下生？再者，如《淮南子》中有關「應鐘」律的數值，一直是學界爭論的焦點，因此數值之差，便可能產生不同的律制，而《晉書‧律曆志》的看法又是如何？再如《史記‧律書》本身，其所提出「生鐘分」一節的生律法及「律數」一節的生律法，便對「蕤賓」一律是否該「重上生」的問題彼此矛盾，同時，《史記‧律書》在「律數」一節下所標出的音名與律名之間，亦完全不合三分損益法，那麼《晉書‧律曆志》又如何看待這些問題？至於《後漢書‧律曆志》中所提及的「京房六十律」，此究竟是管律或弦律？以上種種，都是本章探索的焦點，因此，在第二節的部份，本文一方面以《晉書‧律曆志》中所載之原典中的律制為主要軸線，來說明律制的發展，一方面又透過《晉書‧律曆志》的說法與原典加以比對，來探討《晉書‧律曆志》與前代史料的同異之處。

其次，在第三節的部份，直接探討荀勗之「笛律」，「笛律」乃是在三分損益律的基礎上，透過「管口校正」之數，找到了氣柱與管長之間的差距，

〔註2〕 朱載堉撰，《律學新說》，北京：人民音樂出版社，1997年，頁1。

使管樂器在製作過程中，能準確地找到宮音開孔位置，解決其音準問題。因而在本節，主要透過荀勗的實際製作，來印證三分損益律在笛上的使用，藉以了解荀勗如何利用上生下生之法，找到每一支笛的音孔位置，且由荀笛之曲調，了解何謂「同均三宮」，藉此考察唐代俗樂調的來源。

第一節　荀勗定律之緣起

在晉代，有關律學上的重要議題，即是荀勗制定「笛律」一事。由於音律的釐定，牽涉到尺度、音準、生律法、音均等問題，因此各個朝代，首先皆要確立黃鐘的標準音高，以做為音樂表現的基礎，然而，定律一事，不僅涉及到樂理內部的問題，同時亦與音樂史的發展過程密切相關，晉泰始十年，中書監荀勗之所以要制定「笛律」，實與漢末以來雅樂俗樂之間的交互影響，有著一定的關連，按《晉書・樂志》上所言：

> 漢自東京大亂，絕無金石之樂，樂章亡缺，不可復知。及魏武平荊州，獲漢雅樂郎河南杜夔，能識舊法，以爲軍謀祭酒，使創定雅樂。時又有散騎侍郎鄧靜、尹商善訓雅樂，歌師尹胡能歌宗廟郊祀之曲，舞師馮肅、服養曉知先代諸舞，夔悉總領之。遠詳經籍，近採故事，考會古樂，始設軒懸鍾磬。而黃初中柴玉、左延年之徒，復以新聲被寵，改其聲韻。及武帝受命之初，百度草創。泰始二年，詔郊祀明堂禮樂權用魏儀，遵周室肇稱殷禮之義，但改樂章而已，使傅玄爲之詞云。

從這一段話來看，自漢末以來，戰亂頻仍，金石之樂斷絕，樂章亡佚，因此魏武乃任用能識舊法之杜夔，並總領鄧靜、尹商、尹胡、馮肅、服養等人，由此開始進行恢復雅樂的工作。然而，及至黃初中，柴玉、左延年等人，以「新聲被寵、改其聲韻」，逐漸將民間新聲引入宮廷之中，而導致音韻聲調開始出現變化，因而形成俗樂與雅樂之間，一種彼此消長、交互迭起的關係，例如《三國志・魏書・杜夔傳》即言：

> 黃初中，爲太樂令、協律都尉。漢鑄鐘工柴玉巧有意思，形器之中，多所造作，亦爲時貴人見知。夔令玉鑄銅鐘，其聲均清濁多不如法，數毀改作。玉甚厭之，謂夔清濁任意，頗拒捍夔。夔、玉更相白於太祖，太祖取所鑄鐘，雜錯更試，然知夔爲精而玉之妄也，於是罪玉及諸子，皆爲養馬士。文帝愛待玉，又嘗令夔與左騧等於賓客之

中吹笙鼓琴，夔有難色，由是帝意不悅。後因他事繫夔，使騊等就學，夔自謂所習者雅，仕宦有本，意猶不滿，遂黜免以卒。弟子河南邵登、張泰、桑馥，各至太樂丞，下邳陳頏司律中郎將。自左延年等雖妙於音，咸善鄭聲，其好古存正莫及夔。

在這一段話當中，凸顯了二個事實：第一，雅樂自杜夔以後，有逐漸式微的趨勢。第二，從杜夔與柴玉對鑄鐘一事的態度來看，顯示了重理論的樂官與重實用的樂工對音律理論的不同看法。首先，就第一點而言，《三國志・魏書・杜夔傳》曾曰其「善鐘律，聰思過人，絲竹八音，靡所不能。」並以「紹復先代古樂」為職志，可見其在音律理論上的了解極為精到。因此，當杜夔與柴玉對於鑄鐘一事產生爭端時，魏武取柴玉所鑄之鐘來測試，確認杜夔為精，而柴玉為妄。然及至魏文帝時，嘗令杜夔於宴客之中吹笙鼓琴，而杜夔卻面有難色，由是引起帝之不悅而被罷黜，使雅樂漸呈式微之勢，加上左延年等人，又「咸善鄭聲，其好古存正莫及夔」，將杜夔所傳雅樂之曲，逕自更改，而使音聲迥異，《晉書・樂志》上即曰：

杜夔傳舊雅樂四曲，一曰《鹿鳴》，二曰《騶虞》，三曰《伐檀》，四曰《文王》，皆古聲辭。及太和中，左延年改夔《騶虞》、《伐檀》、《文王》三曲，更自作聲節，其名雖存，而聲實異。唯因夔《鹿鳴》，全不改易。每正旦大會，太尉奉璧，群后行禮，東廂雅樂常作者是也。後又改三篇之行禮詩。第一曰《於赫篇》，詠武帝，聲節與古《鹿鳴》同。第二曰《巍巍篇》，詠文帝，用延年所改《騶虞》聲。第三曰《洋洋篇》，詠明帝，用延年所改《文王聲》。第四曰復用《鹿鳴》。《鹿鳴》之聲重用，而除古《伐檀》。及晉初，食舉亦用鹿鳴。

在杜夔所傳的雅樂四曲中，左延年只保留了《鹿鳴》一曲，至於《騶虞》、《伐檀》及《文王》三曲，則保留其曲目之名，但對於音樂的內容，乃是自作聲節、其聲實異。由此可見，雅樂至此，實已幾近名存實亡，其中不僅融入了俗樂鄭聲，更有左延年個人所創作的聲節於其中。

其次，就杜夔與柴玉的爭論看來，杜夔以柴玉所鑄之銅鐘，其「聲均清濁多不如法」，因此乃將之毀棄而改作，但柴玉反而認為是杜夔清濁任意，而頗拒捍夔，不過，據《晉書・律曆志》所言，杜夔本身「精識音韵」，因此有極佳的音準辨識能力，但柴玉以耳辨聲的結果，反而認為杜夔「清濁任意」，二方的說法各執一詞。事實上，柴玉在此所代表的，乃是當時一般樂人演奏

的實際狀況，因為對於樂人而言，往往都是以耳辨音，律學上微小音分值之間的差距，除了少數具有絕佳音感的人以外，很難為一般人耳所分辨。因此，樂律的推衍自然不為所重。但另一方面，樂律理論的制定，又是一切音樂表現的基礎，因為無論是樂器的製造或歌詠講習，皆須以此為準則，音準若是無法校正，就會導致音律上的不和諧。因此，當荀勖詢問列和，何以要制定「笛律」時，列和即曰：「昔魏明帝時，令和承受笛聲以作此律，欲使學者別居一坊，歌詠講習，依此律調。」（《晉書·律曆志》上）唯有標準音高確立之後，才能為各種演唱演奏提供基礎。

由此可以發現，魏晉以來音樂的發展，已是雅樂式微、俗樂流行，尤其黃初以後，柴玉、左延年等人，已將雅樂聲韵完全改易，無論是在鐘律、樂章等各方面，皆已形成「以俗入雅」的局面，而晉承前朝之曲調聲韵，所謂「鼎鼐唯新，前音不改。」（《晉書·樂志》上）因此，在此一情勢之下，以雅樂為正統的荀勖，其首先要做的工作，即是「正律呂」，但由於樂工列和不解音律，僅能以笛之尺寸長短來配合絲竹歌詠，因而促成荀勖定律之緣起，文言：

> 泰始十年，中書監荀勖、中書令張華出御府銅竹律二十五具，部太樂郎劉秀等校試，其三具與杜夔及左延年律法同，其二十二具，視其銘題尺寸，是笛律也。問協律中郎將列和，辭：「昔魏明帝時，令和承受笛聲以作此律，欲使學者別居一坊，歌詠講習，依此律調。至於都合樂時，但識其尺寸之名，則絲竹歌詠，皆得均合。歌聲濁者用長笛長律，歌聲清者用短笛短律。凡絃歌調張清濁之制，不依笛尺寸名之，則不可知也。」（《晉書·律曆志》上）

在荀勖看來，音律必須具備「調律呂，正雅樂」（《晉書·樂志》上）的功能，然而，列和並不了解音律理論，只以「歌聲濁者用長笛長律，歌聲清者用短笛短律。凡絃歌調張清濁之制，不依笛尺寸名之，則不可知也。」如此一來，則笛之長短，無所象則，率意而作，不應律呂，吹其聲均，多不和諧，難以用於宗廟朝廷之上，也無法達到移風易俗、饗神祐賢的目的。因此，荀勖乃進一步與列和探討具體的制笛方式，其曰：

> 「作笛為可依十二律作十二笛，令一孔依一律，然後乃以為樂不？」
> 和辭：「太樂東廂長笛正聲已長四尺二寸，今當復取其下徵之聲。於法，聲濁者笛當長，計其尺寸乃五尺有餘，和昔日作之，不可吹也。又，笛諸孔雖不校試，意謂不能得一孔輒應一律也。」案太樂四尺

二正聲均應蕤賓，以十二律還相爲宮，推法下徵之孔當應律大呂。
大呂笛長二尺六寸有奇，不得長五尺餘。輒令太樂郎劉秀、鄧昊等
依律作大呂笛以示和，又吹七律，一孔一校，聲皆相應。然後令郝
生鼓箏，宋同吹笛，以爲雜引、《相和》諸曲。和乃辭曰：「自和父
祖漢世以來，笛家相傳，不知此法，而令調均與律相應，實非所及
也。」郝生、魯基、种整、朱夏皆與和同。

在荀勗看來，十二律可做十二笛，同時，每一按孔又須對應某律，但列和認
爲，蕤賓正聲的長笛已爲四尺二，再取下徵之聲而爲大呂笛，則五尺有餘，
笛體過長，難以吹奏，而荀勗則指出，大呂笛長「二尺六寸有奇，不得長五
尺餘」，可見荀勗之大呂笛，乃是透過三分損一而生，並非如列和以三分益一
而生。至於荀笛的每一音孔所發出之音，皆能與音律相合，故列和乃云：「笛
家相傳，不知此法，而令調均與律相應，實非所及也。」事實上，列和所言，
可說具體呈現了當時樂人在音樂上的操作實況，因爲對於實際的演奏者而
言，音孔的音律調與不調，或者相應於何聲，並非關注的焦點，只要能了解
不同的樂曲使用不同的指法即可，因此列和製笛，並不按照音律理論而製，
而是令笛工按笛像所製，並取能發聲的笛來演奏，文言：

（荀勗）又問和：「笛有六孔，及其體中之空爲七，和爲能盡名其宮
商角徵不？孔調與不調，以何檢知？」和辭：「先師相傳，吹笛但以
作曲，相語爲某曲當舉某指，初不知七孔盡應何聲也。若當作笛，其
仰尚方笛工依案舊像訖，但吹取鳴者，初不復校其諸孔調與不調也。」
案《周禮》調樂金石，有一定之聲，是故造鍾磬者先依律調之，然後
施於廂懸。作樂之時，諸音皆受鍾磬之均，即爲悉應律也。至於饗宴
殿堂之上，無廂懸鍾磬，以笛有一定調，故諸絃歌皆從笛爲正，是爲
笛猶鍾磬，宜必合於律呂。如和所對，直以意造，率短一寸，七孔聲
均，不知其皆應何律，調與不調，無以檢正，唯取竹之鳴者，爲無法
制。輒部郎劉秀、鄧昊、王艷、魏邵等與笛工參共作笛，工人造其形，
律者定其聲，然後器象有制，音均和協。（《晉書·律曆志》上）

荀勗認爲，笛有六孔，每一音孔皆對應宮、商、角、徵各音，但列和卻指出，
先師傳授吹笛之法時，只有「某曲當舉某指」，至於笛上七孔對應何聲，並無
所知，更不必說音孔的音高調與不調。此一說法，陳述了當時樂人習樂，主
要都是藉由指法來了解樂曲的內容，並不確切知道每個音的音高，而後人爲

了紀錄不同樂曲的指法，才發展出了指法譜，列和此處所言，實已透露出後世指法譜的由來。〔註3〕但另一方面，由於荀勖對於音律理論，十分精熟，因此其引《周禮》所言，認爲製造鐘磬者，首先必須依律調之，而後才施於廂懸，至於作樂演奏時，則各音皆應從屬於鍾磬之均，才能應律。這樣的看法，與列和可說南轅北轍，一者強調理論，一者著重實用。但也正因爲音樂上各種因素的交互作用，才促成荀勖製笛之緣起。

因此，從音樂史的發展來看，荀勖製笛，主要乃是在面對雅樂式微的情況下，爲了扭轉此一情勢，開始正律呂、調音韵，然而，正律呂、調音韵的工作，又牽涉到樂器的製作、生律法的使用等，因此，深諳音律的荀勖，乃試圖透過音律理論來製笛，將三分損益法、管口校正等實際應用於笛律之制定，由此開啓晉代對音律理論的探索。

第二節　《晉書・律曆志》之律制演繹

荀勖之「笛律」，主要乃是在解決如何製造出符合「三分損益律」的笛，然而，製笛首先即須釐定尺度，因爲音律之確立，與「數」及「度量衡」密切相關，在《晉書・律曆志》中即有「審度」一節，探討尺度的問題，尺度愈長，音高愈低，尺度愈短，音高愈高，因此每個朝代，黃鐘音高皆不相同。而按《晉書・樂志》上所云：「泰始九年，光祿大夫荀勖以杜夔所制律呂，校太樂、總章、鼓吹八音，與律呂乖錯，乃制古尺，作新律呂，以調聲韵。」荀勖欲製定新尺的原因，乃是因爲杜夔所用尺度過長，導致律呂乖錯，音律不諧，所以荀勖由確立尺度出發，以做爲黃鐘律的標準。標準音確立後，即是生律法之推衍，而在《晉書・律曆志》中，有大量篇章，乃是針對「三分損益律」的律制、生律法等問題而論，以下，即就此二部份進行探討。

一、荀勖尺

有關荀勖重新制尺以校定音律之問題，歷來有些爭議，其主要被記載於《世說新語・術解》第一條、《晉書・律曆志》以及《宋書・律曆志》等，內容乃是以荀勖令著作郎劉恭依《周禮》制尺，鑄造新律，使之音韻和諧，但

〔註3〕 在中國，琴、瑟、鼓等所用的譜，皆爲指法譜。參見王耀華等著，《中國傳統音樂樂譜學》，福州：福建教育出版社，2006年，頁24。

阮咸卻譏其聲高，後掘地得古銅尺，果長勗尺四分，世人遂以荀勗爲「暗解」，阮咸爲「神解」。文曰：

> 荀勗善解音聲，時論謂之闇解，遂調律呂，正雅樂，每至正會，殿庭作樂，自調宮商，無不諧韻。阮咸妙賞，時謂神解，每公會作樂，而心謂之不調；既無一言直勗。意忌之，遂出阮爲始平太守。後有一田父耕於野，得周時玉尺，便是天下正尺。荀試以校己所治鐘鼓、金石、絲竹，皆覺短一黍。於是伏阮神識。〔註4〕

此文中，有幾個疑點，頗值得商榷。若參照《宋書‧律曆志》之記載，「勗又以魏杜夔所制律呂，檢校太樂、總章、鼓吹八音，與律乖錯。始知後漢至魏，尺度漸長於古四分有餘。夔依爲律呂，故致失韻。」由此可見，後漢至魏的尺度漸長，而杜夔仍依此度律，才造成律呂乖錯、音韻不協，所以荀勗乃依《周禮》重新制定尺度，使尺度變短，以符合周時律制。就律學的角度來看，弦長與頻率乃成反比關係，弦長愈長，則頻率愈低、聲音愈低；弦長愈短，則頻率愈高、聲音愈高。而荀勗以校正後之律尺來演奏，其整體音域變高，乃是合理之事。但值得注意的是，《宋書‧律曆志》言：「咸亡後，掘地得古銅尺，果長勗尺四分。」而《晉書‧律曆志》對此，則持較爲保留的態度，其言：「後始平掘地得古銅尺，歲久欲腐，不知所出何代，果長勗尺四分，時人服咸之妙，而莫能厝意焉。」其以此古銅尺，乃「不知所出何代」。但《世說新語‧術解》第一條則言，荀勗制定新律之後，「後有一田父耕於野，得周時玉尺，便是天下正尺。荀試以校己所治鐘鼓、金石、絲竹，皆覺短一黍。」《晉書‧樂志》上亦繼承《世說新語》的看法，其言：「後有田父耕於野，得周時玉尺，勗以校己所治鐘鼓金石絲竹，皆短校一米，於此伏咸之妙，復徵咸歸。」事實上，此語甚不合理。因爲荀勗之所以要校改律制，就是因漢魏尺度變長，使得律呂不協、音律不調，所以乃將律尺縮短，以符合古尺之長度。倘若誠如文中所言，古尺較勗尺長四分，那麼荀勗又何須大費周章地更改一番？只要沿用杜夔的尺度即可。況且《宋書‧律曆志》亦曾謂「著作郎劉恭依《周禮》更積黍起度，以鑄新律。既成，募求古器，得周時玉律，比之不差毫釐。」此處所言豈不與《宋書‧律曆志》所云：「咸亡後，掘地得古銅尺，果長勗尺四分。」有所出入？而劉注引干寶《晉紀》亦言：

> 荀勗始造《正德》《大象》之舞，以魏杜夔所制律呂，校大樂本音不

〔註4〕 余嘉錫撰，《世說新語箋疏》（下），〈術解〉，台北：華正書局，1991年，頁703。

和。後漢至魏，尺長於古四分有餘，而變據之，是以失韻。乃依《周
禮》，積粟以起度量，以度古器，符于本銘，遂以爲式，用之郊廟。
〔註5〕

此處說明荀勗之律度乃是合於周時尺度，顯見周尺是短於漢魏尺的。否則，
杜夔未做校正時之樂律正是遵循漢魏尺之長度而行，理論上，應當是音律和
諧的，何以會產生音律乖錯的現象？由此亦可推論，若阮咸批評荀勗所訂之
樂律音域過高，難道杜夔之樂律反而比荀勗來得和諧嗎？此中頗有矛盾之
處。因此清代徐養原在〈篷律〉中即言：

> 史志謂勗依《周禮》更積黍起度，以鑄新律。今《周禮》無律度明文，
> 史又稱「阮咸識其聲商，後掘地得古銅尺，果長勗尺四分，時人咸服
> 其妙」。此謬論也。勗以漢魏尺長于古四分有餘，故更鑄新律。令銅
> 尺長四分，則正是漢魏尺。何云「古尺」耶？漢魏尺必不與古尺同。
> 《王制》云：「古者以周尺八寸爲步，今以周尺六尺四寸爲步。」《王
> 制》是漢文帝時所作。「古」謂六國時，「今」謂文帝時也。六尺爲步，
> 古今之通法。六國之六尺，在周尺爲八尺。漢之六尺，在周尺爲六尺
> 四寸，是漢尺長於周尺六分有奇。東京之初漸小，以後又漸大。勗減
> 魏尺四分有餘，雖未必與古尺脗合，所差當亦無幾。〔註6〕

由此可見，史志上之記載，本身便有相互矛盾之處，但若按照徐養原的說法，
將「古銅尺」視爲漢魏尺，因此長於勗尺四分有餘，則各史志中的諸種疑點
皆可獲致澄清；同時，透過荀勗之校定律制，使尺度縮短，而提高整個笛律
的音域，此乃是音樂實踐中的常態，也是十分易於分辨的事，並無任何神妙
的作用，因此，若依此即斷定荀勗爲「暗解」，阮咸爲「神解」，恐有失公允
之處。黃翔鵬即以爲，荀勗「據以制定的『黃鍾』律 g^1，曾因阮咸『譏其聲
高』，遭《文心雕龍》指責，實則荀、阮之見各取古代一時一地爲據。荀勗此
舉的意義不在音高標準的絕對可靠（自古黃鍾律非一成不變），而在于他的考
古方法下，下啓南朝祖沖之、梁武帝，近訖朱載堉『審度篇』，爲歷代律家重
視實物依據提出了一種途徑。」〔註7〕此說甚是。

〔註5〕　余嘉錫撰，《世說新語箋疏》（下），〈術解〉，頁703。
〔註6〕　《續修四庫全書》，一百一十五卷，〈篷律〉，上海：上海古籍出版社，1995
　　　　年，頁528。
〔註7〕　《中國大百科全書‧音樂舞蹈卷》，「荀勗」條，頁768。

二、五度相生律與三分損益律

在音律理論的發展過程中，藉由尺度的校正來確立標準音之後，即是生律法之推衍，而在《晉書・律歷志》中，曾提到由《呂氏春秋》、《淮南子》、《史記》、《漢書》及《後漢書》等所論及的「三分損益律」，按繆天瑞的說法，「三分損益律」乃是屬於「五度相生律」的系統，﹝註8﹞為了結合現代聲學的研究方法，首先乃以「五度相生律」的說法來進行界說，以方便從音樂學的角度來探討音與音之間的微差關係。

五度相生法是指每隔完全五度產生一律，繼續相生而得各律的生律法。由此生律法所獲得的律制，稱為五度相生律。五度相生律在歐洲最早由畢達哥拉斯（Pythagoras580～500B.C）所提出，因此又被稱為「畢達哥拉斯律」，﹝註9﹞是世界上最重要的三種律制之一。﹝註10﹞而在中國亦於此時期左右提出「三分損益律」。﹝註11﹞趙宋光云：「三分損益法與古希臘畢達哥拉所用的定律法，阿拉伯人所用的『量音學』，在數理上是相通的、一致的，近現代統稱為『五度相生法』。但三分損益法，只包括生出高五度與低四度的律，不包括生出低五度與高四度的律，而五度相生法則兼指兩個方向的相生。」﹝註12﹞可見，三分損益法與五度相生法乃是彼此相通的，其差別只在於未能生出低五度與高四度的律而已。首先，就五度相生法的生律過程來看：

圖　二

$$\overset{\leftarrow\text{向下} \qquad \rightarrow\text{向上}}{^{bb}D^5 \leftarrow {}^{bb}A^5 \leftarrow {}^{bb}E^4 \leftarrow {}^{bb}B^4 \leftarrow {}^bF^3 \leftarrow {}^bC^3 \leftarrow {}^bG^2 \leftarrow {}^bD^1 \leftarrow {}^bA^1 \leftarrow {}^bE \leftarrow {}^bB}$$

$$\leftarrow f \leftarrow c^1 \rightarrow g^1 \rightarrow d^2 \rightarrow a^2 \rightarrow e^3 \rightarrow b^3 \rightarrow {}^{\#}f^4 \rightarrow {}^{\#}c^5 \rightarrow {}^{\#}g^5 \rightarrow {}^{\#}d^6 \rightarrow {}^{\#}a^6 \rightarrow {}^{\#}e^6 \rightarrow {}^{\#}b^6$$

此乃透過五度相生法所產生的二十四律，在此音列中，由 c 開始向上連取五律，向下連取一律，可以構成大音階，圖示如下：﹝註13﹞

﹝註8﹞　繆天瑞著，《律學》，北京：人民音樂出版社，2002 年，頁 101。
﹝註9﹞　繆天瑞著，《律學》，頁 168。
﹝註10﹞ 此三大律制為五度相生律、純律及十二平均律。參見繆天瑞著，《律學》，頁 44。
﹝註11﹞ 楊蔭瀏著，《中國音樂史綱》，台北：樂韻出版社，1996 年，頁 74。
﹝註12﹞ 《中國大百科全書・音樂舞蹈卷》，「三分損益」條，北京：中國大百科全書出版社，1989 年，頁 560。
﹝註13﹞ 為了具備更為精準的科學計算，英國音樂學家埃利斯（Ellis Alexander. J.1814～1890）倡用「音分值」來計算各律中的各種音程，在國際間廣泛使用。所

圖 三

音　名	c^1	d^1	e^1	f^1	g^1	a^1	b^1	c^2
產生法	1	$(3/2)^2/2$	$(3/2)^4/2^2$	$2/3×2$	$3/2$	$(3/2)^3/2$	$(3/2)^5/2^2$	2
與主音的頻率比	1	9/8	81/64	4/3	3/2	27/16	243/128	2/1
音分值	0	204	408	498	702	906	1110	1200
相鄰音間的音分值		204	204	90	204	204	204	90
頻　率	261.63	294.33	331.13	348.84	392.45	441.50	496.69	523.26

此音階中的 c^1 爲中央 C 音，其產生法爲：欲求上方一律，乘以 3/2，生律一次爲 $(3/2)^1$，生律二次爲 $(3/2)^2$，生律三次爲 $(3/2)^3$，然須作八度移動，若所得之律比此音域內的律高高一個八度，除以 2，高二個八度則除以 2 的平方，餘者類推。例如 c^1 生 g^1 乘以 3/2 即可，若 c^1 生 d^1 即須乘以 $(3/2)^2$，並且還須除以 2，因爲由 c^1 連生二律所產生的音實已爲 d^2，須移低一個八度才能在此音階的音域範圍之內。反之，若所得之律比此音域內的音低一個八度，則須乘以 2，例如由 c^1 向下所生之 f 音，實已較 f^1 低一個八度，所以必須乘以 2。由此圖表可以發現，五度律大音階的構造十分單純，音程關係只有全音與半音，全音爲 204 音分，超過了十二平均律的 200 音分，稱大全音。半音則不足十二平均律的 100 音分，僅有 90 音分稱「五度律小半音」。〔註14〕然而，五度律大音階雖只有大全音與小半音兩種構造，但在一個大全音中，亦可以有變化音，如 c^1-d^1 之間，有 $\#c^1$ 與 $^b d^1$，$\#c^1$ 由 c^1 音連生七次，降低四個八度而得，而 $^b d^1$ 音則由 c^1 音下生五次，移高三個八度而得，因此 $c^1-\#c^1$（變化半音）爲 $(3/2)^7/2^4＝2187/2048$，音分值爲 114 音分；而 $c^1-{}^b d^1$（自然半音）爲 $(2/3)^5×2^3＝256/243$，音分值爲 90 音分，所以 $c^1-\#c^1$ 是一個比小半音多

謂「音分值」就是將八度音程中的十二個半音，每個半音均以 100 音分來計算，所以一個八度爲 1200 音分。其換算公式爲 1200/log2＝X/log 二音之頻率比，其中 1200/log2 可化爲比例常數 3986.313，若欲求 e^1 與 c^1 之頻率，則爲 327.75/261.63＝1.25，再利用對數表查出 log1.25＝0.09691，再乘以 3986.313，約 386 音分。可見 c^1 與 e^1 相距 386 音分。此一運算方式可方便音樂學者從事測音之工作。

〔註14〕 此處「大全音」、「小半音」之說，乃是由繆天瑞所提出，是指在五度相生律中，「大全音」爲 204 音分，比十二平均律中的「全音」（200 音分）多出 4 音分，而五度相生律中的「小半音」（90 音分）則是比十二平均律中的「半音」（100 音分）少 10 音分。

24 音分的「五度律大半音」，此變化半音大於自然半音的型態只有在「五度相生律」中是如此，在純律的構造中則為相反。

此外，五度律小音階則是向上連取二律，向下連取四律，圖示如下：

圖　四

音　名	c^1	d^1	$^be^1$	f^1	g^1	$^ba^1$	$^bb^1$	c^2
產生法	1	$(3/2)^2/2$	$(2/3)^3 \times 2^2$	$2/3 \times 2$	$3/2$	$(2/3)^4 \times 2^3$	$(2/3)^2 \times 2^2$	2
與主音的頻率比	1	9/8	32/27	4/3	3/2	128/81	16/9	2/1
音分值	0	204	294	498	702	792	996	1200
相鄰音間的音分值	204		90	204	204	90	204	204
頻　率	261.63	294.33	310.08	348.84	392.45	413.44	465.12	523.26

由此可見，小音階與大音階相同，相鄰音之間只有大全音及五度律小半音二種音程，只是全音與半音位置有些相異而已。

三、純　律

所謂純律，是在五度相生律之二倍音（完全八度）與三倍音（完全五度）之外，加上五倍音（大三度）所構成的一種律制。五倍音可構成純律大三度，頻率比為 5/4，386 音分），如圖所示：

圖　五

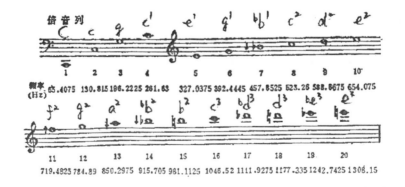

將此泛音列化為音階與音分值如下：

圖　六

音　名	c¹	d¹	e¹	f¹	g¹	a¹	b¹	c²
產生法	1	$(3/2)^2/2$	5/4	2/3×2	3/2	4/3×5/4	3/2×5/4	2/1
與主音的頻率比	1	9/8	5/4	4/3	3/2	5/3	15/8	2/1
音分值	0	204	386	498	702	884	1088	1200
相鄰音間的音分值	204		182	112	204	182	204	112
頻率	261.63	294.33	327.04	348.84	392.45	436.05	490.56	523.26

　　純律 c－e 之間的頻率比為 5/4，音分值為 386，c－g 的音分值為 702。在完全五度 c－g 之間插入純律大三度 e 音，就成為三和弦形式的三音列 c－e－g。而五度相生律 c－e 之間的頻率比為 81/64，音分值為 408，c－g 完全五度之音分值依然為 702。至於純律小音階，則仿照大音階，在二倍音（八度）與三倍音（五度）之外，加入五倍音到六倍音的純律小三度，其頻率比乃 6/5，音分值為 316，以此做為生律的基礎，可以構成純律小音階，圖式如下：

圖　七

音　名	c¹	d¹	♭e¹	f¹	g¹	♭a¹	♭b	c²
產生法	1	$(3/2)^2/2$	6/5	2/3×2	3/2	4/3×6/5	3/2×6/5	2
與主音的頻率比	1	9/8	6/5	4/3	3/2	8/5	9/5	2/1
音分值	0	204	316	498	702	814	1018	1200
相鄰音間的音分值	204		112	182	204	112	204	182
頻率	261.63	294.33	313.96	348.84	392.45	418.61	470.93	523.26

　　純律與五度相生律之間，完全五度的音分值皆為 702，二者完全相同，最大的差別在於大小三度音程，五度相生律的大三度，音分值為 408，純律大三度為 386，相差 22 音分；而五度相生律的小三度，音分值為 294，純律小三度為 316，相差 22 音分。

四、《晉書‧律曆志》所論之「複合律制」

在《晉書‧律曆志》中，曾載有伶州鳩所云：「神瞽作律，用寫鍾聲，乃紀之以三，平之以六，成於十二，天之道也。」的說法。這一段話雖短，卻反映出鍾律中可能同時存在著三分損益律及純律兩種律制，而此兩種律制亦一直被沿用到魏晉，按史籍所載，杜夔、荀勖、荀藩等皆曾鑄鍾或修鍾，故對鍾律有相當精熟的了解。

所謂「複合律制」一詞，最早由黃翔鵬所提出，指兼含三分損益法和純律三度音系生律法之律制。〔註 15〕此一說法，主要用在「鍾律」上。黃翔鵬指出，「鍾律」含廣義、狹義之分，廣義之鍾律指先秦宮廷音樂中樂律理論之總稱，包括音階、均、宮、調體系，樂律關係理論、正律器、生律法、旋宮理論等。狹義之鍾律則指律學，也特指西周中、晚期至戰國間的律制，它源於上古以來的純律音程系統，和西周所見十二律名及其代表的三分損益法。〔註 16〕

就伶州鳩「紀之以三，平之以六，成於十二，天之道也。」這一段話來看，歷來之學者對「成於十二」，意指十二律呂較無爭議，然而，「紀之以三，平之以六」，究竟所指為何？則未有定論。本文以為，若能透過出土之文物加以印證，或能解其謎於一二。所謂「紀之以三」，按韋昭注乃為天、地、人三統，分別對應黃鍾、林鍾、太簇，吉聯抗則指出此應釋為「三分損益律」。〔註 17〕而王洪軍認為，將「三」釋為天、地、人是漢代以來經學家們共識，再聯繫祭祀音樂在上古的重要地位，將「紀之以三」釋為「古紀聲合樂以舞天神、地祇、人鬼」是說得通的。但必須注意，此章的主題是「鍾律」！而經學家們的解釋卻跑到「紀聲合樂」的作用上去了，顯然有「文不對題」之嫌。因此，王氏認為，若以吉聯抗所解釋的「三分損益律」來理解這句話，較有意義。〔註 18〕但事實上，將「紀之以三」釋為天、地、人或「三分損益律」，二種說法並不相違，因為從「氣」的角度來看，天、地、人乃是透

〔註 15〕黃翔鵬著，《溯流探源──中國傳統音樂研究》，北京：人民音樂出版社，1993年，頁 260。

〔註 16〕《中國大百科全書‧音樂舞蹈卷》，「中國古代樂律學」條，頁 873。

〔註 17〕吉聯抗譯注，《春秋戰國秦漢音樂史料譯注》，台北：源流出版社，1982年，頁 49。

〔註 18〕王洪軍，〈《國語‧周語下》的鍾律文獻再解讀〉，《中國音樂學》，2006年第 4期，頁 17。

過「氣」來統攝爲一整體，而「氣」又二分陰陽，在「三分損益律」的生律法中，乃是黃鐘生林鐘，林鐘生太簇，太簇生南呂，南呂生姑洗，姑洗生應鐘，應鐘生蕤賓，蕤賓生大呂，大呂生夷則，夷則生夾鐘，夾鐘生無射，無射生仲呂，此十二律呂之相生，皆是一陰一陽之交互起伏，反映了陰陽消長之情況，故此二說並無矛盾，只是切入角度不同而已。戴念祖進一步認爲，「紀之以三」即《史記‧律書》表述的「三其法」，三分損益法至遲在公元前六世紀下半葉已有端倪。〔註19〕事實上，「三分損益律」的存在，可以反映在西周中晚期的灃西馬王村窖藏之四件甬鐘上。首先，就鐘的結構來看，隧部所發之音爲「隧音」，而在隧部與銑邊之間近鐘口處，所發之音爲「右鼓音」（左鼓一般同音），隧音與鼓音的音程關係，通常爲三度音程，圖示如下：

圖　八

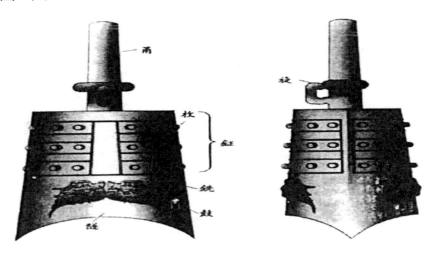

在西周中、晚期的編鐘當中，隧音以角、羽爲主，鼓音則爲宮、徵，換句話說，隧音爲角，則鼓音爲徵；隧音爲羽，則鼓音爲宮，由此構成宮——角——徵——羽的骨幹音結構，而隧音與鼓音的關係，通常傾向於純律小三度。〔註20〕然而，灃西馬王村窖藏之四件甬鐘，可說是一例外，圖示如下：

〔註19〕戴念祖著，《中國物理學史大系‧聲學史》，頁206。
〔註20〕黃翔鵬著，《溯流探源——中國傳統音樂研究》，頁27。

圖　九

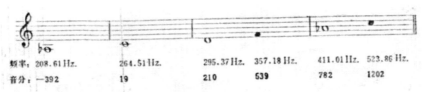

第一、二鐘之間爲大三度，音分值爲 411；第四鐘的隧音及右鼓音間亦爲大三度，音分值爲 420。純律大三度音分值爲 386，而五度相生律爲 408，顯見此一大三度是接近五度相生律之大三度。〔註 21〕此可證明西周中、晚期即有三分損益律的存在。

　　由此，再回到「平之以六」之意涵，按王洪軍的說法，「平」指「齊一、均等」意轉爲動詞「平分」意；「之」爲「十二律」的代詞；準此，「平之以六」乃是指用六個律爲單位，將十二律平分（爲律呂兩部分）最爲通達。那麼「平之以六」與鐘律又有何關係呢？此處，即牽涉到「純律」的問題，必須透過「純律」及「三分損益律」之交互使用，才能產生「平之以六」的說法。然而，由於中國的塤、磬、鐘等古樂器，自新石器時代至青銅時代雖有純律的實踐，但在曾侯乙出現以前，史料中並無表明純律數理邏輯關係的確切記載。〔註 22〕因此，曾侯乙編鐘的出土，恰好在史料記載上彌補此一空缺。在曾侯鐘的樂律銘文中，關於律高、音程、音域變化的用語，全都採取前綴、後綴的形式而與階名或律名連用。在十二個前、後綴用語中，只有三個爲過去所知，即觟（變）、少、大，如變宮、少商及大羽之類。而其餘九個用語，如表明低一律關係的前綴「濁」字、高一普通音差的後綴「厇」字、代表上、下大三度關係的後綴「角」、「顄」、「曾」等字、表明生律法上生下生之義的「下」字、表明高低八度位置的後綴「反」字及前綴「珈」、「渚」等字，皆爲過去所不知。〔註 23〕而曾侯乙編鐘的純律生律法，即是透過「角——曾」結構而形成，所謂「角——曾」結構，乃是指曾侯乙編鐘銘文中的宮、商、徵、羽四個階名都是單個字，而這四個階名若後帶「角」字，即爲各階名的上方大三度音；若後帶「曾」字，則爲各階名的下方大三度音，「顄」則指左、右鼓音與隧音同體共鳴的三度音程。然曾侯乙編鐘除「角——曾」

〔註 21〕黃翔鵬著，《溯流探源——中國傳統音樂研究》，頁 35。

〔註 22〕黃翔鵬著，《溯流探源——中國傳統音樂研究》，頁 261。

〔註 23〕黃翔鵬著，《溯流探源——中國傳統音樂研究》，頁 63～64。

的生律法之外，再加上宮——徵——商——羽之五度相生法，則可產生五度與三度相結合的「鐘律音系網」，圖示如下：〔註24〕

圖　十

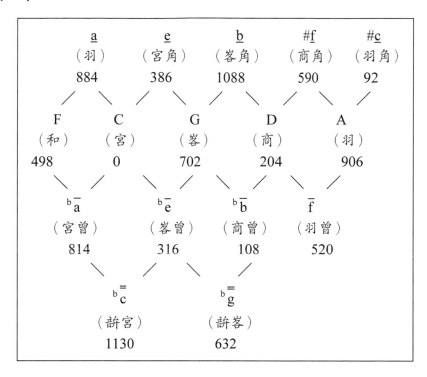

由此圖可發現，宮——徵之間的音分值爲 702，峇——商之音分值亦爲702（1404－702＝702），而商——羽之間的音分值亦爲 702，至於和——宮，按五度相生法，其音分值爲 498，故在理論上，橫向所示，無論是第一排 <u>e</u>－<u>b</u>－#<u>f</u>－#<u>c</u>、第二排 C－G－D－A、第三排 ᵇe－ᵇb－f 及第四排 ᵇc－ᵇg，由五度相生律所產生的完全五度，其音分值皆應爲 702。然而，在第三排的 ᵇa－ᵇe－ᵇb－f，由於其是由第二排 F－C－G－D－A 透過小三度生律法所生，而當時的鑄鐘技術有其限制，純律大三度較易達到，而小三度較難達到，因此其音程間距不是過大，就是過小，造成了不準確的狀況，連帶地，第四排的音分值也就不準確了。〔註25〕然而，橫向的生律法，仍符合五度相生律的規律。

另一方面，從「角——曾」的角度，即純律生律法來看宮——宮角之間

〔註24〕繆天瑞著，《律學》，頁113。
〔註25〕繆天瑞著，《律學》，頁114。

的關係，其音分值為 386，比五度相生律中的大三度（408 音分），少一個普通音差，峉——峉角之間的音分值亦為 386，商——商角之音分值亦同，餘者皆然，完全符合純律大三度之音分值。因此，曾侯乙編鐘同時存在三分損益律及純律二種律制，進一步來說，二種律制的產生方法乃是：宮生徵、徵生商，商生羽，此為五度相生律；其次，以「宮、商」二音為中心，透過「角——曾」的思維方式，可以得到黃鐘、太簇、姑洗、蕤賓、夷則、無射六陽律；再次，以「徵、羽」為中心，透過「角——曾」的思維方式，則可以得到大呂、夾鐘、仲呂、林鐘、南呂、應鐘六陰律，〔註26〕圖示如下：

圖十一

六陽律：		六陰律：		陰陽十二律：			
宮角	商角	徵角	羽角	宮角	徵角	商角	羽角
／	／	／	／	／	／	／	／
宮——商		徵——羽		宮——徵		商——羽	
／	／	／	／	／	／	／	／
宮曾	商曾	徵曾	羽曾	宮曾	徵曾	商曾	羽曾

三度生律法成就了六陽律與六陰律，即六律、六呂；而宮生徵，商生羽的五度相生律則使陰律與陽律維持在十二律制的統一結構中。〔註27〕因此，十二律可以透過此二種律制系統，分成六陽律及六陰律，此乃「平之以六」之意涵。

由此可見，鐘律乃是兼合三分損益律及純律的律制，而魏晉之時，杜夔、荀勖、荀藩皆曾鑄鐘、制定鐘律，按《三國志・魏志・方伎傳》論杜夔乃是「善鐘律，聰思過人，絲竹八音，靡所不能。惟歌舞非所長。」而荀勖、荀藩的鑄鐘情形，依《世說新語・術解》第一條，劉孝標注引《晉後略》則曰：

> 鐘律之器，自周之末廢，而漢成、哀之間，諸儒修而治之。至後漢末，復墜矣。魏氏使協律知音者杜夔造之，不能考之典禮，徒依于

〔註26〕王洪軍，〈《國語・周語下》的鐘律文獻再解讀〉，《中國音樂學》，頁 17～18。
〔註27〕修海林，〈曾侯乙編鐘六陽律的三度定律及其音階型態〉，《中國音樂》，1988 年第 1 期，頁 11。

時絲管之聲、時之尺寸而制之，甚乖失禮度。於是世祖命中書監荀
勖依典制，定鐘律。既鑄律管，募求古器，得周時玉律數枚，比之
不差。又諸郡舍倉庫，或有漢時故鐘，以律命之，皆不叩而應，聲
響韻合，又若俱成。〔註28〕

從這一段話來看，似乎認爲杜夔之鐘乖失禮度而與《三國志》言杜夔「善鐘
律」相互違逆，但事實上，此言並不能證明杜夔不善鐘律。因爲夔鐘所以乖
失禮度，主要就在於尺度訂定的問題，由於杜夔所用尺爲漢魏尺，其長度較
長，故黃鐘標準音較低，如此一來，就會使十二律呂的音域全部降低，而產
生聽覺上的差異性。然而，從音律本身的結構來說，黃鐘標準音的音高雖下
降，但不影響每一律呂之間的相對音高關係，若是使用三分損益律，大全音
依然爲 204 音分，小半音爲 90 音分，只要每一律呂之間的相對關係準確，
即是準確，也因此，歷代之所以要定黃鐘音高，乃是因其牽涉到聽覺上的音
高問題。因而此處所指，主要是指杜夔所造的鐘，未依周朝典制之尺寸製作，
而是「徒依于時絲管之聲、時之尺寸而制之」，使黃鐘律高偏低，導致整體
音域下降。因此，荀勖之所以重新定律，主要就是針對杜夔尺度進行調整，
重新考核周代典制，以周尺制定鐘律，因而造成其所鑄之鐘與律管，整體音
域變高，故爲阮咸所譏。然而，《晉後略》則言：「既鑄律管，募求古器，得
周時玉律數枚，比之不差。」《宋書·律曆志》及干寶《晉紀》亦有相同的
說法，認爲荀勖尺度、律管與周時玉律相合，同時，荀勖以新律測試倉庫中
的漢時故鐘時，又能不叩而應，如此說來，荀勖尺既是依《周禮》而定，而
此律又能與漢時故鐘不叩而應，那麼此處之漢時故鐘，便極有可能是依周制
而做。而荀勖死後，荀藩仍「終父勖之志。鑄鐘鑿磬，以備郊廟朝享禮樂。」
（《晉書·裴秀傳》）由此看來，杜夔、荀勖、荀藩既然皆能鑄鐘，而鐘律所
用的乃是「複合律制」，可見，在晉人所使用的律制中，即包含了「純律」
與「三分損益律」。這二種律制，不僅反映在鐘律上，也反映在荀勖之「笛
律」及嵇康之〈琴賦〉中。最早記載琴徽的文獻，即是嵇康的〈琴賦〉，所
謂「弦長故徽鳴」以及「錯以犀象，籍以翠綠，絃以園客之絲，徽以鍾山之
玉。」等，〔註29〕說明了至遲在嵇康時，七弦琴上已有用鍾山之玉做成的
徽位。而依照繆天瑞的說法，七弦琴的「徽位」，非常合於純律產生的條件，

〔註28〕余嘉錫撰，《世說新語箋疏》，頁 702。
〔註29〕戴明揚校注，《嵇康集校注》，台北：河洛圖書出版社，1978 年，頁 91。

茲將七弦琴上的十三個徽位及弦振動部份的長度表列如下：〔註30〕

圖十二

徽位序數	空弦	13	12	11	10	9	8	7	6	5	4	3	2	1
弦振動部分的長度	1	7/8	5/6	4/5	3/4	2/3	3/5	1/2	2/5	1/3	1/4	1/5	1/6	1/8
可發純律之音		自然七度的轉位	小三度	大三度	純四度	純五度	大六度	八度	八度加大三度	八度加五度	兩個八度	兩個八度加大三度	兩個八度加純五度	三個八度

在七弦琴中的任何一條弦上，若準確地按在第三、六、八、十一、十二等徽位上，就能分別發出純律大三度、大六度和小三度音程。此外，荀勗之「笛律」，固以三分損益律為基礎，然《晉書・律曆志》尚言其製笛時乃是「或倍或半，或四分一，取則於琴徽也。」這說明了荀勗在製笛時，已將純律加入考慮，可見，純律的使用，也一直沿用至魏晉。

五、《管子・地員篇》之「三分損益律」

「純律」產生的時間甚早，而文獻中「三分損益律」系統，則有長足之發展，首先對「三分損益律」提出明確數據的，乃是《管子・地員篇》，然而在《晉書・律曆志》中，並未有專門探討《管子・地員篇》的部份，故本文在此將其補上。

就《管子・地員篇》一文來看，其旨在說明土壤、作物、井深與音律的關係。而其中，有一段涉及生律法的文字，文言：

> 凡將起五音凡首，先主一而三之，四開以合九九，以是生黃鍾小素之首，以成宮。三分而益之以一，為百有八，為徵。有三分而去乘，適足，以是生商。有三分，而復於其所，以是成羽。有三分，去其乘，適足，以是成角。〔註31〕

「三分損益法」即是將一弦長分為三段，捨其三分之一，取其三分之二稱為

〔註30〕 繆天瑞著，《律學》，北京：人民音樂出版社，2002年，頁133。

〔註31〕 黎翔鳳撰，《管子校注》，卷十九，〈地員〉，北京：中華書局，2004年，頁1080。

「三分損一」，此為「下生」。若增三分之一，成為三分之四，則為「三分益一」，此為「上生」。由〈地員篇〉來看，黃鍾之數為八十一，八十一乘以三分之四為一百零八，此為徵。徵之數為一百零八，去「乘」之意，即捨去三分之一，所以一百零八乘以三分之二為七十二，此為商。商之數為七十二，乘以三分之四為九十六，此為羽。羽之數為九十六，乘以三分之二為六十四，此為角。將此生律法以圖示為：

圖十三

階　名	徵	羽	宮	商	角	清徵
振動體長度比數	108	96	81	72	64	216
弦長比	1	8/9	3/4	2/3	16/27	1/2
音分值	0	204	498	702	906	1200
兩鄰音間的音分值	204		294	204	204	294

其生律順序乃是宮→徵→商→羽→角，此調式則為徵調式。從上圖可以發現，由「三分損益律」所衍生而來的五聲音階乃是由大二度與小三度兩種音程組合而成，其中，大二度之間的音分值為 204，與五度相生律之大二度相同。而小三度，羽—宮的音分值為 294，與五度相生律中 e^1-g^1（702－408＝294）相同。此外，值得注意的是，《管子・地員篇》中所提出的定律法，究竟是用弦定律，或以管定律？按原文中有「小素之首」的說法，而「小素」為何？張爾田在《清史稿・樂志二》言：

> 小素云者，素，白練，乃熟絲，即小弦之謂。言此度之聲立為宮位。
> 其小于此弦之他弦，皆以是為主，故曰以是生黃鍾小素之首以成宮
> 也。〔註32〕

可見〈地員篇〉中之定律法，乃是以弦定律，由於以管定律須牽涉到「管口校正」的問題，須先求得管長與氣柱長度之間的差距規律，才能與弦定律相符合，所以楊蔭瀏、繆天瑞皆認為，中國古代應是以弦定律。〔註33〕

〔註32〕趙爾巽、柯劭忞編纂，《清史稿》，卷九十五，〈樂志二〉，台北：洪氏出版社，1981 年，頁 2779。
〔註33〕楊蔭瀏指出，三分損益法，出於管律，抑出於弦律，歷來學者之中，爭論

六、《晉書·律曆志》所論《呂氏春秋·季夏紀·音律篇》之音律

《管子·地員篇》乃是最早提出「三分損益律」數據的文獻，其中述及了宮、商、角、徵、羽五音的生成，其後，由《呂氏春秋·季夏紀·音律篇》所繼承，並將五律擴充到十二律，此一論述，亦可見諸於《晉書·律曆志》。然而，由於《呂氏春秋·季夏紀·音律篇》一方面並未說明「黃鍾生林鍾，林鍾生太簇」，究竟是「上生」或「下生」，而另一方面又未提出「律數」，因而歷來便造成學者之間的爭論，一派認為《呂氏春秋》的生律法應為「先損後益」的系統，此以楊蔭瀏、吉聯抗、王光祈、李成渝與陳萬鼐為代表；〔註34〕而另一派則認為《呂氏春秋》的生律法應為「先益後損」的系統，此以繆天瑞、陳應時為代表。〔註35〕此二種說法的提出，主要是針對「上生」、「下生」所做的界定不同。本文在此，先對學界的二種說法進行耙梳，再論述《晉書·律曆志》中所記載的《呂氏春秋》生律法，以釐清其內在糾葛。首先，從《呂氏春秋·季夏紀·音律篇》的原文來看，文曰：

> 黃鍾生林鍾，林鍾生太簇，太簇生南呂，南呂生姑洗，姑洗生應鍾，
> 應鍾生蕤賓，蕤賓生大呂，大呂生夷則，夷則生夾鍾，夾鍾生無射，
> 無射生仲呂。三分所生，益之一分以上生；三分所生，去其一分以
> 下生。黃鍾、大呂、太簇、夾鍾、姑洗、仲呂、蕤賓為上，林鍾、
> 夷則、南呂、無射、應鍾為下。〔註36〕

李成渝認為，「為上」是指某律「為『上生』所得」，「為下」，即某律「為『下

者不少。但若實際測聽，則略有音高感覺者，誰都可以聽出，合於這種算法的弦律音階，相當好聽；而合於這種算法的管律音階，則很是難聽。最初樂音之選擇，決然是憑審美的直覺，而憑審美的直覺選擇，則三分損益之弦律可中選，而三分損益之管律必落選。參見楊蔭瀏著，《中國音樂史》，台北：學藝出版社，1987年，頁75。繆天瑞亦認為，按《管子·地員篇》所述，似可證明古時曾經用弦定律。從出土的䨋鎛編鐘和曾侯乙編鐘的音律的準確性看來，也可證明古時是用弦定律。參見繆天瑞著，《律學》，頁100。

〔註34〕 參見楊蔭瀏著，《中國音樂史》，頁 74、77 頁。吉聯抗輯譯，《呂氏春秋中的音樂史料》，上海：上海文藝出版社，1978 年，頁 39。王光祈編，《中國音樂史》，頁18。 李成渝，〈《管子》、《呂氏春秋》生律法之異同〉，《黃鍾》，1999年第 4 期，頁 70。陳萬鼐，〈漢京房六十律之研究〉，《東吳大學中國藝術史集刊》，1981 年 7 月第 11 期，頁 2。

〔註35〕 參見繆天瑞著，《律學》，頁 105。陳應時，〈《管子》、《呂氏春秋》的生律法及其它〉，《黃鍾》，2000 年第 3 期，頁 64。

〔註36〕 陳奇猷校釋，《呂氏春秋校釋》（上），〈音律〉，頁 324～325。

生』所得」。所謂「黃鍾、大呂、太簇、夾鍾、姑洗、仲呂、蕤賓爲上」，即「黃鍾、大呂、太簇、夾鍾、姑洗、仲呂、蕤賓爲『上生』所得」；所謂「林鍾、夷則、南呂、無射、應鍾爲下」，即「林鍾、夷則、南呂、無射、應鍾爲『下生』所得」。這是要使十二律上下相生保持在一個八度之內，高低有序。所以「應鍾生蕤賓」，蕤賓「爲上」；「蕤賓生大呂」，大呂「爲上」。連續兩次「上生」，其原因即在于此。至於黃鍾爲「上」，乃是因十二律相生至仲呂，再由仲呂「上生」返回黃鍾（此處不討論古代音差問題）。〔註37〕其並引用《樂書要錄》之說，認爲「上生三分益一，下生三分損一，五下七上，乃復終焉。」〔註38〕其又以古漢語的用法爲例，認爲動詞前置「上」或「下」，表示該動詞的指向。所以「上生」即「以下生上」；「下生」則「以上生下」，如「上交」，即「交上」，即「以下交上」，地位低的人結交地位高的人；「下交」，即「交下」，即「以上交下」，地位高的人結交地位低的人。《易・繫辭》下言：「君子上交不諂，下交不瀆。」〔註39〕因此「上生」乃是「以下生上」，此爲「三分所生，益之一分以上生」，即「三分益一」；而「下生」則是「以上生下」，此爲「三分所生，去其一分以下生」，即「三分損一」。此外，其又舉《後漢書・律曆志》載京房所言：「六十律相生之法：以上生下，皆三生二；以下生上，皆三生四。陽下生陰，陰上生陽，終于中呂，而十二律畢矣。」同書同卷又記載京房「律數」曰：「以陽生陰，倍之；以陰生陽，四之；皆三而一。陽生陰曰下生，陰生陽曰上生。」李成渝並以《易・繫辭》上所云：「一陰一陽之謂道。」認爲陰與陽是宇宙中通貫物質和人事的兩大對立面，把天、男、上、前、明、晝等歸于陽；把地、女、下、后、暗、夜等歸于陰。上即是陽；下即是陰。由此詮釋《呂氏春秋》的生律法爲：

　　黃鍾下生林鍾，林鍾上生太簇，太簇下生南呂，南呂上生姑洗，

〔註37〕李成渝的說法，主要援引楊蔭瀏在《中國音樂史》中所言：「所謂某律等『爲上』，就是說某律等是由上生而得，所謂某律等『爲下』，就是說某律等是由下生而得。」參見楊蔭瀏著，《中國音樂史》，頁74、77頁。及李成渝，〈《管子》、《呂氏春秋》生律法之異同〉，頁70。此外，吉聯抗亦採取此一說法，參見吉聯抗輯譯，《呂氏春秋中的音樂史料》，上海：上海文藝出版社，1978年，頁39。

〔註38〕唐武后撰，《樂書要錄》，卷七，〈律呂旋宮法〉，台北：藝文印書館，1965年，頁11。

〔註39〕阮元校刻，《十三經注疏周易》，〈周易・繫辭〉上，北京：中華書局，1980年，頁88。

姑洗下生應鍾，應鍾上生蕤賓，蕤賓上生大呂，大呂下生夷則，
夷則上生夾鍾，夾鍾下生無射，無射上生仲呂，（仲呂上生黃鍾）。
〔註40〕

如此一來，《呂氏春秋》的排序法乃是「先損後益」，恰與《管子》「先益後損」的生律順序顛倒。

然而陳應時則以爲「爲上」，乃是除黃鍾本律外的某律是由「以下生上」而得；所謂某律等「爲下」，就是說某律等是由「以上生下」而得。換句話說，「上生」乃是「以上生下」，即「三分益一」；而「下生」則是「以下生上」，即「三分損一」，由此產生的解釋爲：

黃鍾上生林鍾，林鍾下生太簇，太簇上生南呂，南呂下生姑洗，姑
洗上生應鍾，應鍾下生蕤賓，蕤賓下生大呂，大呂上生夷則，夷則
下生夾鍾，夾鍾上生無射，無射下生仲呂。〔註41〕

由此可以發現，大呂、夾鍾、仲呂皆爲半律，因此李成渝認爲，若要使此一生律法中之大呂、夾鍾、仲呂爲正律，那麼陳應時自可將「蕤賓下生大呂」改爲「蕤賓上生大呂」，但如此一來，「大呂」乃是由「以上生下」而得，所以是「爲下」，如此則不符《呂氏春秋》言「大呂爲上」之原意，因此，李成渝乃回到其本來的解釋，即某律「爲上」乃「爲『上生』所得」，而某律「爲下」，則「爲『下生』所得」。

但此處所衍生的問題在於，屬於「爲上」的黃鍾乃是始發律，它在生出其餘十一律之前，便已被設定，如何由「上生」而得？其次，李成渝之說乃是由「仲呂上生黃鍾」，但事實上，仲呂所生之黃鍾，已非始發律之黃鍾，其欲返回黃鍾律必須在何承天的新律，〔註42〕以及朱載堉的「新法密率」中才能實現。〔註43〕因爲在三分損益律中，由仲呂所生之黃鍾，只能回到

〔註40〕 李成渝，〈《管子》、《呂氏春秋》生律法之異同〉，頁71。

〔註41〕 李成渝，〈《管子》、《呂氏春秋》生律法之異同〉，頁71。

〔註42〕 《隋書・律曆志》曰：「何承天《立法制議》云：『上下相生，三分損益其一，蓋是古人簡易之法。猶如古曆周天三百六十五度四分之一，後人改制，皆不同焉。而京房不悟，謬爲六十。』承天更設新律，則從中呂，還得黃鍾。十二旋宮，聲韻無失。」參見魏徵等撰，《新校本隋書附索引一》，台北：鼎文書局，1975年，頁389。

〔註43〕 朱載堉言：「度本起於黃鍾之長，則黃鍾之長即度法一尺。東西十寸爲句，自乘得百寸爲句冪；南北十寸爲股，自乘得百寸爲股冪；相併共得二百寸爲弦冪。乃置弦冪爲實，開平方法除之，得弦一尺四寸一分四釐二毫一絲三忽五

京房六十律中之「執始」或蔡元定的「變黃鍾」，而無法返回黃鍾本律。因此，陳應時認爲，把《呂氏春秋》所說的「爲上」解釋爲「由『以下生上』而得」或作「爲『上生』所得」；把「爲下」釋作爲「由『以上生下』而得」或作「爲『下生』所得」，既不能合理解釋「爲上」的蕤賓、大呂如何相生「而得」，亦不能解釋「爲上」的黃鍾如何「爲『上生』所得」。所以陳應時認爲，這種「而得」、「所得」的說法，應該被放棄，而代以如此的解釋：「爲上」者，是指生律過程中，相對位於上方的律；「爲下」者，是指生律過程中，相對位於下方的律，這樣，就不必爲屬於「爲上」的黃鍾尋求如何「爲『上生』所得」的途徑，因爲它在生林鍾之前就已經被設定了，也不必去爭論黃鍾生出的林鍾究竟是「上生而得」還是「下生所得」，因爲無論用「上生」還是「下生」都可以得；也不必去糾纏爲何由「爲上」的蕤賓生出的大呂還是「爲上」而不是「爲下」，因爲在一定的條件下，律的上下方位是可以相互轉換的，其並以《後漢書‧律曆志》所載京房的話爲例，文云：

> 六十律相生之法：以上生下，皆三生二；以下生上，皆三生四，陽
> 下生陰，陰上生陽，終於中呂，而十二律畢矣。〔註44〕

從這一段話來看，顯然與《呂氏春秋‧季夏紀‧音律》所言「三分所生，益之一分以上生；三分所生，去其一分以下生」有所矛盾，因爲《呂氏春秋》的「上生」是指「以上生下」，故爲三分益一，而「下生」爲「以下生上」，故爲三分損一。而《後漢書‧律曆志》中京房卻認爲「以上生下，皆三生二；以下生上，皆三生四。」二者有所出入。後又見同書中京房《律術》所說：「上生不得過黃鍾之（清）濁，下生不得及黃鍾之（數實）（清）。」（《後漢書‧律曆志》）這二句話，據中華書局點校本《校勘記》言：

> 上生不得過黃鍾之濁者，意即所生之音不得低于黃鍾本律，下生不

微六纖二三七三〇九五〇四八八〇一六八九爲方之斜，即圓之徑，亦即蕤賓倍律之率。……舊法往而不返者，蓋由三分損益算術不精之所致也。是故新法不用三分損益，別造密率。」參見朱載堉撰、馮文慈點注，《律呂精義內篇》卷一，〈不用三分損益〉，北京：人民音樂出版社，1998 年，頁 9～10。據比利時皇家樂器博物館長馬絨（M.D.Mahillon）於一八九〇年不魯舍拉《皇家音樂學院年書》，第 188 頁至 193 頁中之報告，其依朱氏律管長度及直徑製造倍律、正律及半律黃鍾各一支，其所發之音相當準確，約爲 $^{b}e^1$、$^{b}e^2$、$^{b}e^3$。參見王光祈編，《中國音樂史》，頁 60。

〔註44〕司馬彪著，《後漢書志》第一，〈律曆〉上，台北：史學出版社，1974 年，頁 3000。

　　得及黃鍾之清者，意即所生之音不得高于或等于黃鍾半律。〔註45〕
《校勘記》言「上生不得過黃鍾之濁者」，顯然是《呂氏春秋‧季夏紀‧音律》
的「以上生下」，即「上生」，因爲只有由高律向低律相生，才會產生「不得
低於黃鍾本律」的情況；同理，《校勘記》中「下生不得及黃鍾之清者」，乃
是《呂氏春秋‧季夏紀‧音律》的「以下生上」，即「下生」，因爲只有由低
律向高律相生，才會產生「不得高于黃鍾半律」的情況。據此，陳應時在〈律
學四題〉一文中，乃提出《後漢書‧律曆志》所云「六十律相生之法」的「以
上生下，皆三生二；以下生上，皆三生四」，應校作「以下生上，皆三生二；
以上生下，皆三生四。」〔註46〕然而，在〈《管子》、《呂氏春秋》的生律法及
其它〉一文中，陳應時又發現，若不取《呂氏春秋》生律法「以上爲高、以
下爲低」的觀念，而取朱載堉在《律學新說》中「以上爲低，以下爲高」的
觀念來解釋《後漢書‧律曆志》的這一段話，便可獲得合理的解釋。按朱載
堉在《律學新說》中曾引朱熹言：

　　　　樂律自黃鍾至中呂皆屬陽，自蕤賓至應鍾皆屬陰，此是一箇大陰陽。
　　　　黃鍾爲陽，大呂爲陰，太簇爲陽，夾鍾爲陰，每一陽間一陰，又是
　　　　一箇小陰陽。故自黃鍾至中呂皆下生，自蕤賓至應鍾皆上生。以上
　　　　生下，皆三生二，以下生上，皆三生四。〔註47〕

圖示如下：

〔註45〕司馬彪撰，《後漢書志》第一，〈律曆〉上，北京：中華書局，1965年，頁
　　　　3018。
〔註46〕陳應時，〈律學四題〉，《中國音樂》，1992年第2期，頁29。
〔註47〕朱載堉這一段話，乃源自《朱子語類》卷九十二，文曰：「樂律：自黃鍾至中
　　　　呂皆屬陽，自蕤賓至應鍾皆屬陰，此是一箇大陰陽。黃鍾爲陽，大呂爲陰，
　　　　太簇爲陽，夾鍾爲陰，每一陽間一陰，又是一箇小陰陽。皆黃鍾至中呂皆下
　　　　生，自蕤賓至應鍾皆上生。以上生下，皆三生二；以下生上，皆三生四。」
　　　　參見黎靖德編，《朱子語類》，卷九十二，〈樂〉，台北：文津出版社，1986年，
　　　　頁2337。而朱載堉在此，則在朱子的基礎上，進一步以長律、短律來說明上
　　　　生、下生的關係，所謂「長律下生短律，下生者皆隔八。短律上生長律，上
　　　　生者皆隔六。」參見朱載堉撰，《律學新說》卷一，〈論大陰陽小陰陽〉，北京：
　　　　人民音樂出版社，1997年，頁80。

圖十四

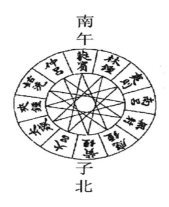

朱載堉認爲，在樂律中分爲大陰陽與小陰陽，大陰陽是指子午以東者屬陽，子午以西者屬陰，因此由黃鐘至中呂爲陽，蕤賓至應鐘爲陰。小陰陽則是指六律爲陽，六呂爲陰，因循傳統一陰一陽交替起伏的說法。至於生律法乃是以大陰陽統攝小陰陽，微觀從於宏觀，陽律生陰律爲「下生」，陰律生陽律爲「上生」，朱載堉並透過「隔八隔六相生之圖」來說明，圖示如下：

圖十五

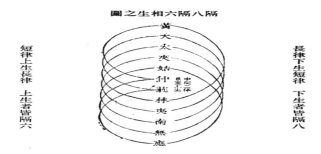

就大陰陽來看，黃鐘至仲呂爲陽律，故陽生陰爲「以上生下」，爲三分損一；蕤賓至應鐘爲陰律，故陰生陽爲「以下生上」，爲三分益一。那麼，十二律呂之生律次序即爲：黃鐘下生林鐘，林鐘上生太蔟，太蔟下生南呂，南呂上生姑洗，姑洗下生應鐘，應鐘上生蕤賓，蕤賓上生大呂，大呂下生夷則，夷則上生夾鐘，夾鐘下生無射，無射上生仲呂。此顯然是「先損後益」的生律系統，朱載堉並透過管長來解釋此圖，其曰：「律管有大小，大生小爲下生，小生大爲上生，一言盡之矣。諸儒辨論，紛紛無定，但觀此圖上下次序，不待辨而明矣。」〔註48〕

〔註48〕 朱載堉撰，《律學新說》卷一，〈論大陰陽小陰陽〉，頁84。

律管大者即指黃鐘至仲呂，其管長較長、爲陽律、低律；蕤賓至應鐘則爲管短者、爲陰律、高律；生律次序則：大生小乃陽生陰，爲三分損一，而小生大乃陰生陽，爲三分益一，這一段論述即與《後漢書・律曆志》所言：「以上生下，皆三生二；以下生上，皆三生四，陽下生陰，陰上生陽，終於中呂，而十二律畢矣。」不謀而合。據此，陳應時認爲，其於〈律學四題〉中欲將這一句話校做「以下生上，皆三生二；以上生下，皆三生四。」（《後漢書・律曆志》）的說法爲誤校，應予放棄。如此，再來看京房《律術》中的那兩句話：「上生不得過黃鍾之（清）濁，下生不得及黃鍾之（數實）清。」陳應時認爲：

> 「上生不得過黃鍾之（清）濁者」的「上生」就等於「六十律相生法」中「皆三生二」的「以下生上」，而所謂「下生不得及黃鍾之清者」的「下生」就等於「六十律相生法」「皆三生四」的「以上生下」，二者並無矛盾。〔註49〕

然陳應時在此處的說法有誤，其言「上生不得過黃鍾之濁者」的「上生」就等於「六十律相生法」中「皆三生二」的「以下生上」，應改爲「上生」就等於「六十律相生法」中「皆三生四」的「以下生上」；而「下生不得及黃鍾之清者」的「下生」就等於「六十律相生法」「皆三生四」的「以上生下」，應改爲「下生」就等於「六十律相生法」中「皆三生二」的「以上生下」。換句話說，若以朱載堉的看法來解釋《後漢書・律曆志》，那麼低律生高律爲「下生」，即以上生下，爲三分損一；而高律生低律爲「上生」，即以下生上，乃三分益一。所以「上生不得過黃鍾之濁者」的「上生」，應指由高向低生律，既是由高律生低律，就是三分益一，怎會是「皆三生二」呢？此外，只有將之解釋爲「皆三生四」，才符合陳應時自己所說「此『上生』必和《呂氏春秋》的『以上生』一樣是『以上生下』，即由高律生低律，因爲只有由高向低生律才會出現『低于黃鍾本律』的情形。」〔註50〕同時，亦可解釋在《後漢書・律曆志》所言：「以上生下，皆三生二；以下生上，皆三生四。」的說法。否則，《後漢書・律曆志》明言：「以上生下，皆三生二；以下生上，皆三生四。」何以陳應時又言，「以下生上，皆三生二」，「以上生下，皆三生四」？〔註51〕如此不是與陳應時放棄校改之論的說法，相互矛盾嗎？因此本文以爲，只有

〔註49〕陳應時，〈《管子》、《呂氏春秋》的生律法及其它〉，《黃鐘》，頁67。
〔註50〕陳應時，〈《管子》、《呂氏春秋》的生律法及其它〉，《黃鐘》，頁67。
〔註51〕陳應時，〈《管子》、《呂氏春秋》的生律法及其它〉，《黃鐘》，頁67。

將陳應時這一段話改爲：「『上生不得過黃鍾之濁者』的『上生』就等於『六十律相生法』中『皆三生四』的『以下生上』，而所謂『下生不得及黃鍾之清者』的『下生』就等於『六十律相生法』『皆三生二』的『以上生下』」才可符應陳氏自己所說：

> 只有在「以上爲低、以下爲高」的前提下，作爲「三分益一」代用語的「上生」才作「以下生上」解釋；作爲「三分損一」代用語的「下生」亦在「以上爲低、以下爲高」的前提下，才作「以下生上」解釋。〔註52〕

此須留意的是，陳應時所言：「作爲『三分損一』代用語的『下生』亦在『以上爲低、以下爲高』的前提下，才作『以下生上』解釋。」有誤。「以下生上」應改爲「以上生下」。因爲「三分益一」與「三分損一」的生律方向不同，而「三分益一」爲「以下生上」，殆無疑義，然「三分損一」怎會與「三分益一」同爲「以下生上」呢？況且據《後漢書・律曆志》的說法，「三分損一」乃是「以上生下，皆三生二。」顯見陳說須更正。透過更正以後，方能化解《呂氏春秋・季夏紀・音律》、《後漢書・律曆志》及京房《律術》之間的矛盾。

事實上，李成渝與陳應時之間的差別，主要在於對於「上」、「下」的定義不同，而導致對於生律法的認知不同。李成渝所謂「上」、「下」主要是以陽律、陰律來判斷，並結合《周易》的看法來說明。而陳應時則是將「上」、「下」視爲高律與低律，由高律生低律爲「三分益一」，《呂氏春秋・季夏紀・音律篇》稱之爲「上生」，由低律生高律爲「三分損一」，《呂氏春秋・季夏紀・音律篇》稱之爲「下生」，如此一來，則「上生」必解釋爲「以上生下」，而「下生」則爲「以下生上」。

雖然學界對《呂氏春秋》的生律法未有定論，然而透過以上二種觀點的探討，回過頭來看《晉書・律曆志》，便可一目瞭然。文曰：

> 呂不韋《春秋》言：黃鍾之宮，律之本也。下生林鍾，林鍾上生太簇，太簇下生南呂，南呂上生姑洗，姑洗下生應鍾，應鍾上生蕤賓，蕤賓下生大呂，大呂下生夷則，夷則上生夾鍾，夾鍾下生無射，無射上生仲呂。三分所生，益其一分以上生；三分所生，去其一分以下生。後代之言音律者多宗此說。〔註53〕

〔註52〕陳應時，〈《管子》、《呂氏春秋》的生律法及其它〉，《黃鍾》，頁67。
〔註53〕房玄齡等撰，《晉書》，卷十六，〈律曆〉上，台北：鼎文書局，1980年，頁125。

《晉書・律曆志》已明確提出「黃鍾下生林鍾，林鍾上生太簇」之說法，而且對於「上生」、「下生」亦有相關的規定，其言：「三分所生，益其一分以上生；三分所生，去其一分以下生。」那麼「黃鍾下生林鍾」，便是以「三分損一」的方法得林鍾之律，可見其所採用的生律法乃是「先損後益」，此一說法與李成渝的說法相符。再者，從《晉書・律曆志》的生律法來看，《晉書》完全按照三分損一、三分益一、三分損一、三分益一的生律次序來進行，因此大呂、夾鍾、仲呂、夷則、無射皆為半律，可見其探行「蕤賓下生大呂」的系統，而與《呂氏春秋》所言：「黃鍾、大呂、太簇、夾鍾、姑洗、仲呂、蕤賓為上，林鍾、夷則、南呂、無射、應鍾為下。」的「蕤賓重上生」系統不符，導致十二律呂的音域不在同一八度的範圍之內，而形成音域不齊的現象，這是否代表其生律法有誤？此一問題，在《史記・律書》中，「律數」及「生鍾分」二節有相關數據呈現，本文將於下文中論之。

此外，針對《晉書・律曆志》所論《呂氏春秋》之律制，筆者將此十二律的頻率比、音分值，表列如下：

圖十六

生律次序	1	8	3	10	5	12	7	2	9	4	11	6
律名	黃鍾	大呂	太簇	夾鍾	姑洗	仲呂	蕤賓	林鍾	夷則	南呂	無射	應鍾
長度（寸）	9.000	8.428	8.000	7.492	7.111	6.659	6.321	6.000	5.619	5.333	4.994	4.741
律數	81	75.85	72	67.42	64	59.93	56.88	54	50.56	48	44.94	42.66
四捨五入	81	76	72	67	64	60	57	54	51	48	45	43
頻率比	1	2187/2048	9/8	19683/16384	81/64	177147/131072	729/512	3/2	6561/4096	27/16	59049/32768	243/128
音分值	0	114	204	318	408	522	612	702	816	906	1020	1110
相鄰兩音間之音分值	114	90	114	90	114	90	90	114	90	114	90	

由此圖表來看，兩半音間的音分值只有兩種，即 114 音分與 90 音分，而此二者只有在「五度相生律」中才會出現，前者為「五度律大半音」，後者為「五度律小半音」。而「三分損益律」與「五度相生律」的差別，就在《呂氏春秋》的仲呂律，其音分值為 522，而五度相生律的 f¹，音分值為 498，餘者皆同。這二律之所以不同的原因，就是因為三分損益法，只能生出高五度與低四度的律，而無法生出低五度與高四度的律，反之，五度相生法則可以直接生出低五度與高四度的律。然而，五度相生律亦有大半音與小半音兩種，顯見二者屬於同一系統。

七、《晉書・律曆志》所論《淮南子・天文篇》之音律

就中國的律制發展而言，由《管子》到《呂氏春秋》可說是三分損益律完整的發展過程，後世雖不斷探求各種律制，但此一律制卻長期被沿用著。而《晉書・律曆志》中亦針對《淮南子・天文篇》之生律法進行了討論，其言：

> 時淮南王安延致儒博，亦為律呂。云黃鍾之律九寸而宮音調，因而九之，九九八十一，故黃鍾之數立焉，位在子。林鍾位在未，其數五十四。太簇其數七十二，南呂之數四十八，姑洗之數六十四，應鍾之數四十二，蕤賓之數五十七，大呂之數七十六，夷則之數五十一，夾鍾之數六十八，無射之數四十五，中呂之數六十，極不生。以黃鍾為宮，太簇為商，姑洗為角，林鍾為徵，南呂為羽。宮生徵，徵生商，商生羽，羽生角，角生應鍾，不比正音，故為和；應鍾生蕤賓，不比正音，故為繆。

將此生律法之律數與音分值臚列於下，則為：

圖十七

律 名	黃鍾	大呂	太簇	夾鍾	姑洗	仲呂	蕤賓	林鍾	夷則	南呂	無射	應鍾
律 數	81	76	72	68	64	60	57	54	51	48	45	42
音分值	0	110	204	303	408	520	608	702	801	906	1018	1137

從這一段話來看，「蕤賓之數五十七，大呂之數七十六」，可見《淮南子・天文篇》乃是採「蕤賓重上生」的生律方式，這樣的生律法，也出現在京房《律術》及鄭玄《周禮》注中。京房《律術》言：「蕤賓，十二萬四千四百一十六。上生大呂。」〔註54〕而鄭玄注《周禮》則云：「蕤賓上生大呂。」〔註55〕因此，《晉書・律曆志》上即言：「淮南、京房、鄭玄諸儒言律曆，皆上下相生，至蕤賓又重上生大呂。」三者屬於「蕤賓重上」的生律系統。然而，有關《淮南子》是否屬於三分損益律，學界歷來多有爭議，主要是因為，傳統看法雖將《淮南子・天文篇》中的生律法歸諸三分損益律的系統，然而，若從其律數來看，又與三分損益律多有不合。筆者將二者的數據整理於下圖：

〔註54〕 司馬彪著，《後漢書志》，〈律曆志〉上，台北：史學出版社，1974年，頁3008。
〔註55〕 鄭玄注、賈公彥疏，《周禮注疏・春官・大司樂》，頁342-2。

圖十八

律　　名	黃鍾	大呂	太蔟	夾鍾	姑洗	仲呂	蕤賓	林鍾	夷則	南呂	無射	應鍾
《淮南子》律數	81	76	72	68	64	60	57	54	51	48	45	42
三分損益律律數	81	75.85	72	67.42	64	59.93	56.88	54	50.56	48	44.94	42.66

從此圖的數據來看，《淮南子》的律數與三分損益律雖然大部份的數值相同，然而，尚有大呂、夾鍾、仲呂、蕤賓、夷則、無射、應鍾等律是不同的。首先發現此一微小差別者，乃是明代律學家朱載堉，其意以為，如果這種誤差是由於四捨五入的緣故，那麼夾鍾之數 68 與應鍾之數 42，仍不符合四捨五入的原則。然而，若以朱載堉的十二平均律來推算十二律，則其與淮南律數，有極為驚人的相似之處。所謂「十二平均律」，乃是對三分損益律的一種修正，因為三分損益律生律十二次以後，無法回到始發律，所以有京房之六十律及錢樂之的三百六十律，皆試圖透過多次的相生，以求得更為精確的數值，然而，卻仍無法成功地解決這個問題。因此，朱載堉在《律呂精義》中，採用了縮小舊三分損益法分數式中的分母數，以解決三分損益往而不返之誤，其言：

> 黃鍾生林鍾，林鍾生太蔟，太蔟生南呂，南呂生姑洗，姑洗生應鍾，
> 應鍾生蕤賓，蕤賓生大呂，大呂生夷則，夷則生夾鍾，夾鍾生無射，
> 無射生仲呂，仲呂生黃鍾。長生短，五億乘之；短生長，十億乘之。
> 皆以七億四千九百一十五萬三千五百三十八除之。〔註56〕

由這一段文字來看，其乃將三分損益法之「下生」（低律生高律乃低律律數×2/3）改為低律律數×500/749，而「上生」（高律生低律乃高律律數×4/3）改為高律律數×1000/749，如此一來，相生十二律之後，依然可以回到始發律，此一生律法，其將之稱為「新造密率」。〔註57〕其算法如下：

81×500÷749＝54.0720（四捨五入為 54）

54×1000÷749＝72.0961

72×500÷749＝48.0640

〔註56〕 朱載堉撰、馮文慈點注，《律呂精義內篇》，卷一，〈不拘隔八相生〉，北京：人民音樂出版社，1998 年，頁 16。

〔註57〕 朱載堉撰，《律呂精義內篇》，卷四，〈新舊法參校〉，頁 189。

$$48 \times 1000 \div 749 = 64.0854$$

$$64 \times 500 \div 749 = 42.7236$$

$$43 \times 1000 \div 749 = 57.4098$$

$$57 \times 1000 \div 749 = 76.1014$$

$$76 \times 500 \div 749 = 50.7343$$

$$51 \times 1000 \div 749 = 68.0907$$

$$68 \times 500 \div 749 = 45.3938$$

$$45 \times 1000 \div 749 = 60.0801$$

若將十二平均律與《淮南子》書中所給出的數值做一比較，則爲：

圖十九

律　名	黃鍾	大呂	太蔟	夾鍾	姑洗	仲呂	蕤賓	林鍾	夷則	南呂	無射	應鍾
十二平均律律數	81	76.1014	72.0961	68.0907	64.0854	60.0801	57.4098	54.0720	50.7343	48.0640	45.3938	42.7236
四捨五入之律數	81	76	72	68	64	60	57	54	51	48	45	43
淮南律	81	76	72	68	64	60	57	54	51	48	45	42

此時可以發現，除了應鍾一律十二平均律爲 43，而淮南律爲 42 之外，其餘律數完全相等，至於應鍾一律，朱載堉在《律呂精義》卷四的〈新舊法參校〉中，已據《宋書》將《淮南子》的應鍾之數 42，校正爲 43。〔註 58〕如此一來，則《淮南子》之律數，與朱載堉之十二平均律則完全一致。因此，其於《律呂精義》卷四〈新舊法參校〉中遂言：「《史記》、《漢書》所載律三分損益，惟《淮南子》及《晉書》、《宋書》所載此法獨非三分損益，蓋與新法頗同。其所不同者，仲呂不復生黃鍾耳。是知新法非自古所未有，疑古有之，失其傳也。」〔註 59〕顯然認爲十二平均律乃自古有之，只是後世失傳，照此說法，《淮南子》即可被視爲十二平均律的先聲。

然而，值得注意的是，《淮南子・天文訓》在論及律數之前，還有一段話，文曰：

> 律之數六，分爲雌雄，故曰十二鍾，以副十二月。十二各以三成，故置一而十一三之，爲積分七十（十七）萬七千一百四十七，黃鍾

〔註 58〕朱載堉撰，《律呂精義內篇》，卷四，〈新舊法參校〉，頁 189。
〔註 59〕朱載堉撰，《律呂精義內篇》，卷四，〈新舊法參校〉，頁 193。

　　　大數立焉。

其以黃鍾積實數為 177147，也就是 3^{11}，若依此算法，推出其餘十一律之大數，則為：

　　圖二十

律名	黃鍾	大呂	太蔟	夾鍾	姑洗	仲呂	蕤賓	林鍾	夷則	南呂	無射	應鍾
淮南大數	177147	165888	157464	147456	139968	131072	124416	118098	110592	104976	98304	93312

從這個數值之給出方式來看，顯然是使用三分損益法。所以，樊嘉祿及張秉倫即指出，若結合淮南律數與黃鍾大數來看，則可推論，上述誤差之原因，極有可能是因為，按三分損益法，若遇非整數，則依四捨五入之原則，取一整數，再依此一整數推算下一律，然後仍按四捨五入取整數值，如此則與十二平均律同。〔註60〕算法如下：

$81 \times 2/3 = 54$

$54 \times 4/3 = 72$

$72 \times 2/3 = 48$

$48 \times 4/3 = 64$

$64 \times 2/3 = 42.6666$（四捨五入後取 43）

$43 \times 4/3 = 57.3333$

$57 \times 4/3 = 76$

$76 \times 2/3 = 50.6666$

$51 \times 4/3 = 68$

$68 \times 2/3 = 45.3333$

$45 \times 4/3 = 60$

　　透過上述之分析，筆者將三分損益律、淮南律及十二平均律以表格臚列於下：

〔註60〕樊嘉祿、張秉倫，〈漢代音律學文獻資料中的兩個問題〉，《安徽史學》，2004 年第 5 期，頁 24。

圖二十一〔註61〕

律　名	黃鍾	大呂	太蔟	夾鍾	姑洗	仲呂	蕤賓	林鍾	夷則	南呂	無射	應鍾
淮南數（據《宋書》更正後）	81	76	72	68	64	60	57	54	51	48	45	43
十二平均律律數	81	76	72	68	64	60	57	54	51	48	45	43
依三分損益律所得之律數	81	75.85	72	67.42	64	59.93	56.88	54	50.56	48	44.94	42.66
四捨五入之律數	81	76	72	67	64	60	57	54	51	48	45	43
依三分損益法並取四捨五入後之整數爲推次一律基數而得之律數	81	76	72	68	64	60	57	54	51	48	45	43
頻率比	1	81/76	9/8	81/68	81/64	27/20	27/19	3/2	27/17	27/16	9/5	81/43
淮南律音分值	0	110	204	303	408	520	608	702	801	906	1018	1096

由此可見，若依此演算法來計算三分損益律，則淮南律數，仍可解釋爲三分損益律的系統，而其誤差值，乃是由於計算過程所致，因此若將運算過程加以釐清，即可掃除此一疑慮。

八、《晉書・律曆志》所論《史記・律書》之音律——針對「律數」一節提出「蕤賓爲重上」之說

在《晉書・律曆志》當中，曾論及《史記・律書》之音律，而其中，最值得注意之處，乃是其在說明《史記・律書》中「律數」與「生鍾分」二節時，指出其中生律法之不同，並針對「律數」一節，提出「蕤賓重上生」之說法。文曰：

> 司馬遷《八書》言律呂，粗舉大經，著於前史。則以太極元氣函三爲一，而始動於子，十二律之生，必所起焉。於是參一於丑得三，因而九三之，舉本位合十辰，得一萬九千六百八十三，謂之成數，以爲黃鍾之法。以參之律於十二辰，得十七萬七千一百四十七，謂

〔註61〕樊嘉祿、張秉倫，〈漢代音律學文獻資料中的兩個問題〉，《安徽史學》，頁24。

之該數，以爲黃鍾之實。實如法而一，得黃鍾之律長九寸，十一月冬至之氣應焉。蓋陰陽合德，氣鍾於子，而化生萬物，則物之生莫不函三。故十二律空徑三分，而上下相生，皆損益以三。其術則因黃鍾之長九寸，以下生者倍其實，三其法；以上生者，四其實，三其法。所以明陽下生陰，陰上生陽。

起子，爲黃鍾九寸，一。

丑，三分之二。

寅，九分之八。

卯，二十七分之十六。

辰，八十一分之六十四。

巳，二百四十三分之一百二十八。

午，七百二十九分之五百一十二。

未，二千一百八十七分之一千二十四。

申，六千五百六十一分之四千九十六。

酉，一萬九千六百八十二分之八千一百九十二。

戌，五萬九千四十九分之三萬二千七百六十八。

亥，十七萬七千一百四十七分之六萬五千五百三十六。

如是周十二辰，在六律爲陽，則當位自得而下生陰，在六呂爲陰，則得其所衝而上生於陽，推算之術無重上生之法也。所謂律取妻，呂生子，陰陽升降，律呂之大經也。而遷又言十二律之長，今依淮南九九之數，則蕤賓爲重上。又言五音相生，而以宮生角，角生商，商生徵，徵生羽，羽生宮。求其理用，罔見通途。

在《晉書・律曆志》這一段當中所論之數據，乃是《史記・律書》的「生鍾分」一節，即生鍾律之法，而自「子，一分」至「亥，十七萬七千一百四十七分之六萬五千五百三十六」的這一整段數據，司馬貞《索隱》謂子以下十一辰，皆以三乘之，爲黃鍾積實之數。〔註62〕「積」指相因而成之數，即乘

〔註62〕按司馬遷於《史記・律書》「生鍾分」中曰：「子一分。丑三分二。寅九分八。卯二十七分十六。辰八十一分六十四。巳二百四十三分一百二十八。午七百二十九分五百一十二。未二千一百八十七分一千二十四。申六千五百六十一分四千九十六。酉一萬九千六百八十三分八千一百九十二。戌五萬九千四十九分三萬二千七百六十八。亥十七萬七千一百四十七分六萬五千五百三十六。」參見司馬遷撰，《史記》，卷二十五，〈律書〉，北京：中

積也。「實」與法對，被除數也。由此所生十一律之積實數，皆整數而無奇零，且符合十二律相生之比率，算式臚列於下：

（子）黃鍾：1

（丑）林鍾：1×2/3＝2/3（177147×2/3＝118098）

（寅）太簇：2/3×4/3＝8/9（177147×8/9＝157464）

（卯）南呂：8/9×2/3＝16/27（177147×16/27＝104976）

（辰）姑洗：16/27×4/3＝64/81（177147×64/81＝139968）

（巳）應鍾：64/81×2/3＝128/243（177147×128/243＝93312）

（午）蕤賓：128/243×4/3＝512/729（177147×512/729＝124416）

（未）大呂：512/729×2/3＝1024/2187（177147×1024/2187＝82944）

（申）夷則：1024/2187×4/3＝4096/6561（177147×4096/6561＝110592）

（酉）夾鍾：4096/6561×2/3＝8192/19683（177147×8192/19683＝73728）

（戌）無射：8192/19683×4/3＝32768/59049（177147×32768/59049
＝98304）

（亥）仲呂：32768/59049×2/3＝65536/177147（177147×65536/177147
＝65536）

此處，由「午」生「未」時，乃蕤賓生大呂，以陽生陰，故為「下生」，採三分損一之法。其中，大呂、夾鍾、仲呂為半律。值得注意的是，《史記‧律書》在提出「生鍾分」之前，有一段提及「律數」的說法，頗與此處之生律方式有所出入，文言：

> 律數：
>
> 九九八十一以為宮。三分去一，五十四以為徵。三分益一，七十二以為商。三分去一，四十八以為羽。三分益一，六十四以為角。黃鍾長八寸七分一，宮。大呂長七寸五分三分〔二〕。太簇長七寸〔十〕分二，角。夾鍾長六寸〔七〕分三分一。姑洗長六寸〔十〕分四，羽。仲呂長五寸九分三分二，徵。蕤賓長五寸六分三分〔二〕。林鍾長五寸〔十〕分四，角。夷則長五寸三分二，商。南呂長四寸〔十〕分八，徵。無射長四寸四分三分二。應鍾長四寸二分三分二，羽。

華書局，頁1250。

此處律數之計算不全，僅有五音，然而，若從管長的長度來推算，依然可以見出此生律的方式，計算如下：

黃鍾：8.1

林鍾：8.1×2/3＝5.4

太簇：5.4×4/3＝7.2

南呂：7.2×2/3＝4.8

姑洗：4.8×4/3＝6.4

應鍾：6.4×2/3＝4.26

蕤賓：4.26×4/3＝5.68

大呂：5.68×4/3＝7.57

夷則：7.57×2/3＝5.04

夾鍾：5.04×4/3＝6.73

無射：6.73×2/3＝4.48

仲呂：4.48×4/3＝5.98

十分顯然的是，「律數」一節所論蕤賓生大呂乃是「上生」，即採三分益一之法，因此所有十二律呂皆在同一八度的音域之內，並無半律出現。而此十二律呂所以能位於同一八度的音域之內，關鍵就在於「蕤賓生大呂」乃「重上生」，因爲在《史記・律書》中，十二律呂從黃鍾爲始發律開始，原應按照三分損一、三分益一、三分損一、三分益一的規則逐一生出十二律，然而，及至應鍾生蕤賓、蕤賓生大呂時，卻重覆了二次三分益一，但司馬遷論「生鍾分」時，卻無「蕤賓重上」之情形，二者頗爲矛盾。這一點，《晉書・律曆志》中亦明言：

> 如是周十二辰，在六律爲陽，則當位自得而下生陰，在六呂爲陰，則得其所衝而上生於陽，推算之術無重上生之法也。所謂律取妻，呂生子，陰陽升降，律呂之大經也。而遷又言十二律之長，今依淮南九九之數，則蕤賓爲重上。

所謂「如是周十二辰，在六律爲陽，則當位自得而下生陰，在六呂爲陰，則得其所衝而上生於陽，推算之術無重上生之法也。」這一段，即是指「生鍾分」一節，因爲其由蕤賓生大呂時，是採「蕤賓下生」，故「無重上生之法也」。而針對《史記・律書》中「律數」一節的生律法，《晉書・律曆志》乃首先提出「蕤賓爲重上」的說法。更值得探討的是，何以在《史記・律書》的「生

鐘分」與「律數」之間，司馬遷要採取「蕤賓下生」與「蕤賓重上」兩套不同的生律方式？同時，《晉書‧律曆志》在論《史記‧律書》的生律法時，卻主要採「生鐘分」一節的數據，其理據何在？

關於這一點，可徵諸於曾侯乙編鐘的音律系統來思考。按崔憲的說法，曾侯乙編鐘所包含的樂律內容，乃是以曾、楚為主，兼及周王室及其餘諸侯國，而從曾侯鐘銘來看，則頻頻出現楚律名，例如獸鐘、穆鐘、濁新鐘、新鐘、濁坪皇、濁姑洗等，說明了楚律在曾侯鐘上的重要地位以及楚國音樂在曾侯鐘上的應用價值。〔註63〕另一方面，曾、楚、周律名在曾侯鐘上又時常有相互借用的清況，例如「濁姑洗」，「濁」是指「低一律」之意，而以「濁」字稱六呂的體制，乃是來自楚律，在楚律中，「濁姑洗」乃是始發律，若再配合周律以黃鍾律為始發律來比對，則排序如下：〔註64〕

圖二十二

音分	0	204	408	612	702	814	906	996	1110	1314	1516	1698
音名	bC	bD	bE	F	#F	G	bA	A	bB	C	D	E
周律名	黃鍾	太簇	姑洗	蕤賓	林鍾	夷則	南呂	無射	應鍾	大呂	夾鍾	仲呂
楚六律					2 新鐘		4 獸鐘		6 穆鐘	8 姑洗	10 坪皇	12 文王
楚六呂	1 濁姑洗	3 濁坪皇	5 濁文王	7 濁新鐘			9 濁獸鐘		11 濁穆鐘			

在此圖表中，楚制中的「濁姑洗」，經測音結果顯示，其音為 bC。那麼，由「濁姑洗」開始，逐一構成楚制的十二律，從其音分值可以發現，「蕤賓生大呂」，其生律方式乃是「下生」。而楚聲對於漢代音樂，又具有重大的影響，因此，《史記‧律書》中「生鐘分」一節，實保留了楚制的生律法，這一點，

〔註63〕崔憲著，《曾侯乙編鐘鐘銘校釋及其律學研究》，北京：人民音樂出版社，2000年，頁28～30。

〔註64〕崔憲著，《曾侯乙編鐘鐘銘校釋及其律學研究》，頁182。

亦由班固沿襲下來，其於《漢書・律曆志》中即採用「蕤賓下生」的傳統，至於《晉書・律曆志》中論《史記・律書》所採用的數據，採用「生鐘分」一節，即可追溯至楚制「蕤賓下生」的系統而來。

在確立《史記・律書》的二種生律法之後，透過律數之換算，來檢驗其律制，將其所得數值臚列於下：

圖二十三

律名	黃鍾	大呂	太蔟	夾鍾	姑洗	仲呂
長度（寸）	8.1	7.53	7..2	6.31	6.4	5.932
律數	81	75.851	72	67.423	64	59.932
積實數	177147	165888	157476	147456	139968	131072
頻率比	1	2187/2048	9/8	19683/16384	81/64	177147/131072
音分值	0	114	204	318	408	522
相鄰二音間之音分值	114	90	114	90	114	90

律名	蕤賓	林鍾	夷則	南呂	無射	應鍾
長度（寸）	5.63	5.4	5.32	4.8	4.432	4.232
律數	56.888	54	50.567	48	44.949	42.666
積實數	124416	118098	110592	104976	98304	93312
頻率比	729/512	3/2	6561/4096	27/16	59049/32768	243/128
音分值	612	702	816	906	1020	1110
相鄰二音間之音分值	90	90	114	90	90	114	90

由此圖之分析可以得知，《史記・律書》中相鄰二音間之音分值只有二種，即「五度律大半音」（114 音分）與「五度律小半音」（90 音分），可見此一律制乃是透過「五度相生法」所產生的「三分損益律」系統。

但《史記・律書》除了在「生鐘分」與「律數」有所出入以外，其在「律數」一節下所標出的音名，亦有誤。其言：

> 九九八十一以爲宮。三分去一，五十四以爲徵。三分益一，七十二以爲商。三分去一，四十八以爲羽。三分益一，六十四以爲角。黃鍾長八寸七分一，宮。大呂長七寸五分三分〔二〕。太蔟長七寸〔十〕分二，角。夾鍾長六寸〔七〕分三分一。姑洗長六寸〔十〕分四，羽。仲呂長五寸九分三分二，徵。蕤賓長五寸六分三分〔二〕。林鍾

長五寸〔十〕分四，角。夷則長五寸三分二，商。南呂長四寸〔十〕

分八，徵。無射長四寸四分三分二。應鍾長四寸二分三分二，羽。

此處，律數中宮、商、角、徵、羽五音的弦長比數（宮爲 81，徵爲 54，商爲 72，羽爲 48，角爲 64）無誤，然其所對應的音名有誤。黃鍾爲宮，太蔟爲角，姑洗爲羽，仲呂爲徵，林鍾爲角，夷則爲商，南呂爲徵，應鍾爲羽，完全不符合「三分損益法」之生律方式，故《晉書・律曆志》言：「又言五音相生，而以宮生角，角生商，商生徵，徵生羽，羽生宮。求其理用，罔見通途。」可見其生律法有誤。理論上，依「三分損益法」的生律次序來看，應是宮生徵、徵生商、商生羽、羽生角。所以《史記・律書》中「生黃鍾術」一節亦言：「故曰音始於宮，窮於角。」但這種說法何以又與「律數」之生律法相互矛盾呢？張文虎《札記》云：

「音始於宮，窮於角」，則知五音相生，次序亦以宮、徵、商、羽、角爲次。疑《史》文十二律原本圓圖，特據黃鍾一均五聲注於律分下，後改直行，轉寫錯亂，遂不可究詰。《晉志》詆史還言五音相生，以宮生角，角生商，商生徵，徵生羽，羽生宮，求其理用，罔見通塗，則當時已瞀亂。而太蔟爲商，似尚未誤，今又誤爲角矣。〔註 65〕

張氏亦以爲生律次序當爲宮→徵→商→羽→角，而《史記・律書》的「律數」卻爲宮→角→商→徵→羽，這一點，在《晉書・律曆志》已有明確的批評。然若再參酌《史記・律書》中「生黃鍾術」一節所言：「故曰音始於宮，窮於角。」又顯然無誤，所以張氏認爲，此乃由於《史記》十二律，原本爲一圓圖，後改爲直行，轉寫錯亂，而導致不可究詰。

九、《晉書・律曆志》所論《漢書・律曆志》之音律

《晉書・律曆志》在論《史記・律書》後，亦曾論及《漢書・律曆志》之律制，文言：

及元始中，王莽輔政，博徵通知鍾律者，考其音義，使義和劉歆典領調奏。班固《漢書》採而志之，其序論雖博，而言十二律損益次第，自黃鍾長九寸，三分損益，下生林鍾，長六寸。三分益一，上

〔註 65〕張文虎著，《校刊史記集解索隱正義札記》（上），〈律書〉，台北：學海出版社，1979 年，頁 306。

生太蔟而左旋，八八爲位。一上一下，終於無射，下生中呂。校其

相生所得，與司馬遷正同。班固採以爲志。

《晉書·律曆志》認爲《漢書·律曆志》十二律損益次第，其相生所得，與
司馬遷等同。由此看來，班固顯然是採取《史記·律書》「生鐘分」一節的算
法，而非「律數」算法，試見《漢書·律曆志》所言：

……故以成之數忖該之積，如法爲一寸，則黃鐘之長也。參分損一，

下生林鐘。參分林鐘益一，上生太蔟。參分太蔟損一，下生南呂。

參分南呂益一，上生姑洗。參分姑洗損一，下生應鐘。參分應鐘益

一，上生蕤賓。參分蕤賓損一，下生大呂。參分大呂益一，上生夷

則。參分夷則損一，下生夾鐘。參分夾鐘益一，上生亡射。參分亡

射損一，下生中呂。〔註66〕

其中，大呂、夾鍾、仲呂爲半律，可見《漢書·律曆志》於「蕤賓生大呂」
時乃是採用「三分損一」，因而無「蕤賓重上」的情形，《晉書·律曆志》上
即言：

淮南、京房、鄭玄諸儒言律曆，皆上下相生，至蕤賓又重上生大呂，

長八寸二百四十三分寸之百四；夷則上生夾鍾，長七寸千一百八

十七分寸之千七十五；無射上生中呂，長六寸萬九千六百八十三分寸

之萬二千九百七十四；此三品於司馬遷、班固所生之寸數及分皆倍

焉，餘則並同。

以往的學者常以爲此乃因班固研核不精所致，例如丘瓊蓀即引《疏證》云：

《大司樂》注、《續志》，並從《淮南》作上生，《隋志》梁武帝論云：

「京、馬、鄭、蔡，至蕤賓並上生大呂，而《班志》至蕤賓仍以次

下生。若從班義，夾鐘惟長三寸七分有奇，求聲索實，班義爲乖。」

〔註67〕

其以班義爲乖的主要理由，乃是因爲夾鐘若只有三寸七分有奇，那麼就超過
一個音階的八度音域，無法構成完整的音階系統，而犯了不合音階形式的弊
病。《正譌》亦針對《漢書·律曆志》的生律法說道：「按蕤賓生大呂，當用
三分益一，大呂生夷則，當用三分損一。自三分蕤賓以下，損益上下字班書
悉皆倒誤，蓋由率意順文，不加研核所致。《史記·生鐘分》一篇，自午以

〔註66〕班固撰，《漢書》，卷二十一，〈律曆志〉，台北：鼎文書局，1983年，頁965。
〔註67〕丘瓊蓀校釋，《歷代樂志律志校釋》（一），頁158。

下，其誤正同。當以《呂覽》、《淮南》之言爲正。」〔註68〕二者對「蕤賓生大呂」的生律法，皆採蕤賓應「重上生」的方式，主要原因乃是爲了使十二律呂維持在一個八度音域之內而次序井然。然而，透過前文對曾侯乙編鐘樂律之考證，可以得知「蕤賓下生」實乃源於楚制，而班固保留了《史記・律書》中「生鐘分」一節的說法，有其律學上的意義，並非研核不精所致。

十、《晉書・律曆志》所論《後漢書・律曆志》之音律

　　《晉書・律曆志》中有關《後漢書・律曆志》之記載，主要是探討京房六十律的問題以及京房準。首先，京房之所以提出六十律，主要因爲三分損益律在生律十一次之後，無法回到始發律，使得《禮記・禮運》中所言：「五聲六律十二管，旋相爲宮也。」〔註69〕的理論難以實行。於是，便在生到十二律之後繼續往下生，希望可以回到始發律，此做法雖然較有可能接近始發律，但仍有略微的差距，不過其差距已經非常微小，是人耳所無法察覺的音差。《晉書・律曆志》中有關《後漢書・律曆志》之記載，主要見諸於這一段話：

> 元帝時，郎中京房知五音六十律之數，上使太子太傅玄成、諫議大夫章雜試問房於樂府，房對：「受學於故小黃令焦延壽。六十律相生之法，以上生下，皆三生二；以下生上，皆三生四。陽下生陰，陰上生陽，終於中呂。而十二律畢矣。中呂上生執始，執始下生去滅。上下相生，終於南事，而六十律畢矣。」

「以上生下」，皆三生二，指三分損一。「以下生上」，皆三生四，指三分益一。京房在此說明了律呂相生之法，言從黃鍾起相生到中呂，之後，再由中呂繼續生律，得執始、去滅而終於南事。在中國律學史上，京房首先發現，由三分損益律中的第十二律「仲呂」再透過「三分益一」所生的律（其定名爲「執始」），無法回到原有的「黃鍾」本律（$177147 \times (2/3)^5 \times (4/3)^7 = 174762 \ 2/3$，其與「執始」之間的差距爲：$177147 - 174762 \ 2/3 = 2384 \ 1/3$，爲23.5音分，四捨五入爲24音分，爲一「最大音差」。）故乃繼續推衍至六十律，以期縮小此一差距，以利「旋相爲宮」。有關京房六十律的部份，《後漢書・律曆志》言：

> 《律術》曰：黃鍾，律呂之首，而生十一律者也。其相生也，皆三分而損益之。是故十二律之，得十七萬七千一百四十七，是爲黃鍾

〔註68〕丘瓊蓀校釋，《歷代樂志律志校釋》（一），頁158。
〔註69〕鄭元注、孔穎達正義，《禮記注疏》，卷二十二，〈禮運〉，頁1074。

之實。又以二乘而三約之，是爲下生林鍾之實。又以四乘而三約之，
是爲上生太簇之實。推此上下，以定六十律之實。以九三之，得萬
九千六百八十三爲法。於律爲寸，於準爲尺，不盈者十之，所得爲
分。又不盈十之，所得爲小分。以其餘正其強弱。〔註70〕

此自承《漢書·律曆志》所謂「太極元氣，函三爲一。……行於十二辰，始
動於子。參之於丑，得三。又參之於寅，得九。……又參之於亥，得十七萬
七千一百四十七。」子以下十一辰，皆以三乘之，則 177147 爲黃鍾積實數，
且將此六十律之律數、積實數、日數、及音分值表列如下：

圖二十四

生律次序	1	13	25	37	49	54
律　名	黃鍾	執始	丙盛	分動	質末	色育
今日音名	c	/c	//c	///c	////c	////b(~c)
律　數	9	8.87	8.76	8.64	8.52	8.98
積實數	177147	174762	172410	170089	167800	176776
音分值	0	23.4662	46.9240	70.3883	93.8449	3.6291
日　數	1	6	6	6	6	6
日數累計					31	
大小半音					大半音	

生律次序	2	14	26	38	50	55
律　名	林鍾	去滅	安度	歸嘉	否與	謙待
今日音名	g	/g	//g	///g	////g	///#f(~g)
律　數	6	5..92	5.84	5.76	5.68	5..99
積實數	118098	116508	114940	113393	111867	117851
音分值	701.9546	725.4212	748.8791	772.3381	795.7956	705.5793
日　數	1	7	6	6	5	5
日數累計					30	
大小半音					大半音	

〔註70〕 司馬彪著，《後漢書志》，〈律曆志〉，頁 3000。

生律次序	3	15	27	39	51	56
律　名	太簇	時息	屈齊	隨期	形晉	未知
今日音名	d	/d	//d	///d	////d	////#c(~d)
律　數	8	7.89	7.79	7.68	7.58	7.98
積實數	157464	155344	153253	151190	149165	157134
音分值	203.9098	227.8775	249.9617	274.5820	297.2721	208.2429
日　數	1	6	6	6	6	6
日數累計					31	
大小半音					大半音	

生律次序	4	16	28	40	52	57
律　名	南呂	結躬	歸期	未卯	夷汗	白呂
今日音名	a	/a	//a	///a	////a	////#g(~a)
律　數	5.33	5.26	5.19	5.12	5.05	5.32
積實數	104976	103563	102169	100794	99437	104756
音分值	906.9467	929.8342	953.0277	976.3493	1000.3696	910.1884
日　數	1	6	6	6	7	5
日數累計					31	
大小半音					大半音	

生律次序	5	17	29	41	53	58
律　名	姑洗	變虞	路時	形始	依行	南授
今日音名	e	/e	//e	///e	////e	////#d(~e)
律　數	7.11	7.01	6.92	6.83	6.73	7.09
積實數	139968	138084	136225	134392	132582	139674
音分值	408.0900	432.6122	454.9834	477.6468	503.1819	412.9668
日　數	1	6	6	5	7	6
日數累計					31	
大小半音					大半音	

生律次序	6	18	30	42	59
律　名	應鍾	遲內	未育	遲時	分鳥
今日音名	b	/b	//b	///b	////#a（~b）
律　數	4.74	4.86	4.61	4.55	4.73 寸
積實數	93312	92056	90817	89595	93117
音分值	1110.045	1066.762	1158.1893	1180.8678	1113.7013
日　數	1	8	8	6	7
日數累計				30	
大小半音				大半音	

生律次序	7	19	31	43	60
律　名	蕤賓	盛變	離宮	制時	南事
今日音名	#f	/#f	//#f	///#f	////f（~#f）
律　數	6.32	6.23	6.15	6.07	6.31
積實數	124416	122741	121089	119460	124154
音分值	612.0002	636.8310	659.2058	681.8739	614.7416
日　數	1	7	7	8	7
日數累計				30	
大小半音				小半音	

生律次序	8	20	32	44
律　名	大呂	分否	凌陰	少出
今日音名	#c	/#c	//#c	///#c
律　數	8.43	8.31	8.21	8.09
積實數	165888	163654	161452	159280
音分值	113.2706	138.0914	159.0510	184.5419
日　數	8	8	8	6
日數累計				30
大小半音				小半音

生律次序	9	21	33	45
律　名	夷則	解形	去南	分積
今日音名	#g	/#g	//#g	///#g
律　數	5.62	5.54	5.46	5.39
積實數	110592	109103	107635	106187
音分值	815.2249	840.0437	865.2284	887.5581
日　數	8	8	8	7
日數累計				31
大小半音				小半音

生律次序	10	22	34	46
律　名	夾鐘	開時	族嘉	爭南
今日音名	#d	/#d	//#d	///#d
律　數	7.49	7.39	7.24	7.19
積實數	147456	145470	143513	141582
音分值	317.9507	341.2204	376.7221	388.7197
日　數	6	8	8	8
日數累計				30
大小半音				小半音

生律次序	11	23	35	47
律　名	無射	閉掩	鄰齊	期保
今日音名	#a	/#a	//#a	///#a
律　數	4.99	4.93	4.86	4.97
積實數	98304	96980	95675	94388
音分值	1021.0617	1042.0042	1066.762	1028.0143
日　數	8	8	7	8
日數累計				31
大小半音				小半音

生律次序	12	24	36	48
律　名	中呂	南中	內負	物應
今日音名	#e	/#e	//#e	///#e
律　數	6.66	6.57	6.48	6.39
積實數	131072	129308	127567	125850
音分值	521.2829	544.8377	568.7061	592.9297
日　數	8	7	8	7
日數累計				30
大小半音				小半音

從此圖可得知，京房六十律既是屬於「三分損益律」，那麼，透過「五度相生法」對於「大半音」、「小半音」及「最大音差」之探討，即可了解「京房音差」之產生。首先，就「五度律的大全音」（c－d）來說，c－d 之間可包含#c及 ^{b}d 兩個半音，#c 由 c 音上生七次，移低四個八度而得；^{b}d 由 c 音下生五次，移高三個八度而得，c－#c 的頻率比為 $(3/2)^7/2^4＝2187/2048$（音分值為 114音分）；c－^{b}d 的頻率比為 $(2/3)^5×2^3＝256/243$（音分值為 90 音分），將此關係作圖示如下：〔註71〕

圖二十五

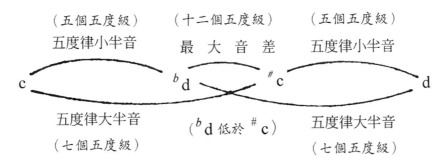

c－#c 為五度律大半音，c－^{b}d 為五度律小半音，#c－^{b}d 的距離為：114 音分——90 音分＝24 音分，此乃「最大音差」。〔註72〕接著，查看大全音為最大音差的幾倍：204 音分÷24 音分＝8.5（約九倍），一個大全音約為九個最大音差。再看五度律大半音為最大音差的幾倍：114 音分÷24 音分＝4.75（約五倍），五度律

〔註71〕繆天瑞著，《律學》，頁 57。
〔註72〕繆天瑞著，《律學》，頁 56。

大半音約爲五個最大音差。最後，看五度律小半音爲最大音差的幾倍：90 音分÷24 音分＝3.75（約四倍），五度律小半音約爲四個最大音差。圖示如下：

圖二十六

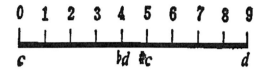

所以演奏弦樂器（如小提琴）的演奏者會主張將全音分爲九個音差，五度律大半音（c－#c）佔五個最大音差，五度律小半音（c－♭d）佔四個最大音差。

　　由此，再重新探討京房六十律，可以發現，黃鍾（假設爲 c）生律至第54 次的色育時，色育的音高已是////b，比 b 音高四個音差，而四個音差已是五度律小半音的距離，顯見其與黃鍾本律已非常接近。若透過音分值的計算，1200/log2＝X/log（177147/176776），X＝3.6291，黃鍾與色育只相差 3.6291 音分，完全是人耳所無法察覺的，所以京房六十律，即是藉由此種細微音差來變換音律，而此 3.6 音分的微小音差，則被繆天瑞稱爲「京房音差」。〔註73〕

　　有關京房六十律的評價，正面及負面皆有。王子初認爲，京房「以律呂附會天文曆數，並非京房獨創，實爲先秦十分盛行的音樂神秘主義思潮之餘緒。……京房的研究仍落先秦樂律神秘主義窠臼。」〔註74〕但他同時亦指出，在當時的社會條件下擺脫此種思想傾向束縛的條件是不成熟的，不應過分以此來苛求於京房。陳正生於〈60 律 360 律評析〉中認爲，京房六十律與旋宮轉調無關，京房之所以進行六十律的研究只是爲著適應「一日當一律」的曆法需要，並且將律學研究分成兩個方向，一是樂學的運用，一是與曆的結合。至於律同曆之間究竟有多大關係，京房 60 律和錢樂之 360 律在我國律學史上或科技史上究竟是否應該佔有一定的地位，看來這要在我們作了深入研究之後，才能做出確當的評價。〔註75〕張乾元則對六十律與易學的結合此一理論加以肯定，其以爲「京房創六十律，以物候節氣時間定律時，從地支空間方

〔註73〕繆天瑞著，《律學》，頁 117。

〔註74〕王子初，〈京房和他的六十律〉，《中國音樂》，1984 年第 3 期，頁 24。

〔註75〕陳正生，〈60 律 360 律評析〉，《星海音樂學院學報》，2000 年 3 月，第 78 卷第 1 期，頁 15～17。

位立律位，採用候氣之法，觀律案葭莩之灰聚散，氣至灰動，案曆而候之，以檢攝其理論推算所得之數，精至可以用穗芒相量，相差極小，律曆之數能準確相合，從而又以雙向檢驗之方法，科學而完美地把律與曆參同起來，把時辰與方位統一起來，把主體的認識與客體的存在狀況結合起來，實現了以實踐檢驗方式，在自然時空中獲得自我體驗與宇宙本體的合一，獲得主觀目的性與客觀規律性的合一。」〔註76〕

此外，楊蔭瀏則認為，京房只是應用了前人早已發明的老的三分損益法計算，利用其第十三音與第一音間有音差存在，以此為理由，機械地推算下去，一直推算到六十律為止而已。他這樣推算的目的，並不是為了音樂，倒是為了把這樣的所謂「音律」，去粉飾他占卜的迷信行為。〔註77〕換句話說，京房六十律實是為了迎合占卜而設的理論，而楊氏所採用的依據，乃是出自《漢書・眭兩夏侯京翼李列傳》中所提及的京房治《易》，其曰：

> 京房的學說，是出於焦延壽。據《前漢書眭、兩夏侯、京、翼、李列傳》，京房治《易》，「事梁人焦延壽・……其說長於災變。分六十卦，更直日用事。以風雨寒溫為候，各有占驗。房用之尤精。」從這裡已很可看出京房推演六十律的目的。〔註78〕

由於京房六十律與此一段話之六十卦相合，黃翔鵬亦釋「京房」條曰：「京房的立說根據中有些附會之說，來源於焦延壽『分六十卦，更值日用事』《前漢書・列傳》的理論。」〔註79〕但事實上，京房六十律首要解決的，乃是「仲呂無法返回黃鐘」的問題，而此一問題所牽涉到的即是十二律呂無法旋宮，因此，京房乃力圖透過不斷相生，縮小音與音之間的音差，促使旋宮成為可能，陳應時並舉出南朝錢樂之的三百六十律、梁武帝的「四通十二笛」、五代的「王朴律」及蔡元定的「十八律」等都無外乎源於京房六十律的影響。因此，建構於陰陽體系上之京房六十律，實不能僅將之視為迷信占卜的行為。

其次，《晉書・律曆志》尚提及了「京房準」，探討了以弦律或管律做為標準音的問題，文云：

> 京房又曰：「竹聲不可以度調，故作準以定數。準之狀如瑟，而長丈，

〔註76〕張乾元，〈呂律中的時空合一觀〉，《宿州師專學報》，1999年第2期，頁85。
〔註77〕楊蔭瀏著，《中國古代音樂史稿》（上冊），台北：丹青圖書有限公司，1985年，頁1～133。
〔註78〕楊蔭瀏著，《中國音樂史》，頁153。
〔註79〕《中國大百科全書・音樂舞蹈卷》，「京房」條，頁318。

十三弦，隱間九尺，以應黃鐘之律九寸。中央一弦，下有畫分寸，
以爲六十律清濁之節。」房言律詳於歆所奏，其術施行於史官，候
部用之，文多不悉載。截管爲律，吹以考聲，列以效氣，道之本也。
術家以聲微而體難知，其分數不明，故作準以代之。準之聲明暢易
達，分寸又粗，然弦以緩急清濁，非管無以正也。均其中弦，令與
黃鐘相得，案畫以求諸律，則無不如數而應者矣。

在中國律學史上，京房可以說是第一個將管律與弦律加以區別的人，其以爲
「截管爲律，吹以考聲，列以效氣，道之本也。術家以其聲微而體難知，其
分數不明，故作準以代之。」在他看來，竹管的音高不易調準，故作十三弦
的律準來定音高，此說甚有見地。因爲以管定律，涉及到管口校正的問題，
若未扣除管口校正數的話，則會導致音高偏低而有音準之誤差，此由晉之荀
勗所發現，並加以解決，京房在此，雖未正面提出「管口校正」的問題，但
已初步發現，管律聲微而體難知，且分數不明，而另作準來替代，實屬可貴。
然楊蔭瀏卻根據《後漢書》中，列有京房六十律的表，認爲其中「律數」常
等於「準數」，因此，京房並未實際做過管律，其所列的數據，比不上一篇切
實可靠的實驗報告，其曰：

《後漢書》對於京房六十律的比較，及弦與管的長度，有著一張很
詳細的表。表中所記管的寸數，常等於弦的尺數。從這一點可以看
出，京房對於弦律，雖然也許曾經做過精密的實驗，但他對於管律，
則除了他所取作和弦標準的黃鐘一管以外，其餘的五十九管，他非
但沒有將它們的音來與弦律比較過，甚至他連這樣的管子都沒有實
際做過。他不過武斷地誤以爲管律長度的相對比例，當然是與弦律
長度相當，而憑空取六十弦律的長度的十分之一，寫出來許多管律
的長度罷了。〔註80〕

按《後漢書・律曆志》所記載之京房六十律，以黃鐘爲例，乃是：

黃鐘，十七萬七千一百四十七。
下生林鐘。黃鐘爲宮，太蔟商，林鐘徵。
一日。律，九寸。準，九尺。

此處，十七萬七千一百四十七爲黃鐘之「實數」，即採《淮南子・天文訓》所立

〔註80〕楊蔭瀏著，《中國音樂史》，頁 153～154。

「置一而十一三之」之「大數」，而各律之「實數」除以「成數」（19863），〔註81〕所得之商以寸、分、小分爲名的數，即「律數」，除不盡時用強或弱來表示；所得之商數以尺、寸爲名的數，即「準數」。楊蔭瀏認爲，京房的「律數」與「準數」常相同，顯然沒有做過「管律」的實驗。但事實上，京房既已認爲「竹聲不可以度調，故作準以定數。」乃說明管律無法用來計算音律，才以準替代，那麼他的六十律數字何以又會包括管律呢？因此，陳應時便認爲，「這裡的『律』字和管根本毫無關係。」〔註82〕京房在此，根本未曾涉及管律，此處之「律數」是用來解釋「京房準」上的弦律。因此，沒有理由去指責反對「截管爲律，吹以考聲」的京房，更談不上其未曾解決「管口校正」的問題。

第三節　荀勗「笛律」

　　京房雖已發現「竹聲不可以度調」的事實，而改以準爲定音器，但尚未找出「竹聲不可以度調」的原因，直到西晉武帝泰始十年，荀勗爲中書監，根據周、漢古制，修訂笛律，使其宮商克諧、合於律呂，才提出了「管口校正數」，對管樂的音準，提供了更爲堅實的聲學基礎。因此，本節乃從「音樂聲學」的角度來探討發音原理；其次，對於荀勗笛律的製作過程進行剖析；最後，針對笛律中的樂學問題加以釐析。

一、發音原理

　　聲音的產生乃是透過物體振動而成，當此物體在一定時間內有規則、周期性地反覆振動時，即產生一定的音高，此種聲音稱爲「樂音」；反之，若物體之振動無一定規則，不能產生一定的音高，此則爲「噪音」。在音樂理論中所指涉的聲音，大多是指「樂音」，而一般生活環境中的聲音，如汽車聲、喇叭聲等，都是指「噪音」。聲音既是由物體振動所產生，在物理學上即以振動次數的多寡來計算音高，而每秒的振動次數，稱爲「頻率」，在每一秒鐘內，振動體來回反覆一次或起伏一次，稱爲一「赫茲」，「赫茲」爲頻率的單位。物體振動愈快，

〔註81〕《晉書・律曆志》曰：「司馬遷《八書》言律呂，粗舉大經，著於前史。則以太極元氣函三爲一，而始動於子，十二律之生，必所起焉。於是參一於丑得三，因而九三之，舉本位合十辰，得一萬九千六百八十三，謂之成數，以爲黃鐘之法。」

〔註82〕陳應時著，《中國樂律學發微》，頁469。

頻率愈大，音高愈高；振動體振動得愈慢，頻率愈小，音高愈低。而人耳所能
感受的範圍，約爲 16Hz 至 20000Hz 之間。根據德國音樂學家庫克‧薩克斯（Sachs
Curt1881～1959）的分類，振動體的材料，可以分爲四大類：1、體鳴樂器
（idiophone）：平面振動，如鑼；隆起板振動，如鈸；彎曲板振動，如鐘等。2、
膜鳴樂器（membranophone）：如大鼓、小鼓、定音鼓等。3、弦鳴樂器
（chordophone）：有弓弦樂器，如小提琴、大提琴等；撥弦樂器，如豎琴、琵琶
等；擊弦樂器，如鋼琴、揚琴等。4、氣鳴樂器（aerophone）：有吹口銳邊振動，
如豎笛、長笛等；簧振動，如雙簧管、單簧管等，以及唇振動，如小號。〔註83〕
各種振動有其相似性，亦有其差異性，而由於弦鳴樂器與氣鳴樂器與本文有密
切相關，所以特別對此進行闡釋。

（一）弦鳴樂器之發音

　　一條被兩端固定著的弦，若振動的部份愈短，張力愈大，頻率就愈大，
如圖，〔註 84〕若從弦長的二分之一處開始振動，則振動數增一倍，而音高也
比整條弦長的音高高一個八度，若從三分之一處開始振動，則頻率增加三倍，
而所發之音也比全弦高十二度，若從四分之一處開始振動，則頻率增加四倍，
音高比整條弦長高二個八度，依此類推，結論則是：弦長與頻率成反比關係。

圖二十七

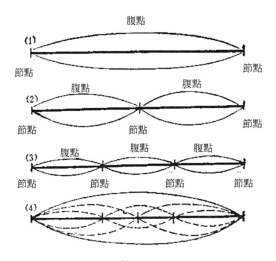

〔註83〕Sachs Curt 著、林勝儀譯，《比較音樂學》，台北：全音樂譜出版社，1982 年，
　　　　頁 25。
〔註84〕繆天瑞著，《律學》，頁 5。

此外，一條弦開始振動時，並不只是整條弦在振動，其弦同時均分為二節、三節、四節、五節等而振動，當其均分為二節時，所發之音為高八度；均分為三節時，所發之音為高十二度；均分為四分之一時則高二個八度，因此，一個音實際上是混合著八度、十二度與十七度等之「複合音」。此時，整條弦長振動所發出的音稱為「基音」（fundamental tone），而分節振動所發出的音稱為「泛音」（overtones），下圖即為一弦振動所形成的「泛音列」（overtone series）。

圖二十八

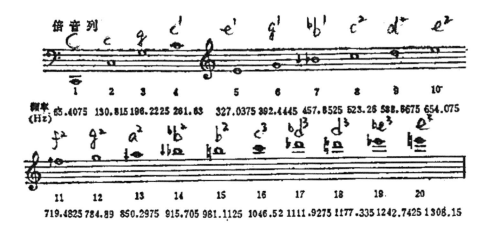

在此「泛音列」中，各泛音中的雙倍音，乃是低倍音的高八度音，例如四倍音為二倍音的高八度音，六倍音為三倍音的高八度音。高倍音的弦長乃是低倍音的1/2。在此圖中，阿拉伯數字有幾種代表意義：首先，「1」代表基音，餘者表倍音序數，如「2」表二倍音，「3」表三倍音。其次，序數也代表弦被分為幾段來振動，如「2」就代表弦被切分成二等分來振動。再次，代表頻率的倍數，如「3」表三倍音的振動頻率為基音頻率的三倍，如 g 的振動頻率為196.2225 即是 C 音的振動頻率（65.4075）的三倍。〔註85〕此外，可以表示「頻率比」，如二倍音與基音的頻率比為 c 的頻率/C 的頻率＝130.815Hz/65.4075＝2/1。三倍音與二倍音的頻率比為 g 的頻率/c 的頻率＝196.2225Hz/130.815Hz＝3/2。此泛音列可以在鋼琴上彈一個 C 之後，聆聽其由基音逐漸產生二倍音、三倍音、四倍音……等來加以證實。

〔註85〕此處之音高記法，以音樂學的分組記法（C、D、E、F……c、d、e、f 及 c¹、d¹、e¹、f¹ 等）為準。

（二）氣鳴樂器之發音

氣鳴發音中的氣柱振動爲弦振動相似，氣柱的長度與頻率成反比，因此1/2的氣柱長度所發之音高比氣柱全長高八度。此外，氣柱振動若使用「超吹」（即縮緊嘴唇，用力送氣到管內）的方法，可以使基音內的某倍音轉化爲基音，例如在某些銅管上使用「超吹」，可使同一長度的氣柱產生高八度、高十二度等較高的音，此乃與弦振發音的共通處。

然而，氣振發音與弦振發音還有相異點。首先，就管子的構造而言，管子有分成「開管」與「閉管」二種。「開管」即兩端都是敞開的，而「閉管」則一端封閉，另一端敞開。大部份的樂器，如竹笛、雙簧管都爲開管，而中國的律管、排簫則爲閉管。如圖，乃開管與閉管振動型態的差別。〔註86〕

圖二十九

(1)開管　基音

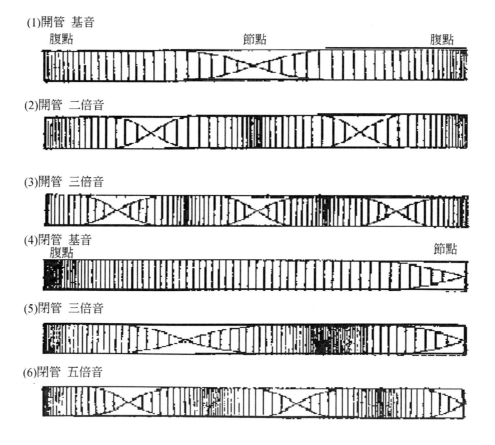

(2)開管　二倍音

(3)開管　三倍音

(4)閉管　基音

(5)閉管　三倍音

(6)閉管　五倍音

〔註86〕繆天瑞，《律學》，頁9～10。

開管可以發出所有的倍音，而閉管只能發出單數的倍音，同等長度的管子，開管所發出的音比閉管高八度，如圖中（1）的節點就比（4）的節點短一半。此外，氣柱振動與弦振動的不同點還在於，管內的氣柱振動時，氣柱的某一部份必須突出於管口外，亦即氣柱長度大於管子的長度，比管子稍長，所以必須作「管口校正」的工作。而此一「管口校正」的工作，在中國，就是由荀勗來加以完成。

二、管口校正

荀勗繼承了前人的看法，以三分損益律做爲製笛的依據，但由於管律牽涉到管長與氣柱長的問題，所以必須進行「管口校正」。此校正數乃是指一律管與其高四律的律管之長度差數。以黃鍾笛的「管口校正」爲例，乃是指一個黃鍾長度與一個姑洗長度之間的差數，例如黃鍾笛長 9 寸，荀勗尺約合今日 23.0886 厘米，〔註87〕因此 0.9×23.0886＝20.7797 厘米，姑洗爲 7.111 寸，0.7111×23.0886＝16.4183 厘米。20.7797－16.4183＝4.3614 厘米。此一差數就是黃鍾笛上管長與氣柱長的差數，亦即「管口校正數」。換個角度來看，《晉書‧律曆志》言：「作黃鍾之笛，將求宮孔，以姑洗及黃鍾律從笛首下度之，盡二律之長而爲孔，則得宮聲也。」假如不考慮「管口校正」的問題，那麼黃鍾笛應以黃鍾律長爲宮，在荀笛上是以倍律爲正律的，然而荀勗並不以二倍黃鍾之長爲宮，而以一黃鍾與一姑洗律長之和爲宮，可見荀勗已發現，管長與氣柱長並不相符，氣柱偏長了些，所以他以黃鍾與姑洗之和來取代倍黃，從而將管長縮短。

楊蔭瀏曾依據僅存的資料，作了初步的實驗。假定荀勗笛的管徑與按孔大小與目前民間流行的蕭相當（管徑約 1.6 厘米左右，按孔成橢圓形，約長 0.9 厘米，闊 0.7 厘米左右）。用此種方式製成的荀勗黃鍾笛，吹聽起來，其七聲音階各音間的音程關係，大致上符合三分損益律。而且，第五孔的黃鍾音比 g¹ 稍低，正與荀勗所定之黃鍾律音高大致相合。〔註88〕

王子初亦曾做過實驗，其結果爲：1、假定荀勗笛律爲同徑管的前提下，十

〔註87〕根據繆天瑞、楊蔭瀏的說法，荀勗尺與晚周尺同，約合23.0886厘米。參見繆天瑞著，《律學》，頁129。而丘光明亦言，「荀勗律尺」，又稱晉前尺，與莽尺同長，而莽尺約合23.1厘米。參見丘光明著，《中國度量衡》，北京：新華出版社，1993年，頁95～97。

〔註88〕楊蔭瀏著，《中國古代音樂史稿》（上冊），頁1～174。

二笛各音的高度幾乎全超過了以黃鐘＝g^1－20 爲標準所得的十二律相應律高。
2、在十二笛中，最短的仲呂笛各音最接近荀勗的標準音高，自仲呂笛起，隨著笛長的增加，其音偏高愈甚。至最長的蕤賓笛，各音高標準的平均音分數幾達140 音分。3、從實驗作做的十二笛看，較適於吹奏的，只有黃鐘、大呂、太簇、夾鐘、姑洗和仲呂六支較短的笛，其餘較長的六支笛則很難，甚至不可能演奏。因此，王氏認爲，若要以十二律能相應於以 g^1－20 的標準音高，那麼楊蔭瀏所定管徑 16mm，比荀勗實際所用偏小。其次，若要運用荀勗的方法和數據，造成「音韻協和」的十二笛來，唯有使笛管內徑隨笛長及「宮角之差」這一管口校正數的漸增而加大，捨此別無良策，因此荀勗笛必爲異徑管。〔註89〕

三、生律法與孔距校正

依據《晉書・律曆志》上的說法，荀勗的生律法爲；

> 正聲調法，黃鐘爲宮。作黃鐘之笛，將求宮孔，以姑洗及黃鐘律從笛首下度之，盡二律之長而爲孔，則得宮聲也。宮生徵，黃鐘生林鐘也。以林鐘之律從宮孔下度之，盡律作孔，則得徵聲也。徵生商，林鐘生太簇也。以太簇律從徵孔上度之，盡律以爲孔，則得商聲也。商生羽，太簇生南呂也。以南呂律從商孔下度之，盡律爲孔，則得羽聲也。羽生角，南呂生姑洗也。以姑洗律從羽孔上行度之，盡律而爲孔，則得角聲也。然則出于商孔之上，吹笛者左手所不及也。從羽孔下行度之，盡律而爲孔，亦得角聲，出于商附孔之下，則吹者右手所不逮也，故不作角孔。推而下之，復倍其均，是以角聲在笛體中，古之制也。音家舊法，雖一倍再倍，但令均同，適足爲唱和之聲，無害于曲均故也。《國語》曰：「鮑竹利制。」議宜，謂便于事用從宜者也。角生變宮，姑洗生應鐘也。上句所謂當爲角孔而出商上者，墨點識之，以應鐘律。從此點下行度之，盡律爲孔，則得變宮之聲也。變宮生變徵，應鐘生蕤賓也。以蕤賓律從變宮下度之，盡律爲孔，則得變徵之聲。十二笛之制，各以其宮爲主。相生之法，或倍或半，其便事用，例皆一者也。

這一段話，乃是利用三分損益法，宮生徵→徵生商→商生羽→羽生角→角生變宮→變宮生變徵的生律順序來確定笛孔上各音孔的距離。所謂「上度」乃是減去某律的長度，而「下度」則是增加某律的長度。此按荀勗的算法，將各孔與吹孔的距離列於下圖：

〔註89〕王子初著，《荀勗笛律研究》，北京：人民音樂出版社，2001 年，頁 45～52。

圖三十

律名	律數（寸）	合今日之長度（厘米）	距離吹口之孔距
黃鍾	9.0000	20.7797	20.7797＋16.4183＝37.198（宮）
大呂	8.4279	19.4567	
太簇	8.0000	18.4708	51.051－18.4708＝32.5802（商）
夾鐘	7.4915	17.2956	
姑洗	7.1111	16.4183	44.8933－16.4183＝28.475（正角） 44.8933＋16.4183＝61.3316（倍角）
仲呂	6.6591	15.3746	
蕤賓	6.3209	14.5940	39.4206＋14.5940＝54.0146（變徵）
林鍾	6.0000	13.8531	37.198＋13.8531＝51.051（徵）
夷則	5.6186	12.9711	
南呂	5.3333	12.3131	32.5802＋12.3131＝44.8933（羽）
無射	4.9943	11.5304	
應鍾	4.7407	10.9456	28.475＋10.9456＝39.4206（變宮）

四伏孔：正角：44.8933－16.4183＝28.475。倍角：44.8933＋16.4183＝61.3116。變徵伏孔：39.4206－14.5940＝24.8266。變宮伏孔：61.3116＋2×10.9456＝83.2028。

　　上圖乃荀勗按「上度」、「下度」之法，一一求出各音之孔距。以下，則試依現代聲學的算法，先求出宮角之差為 20.7797－16.4183＝4.3614 厘米，再透過三分損益法來求得各孔距的位置，以與荀勗所得做一比較。

　　黃鍾笛長：《晉書‧律曆志》上言：「凡笛體用角律，其長者八之，蕤賓、林鍾也。短者四之。」此黃鍾笛全長乃是姑洗律×4＝0.7111×4×23.0886＝65.6732 厘米。

　　宮聲孔開：20.7797＋16.4183＝37.198

　　宮聲氣柱：37.198＋4.3614＝41.5594

　　黃鍾生林鍾：41.5594×4/3＝55.4125

　　徵聲孔開：55.4125－4.3614＝51.0511

　　林鍾生太簇：55.4125×2/3＝36.9416

　　商聲孔開：36.9416－4.3614＝32.5802

太簇生南呂：36.9416×4/3＝49.2554

羽聲孔開：49.2554－4.3614＝44.8940

南呂生姑洗：49.2554×2/3＝32.8369

正角伏孔：32.8369－4.3614＝28.4755

倍角伏孔：49.2554×4/3＝65.6738　65.6738－4.3614＝61.3124

姑洗生應鍾：32.8369×4/3＝43.7825

變宮孔開：43.7825－4.3614＝39.4211

應鍾生蕤賓：43.7825×4/3＝58.3766

變徵孔開：58.3766－4.3614＝54.0152

變徵伏孔：43.7825×2/3＝29.1883　29.1883－4.3614＝24.8269

變宮伏孔：65.6732×4/3＝87.5642　87.5642－4.3614＝83.2028

荀勗笛律算法與現代管律算法之比較：

圖三十一

荀勗笛孔名稱	荀勗算法	現代管律算法
變徵伏孔	24.8266	24.8269
正角伏孔	28.475	28.4755
後出商孔	32.5802	32.5802
第一孔宮	37.198	37.198
第二孔變宮	39.4206	39.4211
第三孔羽	44.8933	44.8940
第四孔徵	51.051	51.0511
第五附孔變徵	54.0146	54.0152
倍角伏孔	61.3116	61.3124
笛體中聲	65.6732	65.6732
變宮伏孔	83.2028	83.2028

由此可以發現，依荀勗「上度」、「下度」所製作的笛子，在小數點第一位之前，已與現代聲學的計算方式所得的結果完全相同，達到了十分精密的程度。〔註91〕此外，王子初亦依《宋書・律曆志》所言「短者四之」、「短笛竹宜受八律之黍也。」由此得知，笛之面積為律之二倍，而律管之直徑為三分，合

〔註91〕楊蔭瀏著，《中國音樂史》，頁160。

6.92659 毫米，則：

$$\pi \ (1/2d)^2 = 2\pi \ (1/2 \times 6.92659)^2$$
$$1/4\pi d^2 = \pi/4 \times 2 \times (6.92659)^2$$
$$d^2 = 2 \times 47.9776 = 95.9552$$
$$d = \sqrt{95.9552} = 9.79567$$

依此數據製作荀勖的黃鍾笛之後，並且聽它的音階，覺得接近準確，又聽其第一孔宮音，覺得較 g¹ 稍低，恰與荀勖的黃鍾笛相合，[註90] 可見荀勖所製作的笛子，已經具有十分精細的水準。

四、笛上三調

透過《晉書‧律曆志》上的記載，保存了荀勖的「笛上三調」此一音樂理論。所謂笛上三調乃是指「正聲調」、「下徵調」與「清角之調」。而歷來學者對此一理論，各有不同的見解，楊蔭瀏認爲此乃三種「調高」，亦即「三宮」，[註91] 而黃翔鵬與王子初則認爲此應爲三種「調式」，亦即「同均三宮」，[註92] 各家說法，莫衷一是，本文在此乃重新檢視史志中相關的理論，以期爲荀勖的「笛上三調」做一客觀的詮解。首先，就《晉書‧律曆志》上的文本來看，其言：

> 正聲調法：黃鍾爲宮，應鍾爲變宮，南呂爲羽，林鍾爲徵，蕤賓爲變徵，姑洗爲角，太簇爲商。正聲調法，黃鍾爲宮。宮生徵，黃鍾生林鍾也。徵生商，林鍾生太簇也。商生羽，太簇生南呂也。羽生角，南呂生姑洗也。角生變宮，姑洗生應鍾也。變宮生變徵，應鍾生蕤賓也。下徵調法：林鍾爲宮，南呂爲商，應鍾爲角，黃鍾爲變徵，太簇爲徵，姑洗爲羽，蕤賓爲變宮。清角之調：以姑洗爲宮，蕤賓爲商，林鍾爲角，南呂爲變徵，應鍾爲徵，黃鍾爲羽，太簇爲變宮。

從正聲調法來看，顯然是相當於黃鍾→太簇→姑洗→蕤賓→林鍾→南呂→應鍾→清黃鍾的古音階，而下徵調則相當於林鍾→南呂→應鍾→黃鍾→太簇→姑洗→蕤賓→清林鍾的新音階，至於清角之調則爲姑洗→蕤賓→林鍾→南呂

[註90] 王子初著，《荀勖笛律研究》，頁 244～245。
[註91] 楊蔭瀏著，《中國古代音樂史稿》（上冊），頁 1～174。
[註92] 王子初著，《荀勖笛律研究》，頁 274。

→應鍾→黃鍾→太簇→清姑洗的音階。其中，最具爭議性的關鍵點在於第三者——「清角之調」，它究竟是屬於某種「調高」或「調式」？在楊蔭瀏看來，荀勗笛律中間，出現了兩種矛盾：1、既然有了一律一笛的十二笛，同時每笛又有三宮（據其《注》，是三宮，而非三個調式）；後者實際上否定了十二笛之必要性，既然一笛可吹三宮，則吹十二宮，並不需要十二笛。2、其一笛三宮中，清角調是吹不準的。〔註93〕就第一點來說，若每笛可吹三宮——即正聲調、下徵調以及正聲調之角為宮三種調高而言，只需四、五支笛就夠了，並不需要使用十二笛。那麼，荀勗為何要這麼做呢？楊氏認為：

> 三宮是原來民間流行的傳統；荀勗制成十二笛時，仍不能不顧到民間的傳統吹法，所以，產生了上述第一個矛盾。……在列和的笛上，一笛吹出三宮，原來很容易的，荀勗的笛，雖然一宮準了，符合於一宮的計算法了，但轉調則很困難，轉清角調實際不可能。這樣，就產生了第二種矛盾。〔註94〕

就第二點來說，按《晉書·律曆志》的說法：

> 清角之調：以姑洗為宮，即是笛體中翕聲。於正聲為角，於下徵為羽。清角之調乃以為宮，而哨吹令清，故曰清角。惟得為宛詩謠俗之曲，不合雅樂也。蕤賓為商，正也。林鍾為角，非正也。南呂為變徵，非正也。應鍾為徵，正也。黃鍾為羽，非正也。太簇為變宮。非正也。清角之調，唯宮、商及徵與律相應，餘四聲非正者皆濁，一律哨吹令清，假而用之，其例一也。

依此看來，除了宮、商、徵三音符合調式原則之外，其餘非正者皆濁一律，那麼其解決之道乃是用「哨吹令清」的辦法使其升高半音，以符合古音階的結構。然而，楊氏認為，「清角調中有四個降半音，原文所謂『哨吹令法，假而用之』，是不可能吹準的；因為哨吹是急吹或超吹，急吹只能得其高八度，超吹只能得其高十五度（即高八度之高五度），……都不能得其高半度。」〔註95〕王子初亦認為，縱使將「哨吹」解作利用口風的緩急巨細之變化，輔之以吹奏時口風與吹口角度的調節，以解決四聲低半音的問題亦不可能，因為依靠這種「哨吹」的方法，使音高改變30至50音分是可能的，但要升高

〔註93〕楊蔭瀏著，《中國古代音樂史稿》（上冊），1-174～1-176。
〔註94〕楊蔭瀏著，《中國古代音樂史稿》（上冊），1-174～1-176。
〔註95〕楊蔭瀏著，《中國古代音樂史稿》（上冊），1-176。

半音——100 音分，則極爲困難。〔註96〕因此在荀勖的笛上三調中，轉清角調實際是不可能的。

　　既然如此，荀勖何以言使用「三宮」，即「三種調高」的吹法？楊蔭瀏認爲，荀勖是爲了顧及民間傳統，才使用「三宮」的吹法。但值得注意的是，此所謂「三宮」的說法，必然是指「三種調高」嗎？若是以「同均三宮」來解釋——即正聲調、下徵調及以正聲調之商爲宮（清角之調）的「三種調式」，反而更能符合荀勖笛律中的音階結構，因爲此三者關係最緊密，且不會牽涉到《晉書·律曆志》中清角之調非正者皆濁一律的問題。最後，楊氏仍未解決此一問題，而在結論時說道：

> 荀勖的十二隻笛，每笛適於演奏一宮。他每笛上的三種「調」，看作
> 三種調式，更爲合理。……這裡的正聲調就是一個古音階，相當於
> 現代的 fa 調式，下徵調就是一個新音階，相當於現代的 do 調式；
> 清角調相當於現代的 la 調式以笛上的三調和以前已有的相和三調或
> 清商三調相比，正聲調就是平調，清角調就是瑟調；只有下徵調是
> 一個新的調式。〔註97〕

笛上三調由原來的三種「調高」轉爲三種「調式」，楊蔭瀏在二者的矛盾間擺盪不已，終究沒有產生合理的解釋。但楊氏之所以如此，與《晉書·律曆志》中關於下徵調的注文有很大的關係。文言：

> 下徵調法：林鍾爲宮，南呂爲商，應鍾爲角，黃鍾爲變徵，下徵之調，
> 林鍾爲宮，大呂當爲變徵。而黃鍾笛本無大呂之聲，故假用黃鍾以爲變徵也。假用之法，當
> 爲變徵之聲，則俱發黃鍾及太簇、應鍾三孔。黃鍾應濁而太簇清，大呂律在二律之間，俱發
> 三孔而微磋礩之，則得大呂變徵之聲矣。

在黃鍾笛中，原無大呂之聲，因此乃假用黃鍾爲大呂，而其假用之法爲閉黃鍾、應鍾二孔而開太簇孔的叉口指法，但事實上，此三孔俱發，並不能得到大呂之聲。而楊氏若依史志，執意將下徵調中的變徵音，用「微磋礩之」的手法提高半音，以期符合古音階的形式，此根本爲不可行之事。同樣地，在清角調中，已有四個非正律，更不可能以此種手法來做調整。因此，將「三宮」視爲「三種調高」必然勢不可行。此外，在晉志中，假用黃鍾以爲變徵，此亦爲一錯誤之說法，因爲在下徵調中，黃鍾爲清角，而非變徵。所以，以

〔註96〕王子初著，《荀勖笛律研究》，頁 102～103。
〔註97〕楊蔭瀏著，《中國古代音樂史稿》（上冊），1-177～1-178。

黃鍾代大呂之結果，則產生一與古音階結構不同之新音階。

　　於是，黃翔鵬乃提出「三宮二十一變」的「三宮」是指「同均」而非「三均」的說法。其意以為，「宮」字具有多義性。在荀勗奏議中以宮為首的七音之名不是階名而是音序之名。「三宮二十一變」不是三均，而是同均七音從三種音階的角度分別觀察時得出的二十一個階名。〔註98〕而荀勗的每均三宮，乃是魏晉清商樂兼用的三種音階：古音階（宮調式）、新音階（徵調式）加上俗樂音階的商調式（荀勗對這第三種稱呼，區別於前兩種明確定名的音階，是用了特殊的命名法的）。如下圖：

圖三十二

律　名	姑洗	蕤賓	林鍾	南呂	應鍾	黃鍾	太簇
荀勗律音高	b	#c	d	e	#f	g	a
正聲調	角	變徵	徵	羽	變宮	宮	商
下徵調	羽	變宮	宮	商	角	變徵	徵
清角之調（清商音階）	宮	商	角	變徵	徵	羽	變宮
俗樂音階	商	角	和	徵	羽	閏	宮

黃氏在此表中，是按荀勗原有名稱列表，而表中的宮、商、角等名稱主要是指「音序」，表中的正聲調與下徵調也可理解為「階名」，但對於第三種音階則只能理解為商調式的「音序」，論及「音序」，若不從宮音開始算，則表達不出其階名實質，所以加上第四行，用俗樂音階的正常次序標名，以易於認識其實質。

　　黃翔鵬並認為，荀勗將第三種音階的排列形式稱為「清角之調」是用了特殊的命名法，並有當時「清商樂」的藝術實踐作為依據的。他不給正式的音階名稱，不稱「調」而稱「之調」，實在是把宮、調分為兩層，稱為清樂之角調式，即以清樂正聲調為準，當做清樂正聲調之角來稱呼的，而事實上此乃俗樂音階，即清商音階的商調式。〔註99〕黃氏此說之提出，實有其歷史根據，《後漢書·律曆志》中記載了京房六十律，其中有「當日者各自為宮，而商徵以類從焉」之語，顯然已將宮、商、徵視為一個體系，說明了唐俗樂調

〔註98〕黃翔鵬著，《溯流探源—中國傳統音樂研究》，頁250。
〔註99〕王子初著，《荀勗笛律研究》，頁275。

的來源，爲漢代至隋唐之間這一段空白的樂學史補上了可貴的一節。

小　結

　　透過以上的分析，可以將前文歸納爲以下幾點：一、在《晉書·律曆志》中，主要包含了三分損益律以及純律。而從律制的結構要素來看，三分損益律乃是由大小二度、大小三度、完全四度、完全五度等不同音程所構成，此一律制在使用上十分簡便，所以在古代社會中取得了主要的地位，從《管子·地員篇》開始，經由《呂氏春秋》、《淮南子》、《史記》、《漢書》、《後漢書》及《晉書》等，三分損益律具有了長足的發展。至於純律則是由完全五度及純律大三度所組成，主要使用在古琴上，而曾侯乙編鐘乃是兼含三分損益律及純律的複合律制。

　　二、就律制的邏輯結構而言，三分損益律的律制比例，主要是以弦長比 2：3 的使用爲主，例如在十二律中，從黃鐘——林鐘最簡單的音程開始，至十二律的仲呂，都是在 2：3 的計算中形成的。至於純律，則是在五度律的基礎上，加入 4：5 的比例關係，藉由 2：3 及 4：5 音程比值的使用，延伸出一個更爲豐富的音系網。然而，當古人在音樂實踐過程中，發現三分損益律的第一律及第十三律之間，存在著 24 音分的「最大音差」時，即發現了此一律制的缺陷，因此，京房乃藉由六十律的推算，試圖解決此一律制無法旋宮的問題。

　　三、《晉書·律曆志》中的律制主要是以三分損益律爲發展的軸線，而荀勖即在此一基礎之上，重新釐定笛律。其重大的突破有幾個方面：1、提出「管口校正」的問題，呼應京房所謂「竹聲不可以度調」（《後漢書·律曆志》上）的說法，並透過實際的製笛技術，找到「黃鐘長度」與「姑洗長度」的管口校正差數，爲製笛校律提供了參照的系統。2、以「上度」、「下度」的三分損益法爲基礎，爲各音的孔距確立正確的位置，使笛子所吹出來的音準能合於音律，而非如列和等樂工，率意而作，不由曲度。3、有關荀勖制定音律的問題，往往因文獻之記載，而斷定荀勖爲「闇解」，而阮咸爲「神解」，然事實上，史書之記載，本身即自相矛盾，況且，以律學的立場來看，荀勖所制之音律，因尺度較短，音高自然較高，與當時杜夔所制之音律相比，乃極爲容易辨別之事，若就此說明阮咸爲「神解」，恐有過度誇大與神祕化之傾向。4、從荀勖所言「笛上三調」來看，其「同均三宮」的說法，說明了唐俗樂調的來源，

同時彌補了漢至隋唐之間在樂學史上的空白，爲學者們留下了珍貴的史料。

四、律制雖反映著一定的物理特性，但在音樂的實踐過程中，不同律制的選擇又與主體的審美意識有關，例如三分損益律與純律就具有不同的特質，純律的三度音程遠較三分損益律的三度音程和諧。因此，崔憲即言：「律制反映的是人類的音樂藝術實踐對樂音系統中的自然法則（物理屬性）進行選擇的音高本質，這種音高的本質分爲人的聽覺有意識和下意識的兩類：有意識的選擇，是按一定規則的生律法產生的各種律制（五度律、純律、鐘律、平均律等等）；下意識的選擇，則是根據不同的藝術感受和審美習慣，對自然狀態下的發音體（如人的的聲帶、原始形態的樂器等）所具有的物理性能進行的有效利用。由於歷史、民族、文化及社會的不同，產生不同的審美需要，所以律制還與音階、調式、調域等特性相關聯，具有不同的，甚至特殊的形態特徵。」〔註 100〕因此，律制雖具有客觀的物理屬性，但同時也離不開人的審美選擇。

五、中國以「氣」爲音樂之本原，並將律呂與陰陽結合，可說是中國人思考音律的特殊思維模式，而這樣的思考模式，卻給了當代歐洲的作曲家新的啓示，童忠良即言：「律呂陰陽的觀念在我國現代樂理教學中已被遺忘了，歐洲樂理中並無此概念。然而，它也是我們祖先留給我們的獨特的東西。在 20 世紀的歐洲，當某些現代作曲家從事創新試驗時，反而有人從中國的律呂中得到啓示，如哈烏艾爾就自稱運用這種中國古代的學說找到了十二音結構的證明，並以此作爲他的十二音體系的組織基礎。」〔註 101〕從這個角度來看，由氣化原理所衍伸的音律原理，再由音律原理所形成特殊的音列結構，一方面呈現了中國特有的文化屬性，同時也能提供現代作曲家進一步思考音樂本身的內在結構以拓展更爲開闊的面相。

〔註 100〕崔憲著，《探律集》，上海：上海音樂學院出版社，2004 年，頁 24。
〔註 101〕童忠良著，《對稱樂學論集》，上海：上海音樂學院出版社，2004 年，頁 8。

第四章　阮籍〈樂論〉與嵇康〈聲無哀樂論〉之思想釐析

前　言

　　《晉書・律曆志》清楚地說明了先秦以來，古人對音樂本質的思考及各種律制在歷史上的發展，而這種音樂觀亦反映在阮籍與嵇康身上，其音樂思想主要延續了氣化宇宙論，將音樂與氣、陰陽、五行等概念緊密結合起來，建立一形上美學之體系，〔註1〕並由此引伸出其對音律的看法，承襲了氣→律→數這樣的思考軸線，完成了魏晉時期最重要的兩大音樂理論，此外，又加入了關於玄學的新觀點，深化了對音樂的思考。因此在本章中，主要在探討阮籍〈樂論〉及嵇康〈聲無哀樂論〉，如何在前人的論述上，加入時代思潮，而反映出新的面相。

　　阮籍〈樂論〉的主要特色，在於建構一音樂的形上體系，其將自然之道視為音樂的本體，並以音樂的和諧、秩序做為理想，將此延伸到具體的社會之中，試圖建構出一上下有等、尊卑有序的人倫世界。因此，其一方面肯定儒家樂教的作用，認為禮的功能在制定規範，而樂則在感化人心，透過禮樂的教化作用，使人心氣和洽、風俗齊一，但另一方面卻又在儒家的樂論之中，融入了道家平淡的精神，提出「正樂聲希」（〈樂論〉）、「五聲無味」（〈樂論〉）

〔註1〕　高柏園，〈阮籍〈樂論〉的美學意義〉，《鵝湖》，1992 年 6 月，第 17 卷第 12 期，頁 34。

的說法，將儒家所謂「樂者，樂也。」(《荀子・樂論》) 的審美愉悅轉向了「至樂無欲」(〈樂論〉) 的虛靜境界，認為唯有心澄氣定、無欲無執之主體，才能體會平和自若之樂聲，因此在音樂的理想上，阮籍崇尚雅樂，而在主體的心靈層面，則須透過「返自然」的修養工夫，才能重新體察此一自然之道。

至於嵇康之〈聲無哀樂論〉，則可說是魏晉玄學「辨名析理」之法的直接展示，〔註2〕這種方法的具體運用，乃是分判了音聲與人情之間的客觀性與主觀性。首先，嵇康由陰陽之和的角度，為音樂樹立了一個不變的本體，此即為無象之「和聲」，而此一無象之「和聲」落實為現象界之五音六律，則為和諧的宮商律呂。由這個角度出發，音聲便具有了一種外在的客觀屬性，因此剝落了其與情感之間的關係，進而凸顯了音樂本身的自律性。按自律論（Autonomie）與他律論（Heteronomie）的概念，乃是由德國音樂學家卡茨（Gatze Felix）於 1929 年編寫出版的《音樂美學的主要流派》一書中所提出，所謂「他律美學」意指音樂總是標誌著純粹音響現象之外的某種東西。這種東西主要是人類情感，這就是音樂的內容。正是這種內容的性質決定著音樂作品的結構、整體發展，決定著音樂的「形式」。而「自律美學」則認為，音樂的本質只能在音響結構自身中去理解，只能從音樂的自身去把握音樂，音樂是一種完全不取決、不依賴於音樂之外的現象的藝術，它既不是情感，也不是某種語言、映象、譬喻、象徵、符號，它的內容只能是音樂自身。〔註3〕由此可見，嵇康之〈聲無哀樂論〉與「自律論」之音樂美學，在某種層面上，可說有其相應之處，例如對音樂的本質、形式結構上有更為細膩的探討，同時，剝落了依附於聲音上的情感，重新釐清聲音本身與情感的差異等，皆呈現了其對音樂獨到的見解與體悟。但另一方面，嵇康雖然重視音樂的客觀層面，卻不否認主體心靈與音樂之間的交互關係，所謂「樂之為體，以心為主。」(〈聲無哀樂論〉) 聲音雖然不具哀樂，但可對人產生影響，而人的心靈也可與「太和」的音聲相互合拍，然而，此一與「太和」之音聲相互合拍的心靈，必須是經由虛靜的養生工夫所呈現的「和心」，唯有不為俗情所繾繞、心靈虛

〔註2〕 馮友蘭於《中國哲學史新編》當中曾指出，魏晉玄學的特徵，除了強調「有」、「無」的存有論問題之外，更強調「辨名析理」，此乃魏晉玄學的獨特方法，它最大的用處就是在訓練和提高人的抽象思維能力。參見馮友蘭著，《中國哲學史新編》，北京：人民音出版社，1992 年，頁 44。

〔註3〕 于潤洋著，《現代西方音樂哲學導論》，長沙：湖南教育出版社，2002 年，頁 2～3。

靜的主體，才能使「氣與聲相應」(〈聲無哀樂論〉)，而開展出音樂與主體之間最高的和諧，因此，嵇康乃是將音聲提到了「道」一般的位階，只有透過主體之修養工夫才能上契於音聲之「和」，此可謂玄學思潮下獨特的音樂觀，亦爲「自律論」之音樂美學所無。

第一節　阮籍之〈樂論〉思想釐析

　　阮籍之〈樂論〉，乃是以音樂爲題材的哲學論著，依據高晨陽的考證，〈樂論〉的寫作時期約爲正始初年。〔註4〕其寫作的背景，與魏明帝之浮華奢靡、欲西取長安大鐘，耽於音樂有關。此時，高堂隆、劉邵等紛紛上書勸諫，指出大鐘爲亡國不度之器，應該廢止，並引周景王鑄大鐘失制及帝王耽於「淫樂」而德衰的歷史教訓來警告明帝，力陳音樂的教化作用而反對取鐘。由此來看，阮籍之〈樂論〉一文，其旨亦在強調音樂之教化功能，反對大鐘失制及樂失其序，並用周景王的歷史教訓來說明耽溺於鄭聲會導致社會風氣敗壞，與高堂隆的說法正有異曲同工之妙。因此，阮籍之〈樂論〉乃有所爲而作。

　　但是，阮籍之〈樂論〉，雖然承襲了傳統儒家的觀點，重視音樂之政治教化、移風易俗的功能，卻又與儒家之樂論有所不同，而反映著正始時期的玄學特色：一、爲音樂建構出一形上本體，由其「自然之道」論樂之所始。二、調和儒道，一方面繼承了儒家的精神，如禮樂一體、雅樂淫聲之辨等，一方面又將道家講求平淡無欲、心澄氣清的精神，融入於音樂之中，轉化了儒家以倫理爲主的音樂思想，而注入了更多的審美意義。

一、音樂產生的根源：「此自然之道，樂之所始也。」

　　阮籍於〈樂論〉中提及音樂所產生的根源時，以爲音樂爲天地之體、萬物之性，是故聖人作樂，須循順天地萬物之體性，如此才能達到和諧，其云：

> 夫樂者，天地之體、萬物之性也。合其體，得其性，則和；離其體，失其性，則乖。昔者聖人之作樂也，將以順天地之體，成萬物之性。故定天地八方之音，以迎陰陽八風之聲，均黃鐘中和之律，開群生萬物之情氣。故律呂協則陰陽和，音聲適而萬物類；男女不易其所，君臣不犯其位；四海同其觀，九州一其節。……乾坤易簡，故雅樂

〔註4〕 高晨陽著，《阮籍評傳》，南京：南京大學出版社，1994年，頁67～69。

不煩。道德平淡，故五聲無味。不煩則陰陽自通，無味則百物自樂，
日遷善成化而不自知，風俗移易而同於是樂。此自然之道，樂之所
始也。〔註5〕

阮籍以「自然之道」為音樂所產生的根源，但「自然之道」究竟所指為何？
是個值得注意的概念，戴璉璋認為，阮籍的思想，可說是以「自然」這個概
念一以貫之的，無論是在他傾向於儒家抑或道家思想的時候，「自然」始終是
天地萬物的體性。〔註6〕至於「自然」，湯一介指出，在魏晉玄學中，「自然」
一詞的涵義往往和「道」、「無」的涵義相同。〔註7〕而余敦康也認為，阮籍所
說的「自然」、「天道」、「太極」，都是指宇宙的最高本體。〔註8〕那麼，「道」
或「自然」在阮籍的體系中，其具體內容究竟有何指涉？

首先，湯用彤論嵇、阮之學說時，曾提及「自然」之三義。就實體而言，
「自然」為「元氣」。就狀態來說，「自然」為「混沌」、「法則」與「和諧」。
所謂「渾沌」意指一 undifferent state（不可分狀態），如老子之「恍惚」、莊子
之「混沌」，宇宙最初之時就是這種狀態。其次，「法則」之意涵，漢人以為
元氣是有法則、秩序的，天有三綱，地有六紀，故人亦有綱紀，元氣、陰陽、
五行、四時皆有法則。再者，就「天和」、「和諧」來看，嵇阮以為「自然」
是一和諧之整體，其所以「和諧」，蓋因其為混沌無分別狀，故是「和」；又
因其有法有則，故是「諧」。此「和諧」蓋為宇宙之「天和」（Cosmic harmony）
也。嵇阮均為音樂家，常以音樂之和諧說明自然之和諧。「和」即天地之性、
自然之理，並非人之感情，可以說「天和」為超越主觀的分別。〔註9〕

其次，戴璉璋認為，阮籍所謂自然，乃是順著陰陽自通，百物自樂，庶
民日遷善成化而不自知來說的。而陰陽、百物、庶民，其所以能如此，則是
由於他們能合其體，得其性，即能歸本於乾坤。據此可知，阮氏的自然，字
面意義是自然而然、自己如此的意思；落實在萬物那裡，則是指萬物順其體
性而存在的狀況，合其體，得其性，就是自然；離其體，失其性，就是不自

〔註5〕 陳伯君校注，《阮籍集校注》，卷上，〈樂論〉，北京：中華書局，1987 年，頁
　　　 78～81。
〔註6〕 戴璉璋著，《玄智、玄理與文化發展》，台北：中研院文哲所，2003 年，頁 82
　　　 ～83。
〔註7〕 湯一介著，《郭象與魏晉玄學》，北京：北京大學出版社，2000 年，頁 47。
〔註8〕 余敦康著，《魏晉玄學史》，北京：北京大學出版社，2005 年，頁 312。
〔註9〕 湯用彤著，《魏晉玄學論稿》，上海：上海古籍出版社，2005 年，頁 136～138。

然。〔註10〕

　　而余敦康則指出，所謂自然，它的確切含義並不是指的道家思想，也不是指茫茫無垠的自然界自身，而是指支配著自然界的那種和諧的規律。〔註11〕

　　李澤厚、劉綱紀認為，「自然」是一個既有殊異而又合規律地存在著的統一的整體。「自然一體」、「萬物一體」，是阮籍對於物質世界統一性的一種深刻的、唯物的看法。〔註12〕

　　從以上各家來看，「自然」或指元氣、或指萬物自己如此、自然而然，順其體性而存在的狀況，或指支配自然界的和諧規律，或是既有殊異又合規律的統一整體，可見，「自然」的概念在魏晉，具有其歧義性。〔註13〕但若參照阮籍的〈達莊論〉來看，其曰：

> 天地生于自然，萬物生于天地。自然者無外，故天地名焉；天地者有內，故萬物生焉。當其無外，誰謂異乎？當其有內，誰謂殊乎？地流其燥，天抗其濕。月東出，日西入。隨以相從，解而後合。升謂之陽，降謂之陰。在地謂之理，在天謂之文。蒸謂之雨，散謂之風。炎謂之火，凝謂之米。形謂之石，象謂之星。朔謂之朝，晦謂之冥。通謂之川，回謂之淵。平謂之土，積謂之山。男女同位，山澤通氣。雷風不相射，水火不相薄。天地合其德，日月順其光，自然一體，則萬物經其常。入謂之幽，出謂之章。一氣盛衰，變化而不傷。是以重陰雷電，非異出也；天地日月，非殊物也。故曰：自其異者視之，則肝膽楚越也；自其同者視之，則萬物一體也。

〈達莊論〉雖為阮籍後期的作品，然而其對「自然」的看法，卻是〈樂論〉自然觀更為成熟的補充。在〈達莊論〉中，阮籍認為，「天地生於自然，萬物生於天地。」天地為萬物之總名，萬物為天地的分殊之謂，而天地萬物皆本

〔註10〕戴璉璋著，《玄智、玄理與文化發展》，頁86～87。

〔註11〕余敦康著，《魏晉玄學史》，頁305。

〔註12〕李澤厚、劉綱紀主編，《中國美學史》（第二卷）上，頁194。

〔註13〕謝大寧亦指出，嵇康使用「自然」一詞，即有四義：1、工夫論上的境界義，即無執無為之義。2、由無執無為之境界義反照回去，而說天地之太朴無為的境界。3、乃自然科學所說之大自然，而此義乃使自然義有了和「氣化論」接筍的機會。4、性命自然義等。謝大寧此處所論雖指嵇康，然而，卻也說明「自然」的概念，在魏晉時期的多義性，縱使在同一玄學家自身，亦有各種不同的指涉。參見謝大寧著，《歷史的嵇康與玄學的嵇康──從玄學史看嵇康思想的兩個側面》，頁17～18。

於「自然」所生。此處，阮籍雖未明確界定「自然」的概念，但接下來，其
進一步指出，萬物各種不同的性狀變化，如蒸謂之雨，散謂之風，炎謂之火，
凝謂之冰，形謂之石，象謂之星等，皆爲「一氣盛衰，變化而不傷。」認爲
現象界的種種變化，雖然表面上各不相同，實則是由氣之升降沈浮、離合聚
散所致，是故，萬物雖各有其性，然而其本原其爲一氣，是由氣的變化，導
致各種物象的殊異，故曰：「重陰雷電，非異出也；天地日月，非殊物也。」
電雷、日月雖爲不同之物，然皆由一氣所生，並無不同，故云：「自其異者視
之，肝膽楚越也；自其同者視之，萬物一體也。」「自然一體」、「萬物一體」，
即是從氣化的角度來立論，此可說承襲《莊子‧至樂》的說法而來，文曰：

> 種有幾？得水則爲䰞，得水土之際則爲蛙蠙之衣，生於陵屯則爲陵
> 舄。陵舄得鬱棲則爲烏足，烏足之根爲蠐螬，其葉爲胡蝶。胡蝶胥
> 也化而爲蟲，生於竈下，其狀若脫，其名爲鴝掇，鴝掇千日爲鳥，
> 其名爲乾餘骨。乾餘骨之沫爲斯彌，斯彌爲食醯。頤輅生乎食醯，
> 黃軦生乎九猷，瞀芮生乎腐蠸。羊奚比乎不筍，久竹生青寧；青寧
> 生程，程生馬，馬生人，人又反入於機。萬物皆出於機，皆入於機。

〔註14〕

所謂「萬物皆出於機，皆入於機。」，按郭注曰：「此言一氣而萬形，有變化
而無死生也。」《莊子》在此，乃透過各種不同的物類，如蛙蠙之衣、陵屯、
陵舄、烏足、蠐螬、胡蝶等的流轉變化，來說明其「物化」思想。其以爲，
物類的變化，皆爲一氣運行所致，「氣」乃宇宙萬物的根本原質，具有健動不
已的特性，因此，可以造成萬物自身生滅發展的變化。而阮籍乃上承此說，
以「一氣盛衰，變化而不傷」來解釋現象界的各種變化，認爲不同的物象，
乃是由於氣的運動所造成，雖然各不相同，卻是「一氣而萬形」，故「天地生
於自然」之「自然」，其內在意義即等同於「氣」。

　　「自然」在阮籍的脈絡中，既可被視爲「氣」，那麼回歸到〈樂論〉所謂
「此自然之道，樂之所始也。」這一段話來看，當以湯用彤的詮釋最爲恰切，
也最能吻合音律的發展脈絡。所謂「夫樂者，天地之體、萬物之性也。……
故定天地八方之音，以迎陰陽八風之聲，均黃鐘中和之律，開群生萬物之情
氣。故律呂協則陰陽和，音聲適而萬物類。」在阮籍看來，音樂源自於陰陽
二氣所生，因此具有調和陰陽，使萬物各得其正、各得其所的功能，故爲「天

〔註14〕郭慶藩輯，《莊子集釋》，台北：華正書局，1991年，頁624。

地之體、萬物之性也。」亦即「大樂與天地同和」、「和，故百物不失。」（《禮記・樂記》）之意。其中，黃鐘一律，由於含元處中，陽氣潛伏，萬物初萌，故得以宣養六氣九德，開啓群生萬物之情氣，而使萬物生機勃發、欣欣向榮。從這個角度來看，音樂既爲天地之體、萬物之性，那麼製作樂器時，就要順應自然之道，而此自然之道即是「八音有本體」、「五聲有自然」，由此阮籍並提出「常處」、「常數」之說來對應此二個概念，其曰：

> 八音有本體，五聲有自然，其同物者以大小相君。有自然故不可亂，大小相君故可得而平也。若夫空桑之琴，雲和之瑟，孤竹之管，泗濱之磬，其物皆調和淳均者，聲相宜也；故必有常處。以大小相君，應黃鐘之氣，故必有常數。有常處，故其器貴重；有常數，故其制不妄。貴重，故可得以事神；不妄，故可得以化人。其物係天地之象，故不可妄造。

所謂「八音有本體」，即指金、石、絲、竹、匏、土、革、木八種不同的材質，由於不同材質的屬性，適合於不同的樂器，例如金爲鐘，石爲磬，琴瑟爲絲，簫管爲竹，笙竽爲匏，塤爲土，鼓爲革，柷敔爲木，不同材質對應不同的樂器，才能表現出其本然的特色。因此，材質之產地，又須有所講究，例如產木材者，以空桑、雲和爲佳；產竹者，以孤竹爲佳；而產石材者，則以泗濱爲上等，這些產地所生產的材質，可以發出聲音適宜、調和淳均之音質，因此各種材質有其天然的屬性，不可錯置，故云有「常處」。至於「五聲有自然」，「五聲」指宮、商、角、徵、羽，殆無疑義，然此處之「自然」，則各家之解，頗爲含糊。然而，若從「有自然故不可亂，大小相君故可得而平也……以大小相君，應黃鐘之氣，故必有常數。」這一段話來看，此處之「自然」顯然一方面指「氣」，一方面指由「氣」的概念所衍伸而來的音律之「數」的概念，因爲物體透過振動而發音，即產生音高，此爲一自然原理，也是一客觀性原理，其可透過數的比例來呈現，故有其秩序性，例如《晉書・律曆志》即將五音中的宮音之數定爲 81，徵之數 54，商之數 72，羽之數 48，角之數 64，各音與宮音的弦長比爲：宮──宮：1/1；宮──徵：2/3；宮──商：8/9；宮──羽：16/27；宮──角：64/81。五音的音高來自於弦長比，而弦長比又是根據生律法而來，因此有一定的規律可循，不可相互凌越，否則各音或各律的音高便會改變，進而影響到均與調。因此，所謂「以大小相君，應黃鐘之氣，故必有常數。」即是以黃鐘爲標準音高，以此爲基準，透過嚴格的弦長

比數，分別調整其它的音，才能有正確無誤且和諧之音準、音律，此即《漢書・律曆志》所言：「五聲之本，生於黃鐘之律。九寸爲宮，或損或益，以定商、角、徵、羽。」之意。黃鐘爲五聲之本，再藉由損益法定其它四音，其中有一種準確的比例關係，此即爲客觀化原理，可見，阮籍實有「以聲依律」的觀念，故曰：「有常數，故其制不妄。」此即由陰陽氣化原理而來的自然觀在音律上之使用，李澤厚、劉綱紀即言：

> 阮籍對『樂』具有不可任意改易的『常數』的強調，擴大開來說，
> 也就對美所應有的自然的合規律性在數量關係上的表現的強調，這
> 是有它的理論意義的。〔註15〕

因此，「氣」、「數」與「音律」的密切相關性，又可從阮籍〈樂論〉得到證明。從這個角度來看，阮籍論樂之本原，明顯受到道家與陰陽家極大的影響，尤其是身處漢代以後的魏晉，更不可避免地將音律納入天地陰陽的氣化原理來思考。因此，湯用彤以「元氣」來解釋阮籍的「自然」觀，實最爲完備。

但另一方面，阮籍以宇宙論的自然原理來詮釋音律，並認爲音律之和能反過來影響天地萬物之和的觀點，受到了夏侯玄的批評。夏侯玄於〈辨樂論〉中說道：

> 阮生云，律呂協則陰陽和，音聲適則萬物類。天下無樂，而欲陰陽
> 和調，災害不生，亦以難矣。此言律呂音聲，非徒化治人物，可以
> 調和陰陽，蕩除災害也。夫天地定位，剛柔相摩，盈虛有時；堯遭
> 九年之水，憂民阻飢；湯遭七年之旱，欲遷其社；豈律呂不和音聲
> 不通哉？此乃天然之數，非人道所協也。〔註16〕

顯然，夏侯玄是反對音律可以調和陰陽而使萬物各適其性的。在他看來，音律不可能調和陰陽、蕩除災害，因爲陰陽之氣的沖激摩盪，乃是自然現象，非人力所能改變，故其以堯、湯做爲反證。一般來說，聖王明君之世皆會修治禮樂，因爲音樂與爲政者之修身往往密切相關，爲政以德，便能使陰陽和諧、音律諧調，進而促使五穀豐收，故《禮記・樂記》曰：

> 昔者，舜作五弦之琴以歌《南風》，夔始制樂以賞諸侯。故天子之爲
> 樂也，以賞諸侯之有德者也。德盛而教尊，五穀時熟，然後賞之以

〔註15〕 李澤厚、劉綱紀主編，《中國美學史》（第二卷）上，頁193。
〔註16〕 嚴可均輯，《全三國文》（上），卷二十一，〈辨樂論〉，北京：商務印書館，2006年，頁209。

樂。〔註17〕

樂之修治不僅具有崇德賞功之用，同時，因修樂者能反身修德，故德盛教尊，而能調和陰陽，使四時有序、五穀時熟，此即爲阮籍〈樂論〉的思維模式，但夏侯玄反對此一說法，在他看來，堯、湯爲賢君，那麼自應陰陽調和、而使律呂和諧，卻遭逢九年之水、七年之旱，這難道是因爲堯、湯不賢而使陰陽失和、律呂不協嗎？顯然，自然現象與音律之和諧，並沒有邏輯上的必然性，因此其曰「此乃天然之數，非人道所協也。」（〈辨樂論〉）事實上，阮籍所謂「律呂協則陰陽和，音聲適則萬物類。」（〈樂論〉）乃是繼承了中國傳統的整體性思維，將音樂與陰陽、四時、五行納入同一框架中來思考，如《禮記・樂記》所言：

> 大人舉禮樂，則天地將爲昭焉。天地訢合，陰陽相得，煦嫗覆育萬
> 物，然後草木茂，區萌達，羽翼奮，角觡生，蟄蟲昭蘇，羽者嫗伏，
> 毛者孕鬻，胎生者不殰，而卵生者不殈，則樂之道歸焉耳。

禮樂反映著天地之道，故能讓陰陽合德、草木繁茂、萬物欣欣向榮。而夏侯玄則跳脫了傳統的思維方式來看問題，提出音律諧調與自然現象之間，沒有邏輯上的必然性的看法，二者乃是不同類型的思維方式，按李約瑟所言，中國的思維模式，原就不是西方的因果思維，夏侯玄較偏由因果思維來看問題，而阮籍的思路所開顯的，乃是「天人合一」的整體性思維。

二、儒家樂論與道家思想之融合

阮籍的前期思想，雖以儒家精神爲主，然在〈樂論〉之中，亦有道家思想貫串其中，形成儒道融合的玄學精神。余敦康即言：「阮籍前期致力於名教與自然的結合，儘管對現實不滿，但精神狀態卻是平衡的，並且洋溢著一種奮發積極的高昂情調，對理想的實現充滿了樂觀主義的信念。這在《樂論》和《通易論》這兩篇著作中表現得最爲明顯。」〔註18〕周大興亦曰：「阮籍早期『有濟世志』的作品其實是正始玄學影響下的產物，或至少應歸屬於正始玄學的時期，它屬於對自然與名教關係的調合思潮。」〔註19〕阮籍在幾個方

〔註17〕司馬遷撰、裴駰集解、司馬貞索隱、張守節正義，《新校本史記三家注并附編二種》，卷二十四，〈樂書〉，頁1197。
〔註18〕余敦康著，《魏晉玄學史》，頁301。
〔註19〕周大興，〈阮籍〈樂論〉的儒道性格評議〉，《中國文化月刊》，1993年3月，第161期，頁63。

面，確實承襲了傳統儒家的思想，例如禮樂刑教一體、「樂者，樂也」等觀點，但此外，還有道家思想之融入，那麼，其究竟是如何將二者加以調和，才形成具有魏晉特色的〈樂論〉？以下，即針對這些方面進行探討。

（一）禮樂一體

阮籍於〈樂論〉一開始，即藉劉子之提問來提挈全文之總綱，其曰：「孔子云：『安上治民，莫善於禮；移風易俗，莫善於樂。……有之何益於政？無之何損於化？而曰『移風易俗，莫善於樂』乎？」其意在探討禮樂與社會教化之間的關係。在阮籍看來，禮樂之重要，乃是在於建立一和諧有序、風俗淳均的社會。而此一社會的成立依據，乃是源於「自然之道」。因此，阮籍由音樂之和諧性與秩序性來說明天地運行的法則，並認為依此法則所建立的社會乃是「男女不易其所，君臣不犯其位；四海同其觀，九州一其節。」的社會。這種觀點，亦可參照〈通易論〉來看，其言：「《易》順天地，序萬物，方圓有正體，四時有常位，事業有所麗，鳥獸有所萃，故萬物莫不一也。」《易》體現了天地之運行、萬物之序，使方圓有體、四時有位、人類鳥獸各得其所，因此聖人須依《易》之原理「以建天下之位，定尊卑之制，序陰陽之適，別剛柔之節。」然而，此一上下有等、尊卑有序的社會又該如何建立呢？阮籍認為，這就必須透過禮樂刑教的方式，其曰：

> 刑教一體，禮樂外內也。刑弛則教不獨行，禮廢則樂無所立。尊卑
> 有分，上下有等，謂之禮；人安其生，情意無哀，謂之樂。車服旌
> 旗、宮室飲食，禮之具也；鐘磬鞞鼓、琴瑟歌舞，樂之器也。禮踰
> 其制，則尊卑乖；樂失其序，則親疏亂。禮定其象，樂平其心；禮
> 治其外，樂化其內。禮樂正而天下平。

所謂「禮」，是指「尊卑有分、上下有等」，而「樂」則是指「人安其生，情意無哀」。阮籍認為，為了建構出一等級分明的社會，「禮」與「樂」二者必須相輔相成、缺一不可，從「禮」的角度來看，不同的社會階層，必須使用不同的禮制來加以規範，不可相互僭越，否則禮踰其制，就會上下失序，因此其曰：「昔衛人求繁纓、曲縣，而孔子歎息，蓋惜禮壞而樂崩也。夫鐘者，聲之主也；縣者，鐘之制也。鐘失其制，則聲失其主；主制無常，則怪聲竝出。」「縣者，鐘之制也。」即所謂「樂懸」制度，其主要依不同的社會層級而有不同的規定，《周禮‧春官‧小胥》言：「王宮縣，諸侯軒縣，卿大夫判

縣，士特縣。」〔註20〕鄭玄曰：

> 樂縣，謂鐘磬之屬，縣於筍虡者。鄭司農云：宮縣四面縣，軒縣去
> 其一面，判縣又去其一面，特縣又去其一面。四面象宮室，四面有
> 牆，故謂之宮縣。軒縣三面其形曲，故《春秋傳》曰：「請曲縣繁纓
> 以朝」，諸侯禮也。……玄謂：軒縣去南面，辟王也。判縣左右之合，
> 又空北面，特縣，縣於東方，或於階間而已。〔註21〕

樂縣分為宮縣、軒縣、判縣及特縣四種，天子、諸侯、卿大夫及士所適用的
形制皆不相同，天子使用四面之宮縣，諸侯用三面之軒縣，卿大夫用二面之
判縣，而士用一面之特縣。阮籍認為，禮的形制之所以重要，就在使「下不
思上之聲，君不欲臣之色，上下不爭而忠義成。」具有規範與節度君民之作
用。因此，必須藉由禮來訂定社會規範，治理各種外在行為，否則「禮廢則
樂無所立。」

　　然而，禮制之設立，雖能清楚區分社會階級、地位，卻無法和洽人心，
因此需要樂來加以調和，《荀子‧樂論》即言：「樂合同，禮別異。禮樂之統，
管乎人心矣。」禮著重於人與人之間的殊異性，而樂則具有調和人心的作用，
因此，只有透過樂的薰陶才能涵養人心。然而，音樂如何作用於人心？其欲
達成的效果又是如何？阮籍認為「禮定其象，樂平其心。」音樂首重在平和
人心。因此，聖人制禮作樂時，須使聲音平和、諧調，使舞蹈者之節度從容
和順，並且歌詠先王之德、習先王之容，使百姓皆有所聞，那麼，自然就能
達到移風易移的目的，其曰：

> 聖人立調適之音，建平和之聲，制便事之節，定順從之容，使天下
> 之為樂者，莫不儀焉。自上以下，降殺有等，至於庶人，咸皆聞之。
> 歌謠者，詠先王之德；頫仰者，習先王之容；器具者，象先王之式；
> 度數者應先王之制。入於心，淪於氣。心氣和洽，則風俗齊一。

阮籍此處所言之「樂」，顯然是包含詩、歌、舞三者，其以為，聖人所作之樂
舞，音域高低適中，曲調中正平和，舞蹈之節度和順從容，此足以為天下人
所仿效。同時，在歌詞的內容、舞蹈的姿容、樂器的製作、禮儀制度各方面，
都是法象先王之制度，如此一來，才能入於心，淪於氣，使百姓「心氣和洽，

〔註20〕鄭元注、賈公彥疏，《周禮注疏》，卷二十三，〈小胥〉，台北：新文豐出版公
　　　　司，2001 年，頁 976。
〔註21〕鄭元注、賈公彥疏，《周禮注疏》，卷二十三，〈小胥〉，頁 977。

則風俗齊一。」

　　值得注意的是，阮籍在此提出「心氣和洽」的說法，「心氣」顯然是承《禮記・樂記》所謂「夫民有血氣心知之性，而無哀樂喜怒之常，應感起物而動，然後心術形焉。」而來。事實上，「血氣」在春秋時即已產生，如「瘠則甚矣，而血氣未動。」（《左傳・襄公二十一年》）「若血氣強固，將壽寵得沒。」（《國語・魯語》上）皆指生命原質或生命力而言，而從《禮記・樂記》的上下文來看，「血氣」除包含生命力之外，亦可衍伸為情感，此一情感會應感起物而動。由此來看阮籍所謂「入於心，淪於氣。心氣和洽，則風俗齊一。」此處之「心」即指「心知」，而「氣」為「血氣」，人的心知血氣會受到外物的影響，因此聖人作樂必平和適中，使其和洽。阮籍的思路，顯然受到了《禮記》中氣化宇宙論的影響，故將人與萬物視為秉氣而生，所謂「人者，其天地之德，陰陽之交，鬼神之會，五行之秀氣也。」（《禮記・禮運》）而音樂亦由天地之氣交互摩盪而生，因此二者之間，透過「氣」為中介，具有一種相互對應之關係，所謂「凡姦聲感人，而逆氣應之。逆氣成象，而淫樂興焉。正聲感人，而順氣應之。順氣成象，而和樂興焉。」（《禮記・樂記》）因此，先王須特別留心禮樂教化，透過其對人民血氣心知之影響，來達到移風易俗的效果。

　　既然音樂對人的血氣心知，具有直接的影響力，那麼，這是否意味著只有沿襲先聖明王所作的音樂，才具有平和人心的效果，上位者對禮樂的形制、內容皆不得改易？事實不然，在阮籍看來，禮樂的形制、內容亦須隨著時代的移易而有所更改，不必食古不化，所謂「禮與變俱，樂與時化。」經過時代的變遷之後，百姓會安於淫聲而破壞先王之雅樂，因此歷代帝王皆須重新制禮作樂，以應時變，使百姓不厭倦，所謂「五帝不同制，三王各異造。」但制新樂有一定的限度，如樂舞的篇目、內容可變，但樂聲的平和精神不能改變，故其強調「至於樂聲，平和自若。」並以《雲門》、《咸池》、《六英》為例，認為這些樂舞之名雖然都已改變，但「黃鐘之宮不改易」，由於黃鐘之宮乃定音之標準，其它四音皆以其為基礎，故被視為最為平和之音，因此，阮籍以禮樂為教化人心的方式，而其中首重者即是音樂的平和，藉此才能達到「其聲平，其容和。」的狀態。

（二）「正樂聲希」之道家精神

　　阮籍之〈樂論〉，除具禮樂教化的精神之外，其最大特色即是將形而上的自然之道視為音樂之根源，並做為政治人倫之依據。因此，理想的音樂，必

為體現自然之道的雅樂，此一思想，從玄學的發展脈絡來看，可說深具正始
思潮調和儒道之精神，在〈樂論〉一文中，除了具有禮樂一體的教化精神之
外，還出現「正樂聲希」、「五聲無味」、「音聲不譁，漠然未兆。」等用語，
清楚地凸顯出老莊對阮籍之影響，其於〈樂論〉中即言：

> 言正樂通平易簡，心澄氣清，以聞音律，出納五言也。夔曰：「戞擊
> 鳴球，搏拊琴瑟以詠，祖考來格；虞賓在位，群后德讓，下管鼗鼓，
> 合止柷敔，笙鏞以間，鳥獸蹌蹌；蕭韶九成，鳳凰來儀。」夔曰：「于
> 予擊石拊石，百獸率舞，庶尹允諧。」詩言志，歌詠言，操磬鳴琴，
> 以聲依律，述先王之德，故祖考之神來格也；笙鏞以間，正樂聲希，
> 治修無害，故繁毓蹌蹌然也。

在此，阮籍援引《尚書》來說明樂的功能在於涵養中和之德，並強調五聲、
八音按音律之法則而行，不相凌越，便能使神人和諧。同時，還描述上古時
期在祭祀的過程中，詩、樂、舞交迭唱和，一片和諧歡騰之景象。值得注意
的是，阮籍在《尚書·虞書·益稷》所言：「下管鼗鼓，合止柷敔，笙鏞以間。
鳥獸蹌蹌；蕭韶九成，鳳凰來儀。」〔註 22〕之外，加入了「正樂聲希」的說
法，將其改為「笙鏞以間，正樂聲希，治修無害，故繁毓蹌蹌然也。」陳伯
君注曰：「正樂聲希」句用《老子》第四十一章「大音希聲」語意。〔註 23〕可
見「正樂」，即是指「道」，故阮籍雖論雅樂，卻注入了清平易簡、五聲無味
之道家精神，周大興即言：

> 阮籍以平淡簡易、五聲無味的自然雅樂作為代表天地本體、萬物本
> 性的自然之道，〈樂論〉將雅樂上提到天地之體的形上學層次，使秦
> 漢以來儒家樂教的「雅樂」觀念注入了平淡不煩、心平氣定、「通天
> 地之氣，靜萬物之神」的道家內涵。……故雅樂並非一般所謂的音
> 樂；倒不如說是阮籍心目中理想的「自然一體」「萬物一體」的精神
> 境界。〔註 24〕

由「自然之道」所產生的雅樂同時反映著阮籍平淡易簡的精神境界，因此其
論樂強調「道德平淡，故五聲無味。」乃是道家精神之體現，而為了落實此

〔註 22〕孔安國傳、孔穎達等正義，《尚書正義》，卷五，〈益稷謨〉，台北：新文豐出
版公司，2001 年，頁 194。
〔註 23〕陳伯君校注，《阮籍集校注》，頁 97。
〔註 24〕周大興，〈阮籍〈樂論〉的儒道性格評議〉，《中國文化月刊》，頁 67。

一精神境界，阮籍主張透過禮樂教化的方式來進行，可見其並不否定現象界的五音六律，但須以中和平淡為原則，從這裡，其乃將儒、道巧妙地結合起來，形成具有玄學特色的〈樂論〉，劉運好即曰：

> 阮籍強調現實之五音，但是他抓住樂生於自然之和這一點，巧妙地把儒家提倡五音之和與道家提倡的大音之和融合起來。他說的乾坤易簡，雅樂不煩，原是以《易》釋樂，與《樂記》「大樂必易」思想相通。但他又將此與道德平淡，五聲無味聯繫起來，這就同道家之「無」形成縱向關聯。其邏輯是：樂生於道（自然），至道無味，故曰五聲無味。至此道家音樂思想與儒家音樂思想的對立就完全消失了。〔註25〕

可見，阮籍的思路乃是，其以道家的自然之道做為音樂的形上本體，而此一本體落實為經驗現象界則為具體音聲的存在，但由於此一本體的特點為沖虛恬淡、清虛自然，故理想的音樂亦須具備平淡無味的特質，此即通平易簡之雅樂，因此，若能以雅樂來教化人民，便能達到「人安其生，情意無哀」的境界，使人的心靈回歸於自然的和諧之中。

（三）由「樂者，樂也」轉向「至樂無欲」的審美體驗

阮籍將大音之和注入於雅樂之中，使儒家的雅樂蘊涵了道家的精神，同時，還將儒家「樂者，樂也。」（《荀子・樂論》）的審美體驗轉向「至樂無欲」的心靈境界，開展了一種不同的面相。那麼，其究竟是如何承襲儒家思想並加以轉化呢？首先，先透過傳統的儒家樂論來看音樂與情感之間的關係，《荀子・樂論》曰：

> 夫樂者，樂也，人情之所必不免也，故人不能無樂。樂則發於聲音，形於動靜，而人之道，聲音、動靜、性術之變盡是矣。故人不能不樂，樂則不能無形，形而不為道，則不能無亂。先王惡其亂也，故制《雅》、《頌》之聲以道之，使其聲足以樂而不流，使其文足以辨而不諰，使其曲直、繁省、廉肉、節奏足以感動人之善心，使夫邪汙之氣無由得接焉。

荀子認為，音樂乃源自於人情感上之愉悅，一旦內心有所感，就會透過聲音、動作、形體等來加以呈現。但此種表現不能無所節制，因為過度的情感宣洩

〔註25〕劉運好，〈阮籍《樂論》與正始美學理想〉，《皖西學院學報》，1999年2月，第15卷第1期，頁20。

會造成社會失序，故先王制雅、頌之樂的目的，就在藉由音樂對人的情感起著一種規範引導的作用，不使其過度流盪。可見，「樂」乃包含著愉悅的情感意涵。

這樣對「樂」的理解，實呼應著「樂」字之本義。修海林曾從「樂」之字形來考察「樂」之意涵，發現無論是羅振玉或許慎對「樂」的解讀，皆缺乏了從字形的形成和發展過程來認識字形、字義的分析方法。〔註26〕他透過對「樂」的考察，歸納出「樂」之涵義的三個層面：1、「樂者樂也」的生命意識。2、「樂者樂也」的精神愉悅追求。3、「樂者樂也」的樂教精神。〔註27〕首先，就「樂者樂也」的生命意識來說，修海林指出，現存商代甲骨文之「樂」字，寫作「♥」，其初文並無「♦」形符號。在甲骨文中，「♦」、「♠」、「♯」形符號，常與穀物、食物有關，如「秦」字，《說文》解「秦」為「伯益之後所封國。地宜禾」。說明「秦」作為地名，可能因其土地適合於種植黍稷而得名。此外，甲骨文中還有與食相關的「餗」字，作「♣」形，其字左邊的「♤」形，正是「食」字去蓋的簡寫，作盛在容器中的食物來看。右旁的「♯」正說明所吃食物的性質是穀類。因此「樂」字中的「♦」形符號，並非撥子，亦非鼓，其初是由「♤」簡化而來，與「♥」構成一象形兼會意的字。

從「樂」的演化中，即可與華夏民族的某種心理特徵聯繫起來。遠古時期，人們為求生存，首要解決的便是溫飽問題，而由於自然環境的影響，華夏民族乃成為以農耕為主要生產方式的農業民族，因此，莊稼的收成好壞，便成為影響生存的大事，《尚書・虞書・大禹謨》中所謂的「厚生」意識，即為農業民族傳統的文化心理特徵之一。因此，「樂」字在古人心中，不單是一種穀物成熟的視覺印象，而是對耕種、收穫的成功自然而然產生出來的一種喜悅心情。古代先民的樂舞，便往往凸顯出對農耕生產的重視與期望，例如《呂氏春秋・古樂》即言：「昔葛天氏之樂，三人操牛尾投足以歌八闋：一曰載民，二曰玄鳥，三曰遂草木，四曰奮五穀。」其中，「遂草木」、「奮五穀」乃成為樂舞中的重要內容，其一方面包含著豐收時的欣悅之情，也呈現出先

〔註26〕羅振玉釋「樂」為：「從絲附木上，琴瑟之象也。或增 ♦ 以象調弦之器，猶今彈琵琶阮咸者之有撥矣。」將「♦」形符號視為彈琴的撥子。參見羅振玉撰，《增訂殷虛書契考釋》，台北：藝文印書館，1981 年，頁 40。而許慎《說文》則謂：「樂，五聲八音總名。象鼓鞞。」將「樂」視為木架上置鼓的象形字。參見許慎撰、段玉裁注，《說文解字注》，頁 265。

〔註27〕修海林著，《中國古代音樂美學》，福州：福建教育出版社，2004 年，頁 73～84。

民對來年的期待。此時，「樂」字原作爲「成熟了的穀類植物」象形文字的含義便開始產生變化，由隨之而起的「快樂情感」的含義所取代。

第二，就「樂者樂也」的精神追求來說，由於「樂者樂也」的生命意識，所反映的是「厚生」的文化意識，因此直到先秦，與飽腹之樂相關的「味美」，仍然是一個與聽覺審美、視覺審美並提的審美範疇。例如《左傳·昭公二十五年》所曰：「則天之明，因地之性，生其六氣，用其五行，氣爲五味，發爲五色，章爲五聲。」即表明「美味」與美色、美聲同爲人性所不可缺少的物質欲求。也因此，人們往往將生理上的感官愉悅與心理上的精神愉悅混同在一起，直到孔子，才有意識地擺脫此種「混同」，而在「樂」的活動中，以通過感性的體驗而達到精神的愉悅追求，如《論語·述而》曰：「子在齊聞《韶》，三月不知肉味，曰：『不圖爲樂之至於斯也。』」孔子在此即是在「肉味」之美與「樂舞」之美的比較中，肯定了音樂審美所追求的，是一種超越生理性快感滿足、具有精神上愉悅快樂的審美境界。

第三，就「樂者樂也」的樂教精神而言，《禮記·樂記》中曾曰：「樂者，樂也。君子樂得其道，小人樂得其欲。以道制欲，則樂而不亂；以欲忘道，則惑而不樂。」此乃是對音樂審美愉悅快樂的情感狀態——「樂」，從樂教中道德修養的角度，提出了一定的規範和要求，並對「樂」的情感態度在「君子」與「小人」之間做了進一步的區分。君子通過行樂時「樂」的體驗來提高內心的道德修養；而小人則樂於通過樂的行爲來滿足本能的聲色欲望。從這個角度來看，「樂者樂也」的快樂情感，蘊含的是一種具有價值取向的樂教精神。它早已由原始樂舞中無拘無礙的審美直覺狀態轉向蘊含有某種理性精神、並通過藝術化的表達而顯現出來的審美情感。

以上三點，乃是修海林透過對「樂」的考察所產生的解釋，而無論是孔子或荀子，都正面肯定「樂者，樂也。」的審美情感，阮籍在〈樂論〉中，亦有此一精神之延續，例如其援引《尚書·虞書·舜典》中對「神人以和」之樂舞的描述，正是對「樂者，樂也。」之正面肯定。也因此，阮籍反對使人噓唏傷氣之悲樂，其言：「誠以悲爲樂，則天下何樂之有？天下無樂，而有陰陽調和，災害不生，亦已難矣。」在阮籍看來，音樂的審美情感當以「樂」爲主，若是以悲爲樂，流涕感傷、嗚咽歎息，則難使陰陽調和，災害不生。至於所謂「悲樂」，主要有二種：一是君主昏庸，荒淫無度，夜夜笙歌，奏樂不已，此一音樂使人聞之而悲，反映出樂與政無法相應的狀態。如夏桀之時，

「與女萬人，衣以文繡，食以梁肉，端噪晨歌。」而商紂則「酒池肉林，夜以繼日。」那麼，天下苦其殃，百姓傷其毒，聞之者憂戚，則此樂非樂。另一種情形，則指使人聞之泣下、悽愴傷心的音樂，其曰：

> 當王莽居臣之時，奏新樂于廟中，聞之者皆爲之悲咽。桓帝聞楚琴，悽愴傷心，倚房而悲，慷慨長息曰：「善哉乎！爲琴若此，而已足矣。」順帝上恭陵，過樊衢，聞鳥鳴而悲，泣下橫流，曰：「善哉鳥聲！」使左右吟之，曰：「使絲聲若是，豈不樂哉！」謂以悲爲樂者也。……昔季流子向風而鼓琴，聽之者泣下沾襟，弟子曰：「善哉鼓琴！亦已妙矣。」季流子曰：「樂謂之善，哀謂之傷；吾爲哀傷，非爲善樂也。」以此言之，絲竹不必爲樂，歌詠不必爲善也；故墨子之非樂也。悲夫！以哀爲樂者，胡亥耽哀不變，故願爲黔首；李斯隨哀不返，故思逐狡兔；嗚乎！君子可不鑒之哉！

敏澤指出，漢魏六朝時期，奏樂以生悲爲美奏，聽樂以能悲爲知音，是相當普遍的審美意識。〔註28〕王莽、順帝、桓帝之好悲音，正具體說明了此一時期之審美風尚。敏澤並將錢鍾書在《管錐編》中的說法加以引申，認爲漢魏以來，「悲」所指的意思，並不是指「流涕感動」或如泣如訴那樣的音樂，才算悲音，而是泛指一切聲音和好的音樂，或者說，悲樂就是聲音和好的音樂。〔註29〕但這樣的說法，似乎有些牽強，因爲聲音和好的音樂，不見得一定引起悲傷之情，也可能引起悅樂之情，倘若是引起悅樂之情的音樂，便符合阮籍所謂「樂者，樂也。」的理想，不會成爲其批判的對象。但阮籍在此，對季流子所言：「樂謂之善，哀謂之傷；吾爲哀傷，非爲善樂也。」顯然是抱持否定態度的，在他看來，墨子之所以非樂，主要是因爲音樂違反了悅樂的本質以及爲善的目的。因此，其亦以殷紂爲例，認爲殷紂所以敗亡的原因，就是因爲好聽悲樂，其言：「殷之季君，亦奏斯樂。酒池肉林，夜以繼日。然咨嗟之音未絕，而敵國已收其琴瑟矣。滿堂而飲酒，樂奏而流涕，此非皆有憂者也，則此樂非樂也。」在滿堂飲酒，樂奏流涕的場合之中，賓客本身並非抱有特別的哀傷之情，卻因「樂奏而流涕」，其原因就在「此樂非樂也。」顯然，這種音樂本身，即爲「悲樂」，因此能引起人的哀傷之情，並非如敏澤所謂「聲音和好的音樂」。

由此可見，阮籍乃是以「樂者，樂也」做爲音樂的理想，同時依此來對

〔註28〕敏澤著，《中國美學思想史》（第一卷），濟南：齊魯書社，1987年，頁676。
〔註29〕錢鍾書著，《管錐編》（三），台北：書林出版有限公司，1990年，頁948。

「悲樂」進行批判。但值得注意的是，阮籍在〈樂論〉中，將「子在齊聞《韶》，三月不知肉味，曰：『不圖爲樂之至於斯也。』」（《論語·述而》）改寫成了「孔子在齊聞韶，三月不知肉味，言至樂使人無欲，心平氣定，不以肉爲滋味也。以此觀之，知聖人之樂和而已矣。」（〈樂論〉）有意地將「樂者，樂也」的情感體驗轉換成爲「至樂使人無欲，心平氣定」的虛靜境界。換句話說，儒家肯定音樂在人倫社會中所帶來的欣悅之情，已被轉換成了超乎悅樂的心境，此即《莊子·至樂》所謂「至樂無樂。」亦即郭象所曰：「忘歡而後樂足，樂足而後身存。將以爲有樂耶？而至樂無歡；將以爲無樂耶？而身以存而無憂。」（《莊子·至樂》注）的境界。在此，「無欲」並不是指去除所有的欲望，而是將各種欲望、情緒、情感加以轉化之後，生命處在恬淡自足、超乎憂樂的狀態，如此才能心平氣定、情意無哀。這樣的審美轉向，實與阮籍之「自然觀」密切相關，由於其以「自然之道」做爲樂論之基礎，將音樂之和直指天地之體、萬物之性，因此能聞至樂者，必有能直觀本體、虛靈無執之心靈，故其云：「達道之化者可與審樂，好音之聲者不足與論律也。」真正能審樂者，乃是達道之化者。若參酌〈清思賦〉來看，則更能理解「達道之化者」與寂寞大音之間的關係，其曰：

> 余以爲形之可見，非色之美；音之可聞，非聲之善。昔黃帝登仙于荊山之上，振咸池于南岳之岡，鬼神其幽，而夔牙不聞其章。女娃耀榮于東海之濱，而翩翩于洪西之帝，林石之隕從，而瑤臺不照其光。是以微妙無形，寂寞無聽，然後乃可以覩窈窕而淑清。

所謂「寂寞無聽」即是阮籍〈樂論〉中所言「音聲不譁，漠然未兆。」《老子》第二十章云：「我獨泊兮其未兆，如嬰兒之未孩。」王弼注曰：「言我廓然無形之可名，無兆之可舉，如嬰兒之未能孩也。」〔註30〕故寂寞無聽者，即是指神妙莫測之道，非爲感官所能把握，一如黃帝《咸池》之樂，幽隱如鬼神，連夔牙亦難得聞，因此美好之至樂，往往隱匿於幽深隱密之處。由此看來，能直觀此一狀態者，必是一心澄氣清之主體，故阮籍曰：「正樂通平易簡，心澄氣清，以聞音律，出納五言也。」唯有透過致虛守靜的工夫，使心靈澄澈清明，爲「達道之化者」，才能體會此一通平易簡之正樂。因此，戴璉璋便指出，「道自然」乃是阮籍一生所堅持反本復始的工夫主綱。〔註31〕

〔註30〕樓宇烈校釋，《王弼集校釋》，頁 47。
〔註31〕戴璉璋著，《玄智、玄理與文化發展》，頁 83。

（四）以「和」為美的音樂理想

阮籍由其自然觀出發，在音樂的審美體驗上，一方面將儒家愉悅的情感體驗轉換為道家的虛靜境界，還對音樂的美學範疇──「和」，注入了儒、道二家的精神。首先，就〈樂論〉來看，論音樂之和者，主要有幾處，文曰：

1、夫樂者，天地之體，萬物之性也。合其體，得其性，則和。……聖人之作樂也，將以順天地之體，萬物之性也，故定天地八方之音，以迎陰陽八風之聲，均黃鐘中和之律，開群生萬物之情氣。故律呂協則陰陽和，音聲適而萬物類。

2、言至樂使人無欲，心平氣定，不以肉為滋味也。以此觀之，知聖人之樂和而已矣。

3、誠以悲為樂，則天下何樂之有？天下無樂，而有陰陽調和，災害不生，亦已難矣。樂者，使人精神平和，衰氣不入，天地交泰，遠物來集，故謂之樂也。

4、聖人立調適之音，建平和之聲，制便事之節，定順從之容，使天下之為樂者莫不儀焉。

5、歌詠詩曲，將以宣平和，著不逮也。

6、雅頌有分，故人神不雜；節會有數，故曲折不亂；周旋有度，故頫仰不惑；歌詠有主，故言語不悖。導之以善，綏之以和，守之以衷，持之以久。

7、至於樂聲，平和自若。

8、舜命夔龍典樂，教冑子以中和之德也：「詩言志，歌詠言，聲依詠，律和聲。八音克諧，無相奪倫，神人以和。」……煩奏淫聲，汩湮心耳，乃忘平和，君子弗聽。

阮籍論音樂之「和」，主要可分為道家自然之和及儒家之和兩類。關於道家自然之和，在〈樂論〉的脈絡中，乃是用以指涉音樂所產生的本原，即「氣」，而「氣」最完美的狀態為「和諧」，如《老子》第四十二章云：「萬物負陰而抱陽，沖氣以為和。」〔註32〕王淮認為「沖氣以為和」乃是：

萬物既稟陰陽二氣以得其生，復當將其所稟賦之陰陽二氣保持一種自然調和之狀況以得其養。蓋陰陽不具則不生，陰陽不調則不成，

──────────

〔註32〕王弼等著，《老子四種》，台北：大安出版社，1999年，頁37。

故萬物之生成，必「負陰而抱陽」，並「沖氣以爲和」也。〔註33〕
陰陽二氣保持在一種自然調和的完美狀態即是「和」，在此狀態下，萬物得以
生養、欣欣向榮。由此回歸〈樂論〉所云，第一條即以音樂之和諧爲萬物之
體性，而音樂的和諧實指「氣」的和諧而言，因此，聖人乃透過對風、氣等
自然現象之觀察，而制定黃鐘中和之律，律呂一旦和諧則可反過來使陰陽調
和。第二、三條亦由此衍伸而來，意以至樂既源於氣的和諧，同時又具有「入
於心，淪於氣」的作用，故可使人無欲，心平氣定，不以感官之樂爲樂，此
即爲樂之和。第三條則與第一條的論述相扣合，其主要是從宇宙論的角度來
說明音樂源自於陰陽之和，而人亦透過「心氣」與樂相通，因此音樂可使人
精神平和，衰氣不入，如此則天地交泰、遠物來集。

至於儒家之和，則多爲中和、平和之意，然儒家之平和與道家之平和，
有層次上的不同，儒家之平和，多指現象界音聲之平和而言，而道家之平和，
則主要是從宇宙論的角度出發，由陰陽之和下貫於主體精神之和而言。福永
光司曾在〈道家的氣論和《淮南子》的氣〉一文中說道：

> 先秦時代道家的「氣」論，將其大致區分一下，可分爲用「氣」來
> 說明世界之始，天地開闢和萬物生成的宇宙生成論和在天地宇宙間
> 稟生的人怎樣保全自己之生，用「氣」來說明怎樣得到「一受其成
> 刑，不忘以待盡」（《莊子・齊物論》）之睿智的養生（或養生）論兩
> 部分。而宇宙生成論的「氣」論和養生（性）論的「氣」論盡管大
> 致被區分，但在其根基上還有著相互的關聯，在終極上仍可視爲一
> 體之物——這被認爲是道家「氣」論的特點。〔註34〕

這一段話，說明了道家氣論的特點，其以人秉「氣」而生，故主體可透過心
齊（《莊子・人間世》）、坐忘（《莊子・大宗師》）等修養工夫，回歸與宇宙合
一的狀態，而阮籍之〈樂論〉在融入道家思想的部份，即承此氣論而來。至
於所謂「中和」，則爲儒家的審美理想。按《中庸》第一章云：「喜怒哀樂之
未發，謂之中；發而皆中節，謂之和。」〔註35〕「中」意謂著喜怒哀樂未發
之狀態，「和」則指情感情緒向外發散時而有所節制。孔子在論及詩與樂的表

〔註33〕 王淮注釋，《老子探義》，台北：台灣商務印書館，1998 年，頁 176。
〔註34〕 小野澤精一、福永光司、山井涌編著、李慶譯，《氣的思想——中國自然觀和
人的觀念的發展》，上海：上海人民出版社，1999 年，頁 120。
〔註35〕 戴震撰，《中庸補注》，臺北：藝文印書館，1971 年，頁 5。

現時，曾提出了「思無邪」〔註36〕及「樂而不淫，哀而不傷」〔註37〕的說法。按「思無邪」一語，朱熹釋曰：「得其性情之正。」〔註38〕即是指以禮約思，非禮勿思，情感的表現必須合於理性的節制，而符合於「禮」的標準。至於「樂而不淫、哀而不傷」，孔安國曰：「樂不至淫，哀不至傷，言其和也。」〔註39〕顯然以音樂所表現的哀樂之情需有節度，不應陷入毫無節制的情感渲洩及狂熱的情緒衝動之中，《說苑・脩文》亦以「中」為標準，記載孔子將音樂分為「先王之樂」與「小人之音」，「先王之音」乃「執中以為本」、「奏中聲為中節」、「溫和而居中」；「小人之音」則是「和節中正之感，不加乎心」、「湫厲而微末」。〔註40〕可見，孔子乃是以中和做為音樂的理想，主張藝術情感必須合於中道，倘若如鄭聲之輕盪旖旎，則不能視為美的音樂，故其曰「鄭聲淫」（《論語・衛靈公》）及「惡紫之奪朱也，惡鄭聲之亂雅樂也。」（《論語・陽貨》）即以鄭聲失卻中和之德，必須予以禁止。而荀子亦依循孔子的思想，提出「樂之中和也。」（《荀子・勸學》）及「中和者，聽之繩也。」（《荀子・王制》）的說法。在荀子看來，音樂應體現中和的精神，並使聽者的感情達到平和，才是一種理想的狀態。

　　由此反觀阮籍之〈樂論〉，其承襲儒家精神的部份，主要是從禮樂教化的角度出發，強調音樂的中和、平和，例如其言：

> 舜命夔龍典樂，教胄子以中和之德也：「詩言志，歌詠言，聲依詠，
> 律和聲。八音克諧，無相奪倫，神人以和。」又曰：「予欲聞六律五
> 聲八音，在治忽，以出納五言，女聽。」夫煩奏淫聲，汩湮心耳，
> 乃忘平和，君子弗聽。

阮籍援引「舜命夔龍典樂……神人以和。」這一段話，乃是在強調音樂旨在涵養「直而溫，寬而栗，剛而無虐，簡而無傲。」的中和之德。此外，其尚引《左傳・昭公元年》所云：「夫煩手淫聲，慆湮心耳，乃忘平和，君子弗聽。」來說明音樂須簡易平淡，其表現不可過度，若是煩手淫聲，讓人耽溺其中，則失卻平和的理想，因此平和之聲，必然有所節度。其並以雅樂為例，認為

〔註36〕何晏等注、邢昺疏，《論語注疏》，卷二，〈為政〉，台北：新文豐出版公司，
　　　　頁38。
〔註37〕何晏等注、邢昺疏，《論語注疏》，卷三，〈八佾〉，頁79。
〔註38〕朱熹集注，《四書集注》，〈為政〉，京都：中文出版社，1984年，頁133。
〔註39〕何晏等注、邢昺疏，《論語注疏》，卷三，〈八佾〉，頁79。
〔註40〕左松超著，《說苑集證》（下），卷十九，〈脩文〉，台北：國立編譯館，2001
　　　　年，頁1281。

樂舞中的音樂、舞蹈皆有一定的形制、規範，如此才能達到和諧，其曰：

> 雅頌有分，故人神不雜；節會有數，故曲折不亂；周旋有度，故頫
> 仰不惑；歌詠有主，故言語不悖。導之以善，綏之以和，守之以衷，
> 持之以久。

陳伯君注引《爾雅·釋樂》曰：「和樂謂之節。」疏云：「八音克諧，無相奪
倫，謂之和樂。樂和則應節。」〔註41〕所謂「樂和則應節」，即指和諧的音樂，
有一定的節度，而樂舞之和，則在於節會有數、周旋有度，每一個動作、儀
容、表情、言語等，皆有一定的形制，由此薰陶人民、感化人心，才能引導
人民向善。因此在阮籍看來，鐘鼓羽旄之作，皆是使人聽正視正，其言：

> 歌詠詩曲，將以宣平和、著不逮也。鐘鼓所以節耳，羽旄所以制目。
> 聽之者不傾，視之者不衰，耳目不傾不衰，則風俗移易。故移風易
> 俗，莫善於樂也。

歌詠詩曲的目的，乃是在宣揚平和，使內心之抑鬱不平得以表露並予以導正。
因此鐘鼓、羽旄之作不在滿足人對感官刺激的無限追求，反而在於「節耳」、
「制目」，使聽者與觀者保持在精神的平和之中。因此其曰：

> 昔先王制樂，非以縱耳目之觀，崇曲房之嬿也。必通天地之氣，靜
> 萬物之神也；固上下之位，定性命之眞也。故清廟之歌，詠成功之
> 績；賓饗之詩，稱禮讓之則；百姓化其善，異俗服其德。此淫聲之
> 所以薄，正樂之所以貴也。

在阮籍看來，先王作樂，並不在耳目感官的享樂放縱，而是在平和人心，回
歸精神的寧靜。因此透過清廟之歌與賓饗之詩的歌詠，能使百姓遷化向善、
異族被服其德，此即淫聲與正樂的區別所在，可見，理想的音樂，是有理性
的節制，而非感官之樂的極度刺激，此一看法，乃直承《禮記·樂記》而來，
文曰：

> 是故樂之隆，非極音也。食饗之禮，非致味也。《清廟》之瑟，朱弦
> 而疏越，壹倡而三歎，有遺音者矣。大饗之禮，尚玄酒而俎腥魚。
> 大羹不和，有遺味者矣。是故先王之制禮樂也，非以極口腹耳目之
> 欲也，將以教民平好惡，而反人道之正也。

勞思光認為，此節主旨在於「非以極口腹耳目之欲」一語，蓋謂禮樂之目的，
皆在於予「欲」一種限制，不使人過分放縱；以便使情緒受理性之支配。在

〔註41〕陳伯君校注，《阮籍集校注》，頁87。

此觀點下，「樂」之制作，正為不使人縱情放洩。〔註42〕因此音樂所以要平和、中和，目的就在節制人的感官欲望，不使過度擴張。也因此，阮籍提倡雅樂，而否定淫聲，其原因就在雅樂能達到中正平和，唯其如此，才能使萬物和諧，故其曰：「夫雅樂周通，則萬物和；質靜，則聽不淫；易簡，則節制全神；靜重，則服人心：此先王造樂之意也。」（〈樂論〉）反之，淫聲則使歌之者流涕，聞之者歎息，而造成人的情緒失和，因此阮籍對此充滿強烈的批判，認為個人生命失和，必會導致社會失序，產生無窮之後患，其曰：

> 楚、越之風好勇，故其俗輕死；鄭、衛之風好淫，故其俗輕蕩。輕死，
> 故有火焰赴水之歌；輕蕩，故有桑間濮上之曲。各歌其所好，各詠其
> 所為。……好勇則犯上，淫放則棄親。犯上則君臣逆，棄親則父子乖。
> 乖逆交爭，則患生禍起。禍起而意愈異，患生而慮不同。（〈樂論〉）

音樂悖離聖人制禮作樂的原則之後，便會導致道德荒壞、政法不立、化廢欲行、各有風俗。若任各地之風俗並起，如楚越好勇之風，產生赴水蹈火之歌；鄭衛之風好淫，產生柔靡放盪的桑間濮上之曲；如此一來，各歌其所好，詠其所為，則會影響人心、敗壞風俗，使君臣交逆、父子相乖，阮籍又藉由各種歷史典故來說明怪聲並出、鄭聲大興之後患無窮，其言：

> 景王喜大鐘之律，平王好師延之曲，公卿大夫拊手嗟歎，庶人群生
> 踊躍思聞，正樂遂廢，鄭聲大興，雅頌之詩不講，而妖淫之曲是尋。
> 延年造傾城之歌，而孝武思嬈嫚之色；雍門作松柏之音，愍王念未
> 寒之服。故狷靡哀思之音發，愁怨偷薄之辭興，則人後有縱欲奢侈
> 之意，人後有內顧自奉之；是以君子惡大陵之歌，憎北里之舞也。

阮籍這一段話，反映著魏晉時期俗樂大興的社會狀態，而阮籍對此，顯然抱持著否定的態度，因為在他看來，禮樂具有維持社會穩定的功能，倘若破壞禮樂之制，則會引起縱欲奢侈之意與內顧自奉之心，如此則「下移踰肆，身不是好而淫亂愈甚。」因此君子惡大陵之歌，憎北里之舞，由於此皆為靡靡之音。至於禮崩樂壞的根源，阮籍則歸之於漢哀帝不好音，罷省樂府，使樂法不修，淫聲遂起，導致社會風氣敗壞。可見，阮籍十分重視「樂」的作用，也因此，其試圖透過「樂」來疏導人的情性，使過度的情緒能得到理性的控制，由個人的生命和諧出發，來建立一和諧有序的社會，因此，牟宗三即言：「阮籍之〈樂論〉，心平氣和之作也。其生活中之怪態與〈大人先生傳〉之作，

〔註42〕勞思光著，《新編中國哲學史》（二），台北：三民書局，2001 年，頁 75～76。

則文人生命之激憤也。而其底子中實有一禮樂之生命。」〔註 43〕此一禮樂之生命，即可由此得見，也可說是儒家「中和」審美觀的延續。

而值得注意的是，阮籍兼採儒道以「和」爲美的審美觀，此一詮解進路，正如劉邵之《人物志》以平淡無味來詮解儒家的中和之質，其曰：

> 凡人之質量，中和最貴矣。中和之質，必平淡無味，故能調成五材，變化應節。是故觀人察質，必先察其平淡，而後求其聰明。〔註 44〕

> 夫中庸之德，其質無名。故鹹而不鹼，淡而不醋，質而不縵，文而不縝。能威能懷，能辨能訥，變化無方，以達爲節。(《人物志・體別》)

中和、中庸之說，本出於儒家，而劉邵以平淡無味、其質無名來詮解，實已滲入了道家思想。劉邵認爲，凡有血氣生命者，「莫不含元一以爲質，稟陰陽以立性，體五行而著形。」(《人物志・九徵》)「元一」指「普遍的質素底子」，即「氣」。〔註 45〕而「氣」分陰陽，因此人之情性有剛柔、文武，以顯其個別的特殊性。至於「五行」，則爲金木水火土，憑藉於此，陰陽剛柔之情性更能彰著。可見，劉邵乃是從氣化宇宙論的角度來論人之材質，而「氣」最完美的狀態爲中和兼至，故中和之人，乃是陰陽二氣調和得最爲完美的狀態，這樣的人，平淡無味卻能包容眾味，故劉昞注曰：「惟淡也，故五味得和焉。若苦則不能甘矣，若酸也則不能鹹矣。」〔註 46〕而阮籍以心澄氣清的主體方能體會通平易簡的雅樂，乃是將漢魏之際調和儒道的人格理想轉化於樂論之中，故李澤厚、劉綱紀即言：

> 阮籍以「道德平淡，故無聲無味」來說明「樂」的感染力和美，這明顯地與儒家樂論不同……以「平淡無味」爲「聖人」理想人格的表現，是魏晉玄學的一個重要思想。〔註 47〕

另一方面，阮籍將樂之「和」提升到形而上的層次，亦與王弼注《易》有著異曲同工之妙。王弼注《易・乾・彖》「乾道變化，各正性命」曰：「乘變化而御大器，靜專動直，不失大和，豈非正性命之情者也？」〔註 48〕「大

〔註 43〕牟宗三著，《才性與玄理》，頁 312。
〔註 44〕劉邵撰、劉昞注，《人物志》，卷上，〈九徵〉，台北：商務印書館，1967 年，頁 4～6。
〔註 45〕牟宗三著，《才性與玄理》，頁 49。
〔註 46〕劉邵撰、劉昞注，《人物志》，卷上，〈九徵〉，頁 4。
〔註 47〕李澤厚、劉綱紀主編，《中國美學史》（第二卷上），頁 203。
〔註 48〕樓宇烈校釋，《王弼集校釋》，頁 222。

和」即《彖辭》所言：「保合大和，乃利貞。」〔註49〕指不剛不暴，和順之道，以此和順之道乃能端正萬物之情，「和」在此被引入了本體論的範疇。而阮籍在〈樂論〉中，亦將陰陽之和視為音樂之本體，試圖將人材論、本體論及藝術範疇論中的「和」統合起來，呈現了魏晉樂論的重要特色，故戴璉璋即言：

> 阮氏〈樂論〉繼承傳統音樂思想的地方不少，……不過阮氏對於傳統的共識，不會止於因循承襲而已。他從玄學發展出來的本體、宇宙論，自然一體、萬物一體的主張，為「樂者天地之和」的觀點提供了堅強的論據。從此以後，樂之「和」，就不只是「八音克諧」而已，真還可以達到「神人以和」的境界。而「天地之和」、「神人以和」這些說法，也不至於奧祕難測，可以通過阮氏所謂「道自然」的工夫，在清虛靜定的心靈中來驗證。清虛靜定的心靈，是玄學之所以為玄學的關鍵，也是「樂者樂也」的關鍵。〔註50〕

可見，阮籍對音樂本體之形上建構，開展出融合儒道的玄學樂論，由樂之和諧勾勒出人間萬物之和諧，再透過禮樂的教化作用來涵養人心，使主體在平和自若的樂聲中轉化為清虛無執的狀態，由此，再重新回歸到至樂之領會，便能真正達到「至樂無樂」（《莊子·至樂》）之大樂，此即阮籍〈樂論〉之殊勝之處，也可說為玄學精神之體現。

第二節　嵇康之〈聲無哀樂論〉思想釐析

魏晉時期，嵇康提出〈聲無哀樂論〉之說，成為當時熱門的玄學議題，《世說新語·文學》云：「舊云：王丞相過江左，止道〈聲無哀樂〉、〈養生〉、〈言盡意〉三理而已，然宛轉關生，無所不入。」〔註51〕《南齊書·王僧虔傳》引錄王僧虔〈誡子書〉言：「才性四本、聲無哀樂、皆言家口實，如客至之有設也。」〔註52〕可見〈聲無哀樂論〉在時人心中的重要性。然而，有關當時具體談辯的內容並未流傳下來，而一千多年來亦只有黃道周、曹宗璠等人有

〔註49〕樓宇烈校釋，《王弼集校釋》，頁213。
〔註50〕戴璉璋著，《玄智、玄理與文化發展》，頁181。
〔註51〕余嘉錫撰，《世說新語箋疏》，台北：華正書局，1991年，頁211。
〔註52〕蕭子顯撰，《新校本南齊書》，卷三十三，〈王僧虔傳〉，台北：鼎文書局，1980年，頁598。

專文討論。〔註 53〕直至近一、二十年，隨著美學研究的興起，嵇康〈聲無哀樂論〉才又重新成爲注目的焦點。在學位論文、期刊方面，相關的篇章已不下數十篇，而散見於哲學、美學、音樂思想專書中的篇章亦爲數可觀，對於〈聲無哀樂論〉之研究，可說具備豐碩的成果。

然而，相關的研究雖然豐富，但對於嵇康〈聲無哀樂論〉中音樂客體的深度分析，始終有所不足，嵇康固然是玄學家，音樂觀亦受其玄學思想的影響，但他同時也是音樂家，對於音樂的內在特質，更是十分精熟。因此本節一方面透過〈聲無哀樂論〉來探索音樂的內在之理，同時亦不忽視音樂與主體生命之間的關係，期望藉由音樂學及玄學的角度來抉發出嵇康蘊而未出之思想。是以本節乃分爲五個部份來探討〈聲無哀樂論〉：1、確立〈聲無哀樂論〉是否與《禮記·樂記》相同，具有聲、音、樂三個層次之分。2、從嵇康的宇宙論出發，闡明音聲自然和理之本源，並由形上層次延伸至音律的探討，進一步說明音樂的自律性結構。3、有關聲情關係的探討，主要從名實之別、言意之辨、音樂的形式結構、非聲音要素中的情緒特質等相關層面，來分析嵇康何以認爲「心之與聲，明爲二物」的主要緣由。4、論述音樂與文學之殊異性，凸出二者在本質結構上之差異性，進一步闡釋音樂何以無法表述社會內容與主體情感。5、從音樂與主體之關係，來說明〈聲無哀樂論〉當中，所開顯出的審美意識。所謂審美意識，按葉朗的說法，乃是指一系列的美學範疇，例如「道」、「氣」、「象」、「意」、「滌除玄鑒」等一系列的命題，以及這些概念、範疇、命題之間的區別、關聯和轉化等所構成的思想體系。〔註 54〕而在本節的此一部份，主要從〈聲無哀樂論〉中「和」的美學範疇出發，連繫音聲之和與主體生命之和，探索二者之間如何縮合，而達到音樂與主體合而爲一的境界。

一、由「聲、音、樂」三層概念界定〈聲無哀樂論〉內容之商榷

嵇康〈聲無哀樂論〉一文，最重要的著眼點，就在於聲、情關係的探討，爲了釐清兩者之間的關係，部份學者往往將其與《禮記·樂記》來加以比較，藉由〈樂記〉中「聲、音、樂」三層概念來把梳〈聲無哀樂論〉一文，避免因文字意涵的曖昧不清而造成概念上的混淆。例如朱明基即就「聲」、「音」、「聲

〔註 53〕戴明揚校注，《嵇康集校注》，台北：河洛圖書出版社，1978 年，頁 225～332。
〔註 54〕葉朗著，《中國美學史》，台北：文津出版社，1996 年，頁 3。

音」、「音聲」詳加考辨。〔註55〕孫維權則以爲，嵇康提出「聲無哀樂」的命題，
是針對漢魏時期「聲」、「音」概念混亂，著重闡明「聲」（作爲音樂的物質材料
的樂音）與「樂」（音樂）的本質區別，認爲樂音不表現感情而音樂能表現感情。
〔註56〕蕭振邦亦將〈聲無哀樂論〉一文中的這類語詞分爲：「聲」意指物理上的
自然存有物。「音」指人爲造作的「言語」或「音樂」。「音聲」有兩義，一指「音
樂」，但強調「音」也是由「聲」所構成的，因此「音聲」並舉而特重其「聲」，
另一者，則單純地指「音樂」。「聲音」則意指在我們的環境中所呈現或存在的
具有「聲」這個構成要素的實際狀態，其義較廣。〔註57〕謝大寧則借用〈樂記〉
的三層概念來分析〈聲無哀樂論〉一文，認爲嵇康乃是依此理路埋下了其論辯
的全部理據。〔註58〕而修海林則從〈聲無哀樂論〉的第八問中，東野主人釋「先
王之意」這一段話，將〈聲無哀樂論〉視爲「樂本體」。〔註59〕然而，這樣的概
念借用是否合宜，是值得商榷的。首先，從〈樂記〉來看，其對聲、音、樂三
者的界定爲：

> 凡音之起，由人心生也。人心之動物使之然也。感於物而動，故形
> 於聲，聲相應，故生變，變成方謂之音。比音而樂之，及干戚羽旄，
> 謂之樂。……是故知聲而不知音者，禽獸是也。知音而不知樂者，
> 眾庶是也。唯君子爲能知樂。〔註60〕

在〈樂記〉看來，音樂起於人心之感物而動，於是乃動口以宣心，藉由聲音
來表達內心的情感，故內心哀戚者，其聲哀；內心悅樂者，其聲樂，此爲「聲」
所產生之根源，而「聲」在相互應和中有高下清濁之變化，則謂之「音」，即
今所謂歌曲，若加上干戚羽旄等舞具之表演則謂之「樂」。然而，在〈聲無哀
樂論〉中，聲與音的界定，本身就十分含混，例如「宮商集比，聲音克諧。」

〔註55〕朱明基，〈關於《聲無哀樂論》中「聲」的表述方式探討〉，《民族民間音樂‧
　　　音樂探索》，1999 年 4 月，頁 39～42。

〔註56〕磁冉，〈愈辯愈明真理在——《樂記》、《聲無哀樂論》學術討論會紀略〉，《中
　　　央音樂學院學報》，1985 年第 3 期，頁 5。

〔註57〕蕭振邦，〈嵇康〈聲無哀樂論〉探究——兼解牟宗三疏〉，《鵝湖學誌》，2003
　　　年 12 月第 31 期，頁 13。

〔註58〕謝大寧，〈試析〈聲無哀樂論〉之玄理〉，《中國學術年刊》，1997 年 3 月第 18
　　　期，頁 167。

〔註59〕修海林，〈「樂」作爲文化行爲方式的存在——答劉再生《聲無哀樂論》兼及
　　　今譯的概念理解問題〉，《音樂藝術——上海音樂學院學報》，2001 年第 2 期，
　　　頁 81。

〔註60〕鄭玄注、孔穎達疏，《禮記正義》，卷三十七，〈樂記〉，頁 1251～1259。

就「宮商集比」而言，顯然是指樂曲演奏中的旋律變化，那麼，應是指「音」，而非「聲」，但嵇康卻二字混用。此外，又有所謂「季子在魯，採詩觀禮，以別風雅。豈徒任聲以決臧否哉？又仲尼聞韶，歎其一致，是以咨嗟，何必因聲以知虞舜之德，然後歎美耶？」在嵇康看來，季子、仲尼並不全然是由音樂本身的旋律來了解眾國之風與虞舜之德，而是加上詩與舞來了解，那麼此處應稱為「季子在魯……豈徒任樂以決臧否哉？……何必因樂以知虞舜之德，然後歎美耶？」不應以自然存有物的「聲」來稱之。至於在第二問中，嵇康又藉秦客之口言：「季子採詩觀禮，以別風雅；仲尼歎韶音之一致，是以咨嗟。」事實上，季子、仲尼所觀之樂舞，都是詩、歌、舞三位一體的綜合性藝術，而按照《禮記‧樂記》中三層概念的界定，所謂「仲尼歎韶音之一致」應為「仲尼歎韶樂之一致」，顯見嵇康對聲、音、樂實無嚴格之界定。然而修海林在探討〈聲無哀樂論〉與漢斯立克（Hanslick Eduard1825～1904）的音樂美學時，仍以《禮記‧樂記》中的三層概念來加以比較，並以「樂本體」與「音本體」兩種概念來對舉。其以〈聲無哀樂論〉為「樂本體」的論據，乃是第八問中的這一段話：

> ……故鄉校庠塾亦隨之變。絲竹與俎豆並存，羽毛與揖讓俱用，正言與和聲同發。使將聽是聲也，必聞此言；將觀是容也，必崇此禮。禮猶賓主升降，然後酬酢行焉。於是言語之節，聲音之度，揖讓之儀，動止之數，進退相須，共為一體。

修海林認為，嵇康在這裡並沒有放棄自周代以來，已經成為中國傳統音樂思想中處核心地位的禮樂概念。樂的存在，是離不開禮的行為的。樂中之禮的存在與禮中之樂的存在，是相輔相成的。這也是以往《樂記》一類研究中被講的最多的禮樂文化特徵。〔註61〕因此，他認為，在〈聲無哀樂論〉中，「聲」（音聲）不等於「樂」。「樂」的存在，是根本的存在，而作為「樂」中之「聲」（音聲），是作為「樂」的一個要素而存在。如果要追究〈聲無哀樂論〉究竟是「樂本體」還是「音本體」，那麼，可以明確地回答，是「樂本體」。〔註62〕如果就《禮記‧樂記》中的音樂精神而言，此說誠然，但值得注意的是，〈樂記〉對於「樂」的定義，不僅僅是就外在的禮樂行為而論，更重要的是其內

〔註61〕修海林，〈「樂」作為文化行為方式的存在——答劉再生《聲無哀樂論》兼及今譯的概念理解問題〉，《音樂藝術——上海音樂學院學報》，頁81～82。

〔註62〕修海林著，《中國古代音樂美學》，福州：福建教育出版社，2004年，頁254。

在的道德意涵。因此其接著說：「是故知聲而不知音者，禽獸是也；知音而不知樂者，眾庶是也。唯君子爲能知樂。」「音」與「樂」最重要的分判，在於是否包含了倫理道德之意義，是故唯具道德修養的君子才能成爲知樂者。然而，這種「樂以象德」的說法，恰好與嵇康相反，嵇康並不認爲音樂具有道德意涵，在他看來，傳統樂論中，音樂可以表現「文王之功德，與風俗之盛衰」，全然只是「俗儒妄記，欲神其事」而已。

因此，回歸到〈聲無哀樂論〉一文的第八問來看，嵇康在此論述「移風易俗」一段，事實上，乃是將社會歷史分成兩階段來立論的，前一階段爲有道之世，後一階段爲大道衰弊之後。在他看來，「古之王者，承天理物，必崇簡易之教，御無爲之治。……大道之隆，莫盛於茲，太平之業，莫顯於此。」的這一階段，正對應著〈難自然好學論〉中所云：「洪荒之世，大樸未虧，君無文於上，民無競於下，物全理順，莫不自得，飽則安寢，饑則求食，怡然鼓腹，不知爲至德之世也。」在此一階段中，人心和順，天人交泰，於是和心足於內，和氣見於外，故歌以敘志，儛以宣情。然則，大道衰弊之後，人心逐物不反，而音聲和比，又是人情之所悅，先王於是知人情之不可抑制，亦不可放縱，乃制禮作樂，以抒導人之情欲，此爲「先王用樂之意」，但實非嵇康心中的第一義。因此其曰：「至八音會諧，人之所悅，亦總謂之樂。然風俗移易，不在此也。」若說〈聲無哀樂論〉爲「樂本體」，似乎有欠妥切。因此，張蕙慧即言：

> 〈樂記〉將聲、音、樂三者區分得十分清楚，嵇康則不重視這種區分，……在他看來，無論是聲音或音樂，都是具有自然屬性的運動音響，只有單、複、高、埤、善、惡的區別，沒有情感的區別，所以無需嚴加區分。有關聲音的意涵，嵇康的界定顯然遠較〈樂記〉廣泛。〔註63〕

所以，本文以爲，若以《禮記·樂記》「聲、音、樂」三層概念的分判來界定〈聲無哀樂論〉一文，實未允當，若能跳開此一理解架構，從文字現象中超拔而出，或能直扣嵇康〈聲無哀樂論〉中對聲音的獨特見解。如此一來，誠如蕭振邦所云，爲理解〈聲無哀樂論〉一文，最重要的概念——「自然之和」，乃涉及了形上學、宇宙論或存有論等層面的涵義（此或可謂之爲「玄理」），而且我們很可能必須透過某種「實踐論」或「工夫論」以彰顯（或取

〔註63〕張蕙慧著，《嵇康音樂美學思想探究》，台北：文津出版社，1997年，頁151。

代）其意蘊（一如《莊子》以其「體現道」的工夫論，取代了去「認識」道的形上學／宇宙論方面的論述）。〔註 64〕因此，本文首先從宇宙論的角度來探討聲音之本源。

二、音聲之自然和理

在嵇康看來，推類辨物，當先求之自然之理，而對音聲本原的探討，亦是從宇宙論的角度出發，其言：

> 夫天地合德，萬物資生。寒暑代往，五行以成。故章爲五色，發爲
> 五音。音聲之作，其猶臭味在於天地之間。其善與不善，雖遭遇濁
> 亂，其體自若，而不變也。（〈聲無哀樂論〉）

天地合德，即指陰陽合氣。《莊子‧田子方》亦云：「至陰肅肅，至陽赫赫，肅肅出乎天，赫赫發乎地。兩者交通成和，而物生焉。」宇宙萬物之產生，乃是陰陽二氣交互作用的結果，嵇康即承此一看法而來，認爲宇宙萬物及五色五音皆是由陰陽二氣之沖激摩盪而產生，因此，「氣」乃是五色、五聲之形上依據，由「氣」二分爲陰陽，進一步結合木、火、土、金、水五行而產生五色、五音，因此音聲有其自身之體性，不因任何遭遇而改變，此一不變之體，乃指「自然之和」，由於其無形無象、無所反映、無所摹擬，故曰「和聲無象」，純爲一客觀之存在。

其次，由「音聲」與「氣」的關係來看，「氣」除了是音聲的本原之外，在具體的音樂實踐上，亦扮演著重要的角色，因爲不論是管樂或弦樂，皆是透過物體振動後，藉由空氣做爲傳遞之媒介而產生聲音，此所謂「夫聲音，氣之激者也。」因此，聲音的產生與「氣」之激盪有關，那麼，音律爲聲音的有序結構，自然也離不開與「氣」之關連，故其曰：

> 律呂分四時之氣耳，時至而氣動，律應而灰移。皆自然相待，不假
> 人以爲用也。上生下生，所以均五聲之和，敘剛柔之分也。然律有
> 一定之聲，雖冬吹中呂，其音自滿而無損也。

嵇康承「截管爲律，吹以考聲，列以物氣。」（《後漢書‧律曆志》上）之候氣說，而提出「律呂分四時之氣耳，時至而氣動，律應而灰移。皆自然相待，不假人以爲用也。」的說法，認爲按照四時節令與律管之對應，置葭莩灰於律管

〔註64〕 蕭振邦，〈嵇康〈聲無哀樂論〉探究——兼解牟宗三疏〉，《鵝湖學誌》，頁49。

之中，那麼及至某一節氣，律管內的葭莩灰便會向外飛逸，此爲自然運行之法則，不假人以爲用，強調了音律與自然之氣的關係。另一方面，嵇康從氣化宇宙論的角度論音律，那麼，「氣」與「數」之間，又密切相關，「數」意味著和諧的秩序，因此，嵇康接著便說：「上生下生，所以均五聲之和」，透過生律法的推衍，如《呂氏春秋・季夏紀・音律》所云：「三分所生，益之一分以上生；三分所生，去其一分以下生。」可以產生和諧有序之五音，而十二律呂之中，六律爲陽、六呂爲陰，故又有剛柔之分。由於不同的律，有其不同的音階結構，而這些結構是屬於音聲本身的自律性，不論在何時吹奏，皆無損於其結構的完整，因此嵇康云：「律有一定之聲，雖冬吹中呂，其音自滿而無損也。」故牟宗三亦以「和聲」之「和」，指「韵律之度」，此乃聲音之體性。〔註65〕

　　嵇康首從陰陽之和的角度談音聲之體，而此一自然和理，又延伸至現象界五音六律之「和」，其言：

　　　　克諧之音，成於金石；至和之聲，得於管絃也。

　　　　然聲音和比，感人之最深者也。

　　　　及宮商集比，聲音克諧，此人心至願，情欲之所鍾。

　　　　言比成詩，聲比成音。雜而詠之，聚而聽之。心動于和聲，情感于
　　　　苦言。

嵇康認爲，現象界的一切聲音，皆源自於形而上之「大和」，故皆具有「和諧」的屬性，無論是金石或管絃之聲，皆爲「克諧之音」，而此克諧之音，雖無具體之情感內容，但卻又具有感人至深的作用，可使人或悲或樂，故爲人心之至願，情欲之所鍾。

　　值得注意的是，嵇康強調音聲的客觀屬性，不假人以爲用的看法，確爲中外皆然的原則。從西方音樂學的角度來看，「和聲」亦源自於「數」，而「數」的概念又源自於「和諧」。和聲學之父──拉摩（Remeau Jean-Philippe 1683～1764）在《和聲學》（*Treatise on Harmony*）一書中，即分爲四冊來探討「和聲」的概念，並將音樂定義爲「科學」，文曰：

　　　　音樂是一種具有明確規則的科學，而這些規則乃是來自於明晰的原
　　　　理原則；至於這些原理原則從何而來？其乃源自於數學。〔註66〕

〔註65〕牟宗三著，《才性與玄理》，台北：台灣學生書局，1993年，頁346。
〔註66〕在本書中，第一冊主要探討音與音之間的關係、諧和音、不諧和音及和弦等，
　　　　並從單音的泛音原理中發現了「和諧」的主要特質。第二冊著重在理論與實際

事實上，此一看法，可說源自畢達哥拉斯學派的「和諧觀」。根據波蘭哲學家佛拉第斯勞‧達達基茲（Wladyslaw Tatarkiewcz 1886～1980）的說法，最早提出「和諧」這個名辭的，乃是畢達哥拉斯學派。〔註67〕畢氏學派主要是從宇宙論的角度來觀照「和諧」的意義，因為他們相信宇宙是以和諧的方式所構成的，同時又包含許多不同的事物，所以「和諧」是指各種不同事物的統一。畢氏學派的菲羅勞斯（Philolaus of Tarentum 5th B.C）即言：「和諧乃是一種由許多複雜的元素所形成的統一以及一種存在於不調和元素之間的一致。」〔註68〕不同的元素透過協調整合之後，可形成一個統一的整體。由此種界定出發，畢氏學派還認為，決定事物之和諧屬性的乃是事物的規則與秩序。阿堤爾斯（Aetius）就說，「宇宙」（kosmos）這個字本身就代表了良好的秩序與安排，畢達哥拉斯是第一個把一切天體稱為宇宙的人，因為秩序就存在於宇宙之中。〔註69〕「秩序與規則」乃是支配宇宙運行的基本法則，使所有的星球組成一和諧的整體。因此，畢氏學派更進一步引伸出「和諧」與「數」的關係，認為透過明晰的數理、度量與比例的排列，可以闡釋「和諧」的意涵，並在音響學中落實，形成畢氏學說的重要特色。畢氏學派從宇宙論的角度出發，認為宇宙間各種星球的運行都是和諧的，因此，「和諧」即意指秩序與規則。然而，秩序與規則又是如何形成的呢？畢氏學派認為，只有透過「數」才能形成。菲羅勞斯即言：

> 數的本質是使人明瞭那些不清楚與未知的事物。如果沒有「數」，那
> 麼事物本身及彼此之間的關係就不能被理解，因此透過「數」的概
> 念，靈魂中所有的事物皆可被瞭解。〔註70〕

音樂的和諧，不僅指樂器上和諧的聲音，同時還意指由「數」所建立的抽象音程關係，它由代表宇宙秩序的天體運行所產生，此即所謂「天體和聲」

的應用上，針對 "bass" 特別闡釋，將其視為一切音程、和弦與調式的基礎。第三冊主要探討作曲理論。第四冊則闡釋大鍵琴與管風琴的伴奏規則。參見 Rameau Jean-Philippe. trans. by Gossett Philip. *Treatise on Harmony*. New York：Dover Publications. 1971. pxxxv.

〔註67〕Wladyslaw Tatarkiewcz 著、劉文潭譯，《西洋古代美學》，台北：聯經出版社，1981 年，頁 108。

〔註68〕Freeman Kathleen. *The Pre-Socratic Philosophers:A Companion to Diels, fragmente der Vorsokratiker*. 44B10. MA:Harvard University Press.1948.

〔註69〕同上.14A 21.

〔註70〕Freeman Kathleen. *Ancilla to the Pre-Socratic Philosophers:A Complete Translation of the Fragments in Diels, fragmente der Vorsokratiker*. MA:Harvard University Press.1948. p74.

（Harmony of the spheres）。「天體和聲」是指天空中的星體，會像運動中的物體一樣，依其大小與速度的不同而發出不同的音調，此種音調是由距離的遠近所決定的，在這些距離之間，就像音樂裡的音程關係一樣，會透過「數」的比例關係，產生一種和諧。〔註71〕波斐利（Porphyry）曾說，畢達哥拉斯能夠聽到一切事物的和諧，包括天體的運行，但由於一般人生命本身的不充份性，所以不能理解這種和諧。〔註72〕由天體和聲落實在現象界的音樂中，就是音程關係。托勒密（Ptolemy）提供了一份有關阿其特斯（Archytas 4th B.C）的例子。他說，阿其特斯依據了數字的比例算出音程，由這些音程可以構成三種不同的樣式的四音音階，並展示出數學的對稱性，此種對稱性乃是源於和諧的本質。〔註73〕此外，菲羅勞斯還透過實際的音程關係來說明「和聲」（harmony）的意涵，其言：

> 和聲（即八度音）的內容就是四度與五度音程的結合；五度比四度多一個全音，從最長的弦（即最低音）到中間音的距離是四度，而從中間音到最短的弦（即最高音）的距離是五度。從最短的弦到第三弦是四度，從第三弦到最長的弦是五度。在中間的弦與第三弦之間是一個全音。四度的音程比率為3：4；五度為2：3；而八度為1：2。因此和聲（八度音）是由五個全音與二個半音所組成的，其中，五度音是由三個全音與一個半音組成，而四度則由二個全音與三個半音組成。〔註74〕

這一個數量關係的比例，在五度音程與八度音程上，與中國的三分損益律及純律完全相等，足證嵇康以聲音有其自體，不因人為造作而有任何改變的客觀普遍性。因此牟宗三即以為，嵇康以其玄學之心靈相應於音樂，而以〈聲無哀樂論〉一文，能獨窺和聲當身之純美乃其特色也。「託大同於和聲，歸眾變於人情」，使和聲當身從主觀人情禮樂教化之糾纏中得解放，此種「客觀主義之純美論」亦為極有意義者。〔註75〕嵇康從音樂的客觀性出發，進而論述和諧的音律為感人至深者，這一點，亦與數學家萊布尼茲（Leibniz1646～1716）

〔註71〕黑格爾著，《哲學史講演錄》（第一卷），北京：商務印書館，1959年，頁241。
〔註72〕Freeman Kathleen. *The Pre-Socratic Philosophers:A Companion to Diels, fragmente der Vorsokratiker*.31B129.
〔註73〕同上.47A16.
〔註74〕Freeman Kathleen. *Ancilla to the Pre-Socratic Philosophers:A Complete Translation of the Fragments in Diels, fragmente der Vorsokratiker*.p74.
〔註75〕牟宗三著，《才性與玄理》，頁355。

相應，萊布尼茲以數學結構爲基礎，提出他著名的定義：「沒有意識到數學頭腦的無意識計算」。〔註76〕此一定義旨在說明，音樂的美只包含於數學比例當中，通過計算聲音物體的振動之後，會產生某些特定的音程，而音樂是對音響的一種愉快的接受，即使人的頭腦並沒有意識到它在計算，然而它能知覺到這種無意識計算的效果，無論是聽到和諧音所引起的愉悅感覺，或者聽到不和諧音所引起的不安的感覺。漢斯立克（Hanslick Eduard）亦言：

> 一切音樂要素相互之間有著基于自然法則的秘密聯繫和親和力。……因此樂音組合中凡是有機的、合乎理性的東西，或是逆理的、反自然的東西，都可單純通過直觀被這種聽覺所感受，不需要什麼邏輯概念作爲尺度或比較點。〔註77〕

這就是和諧的聲音所以感人至深的原因，嵇康以其玄心抉發了音樂的本質特徵，從宇宙論引出了樂的本體論，蔡仲德即云：

> 嵇康把音樂說成是直接產生於天地自然，認爲「聲之與心，殊塗異軌，不相經緯」，音樂是獨立的存在，與人無關，不會因人的意志而有所改變，因此他認爲音樂的本體是自然，是「道」或曰「大道」，認爲音樂是自律的，其本質不在它與人的關係之中，而在音樂自身之中。這個本質就是「自然之和」。〔註78〕

李澤厚、劉綱紀認爲，嵇康在音樂理論上的貢獻，就在於明確地賦予音樂一種本體論上的意義，確立了音樂的本體。在嵇康之前，很少有人如他這樣明確地從本體論的觀點來觀察藝術問題。〔註79〕嵇康以其對音樂的精熟與了解，從音樂學的角度提出「聲無哀樂」之說，在儒家主流的音樂觀之外，從音樂的本質來理解音樂，此可謂師心獨見，誠爲魏晉藝術自覺的典範。故錢鍾書曰：「中散此文，妙緒紛披，勝義絡繹，研極幾微，判析毫芒，且悉本體認，無假書傳……其匠心獨運，空諸依傍，誠亦無愧此言。」〔註80〕鍾氏之說，誠爲確論。

〔註76〕 Fubini Enrico. trans.by Hatwell Michael. *The History of Music Aesthetics*. London: Macmillan.1990.p149.

〔註77〕 愛德華·漢斯立克著、楊業治譯，《論音樂的美——音樂美學的修改芻議》，北京：人民音樂出版社，2003 年，頁 52。

〔註78〕 蔡仲德著，《中國音樂美學史》，台北：藍燈文化事業股份有限公司，1983 年，頁 564。

〔註79〕 李澤厚、劉綱紀主編，《中國美學史》第二卷上，頁 246～247。

〔註80〕 錢鍾書著，《談藝錄》，台北：書林出版有限公司，1988 年，頁 290～291。

三、聲、情關係：「心之與聲，明爲二物」

　　嵇康從自然和理的角度提出音聲所產生的論據，但此一說法，顯然與儒家所云：「凡音之起，由人心生也。人心之動，物使之然也。感於物而動，故形於聲。」（《禮記・樂記》）的說法有所不同。儒家以音聲的產生，源自於人心感物而動，心之與聲，就成爲一種「先有所感，而後有聲」的因果關係。但嵇康剝落了二者之間的關連性，透過「名實之別」的方法，重新釐清聲音與情感的關係，從聲音的本質出發，提出「聲無哀樂」的說法，試述如下。

（一）名實之別

　　〈聲無哀樂論〉最重要的論述主軸，就在於：「聲音本身究竟是否具有哀樂」的探討。關於此一問題，秦客與東野主人各執一詞，在八難八答中，相互詰難，而秦客主要依循傳統的看法，認爲音聲與人的情感之間有直接的對應性，例如《禮記・樂記》即曰：

> 樂者，音之所由生也，其本在人心之感於物也。是故其哀心感者，
> 其聲噍以殺；其樂心感者，其聲嘽以緩；其喜心感者，其聲發以散；
> 其怒心感者，其聲粗以厲；其敬心感者，其聲直以廉；其愛心感者，
> 其聲和以柔；六者非性也，感於物而后動。

《禮記・樂記》清楚地說明了音樂的起源，乃是由於人心感於物而動，而引發出各種不同的情感，這些不同的情感會透過不同的聲音表現於外，例如，悲哀之情所發出的聲音就急促細小，歡樂之情乃寬舒和緩，至於喜悅之情則自由發揚等等，說明人的情感與聲音之間有一定的對應性。從這個角度出發，《禮記・樂記》乃將政治與人心、聲音連繫起來，提出「治世之音，安以樂，其政和；亂世之音，怨以怒，其政乖；亡國之音，哀以思，其民困。聲音之道，與政通矣。」的說法，認爲人民身處治世，內心和樂，自然發出安樂之聲；反之，上位者若暴虐無道，使人民感到困苦，自然發出怨怒之聲；將聲音與外在的政治相互關連，而衍生出音樂教化的思想。而秦客在〈聲無哀樂論〉的第一難中，依循前人之說，提出：「治世之音安以樂，亡國之音哀以思。夫治亂在政，而音聲應之。故哀思之情，表於金石。安樂之象，形於管絃也。」說明他採取聲音與情感相互對應的立場。

　　然而，嵇康則與此相異，除了從音聲之「和」的角度說明音樂的自律性之外，並從名實問題及音樂的形式結構來加以探討。首先，就名實問題的角

度來說，嵇康認爲，歌哭與哀樂乃是分屬兩個不同層面的事，其曰：

> 因事與名，物有其號。哭謂之哀，歌謂之樂。斯其大較也。然樂云
> 樂云，鍾鼓云乎哉？哀云哀云，哭泣云乎哉？因茲而言，玉帛非禮
> 敬之實，歌舞非悲哀之主也。何以明之，夫殊方異俗，歌哭不同；
> 使錯而用之，或聞哭而歡，或聽歌而戚。然而哀樂之情均也。今用
> 均同之情，而發萬殊之聲，斯非音聲之無常哉？

禮敬、哀樂爲內心之眞情，玉帛、歌舞爲外表之浮事，兩者之間沒有必然的對
應性。其並以各地的風俗爲例，認爲各地風俗不一，歌哭所表達的內容即不相
同。值得注意的是，此處之「歌舞」之「舞」按戴本校爲「哭」，而吉聯抗、蔡
仲德皆從戴本將「歌哭」釋爲「歌唱」與「哭泣」。〔註81〕但如此一來，則「殊
方異俗，歌哭不同；使錯而用之，或聞哭而歡，或聽歌而戚。然而哀樂之情均
也。」便釋爲風俗不同，若錯而用之，那麼甲地的人聽到乙地的人哭泣則感到
歡樂、聽到乙地的人歌唱則感到悲戚。這樣的說法，很難被理解，因爲人的感
情是會相互感染的，縱使各地風俗不同，亦不至於見到外人痛哭而歡笑，聽到
外人歡樂歌唱而悲哀。因此，李明便提出，此處的「哭」應爲音樂類詞匯，指
聲樂之一種，如歌、咏等，屬民歌、小調之一類，如哭嫁、哭喪，在民間音樂
中，哭調的歷史悠久，孟姜女「哭長城」便是有名的哭，各地均有此調。然哭、
咏這一類古代音樂用詞，已爲歌字取代。〔註82〕如此一來，才能合理解釋何以
不同地區的歌哭會造成各人不同的心理感受，因爲甲地的喜調，也許是乙地的
哭調，而音樂長期作用於人的經驗之後，乙地的人一聽到甲地的喜調，便被其
固有的文化制約，而產生哀傷之情，那麼兩地之間歡戚錯用的情形便有可能發
生。由此，嵇康剝落了聲音與情感之間的對應性，以辨名析理之法將音聲歸諸
於客觀存在，而哀樂歸諸於主觀情感，文曰：

> 夫喜怒哀樂，愛憎慚懼，凡此八者，生民所以接物傳情，區別有屬，
> 而不可溢者也。夫味以甘苦爲稱，今以甲賢而心愛，以乙愚而情憎。
> 則愛憎宜屬我，而賢愚宜屬彼也。可以我愛而謂之愛人，我憎而謂
> 之憎人？所喜則謂之喜味，所怒則謂之怒味哉？由此言之，則外內

〔註81〕吉聯抗譯注，《嵇康‧聲無哀樂論》，北京：人民音樂出版社，1982 年，頁 15。
蔡仲德著，《中國音樂美學史資料注譯》，北京：人民音樂出版社，2004 年，
頁 449。

〔註82〕李明，〈試釋《聲無哀樂論》之「聲」〉，《中央音樂學院學報》，1995 年第 4
期，頁 14。

　　殊用，彼我異名。聲音自當以善惡爲主，則無關於哀樂。哀樂自當
　　以情感，則無係於聲音。名實俱去，則盡然可見矣。

所謂「愛憎宜屬我，而賢愚宜屬彼也」乃名、分之別。《尹文子·大道》上有
「名分不可相亂」之論，其曰：「名宜屬彼，分宜屬我；我愛白而憎黑，韻商
而舍徵，好膻而惡焦，嗜甘而逆苦；白黑商徵膻焦甘苦，彼之名也；愛憎韻
舍好惡嗜逆，我之分也。」〔註83〕名、分之別即是主、客之辨。「名」爲客觀，
「分」爲主觀，白黑商徵等爲「彼之名」，而愛憎韻舍等爲「我之分」，同理，
嵇康所謂「愛憎宜屬我，而賢愚宜屬彼」，即以賢愚爲名、爲客觀；以愛憎爲
分、爲主觀，彼此、主客之間不得相互混淆，公孫龍〈名實論〉即曰：「正其
所實者，正其名也。其名正，則唯乎其彼此焉。」〔註84〕因此，「我愛而謂之
愛人，我憎而謂之憎人，所喜則謂之喜味，所怒則謂之怒味」即是混淆了彼
此、主客之間的差別，同理，聲音爲「彼之名」，哀樂爲「我之分」，兩者不
得相混，若言「聲有哀樂」即是將客觀的聲音與主觀之情感相互混淆，此即
公孫龍〈名實論〉所謂「謂彼而彼不唯乎彼，則彼謂不行；謂此而此不唯乎
此，則此謂不行。」故嵇康將彼我清楚劃分之後，所得的結果即是「聲音自
當以善惡爲主，則無關於哀樂。哀樂自當以情感而後發，則無係於聲音。」
善惡歸於聲音，哀樂則屬於情感。但除此之外，嵇康還認爲，聲音與哀樂本
身，亦有自身的名與實，首先，就聲音之「名」而言，主要有「聲」、「音」、
「音聲」、「聲音」、「五音」、「和聲」等稱謂。吉聯抗本之聲音與音樂有時混
同，而蔡仲德則認爲「音」與「音聲」都是指音樂，並提出「聲」與「言」
相對，「聲」是指沒有非音樂因素介入的器樂，相當於今日所謂的純音樂。〔註
85〕至於音聲的「實」，秦客認爲此爲主體內在之情感，例如「聲音自當有哀樂」、
「心動於中，而聲出於心」等，而東野主人則以聲音之「實」，在於其和諧的
體性，所謂「聲音以平和爲體，而感物無常。」此外，哀樂亦有其名實之別，
嵇康云：「哭謂之哀，歌謂之樂，斯其大較也。」哀樂爲實，歌哭爲名。然而，
透過其對殊方異俗、歌哭不同的觀察，名實之間的關係又成爲不確定的。因
此，若將主觀之情感強加到音聲之中，確實可謂「濫於名實」了。

〔註83〕王愷鑾校正，《尹文子校正》，〈大道〉上，台北：台灣商務印書館，1965年，
　　　　頁6。
〔註84〕公孫龍撰，《公孫龍子》，〈名實論〉，台北：台灣中華書局，1966年，頁12。
〔註85〕蔡仲德著，《中國音樂美學史資料注譯》，北京：人民音樂出版社，2004年，
　　　　頁448。

（二）言意之辨

　　嵇康從名實觀點來分析聲音與情感的關係，可說受到漢魏間名理之學的影響，而名理之學又源自於人物品鑑，《抱朴子・清鑑篇》曰：

> 區別臧否，瞻形得神，存乎其人，不可力為。自非明並日月，聽聞無音者，願加清澄，以漸進用，不可頓任。〔註86〕

蓋人物僞似者極多，難於辨析，而以形貌取人又易失於皮相，因此若非明並日月、聽聞無音之聖人，難以識人，然則此種識人之法卻是「存乎其人，不可力為」，只能意會、無可言傳。故言意之辨起於人物品鑑。歐陽建〈言盡意論〉曰：

> 世之論者，以為言不盡意，由來尚矣。至乎通才達識，咸以為然。
>
> 若乎蔣公之論眸子，鍾傅之言才性，莫不引此為談證。〔註87〕

蔣濟之論觀眸以知人，鍾會傅嘏之論才性，皆引言不盡意為談證，顯見魏世，已將才性名理與言意之辨結合起來討論。歐陽建主言盡意，然亦述及言不盡意，其曰：

> 夫天不言，而四時行焉，聖人不言，而鑒識存焉。形不待名，而方圓已著，色不俟稱，而黑白以彰。然則名之於物無施者也，言之於理無為者也。（〈言盡意論〉）

名家之理，原在辨別形名，形先於名，故形不待名；理先於言，故理不俟言。然而聖人以人倫鑑識，只能意會，難於言宣，猶如天不言而四時行焉，故魏晉名家，本在品評人物，引起言不盡意之論，最後則歸宗於無名無形而通於道家。

　　王弼為玄宗之始，乃上探言不盡意之義，而主得意忘言之說。其於《周易略例・明象》中的論點，簡略言之，乃是「盡意莫若象，盡象莫若言。」〔註88〕然「言者所以明象，得象而忘言。象者所以存意，得意而忘象。」因此，「存言者非得象者也，存象者非得意者也。」言、象為得意之工具，並非意之本身，因此一旦得意，則工具可忘，而不應滯於工具本身，否則即失其本意，此為得意忘言之旨。忘象忘言，本深合於玄學之旨，道體超言絕象，非言象所能盡，因此，本體論的體用之辨實乃方法論上的言意之別。按湯用彤之說，貴無者最

〔註86〕葛洪撰，《抱朴子》，〈清鑑〉，台北：中國子學名著集成編印基金會，1978 年，頁 560。

〔註87〕歐陽詢撰，《藝文類聚》，卷十九，台北：文光出版社，1974 年，頁 348。

〔註88〕樓宇烈校釋，《王弼集校釋・周易略例》，〈明象〉，台北：華正書局，1992 年，頁 609。

早有二系：一爲王、何，一爲嵇、阮。嵇康之學雖與王弼大異，然得意忘言之
旨，則亦爲其說之骨幹。〔註89〕

　　首先，嵇康於〈聲無哀樂論〉中即有「吾謂能反三隅者，得意而忘言」
的說法，此乃針對秦客在第四難中所言：「葛盧聞牛鳴，知其三子爲犧；師曠
吹律，知南風不競，楚師必敗；羊舌母聽聞兒啼，而審其喪家。凡此數事，
皆效於上世，是以咸見錄載。推此而言，則盛衰吉凶，莫不存乎聲音矣。」
所做的回應。在嵇康看來，聲音本身是不可能包含盛衰吉凶的，秦客在第二
難中，即詢問過此類問題，嵇康認爲秦客若能舉一反三，即可得意而忘言，
但秦客在此，又再度詢問，故嵇康乃竭盡所能地論述一番。在嵇康看來，魯
牛哀歡自己三子已做爲犧牲而不存，乃含悲經年，訴怨葛盧，這代表牛心與
人心相同，只是外形不同而已，然而，牛與人畢竟並非同類，缺乏彼此溝通
的媒介，如果說鳥獸因有自己的語言，而葛盧獨能知曉，代表葛盧具有某種
通曉鳥獸語言的能力，並不是因爲透過聲音而知其情，再度說明聲音無法包
含具體之事象。其並舉聖人卒入胡域，在與對方語言不通的狀況下，仍能藉
由觀氣採色以知其心，說明言語與心之間，並不具有直接的對應性，其曰：「此
爲知心，自由氣色；雖自不言，猶將知之。知之之道，可不待言也。」言語
並不足以知心，若言語足以知心的話，那麼有人「心志於馬，而誤言鹿。察
者固當由鹿以弘馬也」，但事實上，說話者既有言語之誤，旁觀者便不可能得
知說話者心志於馬，因此得到「心不係於所言，言或不足以證心」的結論。
在嵇康看來，「夫言非自然一定之物，五方殊俗。同事異號。舉一名，以爲摽
識耳。」語言只是一種約定俗成的產物，各地風俗不一，同一件事物，可藉
由不同的稱號來標示。因此，語言的存在或爲傳達心意，或爲標示外物，皆
只是一種工具，故可忘。

　　其次，嵇康又透過言意之辨，來釐清主客與彼我之關係，將聲音歸於和
聲當身之純美，而喜怒哀樂歸諸於主觀之情感。如此，和聲乃成爲無具體內
容之客觀存在，正如湯用彤所云：「『和聲無象』，不以哀樂異其度，猶之乎得
意當無言，不因方言而異其所指也。」〔註90〕和聲與哀樂，正如意與言、無
與有之關係，「和聲」屬於形而上之「無」，即「道」的層次，而「哀樂」則
屬於現象界的人的情感，即「有」的層次，形上之「無」並不會因爲各種哀

〔註89〕 湯用彤著，《魏晉玄學論稿》，頁 24。
〔註90〕 湯用彤著，《魏晉玄學論稿》，頁 24。

樂之情而有任何改變，故曰：「無主于喜怒，亦應無主于哀樂。」但由於「無」
又可生萬物，猶如無象之「和聲」能導致人情之「歡戚俱見」，故嵇康舉「會
賓盈堂，酒酣奏琴，或忻然而歡，或慘爾而泣。非進哀于彼，導樂于此也。
其音無變于昔，而歡感迭用，斯非吹萬不同邪？」來說明「和聲」因無特定
之內容，反而能兼御群理、總發眾情，反之，若資偏固之音，含一致之聲，
其所發明，各當其分，反而有所限定，而無法兼容各種思想與情感。因此，
戴璉璋即言：「嵇氏的和聲，雖非形而上之道，但由於它是音聲之自然，具現
了音聲之體，所以也可認爲是道內在於音聲而通過音聲的一種呈現。」〔註91〕
而李澤厚、劉綱紀亦指出，嵇康看到了音樂對情感表現的不確定性，恰好是
它的無限性，即它能夠「兼御群理，總發眾情」的巨大優越性的表現。所謂
「夫唯無主於喜怒，無主於哀樂，故歡戚俱見」，此乃魏晉玄學力求脫出有限
而達到無限的思想，也就是王弼所說的那個具有潛在的無限可能性的本體——
——「無」。〔註92〕因此，「和聲」爲「無」，「哀樂」爲「有」，二者層次不同，
故曰：「聲之與心，殊塗異軌，不相經緯。」由此可見，嵇康對聲、情關係的
看法，乃是藉由名家名實之別與道家言意之辨來建構其聲情異軌的論述。

（三）音樂的形式結構

　　嵇康在〈聲無哀樂論〉中，除了以名理之學及言意之辨來說明「聲無哀
樂」之旨外，還從音樂本身的形式結構來加以論述。首先，嵇康提到，「曲用
每殊，而情隨之變。此誠所以使人常感也。」認爲樂曲的變化，會造成人情
感的變化。按照英加登（Ingarden Roman 1893～1970）的看法，音樂作品包含
了聲音要素以及非聲音要素。非聲音要素指時間結構、運動、形式、情緒特
質與審美價值。而聲音要素則指旋律、長音、力度與色彩；旋律的特質是最
爲顯著的，它形成了樂曲質的決定性的外觀，因此，一首具體化的樂曲，往
往就是一個決定性的旋律。〔註93〕而嵇康在〈聲無哀樂論〉中所謂「曲用每
殊」，事實上，即牽涉到聽者是如何分判不同的樂曲，其根本的不同要素爲何？
事實上，「曲用每殊」之「曲」指的就是「旋律」，它是整個樂曲最具決定性
的因素，也是足以分辨此曲異於他曲最重要的特徵，例如「齊楚之曲多重，

〔註91〕戴璉璋著，《玄智、玄理與文化發展》，頁 143。
〔註92〕李澤厚、劉綱紀主編，《中國美學史》第二卷上，頁 260。
〔註93〕Ingarden Roman. trans.by Adam Czerniawski. *The Work of Music and the Problem of Its Identity.* Berkeley:University of California Press.1986.pp83～88.

故情一；變妙，故思專。」即是齊楚之曲的旋律時常重覆而少變化而能使人情志專一，至於「姣弄之音，挹眾聲之美，會五音之和，其體贍而用博」，就是指小曲的旋律變化多端，宮商角徵羽五音或先後而至，或不同的音程之間交互錯雜，產生各種和諧的聲音，內容豐富，故使用的範圍廣博。所以漢斯立克即認為，音樂的要素中，佔首要地位的是沒有枯竭、也永遠不會枯竭的旋律，它是音樂美的基本形象。〔註94〕

其次，嵇康還有「聲音之體，盡於舒疾」的說法。所謂「舒疾」，牽涉到了節奏與速度的概念，亦即英加登所說「非聲音要素」中的「時間結構」。〔註95〕英加登以為，節奏與速度只形成了聲音構成物，但聲音並非由聲音自身彰顯出其特徵，而是與非聲音要素——時間結構或擬時間結構緊密結合的。這種時間結構不是被限制在構成作品的聲音構成物之中而擁有一段特定的長度，他們還在被決定的秩序中跟隨著另一個結構，而這種秩序存在於作品中時間階段的質的變化，這種類型的時間要素，英加登稱為時間組織。它可以在不同的作品或在相同作品的不同部份中，用不同的方式彰顯它自己。這個結構的變化是與速度與節奏結合在一起的，而速度與節奏就決定了一個作品的特定階段。〔註96〕因此，英加登說：「在音樂的時間結構中，節奏與速度及力度特質扮演了重要的角色。」〔註97〕嵇康云：「琵琶箏笛，間促而聲高，變眾而節數。以高聲御數節，故使形躁而志越。」其中，「變眾而節數」即指樂曲的變化眾多而節奏疾速，而節奏速度與時間結構緊密結合，時間結構又與聲音構成物緊密結合，因此在那個時刻的時間色彩就被琵琶箏笛之聲高與節奏所決定，同時透過意識主體的直接經驗而經歷那個時間結構，因此，嵇康接下來說：「以高聲御數節，故使形躁而志越」，即是指在這個過程當中，音樂的聲高且速度急促，而主體在此直接經驗到音樂作品的時間結構中所產生的心理感受。

嵇康除了提到旋律、節奏之外，還提到了音聲的和諧問題。他認為五音「皆以單、複、高、埤、善、惡為體。」明確點出音樂中最重要的特質。所謂「高、埤」即指旋律的上下高低起伏，它構成了樂曲的主題，也是樂曲最

〔註94〕愛德華‧漢斯立克著、楊業治譯，《論音樂的美——音樂美學的修改芻議》，頁 49。

〔註95〕Ingarden Roman. trans.by Adam Czerniawski. *The Work of Music and the Problem of Its Identity*.pp88～105.

〔註96〕同上.pp88～89.

〔註97〕同上.p78.

重要的外觀部份。而「單、複」則指音程關係，也牽涉到了音樂的縱向關係，在琴樂的演奏中，時而單音前進、時而雙音並奏，由此形成旋律的變化。至於「善、惡」，此處釋爲和諧與不和諧，乃是指在旋律的進行中，音與音之間前後關係的和諧與否。

此外，樂曲本身亦有一定的曲式。以嵇康善於彈奏的琴曲爲例，琴曲依其長短及結構的繁簡就可分爲大曲、中曲與小曲。大曲一般爲十至四十多段，長八、九至二十多分鐘；中曲一般六至八段，長五、六分鐘，至於小曲則爲一至三段，長一至三分鐘。同時，其曲體結構方面亦如詩文有起、承、轉、合的手法，「起」爲「引子」、「序奏」；「承」爲「入拍」，主題音調出現；「轉」則爲全曲之高潮，是變化最多的部份，主題音調變化重現；「合」則回復原速、標趺宕彈，最後主題音調撮要再現。〔註98〕可見，音樂的內容往往與其形式結構密切相關，Stephen Davies 即認爲音樂的意義乃是存在於作品的連貫性結構，以及各種音樂要素的排列組織。〔註99〕

因此，透過音樂的結構分析，嵇康認爲，音樂並不包含情感、不能表現情感的內容。然而，音樂如果不能表現情感的內容？它究竟能表現什麼呢？按照漢斯立克的說法，它只能表現情感的「力度」。音樂能摹仿物理運動的下列方面：快、慢、強、弱、升、降。但運動只是情感的一種屬性，一個方面，而不是情感本身。由於這些運動形式，乃與情感的某些方面有著生理和心理上的聯繫，但這種聯繫只存在於我們的解釋中，而不存在於樂音本身，因此我們不能就和弦本身說，它表現某一情感。〔註100〕從這個角度來看，嵇康談到音樂有單、複、高、埤、舒、疾等變化，此皆爲樂音的運動形式，而主體的感官接受到樂音的形式變化時，就會引發各種不同的反應，故曰：「人情以躁、靜、專、散爲應。」

（四）非聲音要素中的情緒特質——由創作者、表演者、聽者的角度立論

嵇康的〈聲無哀樂論〉，最重要的主旨就在於「聲之與心，殊塗異軌，不相經緯」這個論題，它顛覆了儒家以音樂起源於人心的傳統看法，也成爲許

〔註98〕葉明媚著，《古琴音樂藝術》，台北：台灣商務印書館，1992 年，頁 59～61。

〔註99〕Stephen Davies. *Musical Meaning and Expression.* Cornell University Press. 1994. p48.

〔註100〕愛德華・漢斯立克著、楊業治譯，《論音樂的美——音樂美學的修改芻議》，頁 29～32。

多學者最不能認同之處。但事實上，嵇康在這個論題上，是深刻觸及音樂本質的，就中國音樂的構成要素來說，其主要是由旋律所構成的，其餘的，便是超出音樂之外的事物。若再參照英加登的說法來看，音樂作品中包含了「聲音要素」與「非聲音要素」，而「非聲音要素」中還包含了「情緒特質」。他認為，這些特質並不是聲音的特徵，而只是與聲音構成物緊密結合。它們被排除在音樂之外，只是像特徵一般地出現，就像人臉在情緒壓力下的表情一樣。雖然這些特質是特定的精神狀態或事件過程或真實客體的明顯特徵，然而在音樂作品中，情緒特質與聲音構成物混合在一起，而透過聲音的色彩反映出來，這些色彩無法在外在於音樂的世界中尋找得到。〔註 101〕格雷特理（Gretry）即曾於其著作中提到音樂和色彩的可能關係，認為聲音有其對應的顏色色調，對音樂的聆聽活動能夠喚起作曲家寫作這種音樂時所注意的色彩模式。〔註 102〕因此，「聲音要素」中的聲音構成物與「非聲音要素」中的情緒特質會透過音樂的色彩而表現出來，這兩者雖常被混淆在一起，但實質上並不相同，不能將聲音構成物本身的色彩視為主體的情緒特質，牟宗三於《才性與玄理》中即提到，嵇康〈聲無哀樂論〉中聲音之「和」不僅有其通性，亦有具體而個別之色澤，「和」之通性即在具體色澤中表現，具體色澤亦總附離於具體之聲而與和之通性為一。如高亢、低沈、急疾、舒緩、繁雜、簡單、和平、激越等，皆具體色澤也。此亦可謂和聲之內容。並認為經由和聲之色澤而感哀樂，或經由和聲之色澤而徵知某種事物，亦非可輕易否定者，此乃傳統之觀點而說聲音有情矣。而嵇康不分聲音之通性與殊性，故其論辨常多糾纏不清，亦不恰當。〔註 103〕事實上，和聲誠然有其具體之色澤，然而，此一色澤僅屬於聲音構成物本身，而不屬於主體之情緒特質，牟宗三認為哀樂是因感和聲之色澤而來，此乃將聲音構成物及情緒特質混淆的結果，並非嵇康之論辨糾纏不清。因此，英加登即指出，我們必須區別與聲音構成物緊密結合的「情緒特質」及聽者在作品的影響之下，透過表演所產生的「情感」。這些表現出來的情感也許是表演者或作曲者的情感，並非聲音本身。〔註 104〕

〔註 101〕Ingarden Roman. trans.by Czerniawski Adam. *The Work of Music and the Problem of Its Identity*. p98.

〔註 102〕福比尼‧恩里科（Fubini Enrico）著、修子建譯，《西方音樂美學史》，長沙：湖南文藝出版社，2004 年，頁 235。

〔註 103〕牟宗三著，《才性與玄理》，頁 349～350。

〔註 104〕同上，p101。

　　由此回歸到〈聲無哀樂論〉之本文，便需進一步釐清：所謂「聲有哀樂」所指究竟為何？是指聲音本身有哀樂之情？或是創作者透過作品所表現出來的情感？還是表演者在表演過程中加諸在作品之上的情感？或者是指聽者被引起的情感？這些層次，是非常模糊而難以區分的。因此，就必須從創作者、作品（音聲）、表演者、欣賞者四個向度來加以分析，其中，真正能產生感情的，乃是創作者、表演者與欣賞者，由於此三者將其內在情感投射於音聲之中，乃形成以秦客為代表的「聲有哀樂」的傳統樂論之看法，因此，有必要對這幾個層面進行區辨。首先，秦客主要從創作者的角度說道：

　　　　聞之前論曰：「治世之音安以樂，亡國之音哀以思。」夫治亂在政，
　　　　而音聲應之。故哀思之情，表於金石。安樂之象，形於管絃。

首先，吾人何以得知「治世之音」與「亡國之音」？「治世之音」與「亡國之音」從何而來？必然有創作者將之流傳下來，才能使吾人得知。因此，不論這是集體創作或個人創作，總是預設了一創作主體，才能使聽者感知到「治世之音」與「亡國之音」。那麼顯然「治世之音安以樂，亡國之音哀以思。」所表達的安樂、哀思之情，乃是創作者的情感，換句話說，「治亂在政，而音聲應之」說明政治與音聲之間的關係，乃是以創作者的情感狀態為中介而產生的，作者內心安樂則所作之曲安樂，內心憂思則所作之曲憂思，政治與音聲的對應關係乃由此而生。這種哀思之情、安樂之象可透過金石管絃等樂器來表現出來，故云：「哀思之情，表於金石。安樂之象，形於管絃。」這種看法，即是傳統樂論中以為「聲有哀樂」的看法，但事實上，此處的情感，乃是創作者的情感，並非聲音構成物本身，因此，秦客認為聲音本身有哀樂的觀點就站不住腳，因為這是外在於聲音的要素，並非聲音的構成物本身。

　　其次，秦客還從表演者的角度說道：

　　　　夫喜怒章於色診，哀樂亦形於聲音。

　　　　夫心動於中，而聲出於心。

　　　　心應感而動，聲從變而發，心有盛衰，聲亦降殺。

表演者在傳達聲音的過程中，往往因為哀樂之情已內在於胸中，因此會將內在的情感投射於聲音之中，此即所謂「心動於中，而聲出於心」者，《淮南子》亦有云：

　　　　韓娥、秦青之謳，侯同、曼聲之歌，憤於志，積於內，盈而發音，
　　　　則莫不比於律而和於人心。《淮南子・氾論訓》

　　且喜怒哀樂，有感而自然者也。故哭之發於口，涕之出於目，此皆
　　憤於中而形於外者也。(《淮南子·齊俗訓》)

　　凡人之性，心和欲得則樂，樂斯動，動斯蹈，蹈斯蕩，蕩斯歌，歌
　　斯舞，舞則禽獸跳矣。(《淮南子·本經訓》)

發聲主體積聚於內、或喜或悲的情感，皆會在表達的過程中，自然形諸於外，
如韓娥、秦青，因內有憂憤之情，發口而歌，即合於音律而感動人心。漢斯
立克亦有相似的說法，其曰：

　　演奏者能通過他的樂器把當時正控制著自己的情感直接表露出來，
　　在他的演奏中注入他內心的狂風暴雨、熾熱的渴望、活潑的力量和
　　歡樂的情調。親切的體內感覺通過我的指尖直接把內心的顫慄傳向
　　琴弦或拉響著弓弦，或者在歌唱中唱出聲音，使我的情調能夠在演
　　奏中按照個人最獨特的方式傾吐出來。〔註105〕

表演者在表演過程中，會透過發聲樂器來傳遞其各種內在情感，將其內心的
風暴與熾熱的渴望注入於演奏之中，使演奏的過程，包含著表演者的生命情
調，並按照個人的獨特方式來展現。因此，吾人在聆聽演奏中所感受到的情
感乃是屬於表演者本身，而非音聲。

　　此外，秦客還從聽者的角度來說明，聽者在聆聽不同的樂曲時，情感狀
態也隨之改變，其曰：

　　今平和之人，聽箏笛琵琶，則形躁而志越。聞琴瑟之音，則聽靜而
　　心閑。同一器之中，曲用每殊，則情隨之變。奏秦聲則歎羨而慷慨，
　　理齊楚則情一而思專，肆姣弄則歡放而欲愜。

箏、笛、琵琶由於音域較高，〔註106〕故使人感到浮躁而意氣飛揚，琴瑟之音，
則音域較低，所以讓人感到安靜閑適。至於秦聲、齊楚之曲、姣弄之音，各
有不同的曲風與特色，所以會給聽者產生相異的感受。這一點，嵇康也予以
承認，並從樂器的結構、音色及樂曲形式的角度來加以解釋，其云：

　　琵琶箏笛，間促而聲高，變眾而節數。以高聲御數節，故使形躁而

〔註105〕愛德華·漢斯立克著、楊業治譯，《論音樂的美——音樂美學的修改芻議》，
　　　　頁73。
〔註106〕嵇康在此提出「琵琶」這一樂器，但「琵琶」有二種，一為阮咸，一為胡琵琶。
　　　　按《通典》一百四十四曰：「阮咸，亦秦琵琶也，而項長過於今制，列十有三
　　　　柱。武太后時，蜀人蒯朗於古墓中得之。晉竹林七賢圖阮咸所彈與此類同，因
　　　　謂之『阮咸』。咸世實以善琵琶知音律稱。」故此處之琵琶乃是指「阮咸」。

> 志越。猶鈴鐸警耳，而鐘鼓駭心，故聞鼓鼙之音，則思將帥之臣。
> 蓋以聲音有大小，故動人有猛靜也。琴瑟之體，間遼而音埤，變希
> 而聲清，以埤音御希變，不虛心靜聽，則不盡清和之極。是以聽靜
> 而心閒也。夫曲用不同，亦猶殊器之音耳。

在他看來，琵琶箏笛的音域高、曲調變化多且節奏疾速，自然令人意氣飛揚，
正如鈴鐸的聲響警耳，而鐘鼓之聲警駭人心，因此聽到敲擊騎鼓之聲，便想起
將帥之臣。而琴瑟的結構，其共振部份弦長最長，加上音域低、曲調變化少且
聲音清和，所以不虛心靜聽，則難以體會清和之音。因此，曲調本身的差異，
就像音域與音色的差別，會給人的心情產生不同的影響。從這個角度來看，嵇
康並不否認音樂會引動聽者的內心感受，所以，他曾提到：「理弦高堂，而歡感
並用者，直至和之發滯導情，故令外物所感，得自盡耳。」在廳堂上彈琴，使
聽者或歡欣，或悲感，音樂皆能引發聽者的內在感受，然而，這種內在感受，
完全是由聽者自己所產生的，與聲音本身無關，對此，英加登說：

> 聽者的情緒──心智的狀態或他所經歷的可以感動他的過程，都是
> 他自己的，然而這些在當下的某物中所呈現出來的情緒特質，可以
> 在音樂經驗的材料（the data of musical experience）中找到。聽者經
> 驗著他自己的情感，就像某件事在他自己當中發生，而他也可以了
> 解這一切正在發生，因為他是處在音樂作品的當下。〔註107〕

音樂作品本身有其色澤，而聽者在欣賞的過程中，會受其感發，引起他自己
的內在情感，此即所謂「哀樂自以事會，先遘於心，但因和聲，以自顯發。」
聽者的內在情感，乃是在社會生活或生命經驗的過程中所積聚的，只是在聆
賞音樂時，受到和聲的感發，而引起原已存在於內心的情感，但這些情感並
非屬於聲音構成物自身的要素，因此，秦客所謂「聲有哀樂」的論點，事實
上，乃是將創作者、表演者、聽者的情感與聲音構成物本身相互混淆的結果，
而忽視了「聲音」此一層次的獨立性。在這一點上，嵇康與秦客就有很大的
不同，其云：

> 聲音自當以善惡為主，則無關於哀樂。哀樂自當以情感，則無係於
> 聲音。
> 夫五色有好醜，五聲有善惡，此物之自然也。
> 音聲有自然之和，而無係於人情。克諧之音，成於金石；至和之聲，

〔註107〕同上，pp102～103。

得於管絃也。

嵇康由氣化宇宙論的思考延續下來，認為聲音源自於「氣」，故其本質在於和諧與不和諧的問題，此與人情無關。而秦客則往往將「聲音」視為負載情感的載體，其曰：

> 八方異俗，歌哭萬殊；然其哀樂之情，不得不見也。夫心動于中，而聲出于心。雖託之于他音，寄之于餘聲，善聽察者，要自覺之，不使得過也。

秦客認為，無論各地的風俗、歌哭的方式如何千差萬別，但都包含了哀樂之情，因為聲音的產生，乃是源於人心有所感而動，再藉由聲音傳達出來，因此聲音必然為內在心志或情感的載體。由此，「聲音」本身，就不是一個獨立的層次，而是演奏者或演唱者本身的情感，那麼聽者從聲音中所覺察到的情感，亦並非聲音本身，而是表演者的情感。所以英加登即言：

> 我們很難區別這種由作品的聲音構成物所指示而產生的情感特質與作曲家或詮釋者透過作品的表演所產生的情感。前者在作品自身以一種具體而顯著的現象彰顯它自己，而後者照亮整部作品卻不像前者那樣直接地呈現給我們。同時，前者在照亮後者方面，扮演了一個重要的角色，而詮釋者的情感則在於實現一部特定的作品。如此，在作品的「情緒特質」與作曲者或詮釋者的「情感」交互影響之下，兩者的差異性便被模糊化，而聽者透過對情緒特質的感知而達到他自己的情感表現。〔註108〕

聲音構成物所產生的情感特質，是指聲音本身的色彩，但此非聲音構成物本身的情感，而聲音構成物的色彩又很容易與創作者或表演者的情感相互混淆，如此一來，秦客就將屬於人的情感加諸到聲音之上，而有「哀樂之情，必形於聲音」的說法。這也犯了漢斯立克所說的錯誤，漢斯立克認為，要從科學的角度來探討音樂的效果，不能只是臆測作曲家胸中的情調，諸如內心的痛苦、靈魂的顫動或渴慕等。要是直接從情調推論到作品的效果，或用情調解釋效果，也許會得出正確的結論，但這樣做是把演繹法最重要的中間環節，即音樂本身給跳過了。〔註109〕秦客在推論過程中所犯的錯誤，就是直接

〔註108〕同上，p102。
〔註109〕愛德華・漢斯立克著、楊業治譯，《論音樂的美——音樂美學的修改芻議》，頁55。

由表演者內在的情感推論到音聲的效果，其言：「蓋聞齊楚之曲者，唯覩其哀涕之容，而未曾見笑噱之貌。此必齊楚之曲，以哀爲體。」這就是從演唱者的哀涕之容，直接推論到齊楚之曲以哀爲體，忽略了「音聲」這個獨立、重要的環節，倘若「音聲」有其獨立的層次，不必然與情感相對應，那麼就不可能單憑演唱者的哀傷之情推論齊楚之曲以哀爲體。至於嵇康，則將混雜在聲音構成物中的主體情感予以剝落，認爲聲音本身不含情感，因此與情感沒有必然的對應性，若是要透過音聲去了解對方的內在情感，那是不可能的，所謂「揆心者不借聽於聲音也。察者欲因聲以知心，不亦外乎？」即否定了因聲以知心的可能性。

四、音樂與文學之殊異性

秦客在〈聲無哀樂論〉第二難時，曾反駁嵇康在第一辯答時所提出：「聲音自當以善惡爲主，則無關於哀樂。哀樂自當以情感，則無係於聲音……且季子在魯，採詩觀禮，以別風雅。豈徒任聲以決臧否哉？又仲尼聞韶，歎其一致，是以咨嗟，何必因聲以知虞舜之德，然後歎美耶？」的看法，重述音聲與哀樂之間的一致性，強調「心動于中，而聲出于心」的觀點，並言道：

> 昔伯牙理琴而鍾子知其所志；隸人擊磬，而子產識其心哀；魯人晨哭，而顏淵審其生離；夫數子者，豈復假智于常音，借驗于曲度哉？心戚者則形爲之動，情悲者則聲爲之哀。此自然相應，不可得逃。唯神明者能精之耳。夫能者不以聲衆爲難，不能者不以聲寡爲易。今不可以未遇善聽，而謂之聲無可察之理；見方俗之多變，而謂「聲音無哀樂」也。

秦客認爲，鍾子、子產等人並非藉由一定的音調旋律、曲度節奏來了解演奏者所要表現的內容，而是由於人的內在情感與外在形體容貌以及音聲之間，有其自然的對應性，而此種對應性唯有神而明之的人才能洞察，神明者，縱使音聲繁複亦不以爲難；不能者，就算音聲易簡，亦難以了解其中的內涵。因此，只有神明者才能透過音聲直接洞察演奏者內在的情感狀態，而嵇康所謂「聲無可察之理」的想法，其實只是未遇善聽而已。由這種神而明之的直感出發，秦客乃反駁嵇康所謂「季子採詩觀禮，以別風雅；仲尼歎韶音之一致，是以咨嗟。」的看法。嵇康認爲，季札不完全是透過音聲以知眾國之風，同時還透過詩及禮來加以評斷，仲尼亦然。然而，秦客並不認爲如此，在他看來「師襄奉操，而

仲尼覯文王之容；師涓進曲，而子野識亡國之音。寧復講詩而後下言，習禮然後立評哉？斯皆神妙獨見，不待留聞積日，而已綜其吉凶矣。」仲尼、子野等人都是神妙獨見，具有特別的感通能力，可以直接在音聲之中洞察吉凶。然而，嵇康卻認為，再如何神妙獨見，具有特別的感通能力，皆不可能透過音聲以得知其具體內容，因為音樂具有非語義性的特點，在此，說明了嵇康所指之音樂為純樂器之音樂，而非秦客所論詩、歌、舞三位一體的綜合藝術。由於純音樂不包含文學，因此不可能陳述任何具體的事件或內容，其並以秦客所言：「師襄奉操，而仲尼覯文王之容；師涓進曲，而子野識亡國之音。」來進行反駁，因為仲尼若能由師襄鼓琴而覯文王之容，子野能因師涓之曲而識亡國之音，那麼，就說明音樂能成為某種事件之載體，如此一來，則「文王之功德，與風俗之盛衰，皆可象之于聲音；聲之輕重，可移于後世，襄、涓之巧，又能得之于將來。」但事實上，有關三皇五帝之事蹟，流傳於當世，不過寥寥數事而已，證明音樂不可能成為某些事件之載體。不過，嵇康又從秦客的角度立論，認為三皇五帝之事蹟若能透過音樂流傳下來，主要的原因乃是因為「文王之操有常度，韶武之音有定數，不可雜以他變，操以餘聲也。」說明了象徵聖人之德的音樂，都必須被定形化，具有常度與常數，不可摻入其它的音聲，才能流傳於世。但如此一來，與秦客所謂能透過音聲之無常，「不假智于常音，不借驗于曲度」而觸類辨聲的鍾子之徒這樣的說法又相互牴觸。因為了解聖人之德，還是需要「假智于常音，借驗于曲度」，藉由特定的音樂形式才有可能。嵇康又更進一步，依秦客所言，假設真有如鍾子之徒可從無常之音聲中，憑藉心靈的直感而觸類辨聲者，那麼，仲尼藉著文王之操以覯文王之容，季札採詩觀禮以知眾國之風的說法又不能成立，因為文王之操及採詩觀禮之樂都有一定之曲度、旋律，與所謂鍾子之徒可知無常之音聲又相互牴觸。因此，不論從聲音有定常或無定常的角度來看，都不能表現文王之功德與風俗之盛衰，所以嵇康推翻了前人所論，而認為這些說法純粹只是「俗儒妄記，欲神其事」而已。由此，嵇康明確地區分了純音樂及包含詩在內的綜合藝術之差別，而此亦牽涉到音樂的非語義性之特性。

　　英加登在《音樂作品及其同一性問題》中曾提到文學作品具有分層的結構，而音樂作品沒有，它是單層的。他認為，在一部文學作品中，此種異質的複調性是由不同層次的多樣性所組成的，而音樂則缺乏這種多樣性。雖然如此，音樂作品亦不是僅由一些要素、相互依存的特徵、同質的東西或聲音

所組成，英加登指出，漢斯立克在《論音樂的美》中雖然有提到這些聲音要
素，但他認為，在音樂的美感當中，扮演首要角色的乃是各種非聲音要素。
它們並不形成一些個別的、與聲音或音群有關的層次。相反地，它們和聲音
或聲音構成物緊密結合在一起，因此，音樂作品形成一種極端具有聚合力的
整體，在這方面，它比任何一種藝術，尤其是文學出色。至於文學作品的分
層結構，英加登認為，必須充份地由四個條件所構成：(a) 由各種不同要素所
組成的，如語詞聲音、意義及所描繪的客體。(b) 由同質要素所組成的，如
語言的聽覺結構組成更高的次序，亦即文字組成有意義的句子，而這些句子
又組成更高的次序，如句群，直到所有的構成物都連結到整部文學作品中，
成為一個基本的意義層。(c) 這些基本要素在整體中，不應失去它的特徵及殊
異性，同時，也可以在作品的結構及形式中為我們的審美感知所覺知。(d)
這些不同的要素，必須成為一個有機的聯繫，並結合為一部作品的整體。而
一部音樂作品雖然不是同質性的，然而它的不同要素卻沒有與層次的概念相
關。〔註110〕因此他說：

> 文學作品各部分間的聯繫一般說來比音樂作品要密切得多，因為它
> 包含著意群層次，它確定了句子間的各種邏輯關係，並且作為結果，
> 也確定了同它們相關的客觀句子關係的邏輯關係，這種關係在音樂
> 作品中一般是不可能的。〔註111〕

音樂作品由於缺乏了這些要素，因此不可能負載某種事物的意義於其中，英
加登提到，曾有一種觀點認為音樂作品扮演「表現」的功能，在這方面音樂
和文學相似。因為文學作品具有語音層和語義層，所以可以具備這些功能，
而音樂也具有「意義」，這意義的載體就是特定的音樂要素。然而，英加登反
對這種看法，在他看來，音樂作品既不包含語言中字詞的聲音，亦不包含與
這些聲音或句子有關的意義。一首樂曲不是文學作品，雖然某些特徵，例如
擬時間結構都是二者的媒介，然而在特有的結構上，音樂作品與文學作品並

〔註110〕Ingarden Roman. trans.by Czerniawski Adam. *The Work of Music and the Problem of Its Identity*. pp50〜51.英加登在《對文學的藝術作品的認識》，中也提到文學作品的四個層次為：(a) 語詞聲音和語音構成以及一個更高級現象的層次；(b) 意群層次：句子意義和全部句群意義的層次；(c) 圖式化外觀層次，作品描繪的各種對象通過這些外觀呈現出來；(d) 在句子投射的意向事態中描繪的客體層次。參見羅曼・英加登著，《對文學的藝術作品的認識》，台北：商鼎文化出版社，1991 年，頁 10。

〔註111〕同上.p237.

不相似。更重要的是，音樂作品中並沒有語言構成物，也沒有詞語及意義，在文學作品中，由句子及客體（如人、事、物、及過程等）所呈現的關於事物的意向性狀態，在音樂作品中無法成為樂曲的要素出現。一部音樂作品沒有這些層面，它無法使其圖式化或具體化，而這些在文學作品中是透過語言要素使其具體化的，這個功能形成文學的藝術作品的本質要素。〔註112〕從這個角度來看，文學的記載可以表現文王之功德與風俗之盛衰，音樂作品則不可能。蔡仲德於《中國音樂美學史》中即言：

> 《聲無哀樂論》強調「聲」與「言」的區別，強調「聲」不可能「象其體而傳其心」。可見《無聲哀樂論》之「聲」是指音樂，但並非如一般古代樂論那樣指詩、歌、舞三位一體的音樂或樂舞（《樂記》之「樂」便是如此），而是指無詩（「言」）、無舞（「形」）的純器樂，或曰純音樂。因此《聲無哀樂論》所論雖涉及音樂的本體與本質、音樂鑑賞中的聲情關係、音樂的功能諸方面，卻又可歸納為一個問題，即音樂（純器樂，純音樂）的特殊性問題。〔註113〕

詩歌舞三位一體的綜合藝術與純器樂藝術之間，最大的差別性就在於前者包含了文學的語音及語義層，而後者則無此層次，缺少這些結構，就不可能如文學作品般傳達某種特定的內容。嵇康將此二者加以區別的重要意義在於：嵇康明確地界定了音樂的本質及其所能表達的範圍，正如漢斯立克所言：

> 只有對器樂音樂的論斷才能適用於音樂藝術的本質。要探索音樂的一般規定，即標誌音樂的本質、本性，和確定它的界限、方向的東西，只能以器樂音樂為對象。凡是器樂音樂不可能做的事，也絕對不能說音樂能做到。因為只有器樂音樂才是純粹的、絕對的音樂藝術。……在談到音樂的「內容」時，我們甚至必須排除帶有標題或說明的音樂作品。音樂與詩歌的結合，增強了音樂的力量，但沒有擴大它的界限。〔註114〕

從這個角度來看，嵇康可謂觸及了音樂本身最為深刻的特殊性，唯有排除了文學性的歌詞，從純粹表現音樂的器樂出發，方能理解音樂的可能性。

〔註112〕同上.pp48～49.
〔註113〕蔡仲德著，《中國音樂美學史》，頁570。
〔註114〕愛德華・漢斯立克著、楊業治譯，《論音樂的美──音樂美學的修改芻議》，頁34～35。

五、〈聲無哀樂論〉中的審美意識

　　嵇康鍾情於音樂，加上善名理、能持論，故對音樂之理，判析毫芒、研極幾微，然而，嵇康雖由此將音樂推上前所未有的高度，卻並非抱持「爲藝術而藝術」的態度，而無視於人心的存在，所謂「樂之爲體，以心爲主」（〈聲無哀樂論〉）對嵇康而言，探討音樂的根本問題，最終仍要回歸到主體本身。因此，何種審美主體才能體會音樂的最高和境，就成爲一關鍵問題。在〈聲無哀樂論〉一文中，嵇康由音樂的「自然之和」說明音樂本身不包含哀樂，但不因此否定音樂會引發主體內在的情感，例如：

> 心動於和聲，情感於苦言。
>
> 至夫哀樂自以事會，先遘於心，但因和聲，以自顯發。
>
> 然和聲之感人心，亦猶酒醴之發人情也。
>
> 夫會賓盈堂，酒酣奏琴，或忻然而歡，或慘爾而泣。

這些例證，皆說明主體的內在情感，會由外在的音聲所引發。但此種情感狀態，並非真能與音樂和理相互合拍，因爲由音聲所引發的喜怒哀樂，皆屬世間俗情，音樂是超越於喜怒哀樂的俗情之外的，因此吳冠宏即曰：

> 嵇康之於音樂，不惟使之超拔於傳統政教之外，以恢復其純粹自
> 然之體性，更將音樂提昇至有如「道」的位階，即從第一層聲情
> 對立並觀的同等位階，轉向第二層「立：和樂似道，宣發眾情—
> —無主哀樂，總發眾情；至和之聲，發滯導情」類比於道——物、
> 無——有的上下關係，這種思維特質是魏晉貴無思潮下的時代產
> 物，聲音遂在玄學「以無爲本」的証成下，立足於前所未有的地
> 位，無情遂能成就眾情，聲音的不確定性，卻成了它的優越性和
> 無限性。〔註115〕

由於音樂在嵇康的解讀下，已被提昇到了「道」的位階，那麼，能與此相應之主體，顯然是一體道之主體，需要修養之工夫方能證成。因此，嵇康於〈琴賦〉中即云：「愔愔琴德，不可測兮，體清心遠，……能盡雅琴，唯至人兮。」顯然以至人，乃能契合琴之「體清心遠」，進入沖和、清遠的審美狀態。由此，音樂之「和」顯然必須扣合到嵇康的養生思想來看，唯有「守之以一，養之以和」（〈養生論〉）的工夫，才能臻於「和理日濟，同乎大順」（〈養生論〉）

〔註115〕吳冠宏著，《魏晉玄義與聲論新探》，台北：里仁書局，2006年，頁224～
　　　　225。

之境，「和理日濟」，乃源於《莊子・繕性》：「和理出其性」。林希逸釋曰：「和理，猶曰和順也，靜定而得其本然和順之性，故曰和理出於性。」〔註116〕戴璉璋於《玄智、玄理與文化發展》中說道：

> 依老莊，「和」是萬物自然的本色，人能因任自然，讓「和理出其性」，就能與天和，又能與人和。嵇氏師法老、莊，也認為性命中自有「和理」，它是性動、智用時自我調適的準據。〔註117〕

嵇康「養之以和」的工夫，目的就在回歸純樸自然之本性，而唯有回歸此一生命狀態，才能與音樂之太和合而為一，此即其〈聲無哀樂論〉中所言：

> 和心足於內，和氣見於外，故歌以敘志，儛以宣情。然後文之以采章，照之以風雅，播之以八音，感之以太和；導其神氣，養而就之；迎其情性，致而明之；使心與理相順，氣與聲相應。合乎會通，以濟其美。故凱樂之情，見於金石；含弘光大，顯於音聲也。

主體藉由工夫修養之後，心靈虛靜和諧，因此能夠使得「氣與聲相應」，再由歌唱、舞蹈、詩歌來加以表現，最後，其內在的逸悅歡樂之情懷，就從金石之類的樂器體現出來，達到心靈、音樂與天地之最高和諧。因此，李澤厚、劉綱紀於《中國美學史》中即言：

> 嵇康把魏晉玄學所追求的絕對自由和無限超越的人格本體和「樂」的「和」聯繫起來，視之為「樂」的本體，這是中國古代樂論的一個重大發展，也是道家美學的一個重大發展。〔註118〕

在嵇康看來，音樂乃超越哀樂歡感之「太和」，而與此相應之主體，又是虛靜無執、哀樂正等之主體，如此一來，在心與樂的交感中，主體不為種種情緒情感所束縛，反能自由遨遊在宇宙天地之間而無所繫累，故其言：「乘風高逝，遠登靈丘。結好松喬，攜手俱遊。朝發泰華，夕宿神洲。彈琴咏詩，聊以忘憂。」（〈兄秀才公穆入軍贈詩第十六首〉）在渺渺琴音中，超脫物累，輕舉遠遊，在天地自然之間，精神與宇宙天地合拍，達到逸豫和樂的狀態，此即為嵇康以無執的心靈上契音樂之太和所開顯出的藝術境界，亦為道家精神的最高體現。

〔註116〕林希逸著，《莊子鬳齋口義校注》，北京：中華書局，1997 年，頁 253。
〔註117〕戴璉璋著，《玄智、玄理與文化發展》，頁 139。
〔註118〕李澤厚、劉綱紀主編，《中國美學史》第二卷（上），頁 252。

小　結

　　透過以上的分析，可以得知，阮籍之〈樂論〉，主要受到了正始玄學的影響，將儒道調和的思維模式融入於音樂之中，其一方面將「自然之道」視爲音樂之本原，一方面又以禮樂一體做爲教化社會的方式，巧妙地將儒家所提倡的五音之和與道家所提倡的「大音希聲」結合起來，提出「正樂聲希」的說法，與劉邵於《人物志》中將儒家的「中和」、「中庸」視爲聖人之德，卻注入道家平淡無味的人格理想如出一轍。同時，阮籍又認爲音樂與人的血氣心知之間具有對應的關係，因此，理想的音樂當使人心澄氣清、虛靜無執，進一步將儒家所謂「樂者，樂也」的審美愉悅轉化爲「至樂無欲」的虛靜心靈，認爲「達道之化者可與審樂，好音之聲者不足與論律也。」唯有心平氣定、無欲無執的主體才能上契此質靜易簡之正樂，因爲所謂「樂」者，乃是「使人精神平和，衰氣不入，天地交泰，遠物來集。」可見阮籍雖有儒家禮樂教化的理想，但在其對音樂的看法中，亦透顯著道家的虛靜色彩。因此，李澤厚、劉綱紀即言：「和儒家相比較，阮籍的樂論既不離倫理，又具有超倫理的更爲純粹的審美意義。阮籍在說明『樂』的社會作用時，一再指出『樂』有超政治倫理而使『百物自樂』、『靜萬物之神』、『定性命之眞』、『使人精神平和』的作用。看來，阮籍是更爲重視這個方面的。這正是阮籍樂論的特殊貢獻。它體現了魏晉美學衝破儒家倫理學的美學而走向純粹美學的傾向。」〔註 119〕此可說是正始玄學在樂論上所造成的重要影響，也反映了魏晉時期的時代思潮。

　　至於嵇康的〈聲無哀樂論〉，則對反於《禮記‧樂記》所謂「情動於中故形於聲」的看法，透過辨名析理之法，來建立其「和聲純美之客觀性」，〔註 120〕而提出「聲之與心，殊塗異軌，不相經緯」的論點，將音聲歸於客觀，而人情歸於主觀，故曰「聲無哀樂」。既然〈聲無哀樂論〉之旨在建立和聲純美之客觀性，那麼，嵇康勢必要爲音聲找到一客觀之理據，此一客觀之理據，嵇康乃上溯至宇宙論的層次，將陰陽之和當做聲音之體，認爲其猶臭味在於天地之間，雖遭遇濁亂，而不變也。從這個角度來看，音律可說是此一和諧體性在現象界之具體反映，因爲音律有其不假人以爲用的自律性結構，例如自然律中，完全四度的弦長比爲 3：4；完全五度爲 2：3；完全八度爲 1：2；這些音程是人耳聽起來最爲諧和的聲音，原就存在於自然界中，透過人類長期的音樂實踐而發

〔註 119〕李澤厚、劉綱紀主編，《中國美學史》（第二卷）上，頁 205～206。
〔註 120〕牟宗三著，《才性與玄理》，頁 266。

現了此一規律，不因外在而有所改變，故嵇康曰：「律有一定之聲，雖多吹中呂，其音自滿而無損也。」

　　其次，嵇康又透過名實之別、言意之辨、音樂的形式結構等幾個方面來分判二者之間的關係。在嵇康看來，外在的名號與內在的實質，例如歌哭與哀樂，一者為外在的反應，一者為內在的真情，二者沒有必然的對應性，同時，各地風俗不一，同樣的曲調，給不同地區的人聽起來，也會產生不同的情感反應。若要將聲音與情感對應起來，即如「我愛而謂之愛人，我憎而謂之憎人」一般，混淆了主客之分際而濫於名實。至於言意之辨則為玄學重要的方法論，也就是體用之別，嵇康乃藉此來論述聲心之間的關係，所謂「和聲無象，而哀心有主。」「和聲」為一客觀抽象的存在，屬於「無」的層次，而哀心則為現象界的人情，屬於「有」的層次，由於嵇康已將「和聲」提升至「道」的位階，因此，一般隨音樂曲調而衍生的哀樂之情，皆是由於主體心靈未臻虛靜和諧的狀態，故不能上契此音樂之和理，故其曰「焉得染太和于歡感，綴虛名于哀樂哉？」再次重申其「心之與聲，明為二物」的立場。因此，吳甿即以〈聲無哀樂論〉所作之聲心之辨，實承言意之辨而來。其主張「心之與聲，明為二物」、「殊塗異軌，不相經緯」，乃言意之辨中「言意異」一系。其並以「相異」為嵇康思想格局之特色，而〈聲無哀樂論〉乃嵇康「相異」觀之代表作。〔註121〕其次，嵇康還從音樂本身的旋律、節奏與和聲等來分析音樂的各種變化及對人的影響，說明這些要素只存在於音樂之中，並不包含感情。至於非聲音要素中的情緒特質，本文透過現代音樂美學的角度，試圖釐清「情緒特質」並非聲音本身的特徵，但它們往往與聲音構成物緊密結合，因而使人誤以為情感乃是音樂的內容，若從創作者、演奏者與聽者的角度來剖判情感與音樂之關係，則可發現，所謂「聲有哀樂」，並非聲音中包含哀樂之情，而是將創作者、演奏者及聽者的情感與聲音本身相互混淆的結果。

　　然而，聲、情二元的思維方式，主要是針對一般的哀樂俗情而言，在嵇康看來，主體心靈若能回歸於虛靜無措的狀態，自然能達到「心與理相順，氣與聲相應。合乎會通，以濟其美」的境界。而此種心靈，乃是〈釋私論〉中所謂「夫氣靜神虛者，心不存乎矜尚；體亮心達者，情不繫於所欲」的虛靜心。唯有經過工夫修養，超越矜尚、是非、欲望之後的主體心靈，才能回

〔註121〕吳甿，〈嵇康「聲心異軌」論及其音樂美學〉，《鵝湖月刊》，1985 年 10 月第 124 期，頁 48。

歸於性命自然的本眞，因此，嵇康〈琴賦〉中即言：「愔愔琴德，不可測兮，體清心遠，……能盡雅琴，唯至人兮。」唯有體清心遠的至人，才不爲種種情緒情感所束縛，因而能在渺渺琴音中，超脫物累、輕舉遠遊，遨遊於無限廣闊的宇宙天地之間，進而與無主於喜怒、無主於哀樂之「和聲」合拍，最終達到人、音樂與自然的最高和諧。

第五章　異彩紛呈的魏晉樂賦

前　言

　　阮籍、嵇康以理性的玄思來探索音樂的本質，從自然觀、儒道調和、聲情關係及審美意識等各方面來開展出其獨樹一幟的音樂理論，成為魏晉時期樂論的二座高峰。但除此之外，魏晉樂賦，亦是不可忽視的一環，從嚴可均校輯的《全上古三代秦漢三國六朝文》來看，魏晉樂賦即有三十多篇，在數量上不可小覷，也在一定程度上反映出此時的文化現象。因此，就樂論與樂賦的比較來看，嵇、阮之樂論，主要藉由玄理的哲思而試圖探索音樂之形上原理，而魏晉之樂賦，則更為廣闊地涵蓋了此一時期各式各樣的樂器形制、音色、時代思潮等，使音樂的表現更為立體。因此，在嵇、阮樂論之後，本文透過樂賦來呈現當時的音樂風貌，以開拓出不同的音樂視野。然而有關此一部份的研究，仍十分有限，多是將其視為文學的附屬，以文學來涵蓋音樂的獨特性，而對樂器形制、音樂結構及美學表現的探索，皆有所不足，因此在本章中，首先考察魏晉文化現象，了解魏晉樂賦之所以繁榮的原因。其次，再對其進行溯源。事實上，魏晉樂賦，乃承襲漢代樂賦而來，而按馬融〈長笛賦〉序的說法，最早的樂賦為枚乘之〈笙賦〉，但此賦已亡佚，而余江認為，枚乘〈七發〉中之首發，其對音樂的精彩描寫及創作程式之奠定，已為往後樂賦之基礎。〔註1〕因此，在第二節中，乃針對音樂賦之濫觴──枚乘〈七發〉中「首發」的創作程式，進行分析。接著，在第三節的部份，即進

〔註1〕 餘江著，《漢唐藝術賦研究》，北京：學苑出版社，2005年，頁10。

入魏晉樂賦本身來加以探討。由於魏晉時期，玄學思想盛行，在樂賦上亦有所反映，如嵇康之〈琴賦〉及成公綏之〈嘯賦〉皆為玄風大盛下的產物，故特闢一節來加以論述。而在第四節的部份，則探討篇幅較為短小，卻也彰顯著魏晉文化意蘊之賦作，從不同的側面來折射出魏晉的時代風尚。至於最後一節，則歸納出所有樂賦的共同核心——「和」的概念，針對此一概念來進行分析。

第一節　魏晉音樂之文化現象

　　魏晉時期，無論是在思想、文學或藝術的領域，皆呈現出百花齊放之姿，反映在樂賦的數量上，亦有明顯的上升趨勢，從《全上古三代秦漢三國六朝文》中漢代的樂賦數量來看，共有十二篇，而魏晉則有三十多篇，可說蔚為大觀。同時，在樂器的種類上，亦有增廣的趨勢，除了漢代樂賦所描寫的主要樂器，如洞簫、長笛、琴、箏等之外，還增加了琵琶、笳、箜篌等新式樂器，呈現出一片繁榮的景象，將其表列於下：〔註 2〕

　　表三十六

年　代	作　者	篇　名	出　　處
三國	阮瑀	〈箏賦〉	《藝文類聚》卷四十四
	杜摯	〈笳賦〉	《藝文類聚》卷四十四 《全三國文》卷四十一
	孫該	〈琵琶賦〉	《藝文類聚》卷四十四 《全三國文》卷四十
	嵇康	〈琴賦〉	《藝文類聚》卷四十三 《全三國文》卷四十七
	閔鴻	〈琴賦〉	《全三國文》卷七十四 《文選》潘岳〈笙賦〉注
晉	傅玄	〈箏賦〉	《全晉文》卷四十五
	傅玄	〈笳賦〉（并序）	《全晉文》卷四十五 《文選》〈李少卿答蘇武書〉下注

〔註 2〕何美諭，《魏晉樂論與樂賦音樂審美研究》，國立成功大學中國文學研究所博士論文，2008 年，頁 52～54。

晉	傅玄	〈琵琶賦〉	《全晉文》卷四十五
	傅玄	〈琴賦〉（并序）	《全晉文》卷四十五 《初學記》卷十五
	傅玄	〈節賦〉	《全晉文》卷四十五
	夏侯湛	〈鞞舞賦〉	《全晉文》卷六十八 《初學記》卷十五
	夏侯湛	〈夜聽笳賦〉	《藝文類聚》卷四十四 《全晉文》卷六十八
	孫楚	〈笳賦〉（并序）	《藝文類聚》卷四十四 《全晉文》卷六十
	賈彬	〈箏賦〉	《藝文類聚》卷四十四 《全晉文》卷八十九 《初學記》卷十六
	顧愷之	〈箏賦〉	《藝文類聚》卷四十四 《全晉文》卷一百三十五
	陳窈	〈箏賦〉	《藝文類聚》卷四十四 《全晉文》卷一百四十四 《初學記》卷十六
	成公綏	〈琴賦〉	《文選》卷十八 《全晉文》卷五十九 《初學記》卷十六
	成公綏	〈琵琶賦〉	《藝文類聚》卷四十四 《全晉文》卷五十九 《初學記》卷十六
	成公綏	〈嘯賦〉	《文選》卷十八 《全晉文》卷五十九
	潘岳	〈笙賦〉	《文選》卷十八 《藝文類聚》卷四十四 《全晉文》卷九十一
	王廙	〈笙賦〉	《藝文類聚》卷四十四 《全晉文》卷二十 《初學記》卷十六
	夏侯淳	〈笙賦〉	《藝文類聚》卷四十四 《全晉文》卷六十九 《初學記》卷十六

晉	孫瓊	〈箜篌賦〉	《藝文類聚》卷四十四 《全晉文》卷一百四十四
	楊方	〈箜篌賦〉	《全晉文》卷一百二十八 《初學記》卷十六
	曹毗	〈箜篌賦〉	《藝文類聚》卷四十四 《全晉文》卷一百七 《初學記》卷十六
	伏滔	〈長笛賦〉	《全晉文》卷一百三十三 《初學記》卷十六
	袁崧	〈歌賦〉	《藝文類聚》卷四十三 《全晉文》卷五十六
	陸機	〈鼓吹賦〉	《全晉文》卷九十七
	張載	〈鞞舞賦〉	《全晉文》卷八十五
	谷儉	〈角賦〉	《全晉文》卷一百二十八

從這個圖表來看，樂賦的種類，包含了各式各樣的樂器賦、舞蹈賦，還有一些非樂器的賦，如嘯、歌等，這些文學作品的出現，說明了魏晉時期音樂風氣之盛。而這種風氣，與下列幾點因素有關：

一、士人知音愛樂之風盛行

魏晉時期的士人頗知音愛樂，將音樂視為生活中不可或缺的一部份，因此無論是在音樂理論的精通、樂器演奏之嫻熟、或歌舞表現上，皆為前代所無，曹植在〈與吳季重書〉中即言：「夫君子而不知音樂，古之達論謂之通而蔽。」充份反映了此一時期的愛樂風潮，高華平亦言：

> 音樂，正如『三玄』，寒食散、酒和美色一樣，深深地吸引著這個極為動盪不安時代的廣大士人們的心靈。作為『文學的自覺時代』，魏晉時期同樣可稱為音樂的自覺時代，愛樂尚音之風迅速席卷士林。

〔註3〕

可見，音樂在魏晉士人的生活中佔有極為重要的地位。透過高華平的統計，史籍中有姓名可稽的知名、愛樂或解律士人即有 140 餘人之多。〔註4〕例如陳留阮氏，《三國志·魏書·王粲傳》裴注引《文士傳》曰：「（阮）瑀善解

〔註3〕高華平著，《玄學趣味》，武漢：湖北教育出版社，1997 年，頁 104。
〔註4〕高華平著，《玄學趣味》，頁 105～113。

音，能鼓琴。」《晉書・阮籍傳》及附《咸傳》、《瞻傳》則曰阮籍「嗜酒能嘯，善彈琴。」「（阮）咸妙解音律，善彈琵琶。」阮瞻「善彈琴，人聞其能，多往求聽，不問貴賤長幼，皆爲彈之。」嵇康、嵇紹亦長於絲竹，嵇康著有〈聲無哀樂論〉及〈琴賦〉，臨刑東市之際，神氣不變，索琴彈之，奏《廣陵散》而爲千古絕唱。而嵇紹，按《世說新語・方正》第十七條云：

> 齊王同爲大司馬輔政，嵇紹爲侍中，詣同咨事。同設宰會，加葛旟、董艾等共論時宜。旟等白同：「嵇侍中善於絲竹，公可令操之。」遂送樂器。紹推卻不受。同曰：「今日共爲歡，卿何卻邪？」紹曰：「公協輔皇室，令作事可法。紹雖官卑，職備常伯。操絲比竹，蓋樂官之事，不可以先王法服，爲伶人之業。今逼高命，不敢苟辭，當釋冠冕，襲私服，此紹之心也。」旟等不自得而退。

由於嵇紹身爲侍中，在商議國事的場合，不宜爲伶人之事，因此不接受葛旟的建議，但也說明了嵇紹長於絲竹是人所共知的。除了善長彈琴之外，魏晉文人亦善譜曲、能擊節唱和、善清歌並精通其它樂器，如箏、笛、琵琶等，《晉書・樂志》下云：

> 案魏晉之世，有孫氏善弘舊曲，宋識善擊節唱和，陳左善清歌，列和善吹笛，郝索善彈箏，朱生善琵琶，尤發新聲。故傅玄著曰：「人若欽所聞而忽所見，不亦惑乎！設此六人生於上世，越今古而無儷，何但夔、牙同契哉！」

從傅玄的評價來看，孫氏、宋識、陳左、列和、郝索、朱生等，其音樂造詣皆爲古今無雙，可見其水準之高。此外，魏晉還有一種特別的音樂類型——嘯咏，爲當時普遍的社會風氣，如《世說新語・言語》第四十條云：

> 周僕射雍容好儀形，詣王公，初下車，隱數人，王公含笑看之。既坐，傲然嘯咏。

《世說新語・任誕》第四十六條亦曰：

> 王子猷嘗暫寄人空宅住，便令種竹。或問：「暫住何煩爾？」王嘯咏良久，直指竹曰：「何可一日無此君？」

嘯咏，乃是在發嘯之時，間以吟詩，以增加聲韻的清雅與意境之美，是口哨藝術與詩歌藝術的融合。魏晉文士們爲求清逸與風雅，乃以嘯咏爲日常生活之必需，也凸顯出名士風流的特色。

　　其次，魏晉文人之愛樂，與音樂本身具有抒情寫意的功能又密切相關。

身處亂世之中，生死無常、如履薄冰，文人們更需一抒發情志的管道，以排遣內在之悲鬱，而音樂恰好提供了此一向度。例如王粲〈七哀詩〉曰：

> 荊蠻非我鄉，何爲久滯淫。方舟泝大江，日暮愁我心。
>
> 山岡有餘映，巖阿增重陰。狐狸馳赴穴，飛鳥翔故林。
>
> 流波激清響，猴猿臨岸吟。迅風拂裳袂，白露沾衣襟。
>
> 獨夜不能寐，攝衣起撫琴。絲桐感人情，爲我發悲音。
>
> 羈旅無終極，憂思壯難任。

曹植〈朔風詩〉則言：

> 絃歌蕩思，誰與銷憂。臨川慕思，何爲汎舟。
>
> 豈無和樂，游非我鄰。誰忘汎舟，愧無榜人。

阮籍〈詠懷詩〉亦曰：

> 夜中不能寐，起坐彈鳴琴。薄帷鑒明月，清風吹我襟。
>
> 孤鴻號外野，翔鳥鳴北林。徘徊將何見，憂思獨傷心。

文人們都是將音樂視爲心靈苦悶時的伴侶，在彷徨焦灼、寂寞無告的生命狀態中，藉由音樂的抒發，使情感得以奔騰宣洩，從而獲得精神的昇華與超越。因此，郭平在論魏晉的琴與名士之關係時即言：

> 六朝人與音樂的深切關係不僅是空前的，恐怕也是絕後的。魏晉風
>
> 度的內在精神，在琴與人的關係中，有著比藥與酒更爲細緻深入的
>
> 顯現。琴之於魏晉名士，不再是沈重的隱身衣，而是心靈的知音、
>
> 情感的迴響。〔註5〕

此處雖是論琴與名士之關係，但實乃說明，音樂是一種心靈的共鳴與迴響，因此更能凸顯出魏晉風度的內在精神。

除此之外，由於魏晉時期，清談十分盛行，因此相當重視語言聲調之美，例如《世說新語・文學》第十九條劉注引鄧粲《晉紀》云：「（裴）遐以辯論爲業，善敘名理，辭氣清暢，泠然若琴瑟。」〔註6〕余嘉錫曰：「晉、宋人清談，不惟善言名理，其音響輕重疾徐，皆自有一種風韻。《宋書・張敷傳》云：『善持音儀，盡詳緩之致。與人別，執手曰：『念相聞。』餘響久之不絕。』裴遐之『泠然若琴瑟』，亦若此而已。」〔註7〕可見魏晉清談不僅著重知識的

〔註5〕郭平著，《魏晉風度與音樂》，合肥：安徽文藝出版社，2000年，頁59。

〔註6〕余嘉錫撰，《世說新語箋疏》，頁209。

〔註7〕余嘉錫撰，《世說新語箋疏》，頁210。

深廣淵博，連說話的語調亦必須帶有一種餘韻不絕、令人低迴的美感。因此，知音解律，乃成爲清談的先決條件，唯有了解音樂旋律的抑揚頓挫及節奏的錯落有致，才能精確把握說話語氣的緩急有度及高低抑揚，而更具聲調之美。其次，音樂講求「大音希聲」(《老子》第四十一章)的境界，又與玄學的「貴無」精神相契，因此清談名士往往以「不言」勝「有言」，以「少言」勝於「多言」，故追求言語的寡簡。如《世說新語·賞譽》第二十五條言：「王夷甫自歎：『我與樂令談，未嘗不覺我言爲煩。』」劉注引《晉陽秋》曰：「樂廣善以約言厭人心，其所不知，默如也。太尉王夷甫、光祿大夫裴叔則能清言，常曰：『與樂君言，覺其簡至，吾等皆煩。』」《世說新語·賞譽》第一百三十三條云：「謝公云：『長史語甚不多，可謂有令音。』」劉注引《王濛別傳》曰：「濛性和暢，能清言，談道貴理中，簡而有會。商略古賢，顯默之際，辭旨劭令，往往有高致。」此外，《晉書·阮脩傳》稱阮脩「言寡而旨暢」、《晉書·王承傳》言王承「言理辯物，但明其旨要而不飾文辭」，皆可說明言貴簡約，乃魏晉名士的清談守則。

再者，玄學追求無限與玄遠，而在音樂的天地中，最能遠離塵囂、自足於懷、心游萬仞、自適自得，因此全然冥合於玄學精神。嵇康〈四言詩〉即云：

> 藻氾蘭沚，和聲激朗。操縵清商，遊心大象。
>
> 傾昧脩身，惠音遺響。鍾期不存，我志誰賞。
>
> (〈四言詩十一首〉之三)
>
> 琴詩可樂，遠遊可珍。含道獨往，棄智遺身。
>
> 寂乎無累，何求于人？長寄靈丘，怡志養神。
>
> (〈贈兄秀才入軍詩十八首〉之十七)

在和諧激朗的樂聲中，主體得以棄智遺身，遊心於空廓寂寥之道境，音樂已被視爲通往本體的途徑，藉由琴音的揮灑，人能超越生命之有限及種種俗累，而達到怡志養神的目的。

二、俗樂及胡樂之興盛

除此之外，魏晉時期，音樂文化的另一種現象乃是俗樂之興盛，這種風氣，主要由曹魏三祖所奠基，按《資治通鑑》卷一百三十四〈宋紀〉引胡三省注曰：「魏太祖起銅雀台於鄴，自作樂府，被於管弦。後遂置清商令以掌之，

屬光祿勳。」〔註8〕曹操將樂府由雅俗二部擴展爲三部份，增加了清商部，〔註9〕可見其對民間音樂的重視。而所謂清商樂，郭茂倩於《樂府詩集・相和歌辭》中說道：

> 《宋書・樂志》曰：「相和，漢舊曲也，絲竹更相和，執節者歌。本一部，魏明帝分爲二，更遞夜宿。本十七曲，朱生、宋識、列和等復合之爲十三曲。」其後荀勗又採舊辭施用於世，謂之清商三調歌詩，即沈約所謂「因絃管金石造歌以被之」者也。《唐書・樂志》曰：「平調、清調、瑟調，皆周房中曲之遺聲，漢世謂之三調。又有楚調、側調。楚調者，漢房中樂也。高帝樂楚聲，故房中樂皆楚聲也。側調者，生於楚調，與前三調總謂之相和調。」《晉書・樂志》曰：「凡樂章古辭存者，並漢世街陌謳謠，《江南可採蓮》、《烏生十五子》、《白頭吟》之屬。」其後漸被於弦管，即相和諸曲是也。魏晉之世，相承用之。永嘉之亂，五都淪覆，中朝舊音，散落江左。後魏孝文宣武，用師淮漢，收其所獲南音，謂之清商樂，相和諸曲，亦皆在焉。

清商樂源於漢之相和歌，而其爲漢世街陌謳謠，是由執節者歌唱加上絲竹伴奏，後由荀勗採舊辭，加上絃管金石施用於世，謂之清商三調。所謂三調是指平調、清調與瑟調。《魏書・樂志》陳仲儒云：「瑟調以角爲主，清調以商爲主，平調以宮爲主。」〔註10〕分別以姑洗、太簇及黃鐘爲主音的三種調式。此種相和歌曲在魏晉之世，頗爲普遍，及至永嘉之亂，散落江左，後魏孝文宣武，得此南音，謂之清商樂。所謂南音，《魏書・樂志》說得更爲清晰，其言：「初，高祖討淮、漢，世宗定壽春，收其聲伎。江左所傳中原舊曲，明君、聖主、公莫、白鳩之屬，及江南吳歌，荊楚西聲，總稱清商。」換句話說，清商乃是在中原舊曲之上，外加江南吳歌及荊楚西聲而成，爲南方音樂和北方音樂的總稱。

　　另一方面，在漢族與異族交流之後，乃產生新的曲式與風格，如西域樂與

〔註8〕 司馬光編著、胡三省音註，《資治通鑑》，卷一百三十四，〈宋紀〉，北平：古籍出版社，1956年，頁4220。
〔註9〕 按曹魏之音樂機構有太樂、鼓吹及清商三署，西晉沿其制，《晉書・樂志》上曰：「武皇帝採漢魏之遺範，覽景文之垂則，鼎鼐唯新，前音不改。」
〔註10〕 魏收、謝啓昆撰，《新校本魏書附西魏書》，卷一百九，〈樂志〉，台北：鼎文書局，1980年，頁2835～2836。

北狄樂。西域樂，按《晉書・樂志》下的說法，其始乃是「張博望入西域，傳其法於西京，惟得摩訶兜勒一曲。李延年因胡曲更造新聲二十八解，乘輿以爲武樂。後漢以給邊將，和帝時，萬人將軍得用之。魏晉以來，二十八解不復具存，用者有《黃鵠》、《隴頭》、《出關》、《入關》、《出塞》、《入塞》《折楊柳》、《黃覃子》、《赤之楊》、《望行人》十曲。」可見，中國與西域音樂之間的交流，從漢武帝時便已開始，而《摩訶兜勒》曲乃張騫通西域時所得，魏晉以後，二十八解已不存，只剩十曲。除此之外，西域樂較重要者尙包含天竺樂，《隋書・音樂志》下云：「天竺者，起自張重華據有涼州，重四譯來貢男伎，天竺即其樂焉。歌曲有沙石疆，舞曲有天曲。樂器有鳳首箜篌、琵琶、五弦、笛、銅鼓、毛員鼓、都曇鼓、銅拔、貝等九種。」天竺樂爲印度音樂，同時，又傳入了鳳首箜篌等九種樂器。然而，據《法苑珠林》的說法，曹植讀佛經時，輒流連嗟翫，「遂製轉讀七聲升降曲折之響。」〔註11〕據此，楊蔭瀏便認爲，天竺樂之入中國，至遲應在三國之前，未必是從晉朝開始。〔註12〕但無論如何，從漢代以後到魏晉，中西音樂，已呈現愈來愈頻繁的交流。

而北狄樂，主要就是鼓吹樂。按中國的胡樂，最重要的二系爲北狄樂與西域樂，《舊唐書・音樂志》曰：「北狄樂，其可知者鮮卑、吐谷渾、部落稽三國，皆馬上樂也。鼓吹本軍旅之音，馬上奏之，故自漢以來，北狄樂總歸鼓吹署。」〔註13〕可見鼓吹是由外族所傳入，且爲馬上演奏的軍旅之樂。劉瓛《定軍禮》則云：「鼓吹未知其始也，漢班壹雄朔野而有之矣。鳴笳以和簫聲，非八音也。」〔註14〕鼓吹之名出現於漢世，爲班壹避地樓煩時，出入弋獵時所用之樂器，包含笳與簫，非傳統之八音。

鼓吹的類別，主要有黃門鼓吹、短簫鐃歌及橫吹三大類別。黃門鼓吹之名，起於漢代，《隋書・音樂志》上曰：「黃門鼓吹樂，天子宴群臣之所用焉。則詩所謂『坎坎鼓我，蹲蹲舞我』者也。」〔註15〕魏晉以後，黃門鼓吹之名不用，而有「鼓吹」與「騎吹」之別。「鼓吹」爲「列於殿庭者」（《宋書・樂

〔註11〕《欽定四庫全書・子部・法苑珠林》，卷四十九，〈讚嘆部〉，台北：台灣商務印書館，1983 年，頁 1049～736。

〔註12〕楊蔭瀏著，《中國音樂史》，頁 109。

〔註13〕劉昫撰，《舊唐書》，卷二十九，〈音樂志〉（二），台北：鼎文書局，1981 年，頁 1071～1072。

〔註14〕郭茂倩編撰，《樂府詩集》，卷十六，〈鼓吹曲辭〉一，台北：里仁書局，1999 年，頁 223。

〔註15〕魏徵等撰，《隋書》，卷十三，〈音樂〉上，台北：鼎文書局，1980 年，頁 286。

志》），而「騎吹」則使用於道路、出行、鹵簿等場合。

短簫鐃歌則指凱旋時所奏之軍樂。《隋書‧音樂志》上曰：「漢明帝時，樂有四品：一曰大予樂，郊廟上陵之所用焉。……二曰雅頌樂，辟雍饗射之所用焉。……三曰黃門鼓吹樂，天子宴群臣之所用焉。……四曰短簫鐃歌樂，軍中之所用焉。黃帝時，岐伯所造，以建武揚德，風敵勵兵，則周官所謂『王師大捷，則令凱歌』者也。」〔註 16〕短簫鐃歌乃征戰凱旋時用於郊廟所奏之軍樂，相當於周王師大獻所用之愷樂。〔註 17〕其在歷代鼓吹中佔有重要地位，故《宋書‧樂志》甚至將鼓吹視爲短簫鐃歌。〔註 18〕但曹魏之後，短簫鐃歌序戰陣之事的功能已轉爲歌詠帝王之功，《晉書‧樂志》下云：「漢時有《短簫鐃歌》之樂，其曲有《朱鷺》、《思悲翁》、《艾如張》、《上之回》、《雍離》、《戰城南》、《巫山高》、《上陵》、《將進酒》、《君馬黃》、《芳樹》、《有所思》、《雉子班》、《聖人出》、《上邪》、《臨高臺》、《遠如期》、《石留》、《務成》、《玄雲》、《黃爵行》、《釣竿》等曲，列於鼓吹，多序戰陣之事。及魏受命，改其十二曲，使繆襲爲詞，述以功德代漢。」〔註 19〕曹魏這種依用原曲，新改辭章以歌詠帝王功德的作法乃成爲後世鼓吹樂創作之範例。

至於橫吹，爲馬上演奏之軍樂。橫吹原稱鼓吹，但區分漸精之後，以簫、笳用於朝會道路者爲「鼓吹」（應包含鼓），《隋書‧音樂志》上提及南朝陳宣帝太建六年宮中鼓吹的建制爲「鼓吹一部十六人，則簫十三人，笳二人，鼓一人。」〔註 20〕而將鼓、角合用者稱爲「橫吹」，由此，「橫吹」乃成馬上軍樂之專門名稱。《晉書‧樂志》下即云：「鼓角橫吹曲。鼓，按《周禮》『以鼖鼓鼓軍事』。角，說者云，蚩尤氏帥魑魅與黃帝戰於涿鹿，帝乃始命吹角爲龍鳴以禦之。其後魏武北征烏丸，越沙漠而軍士思歸，於是減爲中鳴，而尤更悲矣。」〔註 21〕可見鼓與角皆用於軍事征伐之中，而鄭樵《通志‧樂略》則以「中國所用鼓角，蓋習胡角而爲也。」〔註 22〕顯然將鼓角之樂視由外族所

〔註 16〕魏徵等撰，《隋書》，卷十三，〈音樂〉上，頁 286。

〔註 17〕《周禮‧春官‧大司樂》曰：「……王師大獻，則令奏愷樂。」

〔註 18〕按《宋書‧樂志》云：「鼓吹，蓋短簫鐃歌。」參見沈約撰，《宋書》，卷十九，〈樂志〉，台北：鼎文書局，1980 年，頁 558。

〔註 19〕房玄齡等撰，《晉書》，卷二十三，頁 701。

〔註 20〕魏徵等撰，《隋書》，卷十三，〈音樂〉上，頁 309。

〔註 21〕房玄齡等撰，《晉書》，卷二十三，頁 715。

〔註 22〕鄭樵撰，《通志》，卷四十九，〈樂略〉，台北：台灣商務印書館，1987 年，頁 627-3。

傳，說明了外族音樂對中原音樂的影響。

　　由於俗樂與胡樂興盛的結果，文人將其反映在魏晉樂賦之中，乃是將許多屬於樂府的樂曲引入賦作之中，例如〈六引〉（傅玄〈琵琶賦〉）、〈鵾雞〉（夏侯淳〈笙賦〉）、〈楚妃〉（夏侯湛〈夜聽笳賦〉）、〈白紵〉、〈梁父〉（孫楚〈笳賦〉）及〈王昭〉、〈楚妃〉、〈千里〉（嵇康〈琴賦〉）等皆為俗樂樂曲。而另一方面，又產生了大量以俗樂及胡樂樂器為主的賦作，例如〈笙賦〉、〈笳賦〉、〈琵琶賦〉、〈節賦〉、〈長笛賦〉、〈箜篌賦〉、〈箏賦〉、〈鼓吹賦〉、〈角賦〉、〈笛賦〉等賦作，為魏晉的音樂開展出不同的面相。

第二節　魏晉樂賦之濫觴

　　魏晉樂賦除了包含音樂的層面以外，亦屬於文學的一種，故蕭統《文選》賦類中設有「音樂」一門，輯有王褒〈洞簫賦〉、馬融〈長笛賦〉、嵇康〈琴賦〉、潘岳〈笙賦〉、成公綏〈嘯賦〉以及傅毅〈舞賦〉等，說明「音樂」乃是歌、樂、舞三位一體的藝術。然而從文學的角度來看，樂賦亦有其一定的創作程式，而此一創作程式直接影響了後代的樂賦。就樂賦之濫觴而言，馬融〈長笛賦〉之序以最早的樂賦當為枚乘之〈笙賦〉，〔註23〕然此賦今已亡佚，不可得見，因此今天所能見到最為完整的樂賦為王褒之〈洞簫賦〉。然而，在王褒之前，枚乘〈七發〉中之首發，實已確立了樂賦的創作程式，〔註24〕為王褒及往後的樂賦奠定了基石，因此，首先對枚乘之〈七發〉進行剖析。

一、枚乘〈七發〉中首發之創作程式

　　枚乘此賦主要描寫楚太子有疾，而吳客往問之，試圖透過音樂、美食、

〔註23〕馬融於〈長笛賦〉曰：「融既博覽典雅，精核數術，又性好音，能鼓琴吹笛，而為督郵，無留事，獨臥郿平陽鄔中。……追慕王子淵枚乘劉伯康傅武仲等簫琴笙頌，唯笛獨無，故聊復備數，作長笛賦。」李善注云：「枚乘未詳所作，以序言之，當為笙賦。」參見蕭統編、李善注，《文選》，卷十八，上海：上海古籍出版社，1986年，頁808。

〔註24〕余江指出，枚乘〈七發〉中之首發，可說是樂賦之濫觴，在此之前，《古文苑》及《藝文類聚》皆收有〈笛賦〉一篇，其作者為「楚宋玉」，然而，《藝文類聚》為唐人歐陽詢所編，自不待言，而《古文苑》成書最晚，其真實性不可靠，因此，就目前所能得到的史料來看，枚乘之〈七發〉，乃為樂賦奠定了創作程式。參見余江著，《漢唐藝術賦研究》，北京：學苑出版社，2005年，頁16。

車馬、游觀、校獵、觀濤、要言妙道等七事來啓發太子，而毋須使用藥石針刺灸療，便能達到「渙然汗出，霍然病已。」（〈七發〉）的效果。在這七事之中，首事即言音樂，並以琴樂爲主。在此，枚乘從琴材生長環境之艱困淒苦、名師製琴、琴歌吟唱、音樂之通靈感物四個向度來切入。首先，就琴材生長環境之悲苦來說，其云：

> 客曰：「龍門之桐，高百尺而無枝。中鬱結之輪囷，根扶疏以分離。上有千仞之峰，下臨百丈之谿。湍流溯波，又澹淡之。其根半死半生。冬則烈風漂霰飛雪之所激也，夏則雷霆霹靂之所感也。朝則鸝黃鳱鴠鳴鳴焉，暮則羈雌迷鳥宿焉。獨鵠晨號乎其上，鵾雞哀鳴翔乎其下。」

桐樹，乃是製琴之上選琴材，《詩經・鄘風・定之方中》曰：「椅桐梓漆，爰伐琴瑟。」〔註25〕《漢書・禮樂志》言：「桐生茂豫，靡有所詘。」可見桐樹爲一美悅光澤之木，其高聳入雲、枝葉扶疏，且生長於上有千仞之峰、下臨百丈之谿的危殆之所，加上冬則烈風飛雪、夏則雷霆霹靂，並有苦鳥孤禽之盤旋哀鳴，極力烘托出其生長環境之險峻、危殆與淒苦。後繼者如王褒，其於〈洞簫賦〉中，一開始即仿照枚乘的描寫手法，以簫幹生於江南之丘墟，其周遭環境極其險峻崎嶇、幽深隱蔽，文言：

> 原夫簫幹之所生兮，于江南之丘墟。洞條暢而罕節，標敷紛以扶疏。徒觀其旁山側兮，則崛嵾嶵崎倚巇迤巘，誠可悲乎其不安也。……孤雌寡鶴娛優其下兮，春禽群嬉翔翔乎其顚。秋蜩不食，抱朴而長吟兮，玄猿悲嘯，搜索乎其間。處幽隱而奧屏兮，密漠泊以猭獌。

王褒描寫簫竹乃是生於江南之山嶺，枝繁葉茂而少竹節，其靠山而長，而山勢崛嵾嶵崎、危嶷陡峭，處境頗爲欹側不安。然而一眼望去，又連緜遼闊、一望無際，足以讓人在此廣闊幽深之所得到快樂。而簫竹又吸收日月精華，稟山色之蒼翠，感陰陽之變化，孤雌寡鶴優遊乎其下，春禽群嬉遨翔乎其上，秋蟬抱樹而長吟，玄猿來回悲鳴於其間，王褒藉由孤雌之飛、秋蟬之吟、玄猿之鳴這種孤獨淒苦的意象來進行樂器生長環境之書寫。

接著，枚乘寫琴摰「斲斬以爲琴，野繭之絲以爲絃。」強調由著名之琴家製琴，說明琴的製作過程，需有一番工夫，還以無人飼養的野蠶之絲爲琴

〔註25〕毛亨傳、鄭玄箋、孔穎達疏，《毛詩正義》（上），卷三，〈定之方中〉，北京：北京大學出版社，1999 年，頁 196。

絃，並加上「孤子之鉤以爲隱，九寡之珥以爲約。」按李善注引《字書》云：
「約，亦的字也。……的，琴徽也。」〔註26〕即以孤子之帶鉤及有九個子女
之寡婦之耳墜做爲琴上之裝飾、琴徽，由此奠定樂器製作須由良工且由珍奇
之物做爲裝飾之寫作模式。王褒於〈洞簫賦〉中，亦以古代著名的工匠與音
樂家來製作樂器，其曰：

> 般匠施巧，夔襄准法。帶以象牙，掍其會合。鎪鏤離灑，絳脣錯雜。
>
> 鄰菌繚糾，羅鱗捷獵。膠緻理比，挹扨撒撟。

洞簫乃是由般匠、夔襄來施以木工，其製作亦須符合音樂的規律，並以象牙
爲裝飾，雕刻精美的花紋，將簫孔塗上朱紅的漆，編連簫管，使其若魚鱗參
差，其按孔亦須合於宮商。馬融〈長笛賦〉亦有「乃使魯班、宋翟，構雲梯，
抗浮柱，蹉纖根，跋篾縷，膺陗陁，腹陘阻。逮乎其上，匍匐伐取。挑截本
末，規摹籩矩。夔襄比律，子埜協呂。十二畢具，黃鍾爲主。撟揉斤械，剸
掞度擬。鎪硐隤墜，程表朱裡。定名曰笛。」的說法。即以長笛之製作，乃
是藉由魯班、宋翟等匠人製造雲梯、立起浮柱，來到峻峭的山嶺匍匐伐竹，
按法度取材，再透過夔襄、師曠等調律，使十二律齊備，並以黃鍾爲主，加
上火烤斧斫、鑿通磨光之後，外表本色，內塗朱漆，最後命名爲笛。此種描
寫方式，皆與枚乘一脈相承。

　　其次，枚乘還在賦中穿插了琴歌，從而豐富了樂賦的內容。其言：「使師
堂操暢，伯子牙爲之歌。歌曰：『麥秀蘄兮雊朝飛，向虛壑兮背槁槐，依絕區
兮臨迴溪。』」師堂，即師襄，爲春秋樂師，曾教孔子鼓琴。伯牙，亦爲著名
琴師。《暢》爲琴曲，傳爲堯祭祀天地時所用之曲辭。李善注引《新論‧琴道》
曰：「堯暢達則兼善天下，無不通暢，故謂之暢。」〔註27〕可見琴曲「暢」乃
是兼善天下時所用之琴曲。在〈七發〉中，琴、歌並發，於描繪樂器的演奏
中穿插一段歌詞，形成樂、歌相和之特殊效果，使得樂賦有更爲活潑的變化，
此一形式，亦爲後人所承襲，尤在「七體」賦的創作過程中，更爲突出。如
傅毅〈七激〉、曹植〈七啓〉、張協〈七命〉、梁簡文帝〈七勵〉、昭明太子〈七
契〉及蕭子範〈七誘〉等有關音樂的部份，歌詞多使用騷體，以增加文采及
聲韻之美。

　　此外，枚乘還透過各種鳥獸蟲蟻的反應來渲染音樂的效果，例如「飛鳥

〔註26〕蕭統編、李善注，《文選》，卷三十四，上海：上海古籍出版社，1986 年，頁 1562。
〔註27〕蕭統編、李善注，《文選》，卷三十四，上海：上海古籍出版社，1986 年，頁 1563。

聞之，翕翼而不能去；野獸聞之，垂耳而不能行；蚑蟯螻蟻聞之，拄喙而不能前。」藉此說明音樂具有感人動物之效。而王褒〈洞簫賦〉提到悲音之美時，亦曰：「是以蟋蟀蚸蠖蚑行喘息，螻蟻蝘蜓蠅蠅翊翊。遷延徙迤，魚瞰雞睨。垂喙䖪轉，瞪䗢忘食。」在王褒看來，悲聲之美，不僅使人愴然淚下、悲傷啜泣，還會使蟋蟀尺蠖、螻蟻蝸牛等停滯不前、瞠目結舌、垂口不食。馬融〈長笛賦〉亦言：「魚鱉禽獸，聞之者莫不張耳鹿駭，熊經鳥申，鴟眄狼顧，扑謀踴躍。各得其齊，人盈所欲。」其以笛聲之美妙，會使各種動物產生不同的反應，或如熊攀樹自懸，或如鳥飛空伸爪，或如狼一樣反顧，各自歡呼鼓謀，蹦蹦跳跳，也能使人滿足欲望，各得所願。

　　從以上的分析來看，枚乘〈七發〉中對音樂的描寫，首先從樂器材料的生長環境開始，突出其危苦之狀態，次寫名家製造樂器，並輔以珍奇飾物；繼寫歌詩相和之美妙；最後透過飛禽走獸的斂翅不飛、垂耳不行、張口不前等來渲染音樂所具有的感人動物之效。

二、枚乘〈七發〉之音樂觀

　　枚乘之音樂觀主要可歸納為三點：音樂的社會教化功能、以悲為美及對「極致」的追求。首先，就音樂的教化功能來看，〈七發〉一開始即以楚太子玉體不安，而吳客往問之，經過吳客的觀察之後，認為楚太子之疾，乃是由於「久耽安樂，日夜無極。邪氣襲逆，中若結轖。」由此導致精慮煩散、怵惕不安、精神勞越而百病叢生。因此，劉勰《文心雕龍·雜文》即言：「枚乘摛豔，首制《七發》，腴辭雲構，夸麗風駭。蓋七竅所發，發乎嗜欲，始邪末正，所以戒膏梁之子也。」〔註28〕劉勰顯然是以〈七發〉之作，在於勸誡膏梁子弟，當節制耳目口腹之欲及肢體之樂以避免傷及血脈之和，這種看法，實承襲了春秋以來當節制欲望以利養生的傳統，而音樂所扮演的角色，就在節制情欲，使人心靈平靜。例如《左傳·昭公元年》即言，晉平公有疾，醫和前往探視，發現其疾乃是因縱欲過度所引起，因此勸諫晉平公須節百事，同時，不可聽煩手淫聲、慆堙心耳的靡靡之音，因為此會使人「乃忘和平」，有違音樂「以儀節也，非以慆心也」的主要目的。此外，在《左傳·昭公二十年》中，則有晏嬰對齊景公論「和」、「同」之辨，並以音樂為例，說明聲亦

〔註28〕劉勰著、詹鍈義證，《文心雕龍義證》，卷三，〈雜文〉，上海：上海古籍出版社，1994年，頁491。

如味，由各種相異的事物加和而成，進而提出音樂之和能對人造成影響而使心平德和的說法，此即所謂「君子聽之，以平其心，心平德和，故《詩》曰『德音不瑕』。」由此可見，「七事」之一的音樂，不僅擔負著娛樂的藝術功能，同時，還具備道德教化的任務，枚乘將音樂放置在〈七發〉中之首發，便說明音樂對人具有莫大的影響力，足以勸戒膏粱弟子。

其次，枚乘以悲為美的音樂觀，完全展現在其對梧桐生長環境的描繪及琴飾的取材上。其突出了龍門之桐生長環境之危嶷幽蔽，加上漂霰飛雪、雷霆霹靂的時時侵害以及苦鳥孤禽之哀泣，並以野繭之絲、孤子之鉤及九寡之珥做為琴飾，認為唯其如此，琴材才浸透了天地萬物之悲聲、淒苦，而成為表現萬物之悲的上等材質，體現出一種尚悲的音樂觀。而枚乘所引琴歌〈雉朝飛〉，亦是一淒美的男女婚姻之悲劇，據揚雄《琴清英》所載，其言：「雉朝飛操者。女傅母之所作也。女嫁于齊太子，中道聞太子死，問傅母曰：『何如？』傅母曰：『且往當喪。』喪畢，不肯歸。終之以死。傅母悔之，取女所自操琴于冢上鼓之，忽有二雉俱出墓中。傅母撫雌雉曰：『女果為雉邪？』言未畢，俱飛而起，忽然不見，傅母悲痛，援琴作操，故曰雉朝飛。」〔註29〕可見，〈雉朝飛〉乃是一女子喪夫，竟隨之以死，而死後化而為雉之故事。這種尚悲音之習尚，其由來已不可考，然可確定的是在戰國時期便已存在，《韓非子‧十過》中曾提及衛靈公將之晉，至濮水之上，夜聞鼓新聲者，乃召師涓聽而寫之。來到晉國之後，師涓將為晉平公援琴鼓之，而師曠不許，因為此為師延所作的靡靡之音。至於此靡靡之音，究竟是什麼樣的聲音？師曠曰：「此所謂《清商》也。」公曰：「《清商》固最悲乎？」師曠曰：「不如《清徵》。」〔註30〕可見晉平公甚好悲音，且因聞悲音而大悅。及至漢魏，此風更甚，枚乘在〈七發〉中極力追求「至悲」之美，奏淒苦之琴，歌悲哀之曲，使鳥獸蟲蟻皆為之踟躕不前，更何況其感人之至深，故在首發的結論中，枚乘以為「此亦天下之至悲也。」此一風尚，還反映在詩歌等其餘的文學樣式中，四處瀰漫著以悲為美的情調。

再者，枚乘對於「極致」的追求，除了在音樂上之「至悲」以外，還體現在飲食之「至美」、車馬之「至駿」、游觀之「靡麗皓侈廣博」、校獵之「至壯」、觀濤之「怪異詭觀」、方術之「要言妙道」等。此中反映著枚乘對「極盡鋪張之能事」的追求，試圖透過遣詞造句來達到一種極致的藝術效果。尤

〔註29〕嚴可均校輯，《全漢文》，卷六十三，北京：中華書局，1991年，頁422-1。
〔註30〕陳奇猷校注，《韓非子》，卷三，〈十過〉，北京：中華書局，1959年，頁171。

其是在音樂的描寫上，從琴材、琴的製作、琴歌到音樂效果，環環相扣、細緻入微，不愧爲後世樂賦之重要基石。

第三節　玄學影響下之樂賦

魏晉時期之樂賦，其創作程式，大抵依循枚乘〈七發〉中首發的模式來進行，多由樂器的生長環境、名師製器、樂歌穿插及音樂的神妙功能等幾個向度來加以書寫，然而，此時的樂賦除了繼承前人的模式之外，基於時代風尚的改變、文化的匯流及學術思潮的影響等，反映出更爲豐富多元的面貌，其中，尤其是玄學的影響，特別反映在嵇康之〈琴賦〉與成公綏之〈嘯賦〉之中，故本文在此，特闢一節來探討此二者。

一、嵇康之〈琴賦〉

嵇康之〈琴賦〉乃是魏晉樂賦的重要代表，無論是就內容之豐富、文字之清麗、音樂形式之多變、自然與人之相合或彈琴者心靈境界之描繪，皆可謂獨步一時而爲千古絕調，故何焯《文選評》曰：「音樂諸賦，雖微妙古奧不一，而精當完密，神解入微，當以叔夜此作爲冠。」〔註31〕同時，由於嵇康本身又爲玄學家，因此，在老莊的影響下，對於主體生命之高度重視更產生了人的覺醒，也是由人的覺醒出發，開顯了琴樂二方面的意義。第一、養生的功能：由於強調主體生命之涵養，故嵇康特重養生之工夫，以養生爲中介，將自然、音樂與人之間的關係聯繫起來，使琴樂成爲體道的重要媒介。第二、藝術的自覺：在主體生命之覺醒後，音樂抒情寫意的功能、姣妙弘麗的美聲，逐漸獲得重視，「琴」的價值從先秦以來做爲政治教化的附庸、教化人心的手段中解放出來，而被賦予獨特的美感，此可從〈琴賦〉之中，嵇康極其細膩地描繪聲音之美妙多變而得知，充份彰顯了由人的自覺到藝術自覺的歷程，重新給予音樂獨立的意義與價值。以下，即就本文進行剖析。

（一）琴的價值：由修身理性到情志意趣之所托

關於琴的起源，主要有伏犧及神農所作二種說法，以琴爲伏犧所作者，主要有馬融〈長笛賦〉所云：「昔庖犧作琴。」蔡邕《琴操》亦曰：「昔伏犧氏之

〔註31〕戴明揚校注，《嵇康集校注》，頁111。

作琴。」〔註32〕以琴爲神農所作者，則有劉安《淮南子‧泰族篇》，其言：「神農之初作琴也。」〔註33〕揚雄《琴清英》曰：「昔者，神農造琴。」〔註34〕事實上，究竟是伏犧或神農所作，都因年代久遠，而難以察考，但值得思考的是，何以後人要將琴之製作者假託於古之聖王？這些聖王，並非技巧卓越的音樂家，而是以崇高之德性爲其人格之表徵。那麼，此處便透顯出一重要的內在意涵：琴的價值，並不在於演奏或音色之美妙絕倫，而是在於人格之陶養及教化天下，最終達到助人倫、美風俗的目的。因此，蔡邕《琴操》曰伏犧作琴，乃是在於禦邪僻，防心淫，以修身理性，反其天眞。而《淮南子‧泰族篇》則以神農作琴，乃是以歸神杜淫，反其天心。桓譚《新論‧琴道》則言：「琴之言禁也，君子守以自禁也。八音廣博，琴德最優。」〔註35〕因此，琴便被視爲一修身養性的樂器，由此通神明之德以和合天地。這樣的說法，從先秦至漢代莫不如此。

　　然而，嵇康於〈琴賦〉之序一開始即跳出了前人對琴的看法，而從不同的視角說明其作〈琴賦〉的理由。首先，嵇康自敘「余少好音聲，長而翫之。以爲物有盛衰，而此無變；滋味有厭，而此不勌。」「好音聲」乃嵇康藝術生命之表現，其於〈與山巨源絕交書〉中亦言：「濁酒一杯，彈琴一曲，志願畢矣。」說明了其對琴之一往情深，加上琴可以「導養神氣，宣和情志」，故特做此賦。其次，嵇康反對歷代樂賦中陳陳相因的體制流風，尤其是「稱其材幹，則以危苦爲上；賦其聲音，則以悲哀爲主；美其感化，則以垂涕爲貴。麗則麗矣，然未盡其理也。」其最重要的原因就是在於「以悲爲美」，從枚乘之〈七發〉、王褒之〈洞簫賦〉或馬融的〈長笛賦〉來看，對於琴材生長環境之描寫，皆極盡危殆悲苦之能事，不是「獨鵠晨號乎其上，鵾雞哀鳴翔乎其下」（〈七發〉），就是「徒觀其旁山側兮，則嶇嶔巋崎，倚巇迆嶵，誠可悲乎其不安也！」（〈洞簫賦〉）對於音聲之描述，則強調「天下之至悲」（〈七發〉）、「愴然累欷，擥涕抆淚。」（〈洞簫賦〉）及「憔眇睢睢，涕洟流漫。」（〈長笛賦〉）等。因此，危苦、悲哀、垂涕可說具體反映出漢魏之際的審美風尚，此中原因，除了「和平之音淡薄，而愁思之聲要妙；讙愉之辭難工，而窮苦之言易好也。」〔註36〕之外，主要還

〔註32〕蔡邕撰，《琴操》，台北：藝文印書館，1970年，頁3。
〔註33〕何寧撰，《淮南子集釋》（下），卷二十，〈泰族訓〉，頁1389。
〔註34〕嚴可均校輯，《全漢文》，卷六十三，〈琴清英〉，頁421-2。
〔註35〕桓譚撰、孫馮翼輯注，《桓子新論》，台北：中華書局，1981年，頁3。
〔註36〕董誥等編，《全唐文》，卷五百五十六，〈荊譚唱和詩序〉，北京：中華書局，

有楚聲、楚歌、楚辭悲怨風格的影響，例如項羽為虞姬，劉邦為戚夫人，李陵為蘇武所唱楚歌皆為顯例，而楚聲歌曲主要使用的樂器為絲竹，「絲聲哀，竹聲濫。」（《禮記‧樂記》）十分適於悲切哀怨、纏緜悱惻的樂曲。此一悲怨風格，影響了整個漢代的音樂特色，郭建勛便指出「悲歌心態之所以成為建安文士的普遍心態，與漢代以來『以悲為美』的音樂特色也存在不容忽視的聯繫。」〔註37〕而嵇康之所以反對的理由，主要是因為前人對音樂的描述，多以聲音本身具有哀樂，可使人流涕嗚咽，但事實上，此乃混淆了聲音本質及情感之間的關係，其言：「推其所由，似元不解音聲；覽其旨趣，亦未達禮樂之情也。」此處之「不解音聲」，按錢鍾書的說法乃是：

> ……謂聆樂有二種人：聚精會神以領略樂之本體，是為「聽者」；不甚解樂而善懷多感，聲激心移，追憶綿思，示意構象，觸緒動情，茫茫交集，如潮生瀾泛，是為「聞者」。苟驗諸文章，則謂「歷世才士」皆祇是「聞」樂者，而「聽」樂自嵇康始可也。〔註38〕

嵇康於〈聲無哀樂論〉中指出聲音源於天地之和，無關乎哀樂，故聲情異軌、明為二物，然而歷世才士卻以為聆樂時必然追憶綿思、觸緒動情，此實不明音樂屬客觀、人情為主觀的「聲無哀樂」之理，故其以為前人之賦「麗則麗矣，然未盡其理也。」由此，說明其寫作〈琴賦〉的動機。

（二）「自然神麗」的琴材生長環境與遯世之士製琴之文化意蘊

接著，嵇康便由琴材的生長環境開始描繪，其對琴材環境的描寫，已擺脫了危殆悲苦的情調，而突顯一個極其優美、自然神麗的環境，文曰：

> 惟椅梧之所生兮，託峻嶽之崇岡。披重壤以誕載兮，參辰極而高驤。
> 含天地之醇和兮，吸日月之休光。鬱紛紜以獨茂兮，飛英蕤于昊蒼。
> 夕納景于虞淵兮，旦晞幹于九陽。經千載以待價兮，寂神躊而永
> 康。……夫所以經營其左右者，固以自然神麗，而足思願愛樂矣。

在此，崇山峻嶺，盤紆隱深，雲霧繚繞，青壁萬尋，還有各種奇珍異寶、琅玕美玉環繞於梧桐左右，飛鳥遨翔於其上，和風輕拂於其間，聚集在其左右者，都是令人賞心悅目之物。這種山川靈氣及人對於天地自然的愛悅之情，

1987 年，頁 5629-2。

〔註37〕郭建勛著，《漢魏六朝騷體文學研究》，湖南：湖南教育出版社，1997 年，頁134。

〔註38〕錢鍾書著，《管錐編》（第三冊），台北：書林出版有限公司，1990 年，頁 1087。

正如宗白華所言，晉人向外發現了自然，向內發現了自己的深情。〔註39〕嵇康對琴的一往情深及對自然山水之愛戀，可說為其寫照。在自然山水中，彈琴歌詠，忘卻塵囂，用一種虛靜的藝術心靈與天地精神合拍，由此折射出一虛靈化、情致化的自然山水。

而這種遺世高蹈、對自然山水的嚮往，嵇康又假托遯世之士之製琴來說明，其透過榮期、綺季、老童、泰容等隱士，登上危峻的山崖、飛越幽谷，顧茲梧而興慮，思假物以托心，抒發情思，制為雅琴，並以離婁匠石夔襄般倕等巧妙的工匠與樂師來施工，「錯以犀象，藉以翠綠；弦以園客之絲，徽以鍾山之玉」，用奇珍異寶來做琴絃、琴徽、琴軫及琴囊等，再由伯牙揮手，鍾期聽聲，伶倫比律，田連操張，由此所產生的音樂乃是「新聲嘐亮，何其偉也!」顯見其樂聲之無比優美。因此，在嵇康看來，雅琴之製作，並非只是製琴一事，還包含一種宅心事外、遺棄世俗之心靈嚮往，唯有如此，擬思製琴，才有所謂「雅琴」，雅琴之製作，乃是一種「至人無己」（《莊子‧逍遙遊》）之生命境界。

（三）「美聲將興」的琴樂描繪

琴材既生長於自然神麗的環境中，並由名師所製，其音聲之美，足以令人神往，加以嵇康之琴藝卓越，超群絕倫，〔註40〕因此其對琴音之美，更有獨到的領會與描寫，文言：

> 及其初調，則角羽俱起，宮徵相證。參發抪趣，上下累應，躍蹄硺硺，美聲將興。固以和昶而足耽矣。爾乃理正聲，奏妙曲；揚《白雪》，發清角。紛淋浪以流離，奐溍衍而優渥。粲奕奕而高逝，馳岌岌以相屬。沛騰遌而競趣，翕韡曄而繁縟。狀若崇山，又象流波。浩兮湯湯，鬱兮莪莪。怫㥜煩冤，紆餘婆娑。陵縱播逸，霍濩紛葩。檢容授節，應變合度。兢名擅業，安規徐步。洋洋習習，聲烈遐布。含顯媚以送終，流餘響于泰素。

嵇康在調弦，尚未正式彈奏之際，便以極為優美的筆法來敘述調音的狀態，

〔註39〕宗白華著，《美學散步》，頁215。

〔註40〕向秀於〈思舊賦〉中曾提到「嵇博綜技藝，於絲竹特妙。」（《文選》卷十六〈向子期思舊賦并序〉）《晉書‧嵇康傳》言：「康嘗游于洛西，暮宿華陽亭，引琴而彈。夜分，忽有客詣之，稱是古人，與康共談音律，辭致清辯，因索琴彈之，而為廣陵散，聲調絕倫，遂以授康，仍誓不傳人，亦不言其姓字。」都說明嵇康琴藝之超絕。

所謂「角羽俱起，宮徵相證。參發竝趣，上下累應，踸踔礫硌，美聲將興。」
調音之時，先由角羽開始，而後為宮徵，皆是以五度音為基準來調音，或單
弦，或雙弦，在徽位間上下移動，時而交替發聲，時而多弦齊奏，變化無常
而聲音宏偉，此種調弦的具體方式，若透過徐上瀛的《谿山琴況》，則更能有
一番補充。徐上瀛認為，琴樂首重者為「和」，而調弦乃是「和之始」，其言：
「和之始，先以正調品絃、循徽叶聲，辨之在指，審之在聽，此所謂以和感，
以和應也。」〔註41〕音準，乃是「和」的重要條件，故彈琴之前，必先以正
調品弦，再透過手與耳的謹慎區辨，加上與徽位相互對照，來確定音準是否
為「和」。然後，其更進一步說明調弦之法，文曰：

> 論和以散和為上，按和為次。散和者，不按而調，右指控弦，迭為
> 賓主，剛柔相劑，損益相加，是為至和。按和者，左按右撫，以九
> 應律，以十應呂，而音乃和于徽矣。設按有不齊，徽有不準，得和
> 之似，而非真和，必以泛音辨之。如泛尚未和，則又用按復調。一
> 按一泛，互相參究，而弦始有真和。(《谿山琴況》)

調弦有散和與按和二種，散和調空弦，由右指控弦，以耳辨聲，透過音程之
諧和程度來判斷音準與否。而按和則是由左手按弦、右手撫弦，左手按第九
徽為完全五度，第十徽為完全四度，藉此確認音與徽位是否相合。若按有不
齊，徽有不準，聽起來的音準卻似乎是準確的，此並非真和，必再藉由泛音
來加以辨識。這一段話，如實地說明了調弦的方法及重要性，也說明嵇康為
何於〈琴賦〉中必就調音的部份來進行描寫。

　　音高調準之後，便進入正式演奏的音樂，此有《白雪》、《清角》等名曲，
《白雪》高雅，而《清角》嘹亮。其音色之美與變化多端，嵇康則以「紛淋
浪以流離，奐淫衍而優渥。粲奕奕而高逝，馳岌岌以相屬。沛騰遌而競趣，
翕韡曄而繁縟。……怫愲煩冤，紆餘婆娑。……競名擅業，安規徐步」來形
容。依據楊蔭瀏的說法，這些詞藻都代表某種音樂上的風格，例如：

　　　　"紛淋浪以流離" ── 輕快地，
　　　　"奐淫衍而優渥" ── 豐滿地，
　　　　"粲奕奕而高逝" ── 高超地，
　　　　"馳岌岌以相屬" ── 急促地，

〔註41〕《續修四庫全書‧子部‧藝術類》，《谿山琴況》，上海：上海古籍出版社，2002
　　　　年，頁473。

"沛騰遌而競趣" ── 奔放地，
"翕韡曅而繁縟" ── 纖巧地，
"怫㦪煩冤" ── 抑止地，
"紆餘婆娑" ── 舒展地，
"安規徐步" ── 從容地等等。〔註42〕

說明琴樂的表現，充滿各種豐富的變化。隨後，嵇康又以「粲奕奕而高逝，馳岌岌以相屬。」、「狀若崇山，又象流波。」來形容樂聲，此即馬融〈長笛賦〉中所言：「聽聲類形，狀似流水，又象飛鴻。」《荀子‧樂論》所曰：「聲樂之象：……故鼓似天，鐘似地，磬似水。」以及《樂記‧師乙》所說：「上如抗，下如隊，曲如折，止如槁木，……累累乎端如貫珠。」等，其對聲音進行的意象性描述，乃涉及了心理學中的通感問題，錢鍾書於〈通感〉中便指出，在日常經驗裡，視覺、聽覺、觸覺、嗅覺、味覺往往可以彼此打通或交通，眼、耳、口、鼻、身各個官能的領域可以不分界限。顏色似乎會有溫度，聲音似乎會有形象，冷暖似乎會有重量，氣味似乎會有體質。〔註43〕藉由通感，主體乃能在聽覺之中產生視覺的想像，使不具體的聲音有了具體的形象。

此外，豐富美妙的樂音不僅能藉由通感作用而具有視覺上的意象性，還能引發人的內在情感，例如：

> ……懷戚者聞之，則莫不憯懍惨悽，愀愴傷心；含哀懊咿，不能自禁。其康樂者聞之，則欨愉懽釋，忭舞踊溢；留連瀾漫，嗢噱終日。若和平者聽之，則怡養悅愉，淑穆玄真；恬虛樂古，棄事遺身。是以伯夷以之廉，顏回以之仁，比干以之忠，尾生以之信，惠施以之辯給，萬石以之訥慎。

按照嵇康的理路，聲音本身不含哀樂，而聆聽者之所以產生哀樂乃是由於「自以事會，先遘于心，但因和聲以自顯發。」（〈聲無哀樂論〉）因此，懷戚者聞之，則愀愴傷心；康樂者聞之，則欨愉懽釋；和平者聽之，則怡養悅愉。至於伯夷、顏回、比干、尾生、惠施、萬石等例證，雖以德行著稱，但也只是在說明，無論聆聽者產生何種感受或德行表現，都是因為音樂本身的意涵存在著不確定性，反而能給人無限想像的空間，因此，音樂與人的情感之間的關係正如樓昔勇所言：

〔註42〕楊蔭瀏著，《中國古代音樂史稿》（上冊），頁1～191。
〔註43〕錢鍾書著，《七綴集》，台北：書林出版有限公司，1990年，頁67。

儘管，音樂可以使人歡快、振奮、哀愁，但是，僅僅從音樂的和聲、
旋律、節奏中，人們卻很難確切地展示出為之歡快、振奮、哀愁的具
體內容，這樣也就給欣賞者提供了施展想像活動的廣闊天地。〔註44〕
由於音樂的不確定性及抽象性，正如無形無名的道，無所指涉，卻又能兼御
群理、總發眾情，因此，反而具有更強的藝術效果，能夠感人動物而達到「王
豹輟謳，狄牙喪味。天吳踊躍于重淵，王喬披雲而下墜。舞鷰鷟于庭階，游
女飄焉而來萃。感天地以致和，況蚑行之眾類」的宏大效果。

（四）由「養生」到「齊萬物兮超自得」的修養進路

〈琴賦〉除了涵蓋音樂及文學之美以外，還包含了玄學思想於其中，而最
重要的，就是養生的思想。按余英時的說法，嵇康之養生論，乃是正始以後玄
理之老莊與漢代之黃老之間一遞嬗之線索。〔註45〕若將〈琴賦〉與養生思想並
觀，即可發現此一思維路向。高柏園認為，嵇康之養生，兼有「境界形態之養
神」及「實有形態之養形」二義。〔註46〕此二義，可透過嵇康對「氣」的看法
來呈現，首先，就「境界形態之養神」而言，主要有神氣、正氣，例如：

外物以累心不存，神氣以醇白獨著，曠然無憂患，寂然無思慮，又
守之以一，養之以和，和理日濟，同乎大順。（〈養生論〉）

遊心乎道義，偃息乎卑室。恬愉無遌，而神氣條達。（〈答難養生論〉）

與世無營，神氣晏如。（〈幽憤詩〉）

醴醪鬻其腸胃，香芳腐其骨髓，喜怒悖其正氣，思慮銷其精神，哀
樂殃其平粹。（〈養生論〉）

「神氣」、「正氣」皆指心靈的澄澈空靈、無有所執，其先決條件乃是「清虛
靜泰，少私寡欲。」（〈養生論〉）不以聲色滋味或愛憎悲喜縈繫於懷之狀態，
並且必須精神專一以凝煉此氣，此一工夫，可說直承《莊子》而來，《莊子·
達生》曾將「未嘗耗氣」與「齊以靜心」並舉，所謂：

臣將為鐻，未嘗敢以耗氣也，必齊以靜心。齊三日，而不敢懷慶賞
爵祿；齊五日，不敢懷非譽巧拙；齊七日，輒然忘吾有四枝形體也。

莊子認為，主體對於外物與自我之執著，皆會損耗主體的內在之氣，故須擺

〔註44〕樓昔勇著，《美學導論》，上海：華東師範大學出版社，1997年，頁276。
〔註45〕余英時著，《中國知識階層史論》（古代篇），台北：聯經出版社，1980年，頁
256。
〔註46〕高柏園，〈論莊子與嵇康的養生論〉，《鵝湖》，1989年10月，第172期，頁14。

落一切內外之執，終至毀譽雙遣、巧拙兩忘。但另一方面，主體除了避免氣力之耗損以外，還需積極地凝養積聚此一純氣，此乃「純氣之守」（〈達生〉），即所謂「壹其性，養其氣，合其德，以通乎物之所造。夫若是者，其天守全，其神無郤，物奚自入焉！」（〈達生〉）「守氣」之重要條件，在於心靈純一無雜，無所攀緣，能「徇耳目內通而外於心知」（〈人間世〉）如此則世俗事物，無從入於靈府。而嵇康所言：「內視反聽，愛氣嗇精。」（〈答難養生論〉）即相應於「徇耳目內通而外於心知」（〈人間世〉）唯自聞、自見乃能保分任眞、不溢於外，而保持此純氣之不散。故嵇康之「神氣」、「正氣」多偏於心靈空明靈覺之境界義而言。

　　而就「實有形態之養形」來說，則有體氣、鬱穢之氣、和氣、所食之氣與六氣等，其曰：

> 愛憎不棲於情，憂喜不留於意，泊然無感，而體氣和平，又呼吸吐納，服食養身，使形神相親，表裡俱濟也。（〈養生論〉）

> ……初雖甘香，入身臭腐，竭辱精神，染污六府。鬱穢氣蒸，自生災蠹。饕淫所階，百疾所附。味之者口爽，服之者短祚。（〈答難養生論〉）

> 金丹石菌，紫芝黃精。皆眾靈含英，獨發奇生。貞香難歇，和氣充盈。澡雪五臟，疏徹開明。吮之者體輕。又練骸易氣，染骨柔筋。滌垢澤穢，志凌青雲。（〈答難養生論〉）

> 橘渡江爲枳，易土而變，形之異也。納所食之氣，還質易性，豈不能哉？（〈答難養生論〉）

> 或瓊糇既儲，六氣並御，而能含光內觀，凝神復璞，棲心於玄冥之崖，含氣於莫大之涘者，則有老可卻，有年可延也。（〈答難養生論〉）

嵇康認爲，養生不僅只有精神之虛靜，同時還需包含形體之涵養，所謂「君子知形恃神以立，神須形以存。悟生理之易失，知一過之害生，故修性以保神，安心以全身。」（〈養生論〉）若只是「棄世不群，志氣和粹，不絕穀茹芝，無益於短期矣。」（〈答難養生論〉）故形神兼養，乃是嵇康養生之重要關鍵。

　　那麼，彈琴養生之目的，就在於「導養神氣，宣和情志」，「導養神氣」爲「養形」，「宣和情志」爲「養神」，此即形神兼養。從「養形」來說，「導養神氣」乃是藉由呼吸吐納而使得「體氣和平」（〈養生論〉），按李善注引《管

子》曰：「導血氣而求長年。」〔註47〕《史記‧樂書》亦曰：

> 音樂者，所以動蕩血脈，通流精神而和正心也。故宮動脾而和正聖，
> 商動肺而和正義，角動肝而和正仁，徵動心而和正禮，羽動腎而和
> 正智。〔註48〕

宮、商、角、徵、羽五音與脾、肺、肝、心、腎五臟具有相互對應的關係，
因此，不同的聲音會引動不同的生理及心理狀態。此一說法，在中醫學上，
亦有其理據，按《靈樞‧本藏》所言：「五藏者，所以藏精神血氣魂魄者也。」
〔註49〕五臟乃是精、氣、神、血等貯藏之所，因而「得守者生，失守者死。」
（《素問‧脈要精微論》）若能強化五臟之功能，使其達到固守精氣的作用，
便具養生的效果，而「有老可卻，有年可延也。」（〈答難養生論〉）事實上，
有關導引吐納之術，漢代時即為士人所重，《後漢書‧矯慎傳》曰：「矯慎……
少學黃老，隱遯山谷，因穴為室，仰慕松喬導引之術。」此傳中以黃老與導
引之術並舉，說明先秦道家經方術之士為媒介，已與養生延年的觀念發生關
連，《莊子》中有〈養生〉一篇，而〈刻意〉又有「吹呴呼吸，吐故納新，熊
經鳥申」的說法，加上道教盛行，構成了嵇康養生思想的基礎，李豐楙便認
為，嵇康乃是方士化名士，為魏晉清談染習神仙道教之轉變關鍵，而其學術
亦方術化矣。〔註50〕

　　而另一方面，就「養神」來說，由於彈琴具有「宣和情志」、「懲躁雪煩」
的功能，可使人「愛憎不棲于情，憂喜不留于意」（〈養生論〉），而達到「無
為自得，體妙心玄。忘歡而後樂足，遺生而後身存。」（〈養生論〉）因此，嵇
康即以竇公為例，指出「竇公無所服御，而致百八十。豈非鼓琴和其心哉？
此亦養精之一徵也。」（〈答難養生論〉）在他看來，鼓琴之所以能和心與涵養
精神，乃是因為在鼓琴的過程中，主體收視反聽、澡雪精神、蕩滌邪心，使
精氣內守而不盪於外，最後乃能達到「外物以累心不存，神氣以醇白獨著；
曠然無憂患，寂然無思慮。」（〈養生論〉）的境界，此即能如〈琴賦〉中之琴
歌所言：「凌扶搖兮憩瀛洲，要列子兮為好仇。餐沆瀣兮帶朝霞，眇翩翩兮薄

〔註47〕戴明揚校注，《嵇康集校注》，頁83。

〔註48〕司馬遷撰、裴駰集解、司馬貞索隱、張守節正義，《史記》，卷二十四，〈樂書〉，
　　　　頁1236。

〔註49〕《靈樞經》，〈本藏〉，台北：台灣商務印書館，1968年，頁75。

〔註50〕李豐楙，〈嵇康養生思想之研究〉，《靜宜女子文理學院學報》，1979年6月第
　　　　2期，頁42～43。

天遊。齊萬物兮超自得，委性命兮任去留。激清響兮以赴會，何弦歌之綢繆。」在一片廣闊的天地之中放歌彈琴，御風而行、餐霞飲露、外死生、齊萬物，這正是由齊物而逍遙的至人境界，故〈琴賦〉云：「非夫曠遠者，不能與之嬉遊；非夫淵靜者，不能與之閑止；非夫放達者，不能與之無吝；非夫至精者，不能與之析理也。」只有曠遠、淵靜、放達、至精的至人，才能與「體清心遠，邈難極兮。」的愔愔琴德相合。西方漢學家高羅佩即言：

> 古琴的彈奏乃是藉由對情欲情感的排除而淨化人的本性，因此它是
> 一種沈思，一種直接與道交流的方式。它稀少的音符重新創造出「大
> 音希聲」的境界，因此古琴音樂使演奏者的靈魂達到與道的和諧。
>
> 〔註51〕

經由內省而漸次復歸於原始的寧靜，在「大音希聲」的境界中，生命返其本根而與道合而為一，此乃以琴養生的終極意義。故金聖嘆論〈琴賦〉云：「賦特是琴，序乃不止是琴。不止是琴，而又特賦琴，此始為深於琴理者也。」〔註52〕〈琴賦〉實包含著琴理、文理及養生之理。透過養形與養神這二個面相來看，即呈現出嵇康思想中漢代黃老與玄理老莊之脈絡。

（五）琴樂活動的方式及其審美情趣

音樂既是一種遊心物外、上契於道的精神活動，那麼，這樣的活動，又應該在何種情境之中產生呢？一方面，由於琴乃源於天地自然，因此，嵇康往往在平原流川、自然山水中來彈奏。但另一方面，由於當時俗樂盛行，而嵇康又不排斥俗樂，因此在現實生活中，嵇康便將俗樂安排在華堂曲宴中來演奏，這二種相異的音樂情境，反映著嵇康不同的審美情趣，其曰：

> 若夫三春之初，麗服以時，乃攜友生，以遨以嬉。涉蘭圃，登重基；
> 背長林，翳華芝；臨清流，賦新詩。嘉魚龍之逸豫，樂百卉之榮滋。
> 理重華之遺操，慨遠慕而常思。若乃華堂曲宴，密友近賓，蘭肴兼
> 御，旨酒清醇。進南荊，發西秦，紹陵陽，度巴人。變用雜而並起，
> 竦眾聽而駭神。料殊功而比操，豈笙籥之能倫！

首先，嵇康描寫在季春之初，因應時節而更換鮮麗之服，而後與友人攜手涉蘭圃、登高山、臨清流、賦新詩，並欣賞魚龍閒逸自得、百卉欣欣向榮之貌，

〔註51〕 Gulik Robert Hans Van. *The Lore of The Chinese Lute, an essay in the ideology of the Ch'in*. Tokyo:Sophia University.1969. pp45～46.
〔註52〕 張國光點校，《金聖嘆批才子古文》，武漢：湖北人民出版社，1986年，頁348。

此時，彈奏虞舜之琴曲，仰慕聖賢之美德，這是何其悠閒自得，恬淡自若!
事實上，這正體現著嵇康所謂「世之難得者，非財也，非榮也；患意之不足
耳!意足者，雖耦耕畎畝，被褐啜菽，莫不自得；不足者，雖養以天下，委
以萬物，猶未愜然。則足者不須外，不足者無外之不須也」（〈答難養生論〉）
的生命境界。李豐楙即曰:「康好老莊，重在得意，意有所得，自適於心，
其為得其義諦。」〔註53〕老莊以天地為大美，而反對人為斧鑿，故崇尚自
然，遨遊於天地之間，此乃生命之自得自適。而嵇康彈琴、賦詩、遊心於山
水之間，「不以榮華肆志，不以隱約趨俗，混乎與萬物並行，不可寵辱，此
真有富貴也。」（〈答難養生論〉）正得老莊之意。因此，蕭馳於〈嵇康與莊
學超越境界在抒情傳統中之開啓〉中論及嵇康詩風時即指出，嵇詩中佔十分
之一強的恬和淵淡這類詩作對於中國抒情傳統的意義非比尋常，它們存在於
傳統的言志和告哀主題之外，又非宴遊和游仙的題材所能限定，開創出的是
一恬和淵淡的精神憩園。而此即由老學、易學轉向莊學的歷史脈絡，其更進
一步從嵇康的〈養生論〉和〈樂論〉來討論此一生命和藝術的境界，從而確
認:其夷曠恬和的詩作表現的就是怡神的養生境界和無哀樂的音樂境界。三
者自生命情調而言，是同一的境界，皆體認出莊子擺脫生存困境的「攖寧」，
皆是非遁世之士不能品味的「至樂」。〔註54〕蕭馳此說雖是針對嵇詩而言，
然實已精確地概括出嵇康的藝術生命，換句話說，詩作、養生與音樂三者所
表現的皆是恬淡自適的生命情調，亦是唯至人方能品味之「至樂」境界，因
此，羅宗強亦云:

> 嵇康的意義，就在於他把莊子的理想的人生境界人間化了，把它從
> 純哲學的境界，變為一種實有的境界，把它從道的境界，變成詩的
> 境界。〔註55〕

音樂、自然與老莊已在嵇康的生命中相互融合，哲理的境界在此已被轉化為
一實有的、詩的境界。

　　但另一方面，與此種生命情調完全相反的，則是一種世俗性的審美情調，
二者截然不同，甚至是相互矛盾的，但嵇康之所以將此記錄於〈琴賦〉之中，

〔註53〕李豐楙，〈嵇康養生思想之研究〉，《靜宜女子文理學院學報》，1979年6月，
　　　　第2期，頁44。

〔註54〕蕭馳，〈嵇康與莊學超越境界在抒情傳統中之開啓〉，《漢學研究》，2007年6
　　　　月，第25卷第1期，頁95。

〔註55〕羅宗強著，《玄學與魏晉士人心態》，天津:天津教育出版社，2005年，頁85。

最大的可能乃是為了呈現當時的社會風尚，展現出各種不同類型的音樂相互交融的面貌，其云：「華堂曲宴，密友近賓，蘭肴兼御，旨酒清醇。進南荊，發西秦，紹陵陽，度巴人。」按《文選》李善注曰：「南荊即荊豔楚舞。」〔註56〕西秦為秦樂。陵陽，李善注引宋玉〈對問〉曰：「既而曰陵陽白雪，國中唱而和之者彌寡。」〔註57〕此為其曲彌高則其和彌寡的雅樂。至於巴人，李善引宋玉云：「客有歌於郢中者，始曰巴人。」〔註58〕由此看來，在華堂上所演奏的曲目摻雜了楚舞、秦樂、雅樂及俗樂等，說明各種樂曲已普遍流行於士人階級，且「變用雜而並起，竦眾聽而駭神。」雅曲俗調之交響齊鳴，具有搖盪心神的美感，此即〈聲無哀樂論〉所言：「若夫鄭聲，是音聲之至妙。」故修海林論及「華堂曲宴」中的琴樂活動時即言：

> 在「華堂曲宴」中的琴樂活動與置身於自然的琴樂活動顯然不同，
> 其審美情調是世俗性的，所謂「變用雜而并起，竦眾聽而駭神」的
> 描寫，應是對當時「華堂曲宴」中琴樂活動的真實反映。〔註59〕

可見當時俗樂已廣為流行，並滲透到文人音樂之中，成為一種普遍的音樂現象。

（六）和美的琴樂境界

在嵇康看來，琴樂最終所要達到的理想境界，即是「和」，此乃源於其氣化宇宙論的思維模式，因為音樂源自於「氣」，而「氣」最完美的狀態就是陰陽和諧，故音樂乃以「和」為體性，李澤厚、劉綱紀即云：

> 嵇康以「和」為樂的本體，而樂的本體是出於自然的，那麼聲音的
> 「和」與不「和」（亦即「善與不善」）就是由自然所決定的。這裡，
> 嵇康持著中國哲學自古以來就有的一個素樸的看法，即認為自然的
> 陰陽變化在本性上是永恒地和諧的。〔註60〕

既然「和」為陰陽變化最為完美的狀態，又是音聲的本體，那麼，這種對「和」的追求，從形而上的「和聲無象」到現象界的「聲音克諧」，便始終貫串在嵇康對琴的看法上。無論是琴材、琴體結構、音聲或琴德各方面，嵇康皆強調

〔註56〕蕭統編、李善注，《文選》，頁845。
〔註57〕蕭統編、李善注，《文選》，頁845。
〔註58〕蕭統編、李善注，《文選》，頁845。
〔註59〕修海林著，《中國古代音樂美學》，福州：福建教育出版社，2004年，頁293。
〔註60〕李澤厚、劉綱紀主編，《中國美學史》第二卷（上），頁248。

其須符合於「和」的原則，例如做為琴材的梧桐乃「含天地之醇和兮，吸日月之休光。」充份吸收陰陽調和之氣與日月精華。其次，就琴體結構而言，「若論其體勢，詳其風聲；器和故響逸，張急故聲清；間遼故音庳，弦長故徽鳴。」琴的體制結構與聲音之間，必須搭配和諧才能使音響閒逸；在彈奏時，上緊琴弦則聲音清越，左手取音之距離與岳山間隔愈遠，則聲音愈次低沈，同時，由於琴弦長度甚長，故須糾緊徽索以取音。這些，都屬樂器學上的知識。同時，嵇康又提及音聲之和美，例如：

> 感天地以致和，況蚑行之眾類。

> 若乃閒舒都雅，洪纖有宜。清和條昶，案衍陸離。

> 總中和以統物，咸日用而不失。其感人動物，蓋亦弘矣！

嵇康將音聲之「和」分為三種：一為「天地之和」，所謂「感天地以致和，況蚑行之眾類。」此即「大樂與天地同和」（《禮記‧樂記》）之意，指音樂源於天地自然之「和」，同時透過音樂之和諧，反過來，又能感天地、通鬼神。二為「清和」，其言：「清和條昶，案衍陸離。」清和意味著一種飛揚飄逸的特質。在嵇康看來，琴聲在演奏時舒緩悠閒、強弱適中、清和流暢、起伏抑揚，充滿著清新和暢之美。此種審美情趣在魏晉的音樂文學中多有呈現，例如阮瑀〈箏賦〉云：「稟清和于律呂。」成公綏〈嘯賦〉曰：「清激切于竽笙，優潤和于瑟琴。」嵇康〈聲無哀樂論〉云：「猶瞽者能善其曲度，而不能令器必清和也。」此皆說明清和之美乃魏晉作家所崇尚的審美情趣，因此，王曉衛便指出，通觀魏晉諸樂賦，可發現一明顯傾向：魏晉樂賦普遍注重對音樂所展示的清音的描繪及讚賞，說明魏晉時期在文士中存在著看重清音的風氣。〔註61〕三為「中和」，〈琴賦〉論琴音乃是「總中和以統物，咸日用而不失。」按「中和」之意，《禮記‧樂記》云：「樂者，天地之命，中和之紀。」指出音樂中喜怒哀樂的情感須表現得恰到好處，過猶不及。嵇康在此，顯然受到儒家的影響，而以「中和」來說明音樂的特質，然而，其又對此一概念進行了轉化，藉著「過猶不及」的概念更為深刻地把握了音樂之內涵，例如在形容音樂的速度時，其言：「疾而不速，留而不滯，翩綿飄邈，微音迅逝。」強調如何在迅速奔馳的樂音中從容自得、不顯焦躁，在舒緩悠長的速度中不顯滯重，才能給人一種翩綿飄邈、餘音不盡之美感。此外，尚有「或曲而不屈，或直而不倨，或相凌而不亂，或相雜而不

〔註61〕 王曉衛，〈魏晉的樂賦及當時的看重清音之風〉，《貴州大學學報》（社會科學版），2003 年 11 月，第 21 卷第 6 期，頁 71。

殊」的說法，意指無論何種音樂的表現，都必須掌握其間恰到好處的分際，或委婉而不屈，或剛直而不倨，或錯雜而不亂，或相間而不斷，才能展現變化多端卻和諧條暢之美。

　　綜上所述，嵇康從「自然之和」的角度出發來涵蓋琴的特質，不論是從琴材的生長環境、琴體結構或琴音之美等，都是環繞著「和」為核心概念開展而出，充份展現出一種與宇宙自然合而為一的特色，此即侯立兵所言：

> 　縱觀歷代音樂賦，不難發現，它們在接受和闡釋音樂文化的內涵時
> 都非常強調音樂的宇宙品格，強調音樂所對應的天人關係。音樂的
> 宇宙化和宇宙的音樂化是中國文化的一種重要品格，「宇宙化」是音
> 樂賦闡釋的核心內容之一。中國古代先哲們認為音樂具有法天象地
> 的品格、比擬歲時的特徵和調和陰陽的功能，這一點在音樂賦中多
> 有體現。〔註62〕

嵇康之〈琴賦〉透過琴樂為中介，充份地展現了人和宇宙自然之間的和諧，也深化了人、自然與音樂之間的關係。因此，袁濟喜便指出，嵇康音樂美學的最高範疇是「和」，它屬於魏晉玄學所追求的與宇宙同在的人格自由境界。
〔註63〕

二、成公綏之〈嘯賦〉

　　受到玄學思潮影響下的樂賦，除了嵇康之〈琴賦〉之外，尚有〈嘯賦〉。「嘯」在先秦時便已存在，其內涵隨著時代的變遷而有所改變，在先秦時期，嘯多有抒發憂鬱之功能，例如《詩・國風・江有汜》中之「其嘯也歌」，同時又存在於巫術行為之中，例如《楚辭・招魂》中記載招魂儀式時便包含了「嘯」，漢以後又結合方術與道教，代表某種特異功能及修煉之術。及至魏晉，則成為特有的文化現象之一，主要原因即在於玄學的影響，玄學以老莊思想為主，追求生命之超脫放逸、無所繫累，而「嘯」恰好具有一種放浪不羈的性格，因此十分吻合文士們風流放曠的生命情調，李豐楙即言：

> 　嘯的放浪不羈性格，也常與傲態、逸態相關；因為正常的、合乎禮
> 節的表現，要求歌有節、行有節，衝決這種禮數所形成的社會規範，

〔註62〕侯立兵，〈漢魏六朝音樂賦的文化考察〉，《零陵學院學報》，2004年7月，第25卷第4期，頁2。
〔註63〕袁濟喜著，《和：審美理想之維》，南昌：百花洲文藝出版社，2001年，頁78。

乃採一不合節拍的嘯加以表現，這是隱逸精神的一種型態。〔註64〕
其中，最能表現出此種生命情調的乃是成公綏之〈嘯賦〉，故《文心雕龍・才
略篇》曰：「成公子安選賦而時美。」〈詮賦篇〉則將其與王粲、徐幹、左思、
潘岳、陸機、郭璞、袁宏等八人推為「魏晉之賦首」，言：「士衡子安，底績
於流制。」本文在此，乃由「嘯」之界義開始、透過對「嘯」意涵之簡要考
察，並針對魏晉玄學在〈嘯賦〉中之體現及儒家「中和」觀的影響等幾個方
面來進一步剖析成公綏之〈嘯賦〉。

（一）「嘯」之界義

所謂「嘯」，按《說文》曰：「嘯，吹聲也。從口，肅聲。」〔註65〕鄭玄
〈召南〉箋曰：「嘯，蹙口而出聲也。」〔註66〕指緊縮、努尖嘴唇，讓氣流從
舌尖吹出。成公綏〈嘯賦〉言：「發妙聲於丹唇，激哀聲於皓齒。響抑揚而潛
轉，氣衝鬱而煙起。」可見「嘯」乃透過唇齒來發音，並藉由飽滿之氣迅疾
地衝口而出。唐寅〈嘯旨後序〉亦曰：「孫登嵇康先生，遂係以內激外激，運
氣撮唇之法甚詳，而於聲則云未譜。聲音蓋激氣而成者，邵子謂物理無窮，
而音聲亦無窮。」〔註67〕「嘯」聲乃由運氣撮唇而成，至於內激、外激則為
「嘯」法。〔註68〕孫廣〈嘯旨〉則進一步說明「言」與「嘯」之區分，其曰：

> 夫氣激於喉中而濁，謂之言，激於舌而清，謂之嘯。言之濁，可以
> 通人事、達性情。嘯之清，可以感鬼神、致不死。蓋出其言善，千
> 里應之，出其嘯善，萬靈受職。〔註69〕

「言」與「嘯」之差別乃是在於，前者氣激於喉中而濁，而後者激於舌而清。
按趙憩之以音理的說法來詮釋，則「凡『言』俱帶元音，故振動聲帶而謂之濁，
『嘯』既激於舌端而清，當然是不振聲帶所發出子音性質之清音。」〔註70〕換

〔註64〕 李豐楙著，《六朝隋唐仙道類小說研究》，台北：台灣學生，1986年，頁230。
〔註65〕 許慎撰、段玉裁注，《說文解字注》，頁58。
〔註66〕 許慎撰、段玉裁注，《說文解字注》，頁58。
〔註67〕 唐寅撰，《唐伯虎先生全集》（一），台北：台灣學生書局，1979年，頁48。
〔註68〕 孫廣〈嘯旨〉曰「嘯」有十二法，其中外激為「以舌約其上齒之裡，大開兩
　　　　脣而激其氣，令其出謂之外激也。」而內激為「用舌以前法，閉兩脣於一角，
　　　　小啓如麥芒，通其氣，令聲在內，謂之內激也。」皆以嘯法乃透過舌、齒、
　　　　唇激氣而運作。參見《欽定古今圖書集成・經濟彙編・樂律典》（736冊），卷
　　　　七十三，上海：中書書局，1934年，頁45。
〔註69〕 《欽定古今圖書集成・經濟彙編・樂律典》（736冊），卷七十三，頁45。
〔註70〕 趙憩之著，《等韻源流》，台北：文史哲出版社，1985年，頁38。

句話說，「言」是透過振動聲帶發聲，而「嘯」則由口腔吹氣發聲。那麼「嘯」的發音共鳴與口腔的關係，趙憩之進一步說道：

> 原來音之洪細，無關於喉，實與口腔有絕大關係。口腔實是發音的共鳴器，音之洪細就是依這個共鳴的大小而定。今試彈指於口腔，設口腔作說（a）的形狀而不激之以氣，則彈指之聲似（a）；作（u），（o）及其他元音的形狀，均肖。在嘯時如把共鳴器調節的得當，不是也很能分出洪細來麼？既然如此，當然能摹歌，不過牠所能摹者，只是曲調；聽今之「打呼哨」者。〔註71〕

可見「嘯」乃是將口腔當作共鳴器來發聲，並可藉此調整音量，也因此能模擬歌唱。

中國古代主要有三種嘯，即長嘯、吟嘯與嘯歌。長嘯，指蹙口長聲發嘯，《晉書・夏統傳》曰：

> 夏統字仲御，會稽永興人……會上月上巳，洛中王公巳下並至浮橋，士女駢填，車服燭路。……統於是以足叩船，引聲喉囀，清激慷慨，大風應至，含水嗽天，雲雨響集，叱咤讙呼，雷電晝冥，集氣長嘯，沙塵煙起。王公巳下皆恐，止之乃已。

「長嘯」氣勢萬千、聲音宏大、慷慨激昂，故能使雲雨響集、雷電晝冥。其次為吟嘯，即邊吟詩邊嘯，以增加音韻之美，如《世說新語・文學》第一百零二條云：

> 桓玄嘗登江陵城南樓，云：「我今欲為王孝伯作誄。」因吟嘯良久，隨而下筆，一坐之間，誄以之成。

可見吟嘯乃是口哨藝術與詩歌音韻之結合，想必十分優美。而嘯歌，則是以嘯模擬歌聲，具有旋律性的聲音，《詩・小雅・白華》即言：「嘯歌傷懷，念彼碩人。」其以詩中女子愁苦無端，唯有透過嘯歌才能予以紓解，說明嘯歌乃是一種抒發抑鬱、宣洩情緒的方式，然而，「嘯」與「歌」仍有所不同，王先謙在《詩三家義疏》曰：

> 愚案韓詩〈園有桃〉章句云：「有章曲曰歌，無章曲曰謠。」此嘯無章曲而亦得稱歌者，發聲清激，近似高歌耳。〔註72〕

〔註71〕趙憩之著，《等韻源流》，頁39。
〔註72〕王先謙撰，《詩三家義集疏》上，卷二，〈江有汜〉，台北：世界書局，1957年，頁45。

按趙憩之的說法：

> 何謂章曲？章曲就像現在的樂譜。僅有樂譜者，不得稱為歌。歌是
> 樂譜與詩或謠的聯合，詩或謠是有明確之意義的。故古今來之所謂
> 歌者，俱有明確的意義之可言。是以我們若說嘯歌無明確之意義則
> 可，而云無章曲則不可。若嘯而無章曲，我們可以名之曰「徒嘯」，
> 〈中谷有蓷〉之「條其歗矣」與曹子建〈美女篇〉之「長嘯氣若蘭」
> 大概屬此。疑者或云：歌既然必須有意義，嘯歌是無意義的，何以
> 能稱之為歌？我們可以答他說：此其所以不能稱為嚴格的歌，而僅
> 稱為嘯歌──即王先謙所謂「近似高歌」。〔註73〕

由此看來，「嘯」與「歌」之差別在於，「歌」包含了詩或謠，因此，除了旋
律之外，尚有語言的明確意義，然而「嘯」則不含歌詞，僅有音高與旋律，
故近似高歌，卻無明確的語言意涵，馬積高便說：

> 嘯大概是一種有高低抑揚的長吟，也就是此賦所謂「聲不假器，用
> 不借物，近取諸身，役心御氣。動唇有曲，發口成音，觸類感物，
> 因歌隨吟」的一種特殊歌唱。〔註74〕

因此，嘯乃具有狂放、不羈的發聲方式，為情感的自然表達，無字無詞、節
奏自由，聲音清越而近於高歌。

（二）玄學視野下之〈嘯賦〉

先秦兩漢時期的「嘯」，一方面具有宣洩情緒、排遣抑鬱的功能，一方面
又與巫術、法術有關，然而及至魏晉，在玄學的影響下，又展現出不同的風
貌，王琳即言：「在以『自然』為『本體』的玄學思潮推動下，當時的一些咏
物小賦所表現的『通物性』、『暢人性』，溝通物我的傾向更加自覺，而附會老
莊之學則成為其中的一個迥異前人的動向，劉勰所謂『詩必柱下之旨歸，賦
乃漆園之義疏』（《文心雕龍‧時序》）的情況已經明顯體現。」〔註75〕由於玄
風大盛，魏晉名士個個遊於方外、宅心玄遠，長嘯一聲，最能體現瀟灑不羈、
倜儻曠放的生命情調，因此能嘯、善嘯就成了名士風流的象徵，例如阮籍的
蘇門之嘯，《世說新語‧棲逸》第一條曰：

> 阮步兵嘯，聞數百步。蘇門山中，忽有真人，樵伐者咸共傳說。阮

〔註73〕趙憩之著，《等韻源流》，頁40～41。
〔註74〕馬積高著，《賦史》，上海：上海古籍出版社，1998年，頁183。
〔註75〕王琳著，《六朝辭賦史》，哈爾濱：黑龍江教育出版社，1998年，頁100。

> 籍往觀，見其人擁劀巖側。籍登嶺就之，箕踞相對。籍商略終古，
> 上陳黃、農玄寂之道，下考三代盛德之美，以問之，仡然不應。復
> 叙有爲之教，棲神導氣之術以觀之，後猶如前，凝矚不轉。籍因對
> 之長嘯。良久，乃笑曰：「可更作。」籍復嘯。意盡，退，還半嶺許，
> 聞上嗜然有聲，如數部鼓吹，林谷傳響。顧看，迺向人嘯也。

阮籍對蘇門眞人上陳黃農之道，下考三代之德，復叙有爲之教、棲神導氣之術，眞人皆「凝矚不轉」的主要原因，乃是因爲所謂「玄寂之道」，乃清靜無爲、超絕人事之道，而阮籍所陳皆是有爲而未臻化境，故未足以論道，及至阮籍縱情長嘯，乃發於自然、本乎至性，故眞人答之以嘯，此正所謂「目擊而道存矣，亦不可以容聲矣。」（《莊子・田子方》）這種對「目擊而道存」的追求，正是玄風大盛下的產物，因此，魏晉文士們幾以能嘯爲長，如嵇康〈幽憤詩〉云：「采薇山阿，散髮巖岫。永嘯長吟，頤性養壽。」左思〈詠史詩〉其一曰：「長嘯激清風，志若無東吳。」〔註76〕陶潛〈歸去來兮辭〉：「登東皋以舒嘯，臨清流而賦詩。」而成公綏本人亦善嘯，《晉書・文苑列傳》即云：「綏雅好音律，嘗當暑承風而嘯，泠然成曲，因爲《嘯賦》。」此皆體現了文士們在宇宙天地之間，透過長嘯所展現出的灑脫不羈之生命姿態。值得注意的是，如果說，嵇康之〈琴賦〉仍環繞著以「氣」爲核心，重視透過音樂來養生，充滿了漢代氣化宇宙論之遺緒，那麼成公綏之〈嘯賦〉則已從漢代的氣化宇宙論轉而爲魏晉之本體論，由於窮究本體，故遠離塵世、棄絕事功，追求生命之逍遙放逸、自在適性，呈現出玄理老莊之性格，而此一玄理性格，主要呈現在以下幾個方面：

1、「精性命之至機，研道德之玄奧」之探求

〈嘯賦〉一開始，即託言逸群公子，登箕山、浮滄海並延友生、集同好以慷慨長嘯，其曰：

> 逸群公子，體奇好異，傲世忘榮，絕棄人事。睎高慕古，長想遠思。
> 將登箕山以抗節，浮滄海以游志。於是延友生，集同好。精性命之
> 至機，研道德之玄奧。愍流俗之未悟，獨超然而先覺。狹世路之陜
> 僻，仰天衢而高蹈。邈婝俗而遺身，乃慷慨而長嘯。于時曜靈俄景，
> 流光濛汜。逍遙攜手，踟跦步趾。發妙聲於丹脣，激哀音於皓齒。

〔註76〕逯欽立輯校，《先秦漢魏晉南北朝詩・晉詩》，卷七，北京：中華書局，2006年，頁732。

響抑揚而潛轉，氣衝鬱而燥起。協黃宮於清角，雜商羽於流徵。飄
遊雲於泰清，集長風乎萬里。曲既終而響絕，遺餘味而未已。良自
然之至音，非絲竹之所擬。

所謂「研道德之玄奧」，乃是對宇宙本體之探索，湯用彤即言：「魏晉黜天道
而究本體，以寡御眾，而歸於玄極；忘象得意，而游於物外。」〔註 77〕此一
本體，即是何晏、王弼所建構之「無」，《晉書·王衍傳》曰：

魏正始中，何晏、王弼等祖述老、莊，立論以為天地萬物皆以無為
本。無也者，開物成務無往不存者也。陰陽恃以化生，萬物恃以成
形，賢者恃以成德，不肖者恃以免身。故無之為用，無爵而貴矣。

「無」即「道」，乃萬物所以存在之究竟依據，而此一存在之依據，由於其「無
狀無象，無聲無響，故能無所不通，無所不往。」（王弼《老子》第十四章注）
以「無」為本之思想經莊子之轉化，乃成為「聖人不從事於務，不就利，不違
害，不喜求，不緣道；無謂有謂，有謂無謂，而遊乎塵垢之外。」（《莊子·齊
物論》）的心靈境界。因此，湯用彤便指出，「魏晉名士之人生觀，既在得意忘
形骸。或雖在朝市而不經世務，或遁迹山林，遠離塵世。或放弛以為達，或佯
狂以自適。然既旨在得意，自指心神之超然無累。如心神遠舉，則亦不必故意
忽忘形骸。讀書須視玄理之所在，不必拘於文句。行事當求風神之蕭朗，不必
泥於形迹。」〔註 78〕從這樣的角度來看，魏晉名士既嚮往心神之超然無累，那
麼，縱身於大自然之中，在黃昏朦朧的光線裡，遠離塵囂，逍遙攜手，信步徘
徊於山巔水涯，心滌蕩而無累，志離俗而飄然，而後長嘯一聲，協合宮商、雜
入商羽，其慷慨激昂足以飄遊雲於泰清，集長風乎萬里，最能體現莊子所謂「芒
然彷徨乎塵垢之外，逍遙乎無為之業。」（《莊子·大宗師》）的境界。因此成公
綏將「嘯」視為對「道」之追求，而「道」生萬物，下貫為主體生命，則為「德」，
所謂「德者得也。道生萬物，有得有獲，故名德經。」〔註 79〕那麼「研道德之
玄奧」同時即是「精性命之至機」，可說是對老莊思想之復歸。

　　2、「嘯」之「自然」意蘊

　　成公綏既以「道德」為生命之旨歸，而在魏晉玄學當中，「道」與「無」
及「自然」又為同義，因此成公綏以「嘯」乃是「良自然之至音，非絲竹之

〔註 77〕湯用彤撰，《魏晉玄學論稿》，上海：上海古籍出版社，2005 年，頁 39。
〔註 78〕湯用彤撰，《魏晉玄學論稿》，頁 32。
〔註 79〕朱謙之撰，《老子校釋》，北京：中華書局，1984 年，頁 150。

所擬。」實深具玄學之意涵。所謂「自然」，按《老子》第二十五章曰：「人
法地，地法天，天法道，道法自然。」王弼注云：「道不違自然，乃得其性，
法自然也。法自然者，在方而法方，在圓而法圓，於自然無所違也。」〔註80〕
阮籍《通老論》曰：「道者法自然而為化。侯王能守之，萬物將自化。《易》
謂之太極，《春秋》謂之元，老子謂之道。」所謂「自然」即指自己如此、自
己而然之意，《莊子》一書中亦有「常因自然而不益生」（〈德充符〉）、「順物
自然而無容私焉」（〈應帝王〉）、「莫之為而常自然」（〈繕性〉）、「無為而才自
然矣」（〈田子方〉）等說法。總括來說，此處之「自然」皆與「無為」及「莫
之為」相關，即不假人為、不事雕琢，故《世說新語・識鑑》劉注引《嘉別
傳》載桓溫問孟嘉曰：「聽伎，絲不如竹，竹不如肉，何也？」答曰：「漸近
自然。」絲、竹、肉為三種不同的音樂層次，其中以人體器官所發出的聲音
為最高層次，主要就是因為沒有斧鑿的痕跡。而此一思想反映在〈嘯賦〉之
中，即成公綏所云：「聲不假器，用不借物。近取諸身，役心御氣。動唇有曲，
發口成音。觸類感物，因歌隨吟。」「嘯」因不假他物，直接取決於人自身，
故能隨心所欲，發口成音，只要因物所感，便能因歌隨吟，因此在孟嘉看來，
佔有更高的地位。而劉志偉則將「嘯」視為「人的自覺」在音樂上的闡釋且
與魏晉士人對本體之追求有關，其曰：

> 《嘯賦》可視為嵇康《琴賦》的嗣響。「嘯」既是由人的發音器官發
> 音的特殊音樂器具，作者就對擁有這種特殊樂器的人做了特別的規
> 定：「逸群公子，體奇好異，傲世忘榮，絕棄人事，希高慕古，長想
> 遠思，將登箕山以抗節，浮滄海以游志。」只有「愍流俗之未悟，
> 獨超然而先覺」、追求生命的自由意志、超越生命表象世界之人，才
> 配擁有「嘯」聲。從人自身尋找最佳的音樂結構，這顯然是對魏晉
> 「人的自覺」精神的一種音樂闡釋。……它的重要意義，在於代表
> 了魏晉審美思潮之合乎邏輯的發展軌迹：審美主體由向外在自然的
> 深情凝視到借助外物以探究、把握宇宙自然的普通法則和規律，而
> 轉向通過對人自身的徹底肯定來張揚人的生命主體意識。〔註81〕

可見，「嘯」所代表的意義，說明了魏晉時期審美發展的軌跡已由透過外物來探

〔註80〕樓宇烈校釋，《王弼集校釋》，頁65。
〔註81〕劉志偉，〈《文選》音樂賦創作程式與美學意蘊發微〉，《西北師大學報》（社會
　　　科學版），1996年9月，第33卷第5期，頁24。

索宇宙自然轉向對人自身的肯定，而彰顯出生命之主體意識，因此，唯有能「愍流俗之未悟，獨超然而先覺」的逸群公子，才能洞徹生命之諸種表象，而尋求生命之超越，進而有自由之追求。從這個角度來看，「嘯」不假人為，故具有高度的自由與隨意性，能唱引萬變，曲用無方，音均不恆，曲無定制，故「因形創聲，隨事造曲，應物無窮，機發響速。」完全吻合逸群公子追求自由的精神，因此，范子燁便指出，魏晉時期的嘯，由於曲制尚未固定，作為寓可變性和隨意性於聲律之美的口哨音樂，頗能契合士人崇尚自然的人生哲學，因而大盛於世。〔註82〕故成公綏稱其為「自然之至音」與「自然之極麗」。

此外，「自然」的概念除了自己而然、自己如此之意以外，尚指涉與「人類」相對的自然現象之自然界、自然物。有關「自然」與「人類」相對意義的劃分究竟產生於何時？其時間點並不明確，但依據小尾郊一的說法，乃是從老莊思想盛行及隱遁思想披靡之魏晉時期開始的。〔註83〕因此，「在魏晉玄學中，人們往往寄情於山水，從自然山水中去領悟『道』的實質。」〔註84〕而「嘯」既體現為對「道」的追求，那麼舒嘯的情境便往往是在風景優美的大自然中來進行，故言「遊崇崗，陵景山。臨巖側，望流川。坐盤石，漱清泉。藉皋蘭之猗靡，蔭修竹之蟬蜎。乃吟詠而發散，聲駱驛而響連。舒蓄思之俳憤，奮久結之纏綿。心滌蕩而無累，志離俗而飄然。」吟嘯者在崇山峻嶺之間，臨懸崖、望流川，長嘯一聲而回聲連絲，藉此抒發憂憤、排遣情思，滌蕩心靈，使神超形越，完全充塞著一種審美、平淡的生命情調。因此李建中、高華平即言：

> 魏晉玄學名士選擇的是一種藝術化、審美化的生存方式，但是，
> 玄學名士的這一選擇不可能是漫無根據的，它成了與那個時代的
> 政治經濟的變化息息相關之外，另外一個極其重要的原因，則是
> 與當時士大夫們的玄學價值取向有關，其中凝結著魏晉玄學特點
> 的人生理想和審美趣味——魏晉玄學的人生理想已由漢代士大夫
> 的追求外在功業，而轉變為追求內在和平，他們的審美趣味也相
> 應地由漢人的力求粗樸、宏偉、崇高，而轉變為平淡、雅致、自
> 然。〔註85〕

〔註82〕范子燁著，《中古文人生活研究》，濟南：山東教育出版社，2001年，頁459。
〔註83〕小尾郊一著、高輝陽譯，〈魏晉文學所表現的自然及自然觀〉（一），《藝術學報》，1988年6月，第42期，頁78。
〔註84〕張涵、史鴻文著，《中華美學史》，北京：西苑出版社，1995年，頁172。
〔註85〕李建中、高華平著，《玄學與魏晉社會》，石家莊：河北人民出版社，2003年，

在玄學之影響下，名士們追求玄遠、寄心方外、脫盡塵累，充斥著的正是平淡自然的老莊精神。

3、由「言不盡意」至「嘯盡意」

魏晉玄學的認識論，主要圍繞著「言意之辨」的概念來進行，此一概念分為「言盡意」與「言不盡意」二說，其中以「言不盡意」為主要的看法，代表人物有荀粲、蔣濟、鍾會、傅嘏及王弼等。〔註86〕「言意之辨」起源於人物品鑑，而後進到對玄理的思考與探求，發現概念性的語言永遠無法窮盡精微奧妙的形上之道，因此，重新尋找「盡意」的方式，便成為「言意之辨」的新課題。由於藝術表現毋須借助語言概念，尤其是無歌詞的「嘯」充滿了自由與隨意性，十分適於闡發形上精微之道，因此，魏晉文士往往以能嘯、善嘯為長，此一現象正反映著「嘯」作為一種藝術形式，被賦予體道、盡意的可能，因此王葆玹便認為，只有從「言意之辨」的角度作出新解，才能使「嘯」的性質和意義明朗化。〔註87〕

首先，就言意之辨所關注的焦點來看，主要在探討如何窮究、認識本體的問題，《三國志・魏志・荀彧傳》注引《荀粲傳》曰：

> 粲諸兄並以儒術論議，而粲獨好言道，常以為子貢稱夫子之言性與天道，不可得聞，然則六籍雖存，固聖人之糠粃。粲兄俁難曰：「《易》亦云聖人立象以盡意，繫辭焉以盡言，則微言胡為不可得而聞見哉？」粲答曰：「蓋理之微者，非物象之所舉也。今稱立象以盡意，此非通于意外者也。繫辭焉以盡言，此非言乎繫表者也；斯則象外之意，繫表之言，固蘊而不出矣。」

按《周易・繫辭》上云：「子曰：書不盡言，言不盡意，然則聖人之意，其不可見乎？子曰：聖人立象以盡意，設卦以盡情偽，繫辭以盡其言，變而通之以盡利，鼓之舞之以盡神。」此處，意、象、言乃為三個不同的層次，而「意」指形而上者，即不可得聞之「性與天道」，非語言文字所能窮盡者，故《老子》第一章云：「道可道，非常道，名可名，非常名。」《莊子・秋水》曰：「可以

頁 169。

〔註86〕 有關王弼究竟是否屬於「言不盡意」一派，牟宗三認為，王弼所提「立象以盡意，得意而忘象」與荀粲所提之「象外之意」、「繫表之言」同屬「盡而不盡」一說所涵，非有不同之二說也。參見牟宗三著，《才性與玄理》，頁 246～247。

〔註87〕 王葆玹著，《正始玄學》，山東：齊魯書社，1987 年，頁 334。

言論者，物之粗也；可以意致者，物之精也；言之所不能論，意之所不能察致者，不期精粗焉。」因此荀俁認爲，既然形而上者，無法透過語言文字來表達，聖人只好另立卦象以盡意，此說爲「象能盡意」一派。然而，荀粲卻以爲，「立象以盡意」者，事實上，「意」有象所能盡者，亦有所不能盡者，不能盡之意爲「象外之意」，亦即「理之微者」。而所謂「繫辭以盡其言」，則此「言」有辭所能盡者，亦有辭所不能盡者，此不能盡者即爲「繫表之言」。因此，「象外之意」說明「象」有其限度，而「繫表之言」則說明辭有其限度，就有限之言、象而言，是「言意境」，而就言、象所不能盡者，爲「超言意境」。有關意、象、言的問題，王弼於《周易略例・明象》中亦曰：

> 夫象者，出意者也。言者，明象者也。盡意莫若象，盡象莫若言。言生於象，故可尋言以觀象；象生於意，故可尋象以觀意。意以象盡，象以言著。故言者所以明象，得象而忘言；象者，所以存意，得意而忘象。猶蹄者所以在兔，得兔而忘蹄；筌者所以在魚，得魚而忘筌也。然則，言者，象之蹄也；象者，意之筌也。是故，存言者，非得象者也；存象者，非得意者也。象生於意而存象焉，則所存者乃非其象也；言生於象而存言焉，則所存者乃非其言也。然則，忘象者，乃得意者也；忘言者，乃得象者也。得意在忘象，得象在忘言。故立象以盡意，而象可忘也；重畫以盡情，而畫可忘也。

就《易經》而言，象與辭乃構成《易經》之重要組成部份，象指卦、爻象，乃藉由圖象的方式以象徵事變之幾與理，具啓發與指點之作用。而辭則爲說明象者，助象以指點事變之幾與理，因此，言、象只具有工具義，作用在於啓發與指點幾與理，一旦達此目的，便可忘，故有筌蹄之喻。王弼此說，表面上似未觸及「象外之意」及「言不盡意」的問題，然按牟宗三的說法，王弼實與荀粲同屬「言不盡意」一系，其中之關鍵，就在言與象所欲傳達之「意」，究竟屬於何種眞理。牟宗三認爲，眞理分爲外延眞理與內容眞理，外延眞理乃是一種科學的眞理，即命題可由量來決定，而不受主觀的影響，由此產生客觀知識；內容眞理則爲個體生命之表現，與外延眞理不同。〔註88〕而在《周易》中之「意」所指涉者乃是內容眞理，即指不可道界，因此並非指實之言所能窮盡，那麼，王弼在此雖言「盡意莫若象，盡象莫若言」，此「盡」實爲

〔註88〕牟宗三主講、林清臣記錄，《中西哲學之會通十四講》，台北：台灣學生書局，1996年，頁12～13。

「盡而不盡」，非名實相應之「盡」，非可道之盡，而是有餘而不盡，故盡之者皆爲筌蹄，故可忘。忘之而不爲其所限，則不盡之意方顯，如此則與荀粲「象外之意」、「繫表之言」爲同一脈，同爲當時的主流看法。

由「言不盡意」的角度出發，那麼能夠擺脫語言文字的限制，隨口發聲、曲調不定的「嘯」自然受到特別的關注，而成爲一種特殊「論道」的方式，《世說新語・棲逸》劉注引《竹林七賢論》提及阮籍與蘇門眞人相互應和之後，「籍歸，遂著《大人先生論》，所言皆胸懷閒本趣，大意謂先生與己不異也。觀其長嘯相和，亦近乎目擊道存矣。」桓玄與袁山松亦有關於這一方面的辯難，《藝文類聚》曰：

> 晉桓玄〈與袁宜都書〉論嘯曰：讀卿歌賦，序詠音聲，皆有清味，然以嘯爲髣髴有限，不足以致幽旨，將未至耶！夫契神之音，既不俟多贍，而通其致，苟一音足以究清和之極，阮公之言，不動蘇門之聽，而微嘯一鼓，玄默爲之解顔，若人之興逸響，惟深也哉。袁山松〈答桓南郡書〉曰：嘯有清浮之美，而無控引之深，歌窮測根之致，用之彌覺其遠。至乎吐辭送意，曲究其奧，豈脣吻之切發，一往之清冷而已哉。若夫阮公之嘯，蘇門之和，蓋感其一奇，何爲徵此一至，大疑嘯歌所拘邪。〔註89〕

桓玄認爲嘯乃「契神之音」，主要就是因其能窮幽測深、究清和之極。然而袁山松卻以爲，「嘯有清浮之美，而無控引之深，歌窮測根之致，用之彌覺其遠。」在他看來，歌與嘯之差別，正在於歌有文字語詞，才能曲盡其奧、達致幽旨，顯然與桓玄的立場相違而爲「言盡意」者。李豐楙認爲：

> 桓玄因其自身與嘯的密切關係，對於袁山松的『歌賦』貶低嘯的論點不能贊同。因此引用阮籍嘯動蘇門爲例，說明嘯有深奧之旨，這是賦予玄學意味的嘯旨，將嘯比言、歌等表意抒情的約定俗成的媒介物，給予更高妙的評價，正是可與『不言、忘言』及『聲無哀樂』等論題同觀的一種立論方式；而袁山松據世俗立場，肯定歌的價值。雙方的論難，與言意之辯、聲無哀樂同一意趣。〔註90〕

可見將「言盡意」與「言不盡意」放置在音樂的脈絡上，即產生「歌」與「嘯」

〔註89〕歐陽詢等著，《藝文類聚》，卷十九，頁354～355。
〔註90〕李豐楙著，《六朝隋唐仙道類小說研究》，台北：台灣學生書局，1986年，頁246～247。

孰優的問題。那麼袁山松據世俗立場，認爲透過文字才能彰顯意境，而桓玄則深切看到語言不足以致幽旨的有限性，後者可說已將「嘯」視爲「超言意」之境界。

（三）千變萬化的嘯聲之美

「嘯」既能達到「超言意」之境界，成公綏乃藉由形象性的筆法，來描繪無可捉摸、千變萬化之嘯聲，其曰：

> 若乃登高臺以臨遠，披文軒而騁望。喟仰抃而抗首，嘈長引而慘亮。或舒肆而自反，或徘徊而復放。或冉弱而柔撓，或澎濞而奔壯。橫鬱鳴而滔涸，冽飄眇而清昶。逸氣奮湧，繽紛交錯。列列飆揚，啾啾響作。奏胡馬之長思，向寒風乎北朔。又似鴻雁之將雛，群鳴號乎沙漠。

成公綏形容嘯聲時而舒緩，時而縱放，時而微弱柔順，時而澎湃奔壯，時而繁盛壯闊，時而清和縹緲，各種變化，繽紛交錯。由於這種多變的優勢，使嘯能因任物形而仿其聲，如擬胡馬之嘶及群雁之鳴。同時，嘯若取法鐘鼓、陶匏之聲，那麼便足以造成「眾聲繁奏，若笳若簫，磞硠震隱，訇礚硠嘈」的浩大聲勢，令人驚心動魄。此外，嘯聲的效果，更是神妙無比，所謂「發徵則隆冬熙蒸，騁羽則嚴霜夏凋。動商則秋霖春降，奏角則谷風鳴條。」在成公綏看來，五音源自宇宙天地，因此反過來又能影響四時節序之運行，如隆冬發徵會使熱氣蒸騰，夏季騁羽則會導致霜降，春季動商則秋雨連緜；秋季奏角則如春風吹拂，此一說法，與《列子·湯問》所言不謀而合，其文云：

> 瓠巴鼓琴，而鳥舞魚躍，鄭師文聞之，棄家從師襄游……於是當春而叩商弦，以召南呂，涼風忽至，草木成實。及秋而叩角弦，以激夾鐘，溫風徐回，草木發榮。當夏而叩羽弦，以召黃鐘，霜雪交下，川池暴沍。及冬而叩徵弦，以激蕤賓，陽光熾烈，堅冰立散。將命宮而總四弦，則景風翔，慶雲浮，甘露降，醴泉涌。師襄乃撫心高蹈曰：「微矣，子之彈也！雖師曠之清角，鄒衍之吹律，亡以加之。」

作者在此極力描寫音樂的神妙作用，並沿襲陰陽家的思想，將商、角、徵、羽對應秋、春、夏、冬，故當春而叩商弦，涼風忽至；及秋而叩角弦，溫風徐回；當夏而叩羽弦，霜雪交下；及冬而叩徵弦，堅冰立散。不僅如此，音樂的力量還能使「飛廉鼓於幽隧，猛虎應於中谷。南箕動於穹蒼，清飆振乎喬木。散滯積而播揚，蕩埃藹之溷濁。變陰陽之至和，移淫風之穢俗。」充份表現出音樂

感人動物之效，由此使得綿駒、王豹、虞公、甯子、鍾期、孔父等為之禁聲，可見長嘯之奇妙，乃音聲之至極，果然足以通神悟靈、窮幽測深。

（四）以「中和」為美的音樂觀

成公綏的〈嘯賦〉受到道家思想的影響，此殆無疑義，然而玄學原在溝通儒道，因此儒家思想亦包含於其中，這一點反映在〈嘯賦〉之中，則是以「中和」為美，例如嘯的優點，是在音量上能大小適中而不過度，此所謂「大而不洿，細而不沈。」在音樂的速度上能「行而不流，止而不滯」；在情感的表現上能「收激楚之哀荒，節〈北里〉之奢淫」，按王逸《楚辭》注曰：「激，清聲也。」〔註91〕可見〈激楚〉之聲必清而高，而〈北里〉則為靡靡之音，此皆容易動盪主體的內在情感而失去平和，而嘯則不然，反而能使主體達到「情既思而能反，心雖哀而不傷，總八音之至和，固極樂而無荒。」說明嘯具有轉化內在情感的作用，因此能使人由世事之煩擾中返於不思，堪稱八音中最為和諧的音樂，足以使人樂而不淫、哀而不傷。所以，成公綏以「中和之美」乃有異於漢代的「以悲為美」及嵇康的「以自然為美」，呈現出另一種不同的面相。

第四節　魏晉樂賦之多元面貌

魏晉樂賦，除了受玄學思潮的影響之外，還包含樂器製作、抒情寫意、宴飲遊樂、軍旅用樂、異族音樂以及樂舞等各種不同面相的作品，從不同的角度來反映出魏晉的文化現象，故亦值得做一探討。

一、強調「器合自然」之樂賦──以傅玄之〈箏賦〉、〈琵琶賦〉及成公綏之〈琵琶賦〉為代表

「自然」的概念，在魏晉時期，具有多義性，而此處乃是指湯用彤先生所謂「自然」之第二義──法則、秩序而言。〔註92〕此承漢人的宇宙論而來，即以氣為萬物之本原，再由「氣」分化為陰陽、四時、五行等，此一和諧有序的宇宙狀態，反映在魏晉的樂賦上，就是樂器形制亦須摹擬天地、陰陽及四時，以達到與天地同和之境，例如傅玄的〈箏賦〉、〈琵琶賦〉及成公綏之〈琵琶賦〉等，皆呈現了此種音樂觀，其言：

〔註91〕洪興祖撰，《楚辭補注》，卷九 ，〈招魂〉，頁346。
〔註92〕湯用彤撰，《魏晉玄學論稿》，頁137。

今觀其器，上崇似天，下平似地，中空准六合。弦柱擬十二月。設
之則四象在，鼓之則五音發。體合法度，節究哀樂。（傅玄〈箏賦〉
序，《全晉文》卷四十五）

……今觀其器，中虛外實，天地之象也；盤圓柄直，陰陽之序也；
柱十有二，配律呂也；四絃，法四時也。（傅玄〈琵琶賦〉序，《全
晉文》卷四十五）

……若夫盤圖合靈，太極形也；三材片合，兩儀生也；分柱列位，
歲數成也；回窗華表，日月星也。（成公綏〈琵琶賦〉序，《全晉文》
卷五十九）

箏或琵琶之形制，其特點在於法天象地，且與陰陽、四時、五行等概念相關，
故以十二弦柱代表十二月及四時，五音象徵五行，體現著「陰沈陽升，柔屈剛
興。玄黃之分，推故引新。迭爲主賓，四時之陳。」（傅玄〈箏賦〉）之氣化原
理。賈彬〈箏賦〉中亦有言：「設弦十二，太簇數也，列柱參差，招搖布也。」
（《全晉文》卷八十九）說明箏有十二絃，以象一年四季、十二個月。而成公綏
之〈琵琶賦〉亦以琵琶之形制，乃依太極、兩儀、歲數而製，此乃陰陽五行觀
在樂器形制上的運用。值得注意的是，張子銳更將陰陽說的原理落實在樂器製
作中來加以探討，其以爲傅玄〈琵琶賦〉中所云「中虛外實，天地之象也；盤
圓柄直，陰陽之序也」是指阮的弦振兩端所處的部位及作用而言，一端是以阮
柄及山口與按音的品爲穩定的陰位基座，一端是以縛弦及傳給面板擴音者的振
動陽位，也就是在阮上承受弦振擴音似圓盤而腹內空虛者的共鳴箱爲陽，支持
弦振而堅實的阮柄爲陰，即「陰實陽虛」。陰陽分立而又結合一體發出聲音。其
並以一振盪的物理試驗爲例，首先用手指捏著有彈性的薄鋼片，作爲固定之陰
位，撥動其另一端振動之陽位，視鋼片的振盪疲塌無力，將此鋼片之固定端，
改爲夾於臺虎鉗上，再去撥弄另一端。則此振動端的振盪，迅即變得活躍而且
振時長。前者因手指作爲振動的基座不穩固，故振動無力。後者以臺虎鉗爲基
座，不僅穩固，且能對鋼片的振動端在振動時，起反推作用，增加回復振動的
慣性，延長振時，故在樂器上，從《莊子‧齊物論》說的「樂出虛」──只見
簫管氣柱「陽虛」出雅樂，忽了管壁之「陰實」的條件──到傅玄的「陰陽序
也」，乃是樂器音響物理上的一大進步。〔註 93〕張子銳爲了恢復漢代四條弦的

─────────────

〔註 93〕 張子銳，〈古代陰陽說在樂器製作實踐中的運用〉，《交響──西安音樂學院學
報》，1995 年第 3 期，16～17。

阮，並發展高低音系列阮而改善音質，乃依此原理而進行製作，結果取得了音量宏大、音質純美、音響時值長、系列的音色統一、各聲部特色明晰的效果。正如張子銳所言：

陰陽學說歷來被學界斥爲反科學的迷信邪說，然其內核卻汲取了道家學說中的陰陽哲理，並且廣泛影響到中國音樂的藝術實踐活動。僅以樂器製作工藝爲例，其音響結構、原材料的選用、弦管的協律，乃至音樂表現手法的豐富等，無不關涉到陰陽哲理的辯證運用。〔註 94〕

可見魏晉樂賦中，「器合自然」的追求，反而開顯了樂器製作工藝的新面相。

二、抒情寫意之樂賦——以潘岳之〈笙賦〉爲代表

潘岳之〈笙賦〉，大抵依前人所作，從樂器形制、樂聲之描繪及以笙爲德音三個部份來描寫。其中，較爲重要者，在於樂聲與人情之間的主、客體關係，其以爲笙樂能引動人的內心悲情，使昔貴今賤者，聞之而愀愴傷心，但另一方面，在春陽初暖的季節中，三五好友，透過笙樂的演奏，又充滿悠閒之意趣。以下，即針對此賦進行分析。

潘岳在〈笙賦〉一開始，乃依慣例描寫笙原料的所產之地，其曰：「河汾之寶，有曲沃之懸匏焉。鄒魯之珍，有汶陽之孤篠焉。若乃綿蔓紛敷之麗，浸潤靈液之滋，隅隈夷險之勢，禽鳥翔集之嬉。固眾作者之所詳，余可得而略之也。」說明笙主要是由葫蘆及細竹製造而成，而葫蘆以曲沃，細竹以汶陽所產爲佳，由於前人對於樂器生長環境之描繪，已多有所述，因而潘岳在此，便以寥寥數筆帶過，接著直接說明笙的形制，文云：

徒觀其制器也，則審洪纖，面短長。剫生簳，裁熟簧。設宮分羽，經徵列商。泄之反謐，厭焉乃揚。管攢羅而表列，音要妙而含清。各守一以司應，統大魁以爲笙。基黃鍾以舉韻，望鳳儀以擢形。寫皇翼以插羽，摹鸞音以厲聲。如鳥斯企，翾翾岐岐。明珠在味，若銜若垂。脩樾內辟，餘簫外逶。駢田獦攦，鉀鰈參差。

笙乃是八音中的匏類樂器，由笙斗、笙腳、笙苗、笙箍、按音孔及簧片等組成，笙斗最早由匏所製，因此，潘岳在製作過程中，首先必須衡量匏的大小、長短，裁割竹桿及簧片，再設列五聲。不按音孔時，則聲音靜謐，按住音孔，

〔註 94〕張子銳，〈古代陰陽說在樂器製作實踐中的運用〉，《交響——西安音樂學院學報》，頁 17。

便發出聲音。這種按孔發音，開孔阻音的方式，是笙的特點。接著，乃將竹管依次聚集排列，其聲音清妙，各竹管皆有固定音高以使聲音相應和，將其置入葫蘆之中則成為笙。音律以黃鐘為本，其形則如鳳凰，在笙斗上插入笙管如鳳翼，摹擬鳳凰之鳴，以發清音。這一段，乃是對樂器形制之著墨。

　　接著，潘岳便極力渲染笙樂之美，並藉由始泰終約、前榮後悴，內心滿懷悲戚的人來吹奏，爾後，再以各種筆法來描述樂聲、曲調的變化，以凸顯笙樂在音色上的優越性，其曰：

> 於是乃有始泰終約，前榮後悴。激憤於今賤，永懷乎故貴。眾滿堂而飲酒，獨向隅以掩淚。援鳴笙而將吹，洗嗢噦以理氣。初雍容以安暇，中佛鬱以怫愾。終艴峨以寋愕，又颯遝而繁沸。罔浪孟以惆悵，若欲絕而復肆。懰檄糴以奔邀，似將放而中置。愀愴惻淢，虺韡煜熠。汎淫氾豔，霅曅炎炎。或按衍夷靡，或竦踴剽急。或既往不反，或已出復入。徘徊布濩，渙衍茸襲。舞既蹈而中輟，節將撫而弗及。

在潘岳看來，昔貴今賤者，因內在悲鬱激憤、充滿今非昔比的惆悵之感，反而更能表現笙樂的美感，在這樣的看法背後，實凸顯了潘岳「以悲為美」的審美意識。此一審美意識，主要源自漢代以來的俗樂發展，在俗樂當中，尤其是悲樂，其節奏之疾速、旋律之委婉、技巧之繁複及情味之濃郁等，更能表現出深微細致的情感情緒，因此「以悲為美」逐漸成為漢人內心的音樂觀，如王充云：「聞音者皆欲為悲。」〔註 95〕張衡〈南都賦〉亦言：「彈箏吹笙，更為新聲。寡婦悲吟，鶤雞哀鳴。坐者悽欷，蕩魂傷精。」（《文選》卷四）可見音樂的表現極致，就在使「坐者悽欷，蕩魂傷精。」那麼，從潘岳的〈笙賦〉來看，其以「始泰終約，前榮後悴。激憤於今賤，永懷乎故貴」的演奏者來演奏，一方面，乃是由於演奏者內心抑鬱不得志，最能貼近音樂的內在情感，因此能表現出樂聲時或舒緩從容，時或掩抑不安，時或眾聲湧現，時或失意惆悵，時而欲絕復放，時而迴旋不散等各種變化，同時，再加上《子喬》、《明君》、《荊王》及《楚妃》等「悽戾辛酸」的民歌作為演奏的曲目，更能使主體的悲情與客體的悲音交互融滲，最終達到「悲音奏而列坐泣」的效果，並由此產生一種「棗下纂纂，朱實離離。宛其落矣，化為枯枝。人生不能行樂，死何以虛謚為!」的虛無感受，因此，極度的悲美，可說是潘岳在

〔註95〕黃暉撰，《論衡校釋》，卷十三，〈超奇〉，北京：中華書局，1990 年，頁 617。

音樂上所追求的風格，而這與潘岳一貫的文風亦密不可分，其在〈悼亡賦〉、〈哀永逝文〉中皆哀婉淒美、纏緜俳惻，而〈西征賦〉、〈懷舊賦〉、〈寡婦賦〉等亦悲涼孤苦，故《文心雕龍·哀吊》稱潘岳「慮善辭變，情洞悲苦，……故能義直而文婉，體舊而趣新。」可見悲涼淒苦之文風，乃潘岳之所長。

但此外，〈笙賦〉又有另一種較為疏懶、悠閒的情境，其曰：

> 若夫時陽初暖，臨川送離。酒酣徒擾，樂闋日移。疏客始闌，主人微疲。弛弦韜龠，徹壎屏篪。爾乃促中筵，攜友生，解嚴顏，擢幽情。披黃包以授甘，傾縹瓷以酌醨。光歧儼其偕列，雙鳳嘈以和鳴。晉野悚而投琴，況齊瑟與秦箏！新聲變曲，奇韻橫逸。縈纏歌鼓，網羅鍾律。爛熠爚以放豔，鬱蓬勃以氣出。

吹笙的另一場景，乃是在時陽初暖、臨水送別、酒酣耳熱之際，此時夕陽西斜，筵席將散，主人乃將琴弦鬆弛、收藏管籥、徹壎屏篪，只剩下較為親近之友人，彼此卸下嚴肅的面容，流露心中幽情，於是，開始演奏一些較為通俗的「新聲變曲」，在這些俗樂的旋律中，奇韻橫逸、美妙悅耳，同時又包含歌鼓、鐘律於其中，加上吹奏者氣流飽滿，使得音樂的表現光華豔麗。這一段的描寫，著重在樂聲之美妙，而不以悲苦為主，但無論是何種情境，潘岳之〈笙賦〉主要反映出音樂與情感之間的直接對應關係，更多地呈現音樂本身美妙動聽的特色。

最後，潘岳受到儒家思想的影響，認為最理想的音樂，當能體現「中和」的精神，且能闡發聖人之樂，故能移風於善、易俗於惡，其言：

> ……大不踰宮，細不過羽。唱發〈章〉〈夏〉，導揚〈韶〉〈武〉。協和陳宋，混一齊楚。邇不逼而遠無攜，聲成文而節有敘。彼政有失得，而化以醇薄。樂所以移風於善，亦所以易俗於惡。故絲竹之器未改，而桑濮之流已作。惟簧也能研群聲之清，惟笙也能總眾清之林。衛無所措其邪，鄭無所容其淫。非天下之和樂，不易之德音，其孰能與於此乎！

此處，「大不踰宮，細不過羽」乃承《國語·周語》下伶州鳩諫周景王鑄大鐘的說法而來，指音域上不過高或過低，須恰到好處的中和之道。同時，由於笙樂能倡發堯之〈大章〉、禹之〈大夏〉、舜之〈韶〉及武王之〈大武〉等聖人之樂，協和陳、宋、齊、楚等地之樂風，加上其表現的內容，對國君近不侵犯、遠無二心，發聲為樂而節奏有序，且能總合群聲之清、總眾清之林，

乃使鄭衛之音無所容，而使風俗移易，趨向於善，故笙樂乃「天下之和樂，不易之德音」，完全符合《禮記‧樂記》所曰：「樂者，德之華也。」的樂教精神。在此，潘岳以雅樂為理想音樂的態度，似乎與其對民間悲音的愛好相互矛盾，但這種矛盾，只能說明潘岳身為文人，無可避免地會受到儒家思想的影響，但同時，也反映出魏晉時期，俗樂已頗為興盛的狀況。

三、反映貴遊之風之樂賦——以曹毗之〈箜篌賦〉為代表

　　箜篌，乃是魏晉樂賦中，新出現的樂器種類，而曹毗之〈箜篌賦〉，包含了二個值得注意的向度：一是音樂學上的問題，即賦中的箜篌究竟所屬為何種形制的問題。二是〈箜篌賦〉反映了魏晉時期的貴遊之風。首先，就箜篌的形製來看，主要有臥箜篌、豎箜篌及鳳首箜篌三種形制。臥箜篌，又名箜篌瑟。《史記‧武帝紀》曰：「……塞南越，禱祠泰一、后土，始用樂舞，益召歌兒，作二十五弦及箜篌瑟自此起。」〔註96〕按二十五弦，《集解》徐廣曰：「瑟也。」〔註97〕而箜篌瑟，《集解》徐廣曰：「應劭云武帝令樂人侯調始造箜篌。」〔註98〕《索隱》應劭云：「武帝始令樂人侯作，聲均均然，命曰箜篌。侯，其姓也。」〔註99〕可見箜篌即琴瑟類樂器，因此杜佑《通典》曰：「舊說一依琴制，今按其形，似瑟而小，七弦，用撥彈之，如琵琶也。」〔註100〕所謂「如琵琶」，乃指固定品柱而言，是面板上有品柱的琴瑟類樂器。此一樂器曾在嘉峪關魏晉墓磚畫、遼寧輯安北魏古墓藻井壁畫及輯安高句麗古墓壁畫中被發現，其雖弦數不等，然皆有品柱。楊方〈箜篌賦〉序云：「羽儀采綠承先軾，鼓裳起於造木。箜篌祖琴，琴考筑箏。作茲器於漢代，猶擬《易》之玄經。」（《全晉文》卷一百二十八）顯然就是指臥箜篌而言。

〔註96〕司馬遷撰、裴駰集解、司馬貞索隱、張守節正義，《新校本史記三家注并附編二種》，卷十二，〈武帝本紀〉，頁472。

〔註97〕司馬遷撰、裴駰集解、司馬貞索隱、張守節正義，《新校本史記三家注并附編二種》，卷十二，〈武帝本紀〉，頁472。

〔註98〕司馬遷撰、裴駰集解、司馬貞索隱、張守節正義，《新校本史記三家注并附編二種》，卷十二，〈武帝本紀〉，頁472。

〔註99〕司馬遷撰、裴駰集解、司馬貞索隱、張守節正義，《新校本史記三家注并附編二種》，卷十二，〈武帝本紀〉，頁472。

〔註100〕杜佑撰，《通典》，卷一百四十四，〈樂志〉，浙江：浙江古籍出版社，2000年，頁753。

其次為豎箜篌，又稱豎頭箜篌、胡箜篌，《後漢書・五行志》言：「靈帝好胡服、胡帳、胡床、胡坐、胡飯、胡箜篌、胡笛、胡舞，京都貴戚皆竟為之。」若再參照《隋書・音樂志》下所云：「今曲項琵琶、豎頭箜篌之徒，並出自西域，非華夏舊器。」可見豎箜篌，乃是東漢時期由西域傳入中國。而其形制則如《通典》所曰：「豎箜篌，胡樂也，漢靈帝好之。體曲而長，二十二弦。豎抱於懷中，用兩手齊奏，俗謂之擘箜篌。」〔註101〕林謙三亦指出，豎箜篌上部有曲形的共鳴槽，下部有腳柱和肘木，張著二十多條弦的是一種角形豎琴（Winkel-harfe）。這樣的豎箜篌完全與亞述浮雕上所見的是一樣形制，所以其起源在西方是毫無疑義的。〔註102〕出土的文物有敦煌莫高窟 431 窟北魏伎樂天彈豎箜篌、北齊天保二年造象碑龕楣上的樂舞石刻等。

再者為鳳首箜篌，乃是東晉之初，張重華佔領涼州時，由印度所傳入，《隋書・音樂志》下曰：「……天竺者，起自張重華據有涼州，重四譯來貢男伎，天竺即其樂焉。歌曲有沙石疆，舞曲有天曲。樂器有鳳首箜篌、琵琶、五弦、笛、銅鼓、毛員鼓、都曇鼓、銅拔、貝等九種，為一部。」樂器的共鳴體呈船形，在弓形的琴頭上雕成鳳頭作為裝飾，其形制上最大的特點乃是「有項如軫。」（《舊唐書・音樂志》）即指豎立的一邊（項）可起軫的作用，或有軫的裝置，出土的文物有新疆克孜爾石窟 38 窟晉代思維菩薩像伎樂人所彈鳳首箜篌、榆林 15 窟唐代飛天伎樂人彈鳳首箜篌等。那麼，曹毗〈箜篌賦〉中之箜篌，究竟為何種形制？文曰：

> 嶧陽之桐，植穎嚴摽。清泉潤根，女蘿被條。爾乃楚班制器，窮妙極巧，龍身鳳頸，連翩窈窕，纓以金采，絡以翠藻。其絃則烏號之絲，用應所任，體勁質朗，虛置自吟。於是召倡人，命妙姿，御新肴。酌金罍，發愁吟，引吳妃。湖上颼沓以平雅，前溪摧藏而懷歸。東郭念於遠人，參潭愁於永違。

首先，由「嶧陽之桐……虛置自吟」這一段，曹毗先依循傳統樂賦的創作程式，簡約地指出箜篌的材質及生長環境，說明其由嶧陽之地的桐木所製，並由名師楚班製作，窮妙極巧，加上精美的流蘇裝飾與上等的烏號之絲作為弦，於是產生「虛置自吟」的絕佳共鳴效果。按林謙三的考證，曹毗〈箜篌賦〉

〔註101〕杜佑撰，《通典》，卷一百四十四，〈樂志〉，頁 753。
〔註102〕林謙三著，《東亞樂器考》，北京：人民音樂出版社，1999 年，頁 221。

中的箜篌是指臥箜篌，爲清商樂所使用。〔註103〕其所謂「龍身鳳頸」的結構，林謙三指出，無論是琴或箏，凡是有長身之槽的樂器，通例以龍象其形，因此，曹毗所賦之箜篌，乃是自漢以來的琴瑟狀箜篌。至於「纓以金采，絡以翠藻」則指繫弦所纏之流蘇，常見於古朝鮮的新羅琴，至今朝鮮的玄琴也仍是如此。〔註104〕

其次，在樂器形制之外，〈箜篌賦〉的第二部份，即「召倡人……參譚愁於永違」這一段，則反映了魏晉時期的貴遊之風。貴遊風氣由來已久，而在文人的貴遊生活中，音樂往往扮演著重要的角色，例如曹丕〈與朝歌令吳質書〉中即曰：

> 每念昔日南皮之遊，誠不可忘。既妙思六經，逍遙百氏；彈碁閒設，終以六博，高談娛心，哀箏順耳。馳騁北場，旅食南館，浮甘瓜於清泉，沈朱李於寒水。白日既匿，繼以朗月，同乘藝載，以遊後園，輿輪徐動，參從無聲；清風夜起，悲笳微吟。樂往哀來，愴然傷懷。
>
> （《文選》卷四十二）

音樂因與人的情性本身直接對應，因此在文人聚會的場合中，透過音樂的演奏，更能喚起文人們心靈深處的內在感受，而成爲貴遊生活中不可或缺的一環。而此種貴遊之風，隨著魏晉世族門第社會形態的日益鞏固，在沒有生活與仕途的壓力下，進一步促進了貴遊生活的蓬勃發展，例如石崇〈金谷詩〉序即曰：

> ……時征西大將軍祭酒、王詡當還長安，余與眾賢，共送往澗中，晝夜遊晏，屢遷其坐，或登高臨下，或列坐水濱，時琴瑟笙筑，合載車中，道路并作。及住，令與鼓吹遞奏，遂各賦詩，以敘中懷。（《全晉文》卷三十三）

無論是登高臨下，或列坐水濱的文人雅集，總免不了以琴瑟笙筑來助興，甚至使用多人合奏的鼓吹來壯大聲勢，更加凸顯音樂在貴遊生活中的重要性。謝萬〈春遊賦〉亦云：

> 春陽司候，句芒御辰。陳滌灌以摧枯，初莖蔚其曜新。冪豐葉而爲

〔註103〕按《隋書‧音樂志》下的説法：「及大業中，煬帝乃定清樂、西涼、龜茲、天竺、康國、疏勒、安國、高麗、禮畢，以爲九部。……清樂其始即清商三調是也，並漢來舊曲。……其樂器有鍾、磬、琴、瑟、擊琴、琵琶、箜篌、筑、箏、節鼓、笙、笛、簫、篪、塤等十五種。」因此，箜篌乃是在清商樂中所使用。

〔註104〕林謙三著，《東亞樂器考》，頁224。

幄，靡翠草而成綱。於是遠嘯良儔，近命嘉賓。奏羽觴而交獻，羅
絲竹以并陳。咏新服之璀璨，想舞雩之遺塵。撫鳴琴而懷古，登脩
台而樂春。爾乃碧巘增邃，灌木結陰。輕雲晻曖以幕岫，和風清泠
而啓袊。（《全晉文》卷八十三）

春陽初暖、百物勃發的時節，正適合文人出遊，此時邀請好友嘉賓，共同飲
酒作樂，在輕雲晻曖、和風清泠的自然環境中，或充溢著絲竹之樂，或撫琴
懷古，皆爲美好春日中的一大樂事。可見，音樂往往與遊宴結下不解之緣，
而這一點，即呈現在曹毗的〈箜篌賦〉之中，其將彈奏箜篌的情境，放置在
宴飲遊樂的場合裡，其言：「召倡人，命妙姿，御新肴。酌金罍，發愁吟，引
吳妃。湖上颻沓以平雅，前溪摧藏而懷歸。東郭念於遠人，參潭愁於永違。」
文士們一邊欣賞伶人曼妙的舞姿與幽怨的歌聲，一邊品嚐著佳肴美酒，加上
箜篌時而平雅，時而摧藏之樂聲，充溢著一種清貴優雅的閒情逸趣，具體地
反映出魏晉時期，音樂在文人生活中的重要性。

四、軍旅用樂之樂賦──以陸機之〈鼓吹賦〉及谷儉之〈角賦〉 為代表

（一）陸機之〈鼓吹賦〉

陸機的〈鼓吹賦〉，在魏晉樂賦中，較具有開創性的地位。因爲自王褒〈洞
簫賦〉問世以來，樂賦大都以獨奏音樂爲主，其描寫的背景或人物，或是華
堂曲宴、或月夜懷人，或歎貧士失意之悲，或詠高士之懷等，而音樂本身，
時或歡愉、時或幽怨、時或哀傷，大多呈現出清麗哀婉的風格，但陸機的〈鼓
吹賦〉則是第一篇描寫合奏音樂的賦作，由於鼓吹樂原爲北方少數民族的軍
樂，並以鼓、鉦、簫、笳爲主要的樂器，而這些樂器本身的音色，具有渾厚、
悲涼、幽咽之特色，因此呈現出剛健雄渾、蒼涼遒勁的風格，李德裕〈鼓吹
賦〉即言：「厭桑濮之遺音，感簫鼓之悲壯。」〔註105〕可見悲壯豪放爲鼓吹樂
的特色。

從陸機的〈鼓吹賦〉來看，其首先指出：「原鼓吹之攸始，蓋稟命於黃軒。」
認爲鼓吹源於黃帝軒轅氏，爲中土舊有之樂，此說不確，因爲按史書之記載，
鼓吹當源於少數民族之樂，而非出自中土。接著，陸機又分爲二個部份來描

〔註105〕董誥等編，《全唐文》，卷六百九十六，北京：中華書局，1987 年，頁 7144-1。

寫鼓吹樂，第一部份側重於音樂效果的描繪，表現出鼓吹樂豐富的變化與眾器和諧等特性，第二部份則具體展示出鼓吹樂的表演實況，有樂器還加上歌唱，呈現了鼓吹作爲軍中之樂的特色，其言：

> ……播威靈於茲樂，亮聖器而成文。騁逸氣而憤壯，繞煩手乎曲折。舒飄颻以遐洞，卷徘徊其如結。宮備眾聲，體僚君器。飾聲成文，雕音作蔚。響以形分，曲以和綴。放嘉樂於會通，宣萬變於觸類。適清響以定奏，期要妙於豐殺。邈坩搏之所管，務戛歷之爲最。及其悲唱流音，快惶依違。含歡嚼弄，乍數乍稀。音躑躅於唇吻，若將舒而復迴。鼓砰砰以輕投，簫嘈嘈而微吟。咏悲翁之流恩，怨高臺之難臨。顧穹谷以含哀，仰歸雲而落音。節應氣以舒卷，響隨風而浮沈。馬頓迹而增鳴，士顰蹙而沾襟。若乃巡郊澤，戲野坰。奏君馬，咏南城。慘巫山之遐險，歡芳樹之可榮。〔註106〕

在陸機看來，鼓吹音樂之美，充滿各式各樣的變化，時而慷慨憤壯，時或曲折繚繞，時而舒緩飄颻，時或徘徊鬱結，宮音中即包含五音六律，其形制又能爲眾器之主，聲音華美而曲調和諧。若加上歌聲演唱，則悲音流動、彷徨依違，歡樂之聲，時多時少；而管樂器的吹奏，則舒展而復回。爾後，又有鼓與簫的伴奏，由於鼓爲打擊樂，聲音較無延續性，砰砰然若投擲之聲，故言「鼓砰砰以輕投」。而簫爲管樂，可藉由氣的運行使其聲若微吟，故曰「簫嘈嘈而微吟」。此乃說明由於二種樂器的結構不同，故具有不同的特色。至於〈悲翁〉、〈高臺〉、〈君馬〉、〈南城〉、〈巫山〉、〈芳樹〉等乃爲鼓吹曲名，其中，「咏悲翁之流恩，怨高臺之難臨」，顯示出〈悲翁〉與〈高臺〉皆爲憂傷悲怨的樂曲，加上「顧穹谷以含哀」，「仰歸雲而落音」，「馬頓跡而增鳴，士顰蹙而沾襟」等句，說明鼓吹樂蘊涵了惆悵悲苦之情調，而具有感人淚下的效果。從陸機對鼓吹樂中歌聲、管樂、打擊樂及曲目特色的細緻描繪，可說爲鼓吹樂的實況演出進行了一種整體的概括。

（二）谷儉之〈角賦〉

在軍旅中所使用的音樂，除了鼓吹之外，還有角所演奏的音樂，角在中國，乃是指喇叭一類的樂器，最早的材質爲獸角，在近世金屬製品興盛之前，多爲木角，亦有摻雜皮革的。《宋書・樂志》曰：「角，書記所不載。或云出羌胡，

〔註106〕嚴可均輯，《全晉文》（中），頁1027。

以驚中國馬。或云出吳越。」〔註107〕可見角有羌角及南方吳越所用的角。而有關角的文獻記載,在東漢之後頻頻出現,如《後漢書・公孫瓚傳》中提到建安四年袁紹攻打公孫瓚時,公孫瓚在予公孫續的書信中曰:「袁氏之攻,狀若鬼神,梯衝舞吾樓上,鼓角鳴於地中,日窮月急,不遑啓處。」〔註108〕可見鼓與角常合用於軍樂之中。而《三國志・吳書・賀齊傳》記載賀齊攻討林歷山之賊時,亦曰:

> 齊身出周行,觀視形便,陰募輕捷士,爲作鐵弋,密於隱險賊所不備處,以弋拓爲緣道,夜令潛上,乃多縣布以援下人,得上百數人,四面流布,俱鳴鼓角,齊勒兵待之。

此外,《三國志・吳書・陸遜傳》則云,孫權遣陸遜討費棧時,由於費棧支黨多而往兵少,於是陸遜乃「益施牙幢,分布鼓角,夜潛山谷間,鼓譟而前,應時破散。」說明角乃是被用於征戰之中。

　　而事實上,角這種樂器,又常在「橫吹」或「鼓角橫吹」中被使用,「橫吹」即鼓吹樂,東漢時只有級別較高的萬人將軍才能使用,及至魏晉六朝,鼓吹之限漸寬,地位較低的將領也可使用。河南鄧縣所出土的南朝畫像磚墓所用的鼓吹隊中,有前面兩人各吹一角,角上飾飄舞的彩帶,此即所謂「橫吹有雙角」的雙角。〔註109〕谷儉〈角賦〉曰:「夫角,以類推之,蓋黃帝會群臣於太山,作清角之音,似兩鳳之雙鳴,若二龍之齊吟,如丹蛇之翹首,似雄蛇之帶矢。」(《全晉文》卷一百二十八)指出角乃黃帝會群臣於太山時,所發出清角之音的樂器,而此種樂聲乃是「似兩鳳之雙鳴,若二龍之齊吟」,正如南朝畫像磚墓的鼓吹隊中所展現的雙角,因此,在鼓吹樂中,角可能是以「雙角」的形式出現的,故谷儉以其若雙鳳、二龍齊吟之聲,庾翼在〈與燕王慕容皝書〉中亦云:「今致畫長鳴角一雙,幡眊副。」(《全晉文》卷三十七)其贈角,亦以一雙爲單位。

五、描繪異族音樂之樂賦——以杜摯之〈笳賦〉爲代表

　　漢代以後,中外的音樂交流,日益頻繁,而從杜摯的〈笳賦〉來看,由

〔註107〕沈約撰,《宋書》,卷九,〈樂志〉,台北:鼎文書局,1980 年,頁 559。
〔註108〕范曄撰、李賢等注、司馬彪補注,《後漢書》,卷七十三,〈公孫瓚傳〉,台北:鼎文書局,1981 年,頁 2364。
〔註109〕吳釗著,《追尋逝去的音樂蹤迹——圖說中國音樂史》,頁 210。

於笳爲胡樂器，因此無論是就樂器的形制、樂曲的流傳或音樂的風格表現等，
都呈現出新的面貌。首先，從笳的形制來看，笳爲吹管氣鳴樂器，又名胡笳，
本爲胡人所吹奏的樂器，漢族傳之，用於鹵簿樂，或爲篳篥所取代。其結構
大致與篳篥相同，是裝有複簧的管，其聲悲切，李零〈重報蘇武書〉中曰：「胡
地玄冰，邊土慘裂，但聞悲風蕭條之聲。涼秋九月，塞外草衰。夜不能寐，
側耳遠聽：胡笳互動，牧馬悲鳴；吟嘯成群，邊聲四起。晨坐聽之，不覺淚
下。」〔註110〕蔡琰〈胡笳十八拍〉亦云：「胡笳本出自胡中，緣琴翻出音律同。」
〔註111〕以笳爲胡人樂器，同時，又有樂曲，《宋書‧樂志》即曰：「漢舊箏笛
錄有其曲，不記所出本末。」孫楚〈笳賦〉亦言：「奏胡馬之悲思，咏北狄之
遐征。」（《全晉文》卷六十）《胡馬悲思》、《北狄遐征》皆爲曲名。

　　而從杜摯之〈笳賦〉來看，正可反映出笳之形制、五音進行及笳所表現
的情感特色等，文曰：

> 昔李伯陽避亂西入戎。戎越之思，有懷土風。遂造斯樂，美其出入
> 戎貉之思，有大韶夏音。唯葭蘆之爲物，諒絜勁之自然。托妙體於
> 阿澤，歷百代而不遷。於是秋節既至，百物具成。嚴霜告殺，草木
> 殞零。賓鳥鼓翼。蟋蟀悲鳴。羈旅之士，感時用情。乃命狄人，操
> 笳揚清。吹東角，動南徵，清羽發，濁商起。剛柔待用，五音迭進。
> 倏爾卻轉，忽焉前引。或緼緼以和懌，或淒淒以嘵殺。或漂淫以輕
> 浮，或遲重以沈滯。

　　杜摯託言笳乃李伯陽避亂西戎所造，即以其爲胡人之樂器。而笳之形制，
乃是「唯葭蘆之爲物，諒絜勁之自然，託妙體于阿澤，歷百代而不遷。」〔註112〕
按《說文》曰：「葭，葦之未秀者。」〔註113〕又云：「葦，大葭也。」〔註114〕
而郭璞則以葭、蘆、葦爲同義。〔註115〕似乎都是指以葭蘆做爲樂器或樂器的一
部份。而林謙三則依陳暘《樂書》所繪唐宋時的笳，並旁考漢魏以來的文獻，

〔註110〕嚴可均校輯，《全漢文》，卷二十八，〈重報蘇武書〉，北京：中華書局，1991
　　　　年，頁282-1。
〔註111〕逯立欽輯校，《先秦漢魏晉南北朝詩‧漢詩》，卷七，〈胡笳十八拍〉，北京：
　　　　中華書局，1983年，頁204。
〔註112〕嚴可均輯，《全三國文》（下），卷四十一，北京：商務印書館，1999年，頁
　　　　424～425。
〔註113〕許愼撰、段玉裁注，《說文解字注》，頁46。
〔註114〕許愼撰、段玉裁注，《說文解字注》，頁45。
〔註115〕郭璞注、邢昺疏，《爾雅注疏》，卷八，北京：北京大學出版社，1999年，頁264。

認爲笳之形制可能如下：

1、僅是個卷起的蘆葉——相當於複簧樂器的簧；

2、蘆葉卷成圓錐管狀——類乎後世用鉋花制的笛；

3、蘆葉或蘆莖做成複簧，裝在一個管端的——這有兩類；

（1）管有指孔——長管和短管；

（2）管無指孔——長管和短管。〔註116〕

林氏指出，陳暘《樂書》所繪的笳，乃是篳篥之類，與唐代鹵簿所用同其制。然而，唐代不會有捲蘆葉爲笳的樂器，因此，葭蘆所指的乃是蘆莖所做的篳篥之簧。其次，又牽涉到管之有無指孔及長短的問題。唐有稱爲哀笳的一種笳，《樂府雜錄·鼓吹部》云：「樂用弦鼗、笳、簫。又即用哀笳，以羊角爲管，蘆爲頭也。」〔註117〕而《文獻通考》進一步說道：「哀笳以羊骨爲管而無孔，惟恤禮用之。今鼓吹備而不用，以觱篥代之。鹵簿與熊羆十二案工員尚存焉。」〔註118〕哀笳以羊角或羊骨爲管，已無法確認，但可知爲一無孔樂器。值得注意的是，這是否即可推論漢匈奴所演奏的笳即爲無孔笳呢？事實不然，若果無孔，則不可能使音調產生變化，而使李陵聽了悲愴淚下，更不可能如蔡琰所云「緣琴翻出音律同」。而杜摯在此更明說：「乃命狄人，操笳揚清。吹東角，動南徵。清羽發，濁商起。剛柔待用，五音迭進。」能具有宮、商、角、徵、羽五音變化的笳，絕不可能爲無孔笳，而是具有多孔的有孔笳。

至於聽笳的場景，則是在百物凋零的秋天，羈旅之士，飄泊在外，因爲感時用情，乃命狄人操笳揚清，其音聲千變萬化，倏爾卻轉，忽焉前引，時而和懌逸樂，時而淒涼噍殺，時而輕浮，時而沈滯，但總體而言，仍是以「悲」音爲主調，說明笳聲最能充份表現出羈旅之士孤單地放逐在外，落寞蕭索之心境。這種「笳聲悲涼」的描寫，也反映在劉琨被胡騎所圍的場景中，文曰：

> 琨少負志氣，有縱橫之才，善交勝己，而頗浮誇。……在晉陽，常爲胡騎所圍數重，城中窘迫無計，琨乃乘月登樓清嘯，賊聞之，皆悽然長歎。中夜奏胡笳，賊又流涕歔欷，有懷土之切。向曉復吹之，

〔註116〕林謙三著，《東亞樂器考》，頁366。

〔註117〕段安節撰，《樂府雜錄》，〈鼓吹部〉，台北：台灣商務印書館，1966年，頁9。

〔註118〕馬端臨撰，《文獻通考》，卷一百三十九，〈樂考〉，台北：台灣商務印書館，1987年，頁1232-2。

賊並棄圍而走。(《晉書・劉琨傳》)

胡人因劉琨奏笳，乃悲從中來，流涕歔欷，引起思鄉懷土之情，最後乃棄圍而走。可見，笳聲之悲能動人心魄、使人聞之斷腸，說明了其以「悲」為主的特色。

六、描寫綜合藝術之樂賦——以夏侯湛之〈鞞舞賦〉及張載之〈鞞舞賦〉為代表

樂與舞的關係，在中國音樂文化的發展過程中，一直密不可分，蔡邕《月令章句》曰：「舞者，樂之容也。」即指出舞為樂之附屬形式。因此，文人在關注音樂時，往往會涉及舞蹈之內容，而在描述舞蹈時，又離不開音樂。及至魏晉，二者關係更加密切，此時的傳統舞曲，除了有歌辭之外，還有二大特點：一、上承前代有影響的舞曲。二、旁採江南新興民間舞曲。就前者而言，多表現於宮廷當中，主要有《巴渝舞曲》、《鞞舞曲》、《鐸舞曲》、《杯盤舞曲》及《公莫舞曲》等。就後者而言，則主要有《白紵舞》、《拂舞》及《翳舞》等。而所謂「鞞舞」，按《晉書・樂志》下云：

> 鞞舞，未詳所起，然漢代已施於燕享矣。傅毅、張衡所賦，皆其事也。舊曲有五篇，一、〈關東有賢女〉，二、〈章和二年中〉，三、〈樂久長〉，四、〈四方皇〉，五、〈殿前生桂樹〉，其辭並亡。曹植〈鞞舞詩序〉云：「故漢靈帝西園鼓吹有李堅者，能鞞舞，遭世荒亂，堅播越關西，隨將軍段煨。先帝聞其舊伎，下書召堅。堅年踰七十，中間廢而不為，又古曲甚多謬誤，異代之文，未必相襲，故依前曲作新歌五篇。」及泰始中，又製其辭焉。

鞞是一種有柄的團扇形單面鼓，作為舞具而用於舞蹈之中，由十六人共舞，雖「未詳所起，然漢代已施於燕享矣。」《隋書・音樂志》下則曰：「鞞舞，漢巴、渝舞也。」可見其源起於巴、蜀地區，至梁代則稱為鞞扇舞。曹植並仿漢代〈鞞舞〉，而作有〈鞞舞歌〉五篇：一為〈精微篇〉，有「聖皇君四海，德政朝夕宣，萬國咸禮讓，百姓家肅虔」句。〔註119〕二為〈聖皇篇〉，寫曹丕分封諸王，諸王臨別前之情景。三為〈大魏篇〉，表現宮廷宴樂之景。四為〈孟冬篇〉，描述威武壯觀的校獵表演。五為〈靈芝篇〉，介紹賢者。〈靈

〔註119〕逯欽立輯校，《先秦漢魏晉南北朝詩・魏詩》，卷六，頁429。

芝〉、〈孟冬〉等篇，結尾有「亂」，節奏加快，歌舞在高潮聲中結束。可見〈鐸舞〉的特色，乃是歌舞相間，以歌唱敘事。而晉泰始時之鐸舞歌詩則有五篇：一爲〈洪業篇〉，二爲〈天命篇〉，三爲〈景皇篇〉，四爲〈大晉篇〉，五爲〈明君篇〉，皆爲歌功頌德之詩。

從夏侯湛的〈鞞舞賦〉來看，其一方面呈現出鞞舞的曼妙奇巧與伶人的妍妙姿態，同時，又延襲了儒家的樂教精神，強調其非繁手淫聲，故能調和陰陽，具有祭祀、教化的功能，使君臣和諧，爲皇世之所珍，文曰：

專奇巧于樂府兮，苞殊妙乎伶人，匪繁手之末流兮，乃皇世之所珍。

在廟則格祖考兮，在郊則降天神，納和氣於兩儀兮，通克諧乎君臣。

協至美於九成兮，等太上乎睿文。（《全晉文》卷六十八）

「鞞舞」爲巴、蜀地區之舞蹈，其音樂爲民間音樂，且以「專奇巧于樂府兮，苞殊妙乎伶人」爲特色，可見其樂舞極爲美妙妍麗，但夏侯湛又抱持「匪繁手之末流兮」之立場，反映出文人以和平中正爲音樂的理想價值，但卻又肯認俗樂之美的情況。

此外，張載之〈鞞舞賦〉序則言：

蓋以歌以咏，所以象德；足之蹈之，所以盡情也。

鞞舞煥而特奏兮，冠眾妓而超絕。采干戚之遺式兮，同數度於二八。

手運無方，足不及帶。輕裾鸞飛，漂微逾曳。（《全晉文》卷八十五）

從「采干戚之遺式兮」一句來看，可知鞞舞的表演格局，保留了「武舞」的遺韻。而「以歌以咏，所以象德」則說明鞞舞有歌詠上位者功德之意。至於「足之蹈之，所以盡情也。」則強調舞蹈具有「盡情」的功能，《毛詩序》云：「情動於中而形於言，言之不足，故嗟歎之，嗟歎之不足，故永歌之，永歌之不足，不知手之舞之足之蹈之也。」〔註 120〕舞之所起，與樂之所起相同，因情動於中、發之於外，故不覺手之舞之足之蹈之也。而「手運無方，足不及帶。輕裾鸞飛，漂微逾曳。」則形容鞞舞具有飄逸悠揚之美。由於鞞舞爲繼承前代的重要舞曲而來，故《隋書・音樂志》下乃言：「鞞、鐸、巾、拂，古之遺風。」同時又因其舞容絕妙，故曹植於〈鼙舞歌五首〉中之〈大魏篇〉中有「樂人舞鼙鼓，百官雷抃讚若驚」的說法，呈現出伶人出神入化的演出。

〔註 120〕毛亨傳、鄭玄箋、孔穎達疏，《毛詩正義》上，卷一，頁 6。

第五節　尚「和」之音樂觀

透過以上的分析，可以發現，魏晉樂賦，幾乎涵蓋了魏晉音樂文化的重要面相，例如玄學思潮之興盛、樂器製作的突破、雅樂與俗樂之交融互滲、貴遊之風的盛行、音樂形式的演變等，皆可從中覓得線索。然而，值得注意的是，在這諸種面相當中，賦家們仍有其共通的核心思想，此乃尚「和」之音樂觀。從統計的數字來看，在樂賦中，「和」字之使用次數共達 29 次。

圖三十七

作　者	樂 賦 名 稱	「和」字使用次數
杜摯	笳賦	1
嵇康	琴賦	11
傅玄	琴賦序	2
成公綏	嘯賦	4
成公綏	琵琶賦	1
夏侯湛	鞞舞賦	1
夏侯湛	夜聽笳賦	2
夏侯淳	笙賦	1
賈彬	箏賦	1
潘岳	笙賦	3
陳窈	箏賦	2

由樂賦之「和」來看，可以歸納為自然之和、主體心靈之和及樂聲之和三個面向。首先，就自然之和來看，有成公綏〈嘯賦〉所言：「變陰陽之至和，移淫風之穢俗。」夏侯湛〈鞞舞賦〉所謂「納和氣於兩儀兮，通克諧乎君臣。」及嵇康〈琴賦〉所言「含天地之醇和兮，吸日月之休光。」等皆是以「氣」為音樂之本原，透過陰陽二氣之和諧交感，來論音樂本體之和，此可說沿襲著氣化宇宙論而來的思維模式。

其次，則為主體心靈之和，此意味著主體在與音樂互動的過程中，所產生的各種情感狀態，例如成公綏〈嘯賦〉言：「唱引萬變，曲用無方。和樂怡懌，悲傷摧藏。」由於音樂的旋律、曲調變化萬方，因此能夠包含和樂怡悅與悲傷摧藏的情感。夏侯湛〈夜聽笳賦〉曰：「鳴笳兮協節，分唱兮相和；相和兮哀諧，慘激暢兮清哀。」指出主體在邊聽笳聲，邊相唱和時，會產生「相

和兮哀諧」之感，這樣的說法，似乎與和諧的追求相互牴觸，但事實上，透過悲音之宣洩，反而能使情感淨化，達到和諧的狀態。至於嵇康〈琴賦〉所言：「若和平者聽之，則怡養悅愉，淑穆玄眞；恬虛樂古，棄事遺身。」認爲心靈平和的主體，在聆聽琴樂之後，更能恬淡悅愉、棄事遺身，達到與道合一的快樂。

　　再者，魏晉樂賦中，有大量的例證，是透過音樂的內在規律性來說明樂聲之和，其中包含了音樂本身所表現的情感、曲式之靈活多變、音色之清和、雅樂鄭聲之交融互滲、音律之和及中和之美的呈現等。第一，就音樂所表現的情感來看，杜摰〈笳賦〉言：「乃命狄人，操笳揚淸。吹東角，動南徵，淸羽發，濁商起。……或縕縕以和懌，或淒淒以噍殺。」杜摰認爲，笳聲中原就帶有和懌與噍殺之情，因此會引發人的不同感受。第二，就曲式之靈活多變而言，夏侯淳〈笙賦〉曰：「初進飛龍，重繼鵾雞。振引合和，如會如離。」〈飛龍〉、〈鵾雞〉爲二首笙曲，在這二首曲子的交錯合和、靈活變化中，充份展現了音樂的和諧性。第三、就音色之淸和來說，嵇康〈琴賦〉云：「淸和條昶，案衍陸離。」潘岳〈笙賦〉曰：「惟簧也，能研群聲之淸；惟笙也，能總眾淸之林。……非天下之和樂，不易之德音，其孰能與於此乎！」二者皆強調音色之淸逸飛揚，凸顯出魏晉時人對淸音之美的看重。第四，從雅樂鄭聲之交融互滲來看，潘岳〈笙賦〉言：「唱發章夏，導揚韶武。協和陳宋，混一齊楚。」章、夏、韶、武爲雅樂，而陳、宋、齊、楚爲民間音樂，笙樂能協和雅鄭，說明魏晉時期，俗樂已頗爲流行，且已滲入雅樂之中。第五，從音律之和來看，陳窈〈箏賦〉曰：「伊夫箏之爲體，惟高亮而殊特。應六律之修和，與七始乎消息。括八音之精要，超眾器之表式。后夔創制，子野考成。列柱成律，既和且平。」說明箏之體制，透過品柱的排律，能合於六律，而爲八音之精要。第六，從中和之美的呈現來看，潘岳〈笙賦〉形容笙的音域乃是「大不踰宮，細不過羽。」其以音域適中，不過高或過低，能具有和平的效果。而成公綏〈嘯賦〉則形容嘯音乃「總八音之至和，固極樂而無荒。」嘯音爲八音之中，最爲和諧的音樂。至於嵇康〈琴賦〉則形容琴音爲：「或曲而不屈，或直而不倨。或相凌而不亂，或相雜而不殊。」以琴樂的表現，無論是爲了呈現何種風格，或委婉、或剛直、或相間，都必須恰如其份，過猶不及。值得注意的是，在此，潘岳、成公綏及嵇康對音樂的「中和」的看法，已由儒家對主體情感的持中不偏轉化爲一種恰如其份的藝術規律，因此，袁

濟喜在論六朝的藝術理論時，即指出六朝藝術自覺的重要標誌乃是：

> 傳統儒家「中和」範疇所蘊含的對立統一法則，滲入藝術理論之中，
> 成爲美學家分析與解決具體問題的藝術辯證法，……因此傳統「中
> 和」說的教化論色彩反而被冷落和淡忘，這種狀況反映了六朝美學
> 重視藝術本身審美價值的時代特徵，也是對古典美學「和」範疇在
> 方法論上的發展。〔註121〕

顯然地，「和」在魏晉已成爲一個重要的審美範疇，而在魏晉樂賦中，又以音樂客體之和最受重視，這一現象深切地反映了一個事實，即魏晉時期，不僅產生了人的覺醒，這種覺醒亦衍伸到藝術領域，使藝術不再只是助人倫、美風俗的教化工具，它已從政治倫理的附庸中解放出來，逐漸形成了自己的規律及美感特質，爲中國音樂開啓了一種新的可能。

小　結

　　透過以上的分析，可以得到以下幾點結論，第一、魏晉樂賦的數量及樂器種類所以明顯上升的原因，與當時的文化現象密不可分。此一文化現象，主要反映在幾方面：一、文人知音愛樂之風盛行。二、俗樂及胡樂的興盛。首先，從魏晉的史籍來看，魏晉文人大多精通樂理、長於樂器或能歌善舞，其中，知名的愛樂解律之士人，便有140餘人之多。許多家族更是具有音樂的家學淵源，例如阮氏與嵇氏。因此對樂器的形制、音色、風格表現等有更爲精深獨到的認識，產生更多數量的賦作。而文人之愛樂，與當時的玄學思潮又有密切關係，玄學旨在追求神超形越、遊心物外，而在音樂的天地中，最能遺落世事、超塵絕俗，因此，音樂乃成爲士人追求生命自由之重要途徑。例如嵇康在〈琴賦〉中，即指出了由「養生」到「齊萬物兮超自得」生命進路，此一進路乃是藉由琴樂來彰顯，可見彈琴乃是體道的重要方式，透過彈琴足以懲躁雪煩、宣和情志，使生命「曠然無憂患，寂然無思慮」（〈養生論〉），達到外死生、齊萬物的生命境界。而成公綏之〈嘯賦〉，則爲嵇康〈琴賦〉之嗣響，其強調人身爲最自然的樂器，「聲不假器，用不借物」，故能隨心所欲、發口成音，只要因物所感，便能因歌隨吟，最能彰顯出的自由精神。因此，〈嘯賦〉的意義，即在透過對人自身的徹底肯定來張揚人的主體意識，充份彰顯出人的自覺。

〔註121〕袁濟喜著，《和：審美理想之維》，南昌：百花洲文藝出版社，2001年，頁84。

其次，由於俗樂及胡樂的興盛，一方面拓寬了樂賦的題材，使許多新式樂器，例如琵琶、笳、箜篌等，成為賦作的對象。另一方面，由於俗樂的旋律旖旎動人、美妙悅耳，故在樂賦中，也頻頻出現俗樂的曲目，例如〈六引〉、〈鶡雞〉、〈白紵〉、〈王昭〉、〈楚妃〉等。至於漢族與異族音樂交流的結果，則產生了新的樂曲形式與風格，例如鼓吹樂。鼓吹原為北狄的軍旅之樂，後傳入中土，主要的演奏樂器為鼓、鉦、簫、笳等，其音色具有雄渾、悲涼的特色，因此充滿剛健雄渾、蒼涼遒勁的風格。陸機之〈鼓吹賦〉便在此影響下所產生，其在魏晉樂賦中具有開創性的地位，因為在此之前，只有獨奏型態的樂賦，未有合奏型態的樂賦出現，〈鼓吹賦〉乃是第一篇描寫合奏音樂的賦作，故在魏晉樂賦中可說獨樹一幟。其次，杜摯之〈笳賦〉，則描寫飄泊在外的羈旅之士，在百物殞落的秋天，聆聽狄人吹笳時，其笳聲或縕縕以和懌，或淒淒以噍殺，充滿一種落寞蕭索的況味，也說明了異族音樂的特色。此外，其它的賦作，如潘岳之〈笙賦〉則表現了抒情寫意的面相，曹毗〈箜篌賦〉反映了魏晉的貴遊之風等，可說從各個不同的角度，呈現出魏晉文化的多元面貌。

再者，魏晉樂賦仍沿襲漢代樂賦的書寫模式，以具體演奏的樂器為固定的選題模式，強調樂器產地對樂器性質、聲音特色的決定性影響，再透過對樂器功能、演奏過程及審美感受的具體描述，來強化自然、樂與人三極之間的密切關係，透顯出一種天人合一的宇宙觀。

最後，魏晉樂賦在表面上看來，似乎各自呈現著多元而相異的風貌，但在這些差異性當中，實存在著一共同的核心觀念──「和」。根據筆者的統計，「和」在樂賦中出現了二十九次，可歸納為自然之和、主體心靈之和及樂聲之和三個層面。而其中，以樂聲之和出現最多，包含音樂曲式之靈活多變、音色之清和、雅俗交融互滲之和、音律之和及中和之美等。此一現象，說明魏晉的音樂思想，已不僅重視主體的審美感受，更開始有意識地轉向對藝術規律的探求，而這種規律，是透過各種不同的音樂形式來凸顯的，因此，魯迅將魏晉視為「文的自覺」的時代，那麼，樂賦的例證，更可具體說明此一時期，亦為一「藝術自覺」的時代。

第六章　暢玄體和之音樂境界

　　透過前幾章的分析，可以得知樂律、樂論及樂賦三者，分別從各個不同的角度來呈現出魏晉音樂的面相，或強調現象界的音聲之美，或探求抽象的音樂原理，然而，無論是側重於何者，皆有所偏而不盡完滿，故本章旨在通過對前述之各種議題，進行一結構性之反思，試圖尋找出一種稼接三者的可能性，貫串起三者之間的關係。而在此過程中，藉由玄學的啓發，以爲玄學的有無、本末、體用等思維模式，恰可完滿地綰結此三者，並開顯出音樂審美的可能性。

　　從音樂的審美經驗來看，必然是透過客體媒介（即物質材料）及主體的心靈活動來進行，其中，藉由現象界的五音六律所開展出的音聲之美，即可對應於玄學中「有」或「物」的層面，而主體的心靈活動，則對應於玄學中「無」或「道」的層面，因此，有」與「無」、客體與主體之間的關係，乃成爲本章所欲探討的焦點，是以，在本章中，主要分爲三個部份來考察魏晉音樂的諸種面相：一、從具體的音聲之美來探索魏晉樂律、樂論及樂賦的音樂形式表現。二、從主體的精神體驗中，來探索魏晉音樂所追求的內在精神。三、透過玄學理論中的有無關係來整合具體的音聲之美及主體的審美感受，由此開顯出主客合一、「以大和爲至樂」的音樂境界。

第一節　具體的音聲之美

　　從音樂的構成來看，其乃是以經過選擇、概括的聲音作爲物質材料的藝術，因此，就聲音的美感來說，可以分爲幾個層面來探討。首先，音樂具有

自身的邏輯規律，此即律學，在《晉書・律曆志》中，已揭示出音律的重要性，認識到聲學上的許多重要原理，如純律、三分損益律等，然而，這些律制與人的審美感受有何關係？何以古人要在音樂的實踐中不斷探尋新的律制？其次，就音聲本身來看，其亦如繪畫一般，具有濃淡、清濁、明暗等色彩的變化，此即爲音色。那麼，音色的差異性又是如何產生？爲何不同的樂器具有不同的特質與色彩？此外，音樂最重要的特質，即是旋律的運行，那麼，魏晉文人是如何來描述音樂中的旋律變化？再者，音樂本身乃是一種時間的藝術，而與時間範疇最密切相關的音樂要素，即爲節奏，那麼，節奏在音樂中又扮演什麼樣的角色？以下，即針對上述問題來進行剖析。

一、音　律

　　《晉書・律曆志》上引《易・繫辭》曰：「形而上者謂之道，形而下者謂之器。夫神道廣大，妙本於陰陽；形器精微，義先於律呂。」將「道」視爲形而上者，而「器」則稱爲形而下者，形上之道須由形下之器以開顯，此說明了《晉書》的音樂觀乃是形而上與形而下並重的。既然「道」須透過「器」而顯，而「形器精微，義先於律呂」，因此律呂乃被視爲體現形上之道的重要媒介，其之所以重要的原因，就在於爲宮、商、角、徵、羽五音訂定一音高的標準，使絲竹歌詠，皆得均合，以此爲基礎，才能使旋律優美、音聲和諧及眾器合鳴。因此，荀勖在詢問列和關於笛律的問題時，列和即言笛律之製作，乃是「欲使學者別居一坊，歌詠講習，依此律調。」（《晉書・律曆志》上）將音律作爲定調之標準。然而，由於列和僅識笛長的尺寸之名，並不確切了解音律的結構，因此，荀勖乃重申音律之重要性，並說明其重新釐定笛律的緣由，其曰：

> 昔先王之作樂也，以振風蕩俗，饗神祐賢，必協律呂之和，以節八音之中。是故郊祀朝宴，用之有制，歌奏分敘，清濁有宜。故曰「五聲、十二律還相爲宮」，此經傳記籍可得而知者也。如和對辭，笛之長短無所象則，率意而作，不由曲度。考以正律，皆不相應；吹其聲均，多不諧合。又辭「先師傳笛，別其清濁，直以長短。工人裁制，舊不依律」。是爲作笛無法。而和寫笛造律，又令琴瑟歌詠，從之爲正，非所以稽古先哲，垂憲于後者也。謹條牒諸律，問和意狀如左。及依典制，用十二律造笛象十二枚，聲均調和，器用便利。講肄彈擊，必

合律呂，況乎宴饗萬國，奏之廟堂者哉？雖伶夔曠遠，至音難精，猶
宜儀形古昔，以求厥衷，合乎經禮，於制爲詳。(《晉書‧律曆志》上)

在荀勗看來，音樂在饗神祐賢、郊祀朝宴中扮演舉足輕重的角色，因此，律
呂和諧就變得十分重要，其一方面在調節八音，使眾器合奏時，能夠音聲相
諧。而另一方面，只有精確的音律才能進行旋宮。因此，旋宮自然也成爲荀
勗所關注的焦點，所謂旋宮，乃是一種音樂的表現手法，其意義與作用在於
形成音樂色彩的對比變化，推進音樂的發展。其可作爲音樂基本結構內部的
曲調發展手法，也可作爲大型音樂作品不同段落或部份之間的結構手法，有
時，一首曲調經由旋宮即可成爲其變體或另一首曲調。更確切來說，「旋宮」，
指「宮系」之轉換，亦即「音主」(宮音)的轉換，十二律旋相爲宮，即以十
二律輪流做爲宮音，能構成十二個宮調體系，而每一個宮調體系又包含五種
調式，十二宮即有六十種調式，故《淮南子‧天文訓》言：「一律而生五音，
十二律而爲六十音。」十二律中的每一律皆可以做爲五聲或七聲調式的調頭，
這五聲或七聲調式即構成一個「調系」，十二律便有十二個「調系」。可見，
音律乃是旋宮的首要前提，若缺乏音準的條件，旋宮便不可能。

除了荀勗之外，這種對音律的重視，也可從嵇康的〈琴賦〉中窺之，其
在彈琴之前，首先要進行調音，主要的原因，亦是在於音律的準確，唐代琴
家薛易簡於《琴訣》中論及「琴之甚病」者有七時，即言：「調弦不切，聽之
無眞聲。」(《全唐文卷八百十八》) 可見，音準乃是一切音樂之美的基礎。而
在魏晉樂論中，亦凸顯著其對音律的重視，例如嵇康於〈聲無哀樂論〉中提
到音聲的自律性結構時，即以音律「皆自然相待，不假人以爲用也。上生下
生，所以均五聲之和，敘剛柔之分也。」(〈聲無哀樂論〉) 而阮籍於〈樂論〉
中則認爲「八音有本體，五聲有自然，其同物者以大小相君。……以大小相
君，應黃鐘之氣，故必有常數。」二者皆以音律具有一定的比數，必須透過
此一比數來諧和五音才能使音律和諧。因此，音律可說是音樂中，最爲根本
亦最爲重要的一環，只有在此基礎上，才能藉由宮、商、角、徵、羽五音的
交錯，表現出各式各樣的音聲之美。

二、音　色

在音樂審美的表現上，音色也決定了聲音的質地。所謂音色，與繪畫的
色彩有許多相似之處，就繪畫的表現來看，一種顏色，只要稍爲增減其中的

成份，色彩就會發生變化，而且，前後兩次絕無法調出完全相同的色澤。通常，人們主要按「冷暖」、「明暗」、「濃淡」、「清濁」等來為色彩分類，並加上不同的修飾語來描述，如「淡藍」、「明紅」、「冷灰」、「黑濁」等。而音樂中各種不同的音色，正如不同的色彩，也能給人「冷暖」、「明暗」、「濃淡」、「清濁」等不同的感受。心理學即指出，不同的文藝門類之間，往往存在著「通感」，也就是「感覺挪移」，藉由聽覺能使人產生視覺的聯想，而色彩也能引起人的音樂聯想，因此聲音不但有氣味，如「哀響馥」、「鳥聲香」，而且會有顏色與光亮，如「紅聲」、「笑語綠」、「雞聲白」、「鳥話紅」、「聲音綠」、「鼓聲暗」等。錢鍾書即指出，在各種通感現象中，最早引起注意的也許是視覺和觸覺向聽覺的挪移，〔註1〕例如視覺上的「光亮」，也常轉到音響上去，嵇康〈琴賦〉即曰：「斐韡奐爛」，「斐韡」即是光明之意。潘岳〈笙賦〉亦云：「爛熠爚以放豔」，「熠爚」亦是光明貌。嵇康〈琴賦〉尚云：「張急故聲清」，谷儉〈角賦〉曰：「作清角之音。」陸機〈鼓吹賦〉言：「適清響以定奏」，成公綏〈琴賦〉曰：「清角發而陽氣亢。」「清」原為視覺上的清濁層次，但亦被挪用於音樂的表現之中，可見，音樂的色彩亦如繪畫的色彩一樣，具有層次、亮度及濃淡的差異性。有時，在樂器的演奏中，為了強調音樂色彩的變化，使濃淡、清濁更加對比，還會加上「瞬間噪音」的使用，〔註2〕例如古琴演奏中，藉由吟、猱、綽、注等方法，使音色從黯淡開始，進而轉為明亮，以增強音樂的表現性及韻味，嵇康於〈琴賦〉中即言：「或摟挑擽捋，縹繚潎洌，輕行浮彈，明嫿瞭慧。」所謂「摟挑擽捋」即為彈琴的四種指法，包含了勾弦、反手擊弦、彈、滑奏等，呈現出各式各樣的音色變化，使音樂的表現明麗美好。

此外，按劉承華的說法，中國樂器的音色，還具有追求個性的特點，與西洋樂器的音色追求共性具有很大的不同。西洋樂器因追求共性，因此，樂器之間大多具有良好的融合功能，每種樂器之間都能和諧地合作。然而中國樂器因追求個性，強調其穿透性與特異性，因此，彼此之間因各自的獨特性而較難完滿地融合為一嚴密的織體。反映在樂器的出音上，不僅不同的樂器其音色不同，就算在同一個音當中，亦有長短彎曲等不同的變化，劉承華即將中國樂器與西洋樂器的音色做一比較而說道：

〔註1〕 錢鍾書著，《七綴集》，台北：書林出版有限公司，1990年，頁68。
〔註2〕 杜亞雄著，《中國樂理》，上海：上海音樂學院出版社，2007年，頁134。

　　西洋樂器的出音比較均勻，所發的每個音均成一實心圓球，光滑、
規則、飽滿、結實，輪廓清晰，界線分明，是一種標準化的造型，
它體現的無疑是一種共性。中國樂器的出音則千變萬化，姿態各異，
所發的每個音很少有像西洋樂器那樣十分規則的圓球狀，而大多數
都像正在下滴的水滴，一頭圓，一頭尖，其體長略帶弧形，成爲一
種帶尾帶鉤的圓球。這種形狀造成一種狀勢，使音樂的表現獲得一
種特別的深度和力度。這種的音形當然是由演奏時吟、猱、綽、注
等滑音、游移音技巧造成的。這類技巧的使用在中國音樂中十分廣
泛，幾乎也成爲一種共性。但由於這樣技巧在具體運用時幅度的大
小、用力的強弱十分靈活，可以根據需要隨意處理，所以，盡管都
呈水滴狀，實際上卻是或長或短，或粗或細，或彎或直，千姿萬態，
展示了豐富多樣的個性。〔註3〕

因此，在樂賦之中，各種樂器都有不同的音色，而不同音色中的每個音又具
有千姿萬態，此正是其獨特性與個性之表現，而這種獨特性對於音樂形象的
塑造、意境的深化、音樂表現力的強化等，都具有非常重要的意義。

三、旋　律

　　旋律乃是音樂的靈魂，亦是中國音樂最重要的表現手段，其進行的方式，
或上行、或下行，千變萬化、曲折迂迴，例如孫瓊之〈箜篌賦〉即言：

　　……浮音穆以遐暢，沈響幽而若絕。樂操則寒條早榮，哀曼則晨華
　　朝減。邈漸離之清角，超子野之白雪。然思超梁甫，顧登華岳。路
　　嶮悲秦，道難怨蜀。遺逸悼行邁之離，秋風哀年時之速。陵危柱以
　　頡頏，憑哀弦以躑躅。於是數轉難測，聲變無方。或冉弱之飄沈，
　　或頓挫以抑揚。或散角以放羽，或擽微以騁商。

由於箜篌在演奏時，其旋律進行，忽而反覆、忽而環繞、忽而上行、忽而下
行，形成聲變無方，數轉難測的特性，也由此產生各式各樣的美感，時而輕
浮冉弱，時而沈響若絕，時而空靈飄逸，時而抑揚頓挫，故其神妙足以使寒
條早榮、晨華朝減。而從孫楚之〈笳賦〉，亦可見出此種旋律運行之美，其言：

　　銜長葭以泛吹，噭啾啾以哀聲。奏胡馬之悲思，咏北狄之遐征。順

〔註3〕　劉承華著，《中國音樂的人文闡釋》，上海：上海音樂出版社，2002 年，頁
　　　　81。

> 谷風以撫節，飄逸響乎天庭。爾乃調脣吻，整容止，揚清矑，隱皓
> 齒。徐疾從宜，音引代起，叩角動商，鳴羽發徵。若夫廣陵散吟，
> 三節白紵，太山長曲，哀及梁父。似鴻雁之將雛，乃群翔於河渚。

笳音的特色，以悲爲主，故云「銜長葭以泛吹，嗷啾啾以哀聲」，而《胡馬悲思》、《北狄遐征》之曲，其聲高昂飄逸、響徹雲霄，足以通達天庭。接著，再叩角動商、鳴羽發徵，吹奏《廣陵散》及《白紵》等，又如鴻雁遨翔於河渚般之自在悠遊，說明笳聲音調之變化多端。

此外，以旋律爲單位，進而構成較爲完整的曲目，藉以表現音樂的豐富性來說明音樂的千變萬化，此可從嵇康〈琴賦〉中窺之，其言：

> 若次其曲引所宜，則廣陵、止息，東武、太山；飛龍、鹿鳴，鵾雞、
> 遊弦。更唱迭奏，聲若自然。流楚窈窕，懲躁雪煩。下逮謠俗，蔡
> 氏五曲。王昭、楚妃，千里、別鶴。猶有一切，承間簉乏，亦有可
> 觀者焉。(〈琴賦〉)

楊蔭瀏即言：

> (嵇康)是對古典音樂和民間音樂都相當注意的。在〈琴賦〉中，他
> 引舉了《白雪》、《清角》、《清徵》、《堯昶》、《微子》、《廣陵》、《止息》、
> 《東武》、《太山》、《飛龍》、《鹿鳴》、《鵾雞》、《遊弦》、《流楚》等好
> 些古代名曲，也引舉了蔡氏五曲、《王昭》、《楚妃》、《別鶴》等在當
> 時比較通俗的琴曲。講到被統治者同聲排斥的鄭聲，他獨獨從藝術的
> 角度，認爲它是最美妙的音樂；他以爲，鄭聲之所以能使人迷戀，正
> 是由於它是特別的美妙。他鑑別作品，說明某些凝重而變化美妙的作
> 品何以能引人進入專心一致的深刻境界，某些豐富、華麗的作品又何
> 以能使人歡樂的心情奔放而感到心滿意足。他清楚地指出了大小、高
> 低、快慢、音色等音樂構成的因素，明確了噪音和樂音的區別，並且
> 也說出了音樂的形式上有簡單與複雜的不同。〔註4〕

這些曲目，其旋律運行充滿著各種高低、快慢等不同的變化，可說音樂之美盡在其中，而閔鴻之〈琴賦〉亦略爲提及了雅樂與俗樂旋律變化之妙，其曰：

> 嗟雅弄之淳妙。時緬邈以超倫。
>
> 汝南鹿鳴，張女尋彈。(《全三國文》卷七十五)

《鹿鳴》、《張女》爲曲名，其以爲無論是雅樂或俗樂，其旋律皆淳妙多變、

〔註4〕 楊蔭瀏著，《中國古代音樂史稿》(上冊)，頁1～190。

美妙絕倫。透過上述這些例證，可以發現，這些音樂的美感，完全都是透過旋律的進行來加以呈現的，因此劉承華即言：

> 中國音樂表現出對橫向旋律思維的強烈興趣，注重各聲部旋律自身的橫向性線型展開。中國音樂中絕大部份均為單聲部，其織體與旋律是重合的，其織體就是旋律僅僅作單聲部的橫向展開。這是單純的橫線性織體思維。〔註5〕

而這種特殊的橫向思維，又奠基於中國文化重視時間的性格有關，從其以「氣」為音樂本原的思維模式來看，便強調日月星辰四時節序的和諧運行，因此其宇宙觀是整體、流動、無邊界的，羅藝峰即以古琴音樂為例說道：

> 古琴音樂的時間意象，自有其節奏，那是一種天籟之節的大尺度時間意象，道之圜轉運動，其精微可表萬物生動細小的生命律動，其大氣可比宇宙天體之浩然運行。可極小可極大，可此身可往世，以心板度其曲意，以氣息動其樂象，從而造成極自由極如意的時間意象。〔註6〕

這種時間意象反映在音樂上，即以游動的線條為基本的造型手段，追求藝術的節律感、深邃感和虛靈感，形成一種虛靈流動的韻味。

由旋律的發展，又可衍伸出調式的觀念，按中國音樂的旋律，其組成的基礎主要是大二度與小三度，核心為三音組，而三音組按其構成，又可分為三類：大二度和小三度，小三度和大二度，以及兩個大二度的連續。由此三音組透過不同方式的組合，即可構成宮、商、角、徵、羽五種調式，根據偏音使用的不同，又可產生不同的七聲音階，即：正聲音階、下徵音階及清商音階，從這個角度來看，魏晉時期，清商音階，頗為盛行，其乃由宮、商、角、清角、徵、羽、清羽所組成，此可從曹植〈七啟〉所言：「動朱脣，發清商，揚羅袂，振華裳，九秋之夕，為歡未央，此聲色之妙也。」（《全三國文》卷七十五）及傅玄〈琵琶賦〉所云：「啟飛龍之祕引兮。逞奇妙于清商。」（《全晉文》卷一百六十七）中窺見，曹植與傅玄皆以清商音階為聲色之妙，迥異於正聲及下徵音階，可見其具有極為特殊的韻味，而荀勗「笛上三調」中的「清角之調」，即是由清商音階所衍伸出來的商調式。

〔註5〕 劉承華著，《中國音樂的人文闡釋》，頁73。
〔註6〕 羅藝峰，〈中國音樂的意象美學論綱〉，《中國音樂美學研討會論文集》，香港：香港大學亞州研究中心，香港民族音樂學會，1995年，頁28～29。

四、節　奏

　　音樂的結構中，節奏亦佔有重要的地位。所謂節奏，是指時值長短相同或不同的聲音，按一定的規律組織起來，稱為節奏。《禮記‧樂記》即言：「先王恥其亂，故制《雅》、《頌》之聲以道之，使其聲足樂而不流，使其文足論而不息，使其曲直、繁瘠、廉肉、節奏，足以感動人之善心而已矣，不使放心邪氣得接焉。是先王立樂之方也。」孔穎達疏曰：「節奏，謂或作或止，作則奏之，止則節之。」楊蔭瀏即言：「『節』為停頓，『奏』是往前進行。停頓與進行的對比就是節奏。」〔註7〕因此節奏即指音樂進行中的連續或靜止。由此而來，在中國音樂中，就產生一種衡量音樂時值的單位──「拍」。「拍」在日常生活中指「擊」之意，及至漢代，乃成為音樂術語，如〈胡笳十八拍〉，以樂曲的一段為一拍，歌詞的段落即為衡量時間長度的段落。

　　比「拍」時值短一些的，稱為「節」，按《古漢語大詞典》的說法，「節」是指一種古樂器，用竹編成，上合下開，像箕，可以拍之成聲，起表示拍子的作用。〔註8〕其並以左思〈蜀都賦〉：「巴姬彈弦，漢女擊節。」韓愈〈送孟東野序〉：「其節數以急」為例，認為「節」除了是樂器之外，亦可由此引申為節拍、節奏之意。在《晉書‧樂志》中亦曾提及：「《相和》漢舊歌也，絲竹更相合，執節者歌。」意指歌唱者，手中握著「節」，每逢一時值單位時，便敲擊一下，以統合歌唱與絲竹合奏者。傅玄之〈節賦〉亦曰：「黃鍾唱哥，九韶興舞，口非節不詠，手非節不拊。」（《全晉文》卷一百六十七）此處之「節」便同時具有節奏與樂器之意，「口非節不詠」之「節」，指「節拍」，乃指歌唱者必須及至某一音樂時值才開口歌唱，不可過早或過晚，而「手非節不拊」之「節」則指樂器，在樂舞的演奏歌唱中，藉由執節者來統一節拍。

　　由此可知，魏晉時期，無論是音樂家、玄學家或文學家，已對音樂的內在結構，諸如音律、音色、曲調、曲目、樂器音質或音樂的風格表現等，產生了高度的自覺，不僅更加重視藝術本身的規律性，也強化了五音六律在音樂中所扮演的重要性，深刻地說明了做為音樂載體的音聲，有更精微奧妙之處。

〔註7〕　劉再生紀錄整理，〈楊蔭瀏關於音樂問題的一次談話〉，《音樂研究》，2003 年第 3 期，頁 26。

〔註8〕　徐復等編，《古代漢語大詞典》，上海：上海辭書出版社，2007 年，頁 633。

第二節　主體之精神體驗

　　然而，音樂的審美，除了包含物質媒介之外，同時還有主體的精神層面。因此，魏晉士人的藝術自覺，除了思考具體音聲的變化、規律與特徵之外，由於玄風大盛的結果，又促使士人超越現象界的音聲層次，去探索一更爲幽深玄遠之音樂境界，此一層面，反映在魏晉樂論與樂賦之中，即體現出對道境之側重，此自承老、莊的精神而來，無形地滲透在魏晉的音樂文本之中。

一、老莊以道境喻樂境

　　對老、莊來說，「道」乃是一切價值之依歸，其特徵爲空漠寂寥、清靜無爲，而人得道以生，故應以「道」爲終極之追求，藉由心齋、坐忘的工夫達到與道冥合之境界。然而，現象界各種紛繁錯雜之音聲，卻往往會影響人虛靜之心靈，造成生命之支離，因此主體若過份耽溺於五音六律，會違生害性、遠離於道，故《老子》第十二章即曰：「五色令人目盲，五音令人耳聾，五味令人口爽，馳騁畋獵令人心發狂。」《莊子・駢拇》云：「多於聰者，亂五聲，淫六律，金石絲竹黃鐘大呂之聲非乎？而師曠是已……此皆多駢旁枝之道，非天下之至正也。」《莊子・胠篋》則曰：「擢亂六律，鑠絕竽瑟，塞瞽曠之耳，而天下始人含其聰矣。」可見老莊對於現象界的五音，是抱持一種反思態度的。然而，老莊在五音之上，則指出另有一超越意義之大音，此超越意義之大音，即老莊心中的理想音樂，《老子》第四十一章云：「大方無隅，大器晚成，大音希聲，大象無形，道隱無名。」所謂「大音」，王弼注曰：「聽之不聞名曰希。大音，不可得聞之音也。」〔註9〕可見「大音」即爲道，具有無聲無響、無形無狀之特質。

　　而《莊子》書中，亦有與《老子》「大音希聲」相通的論點，例如以「道」爲本體之天籟境界、重視以「和」爲體性的無聲之樂及由無聲之樂通達「和與天樂」的境界等。首先，《莊子・齊物論》中即藉南郭子綦之口提出天籟之說，文曰：

> 子游曰：「敢問其方。」子綦曰：「夫大塊噫氣，其名爲風。是唯無作，作則眾竅怒號。」……子游曰：「地籟則眾竅是已，人籟則比竹是已。敢問天籟。」子綦曰：「夫吹萬不同，而使其自己也，咸其自

〔註9〕　樓宇烈校釋，《王弼集校釋》，頁113。

取，怒者其誰邪！」

人籟指人爲的絲竹管絃等音樂，地籟則爲風吹過林間孔竅所發出的自然聲音，至於天籟，按牟宗三的說法，「『天籟』義即『自然』義。明一切自生、自在、自己如此，並無『生之』者，並無「使之如此」者。……此自然是一境界，由渾化一切依待對待而至者。此自然方是眞正之自然，自己如此。絕對無待、圓滿具足、獨立而自化、逍遙而自在、是自然義。」〔註10〕可見天籟並非一物，而是一意義，一境界。《莊子・天運》中，更以黃帝咸池之樂的虛無變化來比擬恍惚縹緲之道境，文曰：

> 北門成問於黃帝曰：「帝張咸池之樂於洞庭之野，吾始聞之懼，復聞之怠，卒聞之而惑，蕩蕩默默，乃不自得。」帝曰：「汝殆其然哉！吾奏之以人，徵之以天，行之以禮義，建之以大清。夫至樂者，先應之以人事，順之以天理，行之以五德，應之以自然，然後調理四時，太和萬物。四時迭起，萬物循生；一盛一衰，文武倫經，一清一濁，陰陽調和，流光其聲；蟄蟲始作，吾驚之以雷霆；其卒無尾，其始無首；一死一生，一僨一起；所常無窮，而一不可待，汝故懼也。吾又奏之以陰陽之和，燭之以日月之明；其聲能短能長，能柔能剛；變化齊一，不主故常，在谷滿谷，在阬滿阬；塗郤守神，以物爲量。其聲揮綽，其名高明。是故鬼神守其幽，日明星辰行其紀。吾止之於有窮，流之於無止。予欲慮之而不能知也，望之而不能見也，逐之而不能及也；儻然立於四虛之道，倚於槁梧而吟。目知窮乎所欲見，力屈乎所欲逐，吾既不及已夫！形充空虛，乃至委蛇。汝委蛇，故怠。吾又奏之以無怠之聲，調之以自然之命，故若混逐叢生，林樂而無形；布揮而不曳，幽昏而無聲。動於無方，居於窈冥；或謂之死，或謂之生；或謂之實，或謂之榮；行流散徙，不主常聲。世疑之，稽於聖人。聖也者，達於情而遂於命也。天機不張而五官皆備，此之謂天樂，無言而心說。故有焱氏爲之頌曰：「聽之不聞其聲，視之不見其形，充滿天地，苞裹六極。」汝欲聽之而無接焉，而故惑也。樂也者，始於懼，懼故祟；吾又次之以怠，怠故遁；卒之於惑，惑故愚；愚故道，道可載而與之俱也。

〔註10〕牟宗三著，《才性與玄理》，頁195。

郭象言：「夫至樂者，非音聲之謂也。」〔註11〕可見咸池之樂，並非具體之音聲，而是指「道」，《莊子》並以懼、怠、惑三個階段來說明北門成聞道時所經歷的心靈狀態。在第一階段中，黃帝藉由音樂的強弱高低及清濁的變化來說明自然之理，但自然之理乃是動靜順時，因物而作，夏盛冬衰，所常無窮，並非耳目視聽之官能作用所能把握，故北門成心懷悚懼。而在第二階段，黃帝奏之以陰陽之和，燭之以日月之明，任萬物之剛柔，不主故常，由此說明至樂乃是真道，然而道非心識，故謀慮而不能知；道非聲色，故瞻望而不能見；道非形質，故追逐而不能逮。是故，唯有順物無心，墮體黜聰，離形去知，才能把握，於是北門成的悚懼之情乃怠矣。及至第三階段，黃帝奏之以無怠之聲，隨物變化，不主常聲，布揮而不曳，幽冥而無響，此即「天機不張而五官皆備」的「天樂」，「天樂」乃是聽而不聞，視而不見，卻充滿天地，包裹六極，故謂「惑」，達此境界，即復歸於渾沌之愚，故能與道為一。在此，《莊子》乃是藉由至樂喻道，以其具有窈冥深遠、昏默玄絕的特質，因此，只有超越感官與知性，透過虛靜的心靈才能體悟。《莊子·天地》亦有類似的說法，其言：「視乎冥冥，聽乎無聲。冥冥之中，獨見曉焉；無聲之中，獨聞和焉。」此無聲之「和」乃為音樂之體，只有在返歸深根寧極、冥冥無聲的心靈狀態中方能證悟，而主體若能達到此一境界，即能證成《莊子·天道》所言：「與天和者，謂之天樂」的至樂境界。因此，從《老子》之「大音希聲」到《莊子》之天籟、無聲之樂、天樂等，皆是藉著音樂對道體的描述性語言，來說明恍惚縹緲的道境，同時也指涉主體無限自由的心靈境界，因此牟宗三以向、郭在〈齊物論〉注中所發之「天籟義」，實即〈逍遙遊〉注中之義也。〔註12〕可見「天籟」乃是主體經由虛靜之工夫修養後，所開展出的藝術境界。

二、魏晉文人對樂境之嚮往

　　魏晉文人，因受老莊影響，側重於對道境之追求，亦反映在其論著之中。例如阮籍於〈大人先生傳〉中曾對禮法之士作色造音、詐偽要名以欺愚誑拙，藏智自神的作法嚴加批判，所謂「今汝造音以亂聲，作色以詭形，外易其貌，內隱其情，懷欲以求多，詐偽以要名。」在阮籍看來，現實世界的各種禮教、名份設施之設立，只是禮法之士內懷不軌、詐偽要名的工具而已，不僅違反

〔註11〕郭慶藩輯，《莊子集釋》，頁503。
〔註12〕牟宗三著，《才性與玄理》，頁196。

自然，亦扭曲人性，所謂「君立而虐興，臣設而賊生。坐制禮法，束縛下民。」（〈大人先生傳〉）這些都是有違自然的產物，真正的理想世界，是一清淨不擾、萬物各得其所的世界。因此，阮籍乃欲超塵絕俗、遺世獨立，由具體的世界飛躍至一寂寞無聽之道境，其以為形之可見，非色之美；音之可聞，非聲之善，唯有清虛寥廓、洞幽貫冥之境才是最高的境界，故言：「夫清虛寥廓，則神物來集；飄颻恍忽，則洞幽貫冥；冰心玉質，則皦潔思存；恬澹無慾，則泰志適情。」（〈清思賦〉）「恬澹無慾，則泰志適情」，即是〈詠懷詩八十二首〉之七十三所言：「道真信可娛，清潔存精神」之意，主體唯其心靈恬淡清虛、空靈寂靜，才能體會微妙無形、飄颻恍惚、清虛寥廓的境界，而這正是美感的心理特徵，李澤厚即言：

> 這種超越形色聲音的精神性的美是比僅僅停留在形色聲音上的美更為高級的美。雖然美的感知不能脫離形色聲音，但美感又不是一般的對形色聲音的感知，而要超越這種感知，進入對人生的某種精神境界的體驗。一旦高度專注地沈入了這種體驗，那麼在心理上所感受到的正是阮籍所說的一種「微妙無形、寂寞無聽」的狀態，而不再僅僅是對形色聲音的分辨感知。這是美感中一種獨特的心理體驗。〔註13〕

這正是由老、莊而來的玄虛體驗，能超越具體的音聲而進入音聲背後的本體，與其冥合，此亦如錢鍾書於《談藝錄》中其論〈白瑞蒙論詩與嚴滄浪詩話〉中所言：

> 貴文外有獨絕之旨，詩中蘊難傳之妙，由聲音以求空際之韻，甘回之味。舉凡情景意理，昔以所藉以謀篇託興者，概付唐捐，而一言以蔽曰：「詩成文，當如樂和聲，言之不必有物。」〔註14〕

聲音之極致，在於空際之韻、甘回之味，而此乃非具體音聲之層次，故曰「言之不必有物」，正與《莊子‧在宥》所云：「至道之精，窈窈冥冥；至道之極，昏昏默默。」如出一轍，說明音樂與道一樣，具有深微玄遠的特質，而這種迷離恍恍、幽深虛無的特性，乃成為魏晉樂論、樂賦所追求的境界，如阮瑀〈箏賦〉言：「以惟夫箏之奇妙，極五音之幽微，苞群聲以作主，冠眾樂而為師。」箏樂所以能為眾樂之師，就在於能「極五音之幽微」，通達窈冥玄遠之

〔註13〕李澤厚、劉綱紀主編，《中國美學史》（上），頁210。
〔註14〕錢鍾書著，《談藝錄》，台北：書林出版有限公司，1999年，頁268。

境。而成公綏〈嘯賦〉言嘯聲之美，則曰其「玄妙足以通神悟靈，精微足以窮幽測深。」認為嘯聲能達到「玄之又玄，眾妙之門」（《老子》第一章）的境界。此外，傅玄於〈琵琶賦〉中，亦透過各種音聲的變化，來描述音樂的迷離恍惚，其曰：

> ……素手紛其若飄兮，逸響薄于高梁；弱腕忽以競騁兮，象驚電之絕光，飛纖指以促柱兮，創發越以哀傷。時旖襹以劫寒兮，聲撇余以激揚；啟飛龍之秘引兮，逞奇妙于清商。

琵琶的聲音，忽而清逸高揚，忽而群音競騁，時若電光火石，時而哀婉憂傷，可謂高深莫測、變化無常。而伏滔〈長笛賦〉則言：

> ……靈禽為之婉翼，泉禽為之躍鱗。遠可以通靈達微，近可以寫清暢神。達足以協德宣猷，窮足以怡志保身，兼四德而稱雋，故名流而器珍。

在伏滔看來，音樂因能極於幽冥，達到至深至微的玄遠之境，故「遠可以通靈達微，近可以寫清暢神。」具有通靈感物的效果。這些例證，都說明了樂賦的作者，崇尚著一種宛若道體般深微玄遠、窈冥幽深的意境，並在此虛無縹緲的樂聲中，展開無窮無盡的自由想象。因此，錢鍾書論詩，即以音樂之境界為喻，指出佩特謂諸藝造妙皆嚮往於音樂之空靈澹蕩，其並引諾瓦利斯（Nobalis）所言：「詩之高境亦如音樂，渾含大意；婉轉而不直捷。」〔註15〕

　　此外，在嵇康與成公綏的樂賦中，還將老莊的生命境界與音樂融合起來，試圖藉由音樂的實踐來達到生命的自由超脫，例如嵇康〈琴賦〉中的琴歌即言：

> 凌扶搖兮憩瀛洲，要列子兮為好仇。餐沆瀣兮帶朝霞，眇翩翩兮薄天遊。齊萬物兮超自得，委性命兮任去留。激清響兮以赴會，何弦歌之綢繆。

嵇康在此，已將《莊子·逍遙遊》中「若夫乘天地之正，而御六氣之辯，以遊無窮者，彼且惡乎待哉！」的逍遙精神與音樂相互融合，認為在弦歌綢繆、清亮悠揚的樂聲中，主體不以俗事攖懷，不以萬物累心，而能遨遊於宇宙天地之間，獲得生命之自得自適。而成公綏之〈嘯賦〉則藉逸群公子之口來說明長嘯的緣由乃是「慜流俗之未悟，獨超然而先覺。狹世路之陋僻，仰天衢而高蹈。邈娇俗而遺身，乃慷慨而長嘯。」認為透過嘯的吹奏，能盡棄塵累，

〔註15〕錢鍾書著，《談藝錄》，頁 270～271。

遺世高蹈，忘己忘身，最終達到「精性命之至機，研道德之玄奧」，故而「乃知長嘯之奇妙，蓋亦音聲之至極。」二者皆是將音樂視為體道的活動。此亦可參酌陶淵明的無弦琴來看，《晉書·陶潛傳》曰：

> 陶潛……穎脫不羈，任真自得。……未嘗有喜慍之色，唯遇酒則飲，時或無酒，亦雅咏不輟。常言夏月虛柔，高臥北窗之下，清風颯至，自謂羲皇上人。性不解音，而蓄素琴一張，弦徽不具，每朋酒之會，則撫而和之，曰：「但識琴中趣，何勞弦上聲。」

《宋書·隱逸傳》云：

> 潛不解音聲，而蓄素琴一張，無弦，每有酒適，輒撫弄以寄其意。

陶淵明或性不解音、或弦徽不具，之所以如此者，乃因其所求實在得意，因此，弦上之聲便不是絕對的重要，重要的是音聲背後的道。因此，張隨〈無絃琴賦〉乃言道：

> 陶先生解印彭澤，抗迹廬阜，不矯性于人代，笑遺名於身後。適性者以琴，怡神者以酒。酒分無量，琴也無弦。槃星徽于日下，陳風啄于風前。振素手以揮拍，循良質而周旋。《幽蘭》無聲，媚庭際之芬馥；《綠水》不奏，流舍後之潺湲。以爲心和則樂暢，性靜則音全，和由中出，靜非外傳。若窮樂于求和，即樂流而和喪；扣音以徵靜，則音溺而靜捐。是以撫空器而意得，遺繁弦而道宣。豈必誘玄鵠以率舞，驚赤龍而躍泉者哉？如是載指載撫，以逸以和，因向風以舒嘯，聊據梧以安歌，曰：「樂無聲兮情逾倍，琴無弦兮意彌在。天地同和有眞宰，形聲何爲迭相待？」客有聞而駁之曰：「……然則琴備五音，不可以闕弦，爲音而方用，音待弦而後發，苟在意而遺聲，則器空而樂歇。」……先生曰：「吾野人也，所貴在晦而黜聰，若夫廣樂以成教，安敢與夔而同風！」〔註16〕

在陶淵明看來，撫琴之所重在得意、體道，而得意之關鍵乃是「心和則樂暢，性靜則音全。」若窮樂扣音以求和，則和喪靜捐，因此，只要心靈虛靜，自能意得而道宣，在此靜觀之中，天地萬物自能呈現其千姿百態，而非必誘玄鵠以率舞，驚赤龍而躍泉。由此，彈琴是否必具五音六律，亦顯得微不足道，因此，〈無絃琴賦〉中客人問主人云：「然則琴備五音，不可以闕弦，爲音而

〔註16〕彭叔夏撰，《文苑英華》，卷七十七，〈無絃琴賦〉，台北：台灣華文書局，1965年，頁487。

方用，音待弦而後發，苟在意而遺聲，則器空而樂歇。」主人即云：「吾野人也，所貴在晦而黜聰。」此即《莊子・大宗師》所言：「墮肢體，黜聰明，離形去知，同於大通，此謂坐忘。」成疏曰：「道能通生萬物，故謂道爲大道也。外則離析於形體，一一虛假，此解墮肢體也。內則除去心識，怳然無知，此解黜聰明也。既而枯木死灰，冥同大道，如此之益，謂之坐忘也。」是故，淵明無弦琴之意涵，乃在透過心齋、坐忘的工夫而同於大通，因此，其於〈扇上畫贊〉中即言：

> 美哉周子，稱疾閒居。寄心清尚，恬然自娛。翳翳衡門，洋洋泌流。
>
> 日玩琴書，顧眄寡儔。飲河既足，自外皆休。緬懷千載，託契孤遊。
>
> （《全晉文》卷一百六十七）

「飲河既足，自外皆休」乃源於《莊子・逍遙遊》所曰：「偃鼠飲河，不過滿腹。」在陶潛看來，藝術的境界，乃是一種寄心清尚，恬然自娛的生命狀態，超越了世俗之紛擾，而回歸於生命內在之虛靜，如此乃能緬懷千載而託契孤遊，故錢鍾書即曰：「藝術極致，必歸道原，上訴眞宰，而與造物者遊。」〔註17〕劉墨亦指出，藝術境界與體道者之境界，二者乃是相通的，其並引錢鍾書所謂「與學道者寂而有感，感而遂通之境界無以異」的說法來說明藝術與道境的相通之處，此乃主體精神（空靈澄澈）向本體精神（微妙玄通）回歸；本體精神又向藝術的主體精神落實，遂能從有聲、有色、有形、有象之藝術，進入無聲、無色、無形、無象的深層境界——即錢鍾書所謂「空洞超脫，必至以無所見爲悟，以不可有爲得，以冥漠混沌爲其清淨洞澈」之境。〔註18〕因此，魏晉時期對本體之強調，乃使音樂側重於道境之追求，然而，道境幽渺，茫茫無涯，視聽繼絕，唯寂唯空，因此反映在音樂審美體驗的主體上，必然側重虛靈無執的精神向度。因此，唐君毅即言：「蓋玄學思想，乃由對玄理之反省觀照，而形成一玄理之境界；而文學藝術之境界，亦必通過一反省觀照而形成。」〔註19〕玄學所強調之滌除玄覽、用心若鏡之主體心靈，反映在文學藝術上，就是所謂「課虛無以責有，叩寂寞以求音」（陸機〈文賦〉）的玄冥意境。

因此，無論是嵇康之「和聲」或崇尚虛無的琴聲、嘯音、琵琶之聲或箜篌之樂等，無不包含對道境之追求，高華平即言：「魏晉時期玄學名士這種對

〔註17〕錢鍾書著，《談藝錄》，頁 269。

〔註18〕劉墨著，《中國藝術美學》，江蘇：江蘇教育出版社，1993 年，頁 517。

〔註19〕唐君毅著，《中國哲學原論・原道篇》，台北：台灣學生書局，1980 年，頁 402。

音樂包含『至和』『太和』或『自然之妙物』的不厭其煩的描述，勢必強化了這樣一種觀念：音樂的本質精神即是玄學的至高本體——『道』『無』『一』或『意』。」〔註20〕可見老莊的以道爲本體的音樂美學觀已深植於魏晉音樂的美學追求之中。

第三節　「以大和爲至樂」之音樂境界

　　從音樂客體的物質型態與主體心靈之體驗來看，律學家與玄學家或各有所重，在魏晉時期，正如玄學之有無、本末、形神的議題一樣，成爲關注的焦點，《世說新語・術解》第一條云：「荀勖善解音聲，時論謂之闇解。遂調律呂，正雅樂。每至正會，殿庭作樂，自調宮商，無不諧韻。阮咸妙賞，時謂神解。」荀勖因側重音聲律呂而被視爲「闇解」，阮咸則因神契妙賞而爲「神解」，「闇解」指現象界之「有」，而「神解」則爲境界之「無」，劉義慶在此顯然具有貴無輕有的取向，然而，從音樂的審美來看，一方面需要借助於現象界的五音六律做爲物質媒介，一方面又需要透過主體心靈之體驗，才能成就一個完整的審美過程，因此，音聲之美與玄冥意境，二者皆不可偏廢，才能真正開顯出音樂的內在意義，故本節所謂「大和」，即指主客合一、有無兼含的最高理境。至於這二個面相的關係究竟該如何體現？在本節中，乃透過王弼之理論來加以剖析，同時，探討在音樂的實踐中，如何開顯出主體生命之遊，而達到與宇宙天地合而爲一的藝術境界。

一、有無之辯證

　　有關有、無之間的關係，王弼在〈老子指略〉中曾言：

　　夫物之所以生，功之所以成，必生乎無形，由乎無名。無形無名者，萬物之宗也。不溫不涼，不宮不商。聽之不可得而聞，視之不可得而彰，體之不可得而知，味之不可得而嘗。故其爲物也混成，爲象也則無形，爲音也則希聲，無味也則無呈。故能爲品物之宗主，苞通天地，靡使不經也。若溫也則不能涼矣，宮也則不能商矣。形必有所分，聲必有所屬。故象而形者，非大象也；音而聲者，非大音也。然則，四象不形，則大象無以暢；五音不聲，則大音無以至。

〔註20〕高華平著，《玄學趣味》，武漢：湖北教育出版社，1997 年，頁 143。

四象形而物無所主焉，則大象暢矣；五音聲而心無所適焉，則大音
至矣。

在此，王弼指出，「無」是萬事萬物的本體，其特質是無形無名、無狀無象，
聽之不可得而聞，視之不可得而知，味之不可得而嘗。反之，現象界的形體，
皆有象有狀，故一形體可與他形體相區別，涇渭分明，狀象歷然，但也正因
如此，則有不兼之處，一個具體的形體不能兼通其它的形體，因此言「溫也
則不能涼矣，宮也則不能商矣」。再者，從「無」與「有」的關係來看，「無」
雖為本體，但這個作為本體的「無」，並非空無的零，而是涵蓋一切殊相，由
此達到共相之「大有」，但因其為共相，因此，不具有具體之性狀，故言「無」，
但實為「大有」。所以，這個作為「大有」的「無」便與具體的有相互聯繫，
須在具體的有中存在和表現，此所謂「四象不形，則大象無以暢；五音不聲，
則大音無以至。」韓康伯於《周易‧繫辭》注「大衍之數」中亦引王弼之言，
說道：「夫無不可以無名，必因於有，故常於有物之極，而必明其所由之宗也。」
可見「無」須透過「有」而顯，唯有「有」的存在，才能明「無」。﹝註21﹞因
此，王弼雖然以「無」為本，而有「凡有皆始於無，……萬物始於微而後成，
始於無而後生。」（《老子》第一章注）及「天下之物皆以有為生，有之所始，
以無為本，將欲全有，必反於無也。」（《老子》第四十章注）的貴無之說，
然而，其亦重視「無」的作用，例如《老子》第三十八章注曰：「萬物雖貴，
以無為用，不能捨無以為體也。……以無為用，則得其母，故能己不勞焉而
物無不理。」在此，「以無為體」與「以無為用」，似乎是二個矛盾的命題，
但事實上，二者並不矛盾。所謂「以無為體」，乃是就現象界及價值層面的本
體根據而言，即天地萬物皆以「無」為本，以「無」為根據，但「無」有其
作用，當其落實於現象界時，即能開物成務而無往不存，此乃「以無為用」，
故二者並無矛盾。同樣的說法，也出現在《老子》第十一章注當中，其曰：「言

﹝註21﹞　王弼體系中的「有」，與《老子》體系中之「有」，已是不同之層次，按《老子》
　　　　第一章云：「無名天地之始，有名萬物之母。」及四十章曰：「天下萬物生於有，
　　　　有生於無。」都將「無」和「有」視為形上道體之象狀，郭店本相當於通行本
　　　　四十章的文本則是：「天下之物，生於有、生於無。」更明確地以「有」、「無」
　　　　二種面向來指稱道體。但王弼在詮釋《老子》第四十章時，則言：「天下之物，
　　　　皆以有為生。有之所始，以無為本。將欲全有，必反於無也。」此處，「有」
　　　　與「物」為同一層次，「有」已從《老子》中為「道」之象狀下降為萬有、萬
　　　　物。因此「無」和「有」之間的關係，即道與物之間的關係。參見陳鼓應，〈王
　　　　弼體用論新詮〉，《漢學研究》，2004 年 6 月，第 22 卷第 1 期，頁 3～4。

無者，有之所以爲利，皆賴無以爲用也。」此處之「以無爲用」，乃是指道體作用於萬物而言，即「無」（道體）的「用」（道用）表現在「有」（萬物）上，故萬物能獲得其利。因此「道」（「無」）與「物」（「有」）的關係，乃是「體」與「用」的關係，《晉書・王衍傳》即言：「天地萬物皆以無爲本。無也者，開物成務，無往不存者也。陰陽恃以化生，萬物恃以成形，賢者恃以成德，不肖恃以免身。故無之爲用，無爵而貴矣。」「無」不僅爲天地萬物之本，同時又有「開物成務」的作用，故云：「無之爲用，無爵而貴矣。」而在《老子》第十四章注當中，王弼亦言：

> 欲言無邪，而物由以成。欲言有邪，而不見其形。故曰「無狀之狀，
> 無物之象」也。不可得而定也。……無形無名者，萬物之宗也。

按《老子》之原意，乃是在強調「道」體「無狀之狀，無物之象」的恍惚性質，但王弼在此，除了要說明道體之無以外，更欲凸顯出「物由以成」的作用，藉此以明「無」並非一絕對掛空之無，而是具有生物成物之「有」性包含其中的。其注《老子》第六章「谷神不死，是謂玄牝」時，亦以同樣的方式來解釋此一緜緜若存的「天地根」，其言：「欲言存邪，則不見其形；欲言亡邪，萬物以之生。故『緜緜若存』也。」道的存在，雖然不見其形，無形不繫，然而其存在的事實，又在「物由以成」、「萬物以之生」的生物作用上顯，故陳鼓應即言道：

> ……闡明「無」作爲萬有存在的根本，並非脫離於萬有自身。其作
> 爲萬有存在之依據正是涵蘊在萬有具體的存在樣態中，「無」作爲存
> 在依據的本體意義，亦即伴隨著萬「有」的實際存在而顯現。正因
> 存在依據（「無」）寓託於存在樣態（「有」）中，因此，欲明存在依
> 據（「無」）便不得不透過存在樣態（「有」），此亦即欲明「無」必「因
> 於有」的涵義。歸結而言，王弼在「明無必因於有」的體用論中乃
> 呈現出「因有明無」、「由用見體」之主張。〔註22〕

從這個角度來看音樂，最能說明具體音聲之「有」及音樂境界之「無」之間的關係。事實上，「無」的音樂境界，必透過五音六律以彰顯，否則無從得知，此乃「因有明無」、「由用見體」，故殷仲堪〈琴贊〉曰：「五音不彰，孰表大音。至人善寄，暢之雅琴。聲由動發，趣以虛乘。」（《全晉文》卷一百二十

〔註22〕陳鼓應，〈王弼體用論新詮〉，《漢學研究》，2004 年 6 月，第 22 卷第 1 期，頁
　　　　7～8。

九）大音與五音的關係，即無有、體用之關係。湯用彤在解釋王弼〈大衍義〉時亦言：

> 無體者謂其非一物（非如有形體之物）。物皆有繫有待。非物則無所繫無所待。宗極冥漠，無所不窮（即萬物之體故），而不隨於所適（其體獨立故）。萬物有分，於冥漠之宗極而設施形名。於是指事造形宛然如有。然用者依體而起，體外固無用。萬有由無而始成，離無亦不別有群有。‥‥‥蓋萬有非獨立之存在，依於無而乃存在。宗極既非於萬物之後之外而別有實體，故曰與極同體也。〔註23〕

音樂無形無象，故須透過音聲、旋律、節奏、和聲等以呈現，若缺乏具體的物質性，窈冥深遠的道境亦無從體現，因此，「無」必寄於「有」中而存，然聲音本身又瞬間即逝，故在紛紜多采的「有」聲中，旋即又復歸於幽渺玄遠之「無」，正如王弼所曰：「存而不有，沒而不無，有無莫測，故曰似存。」〔註24〕此種「有無莫測」之「似存」狀態，即范曄論音樂之「絕處」時所言：「其中體趣，言之不盡，弦外之意，虛響之音，不知所從而來。雖少許處，而旨態無極。」〔註25〕弦外之意，虛響之音，存而不有，沒而不無，此可謂音樂「玄之又玄」之體現。

二、音樂之兼含有無

　　王弼以有無、體用的範疇來論形上與形下，事實上又與意象、形神之範疇相通，換言之，道、無、體、意、神等皆為形而上者，具有超越性、無限性等屬性，而有、用、象、形、物等皆為形而下者，為盡意之物質表相，因此有無或意象二者之間的關係，是顯微無間、體用玄通、流動互滲的。首先，就嵇康之〈聲無哀樂論〉來看，其一方面以音聲之體——「和」源自天地間的陰陽之氣，為一無聲無象的形而上存在，而當此一形上之「和」落實於經驗世界時，便會產生各種和諧的聲音，所謂「宮商集比，聲音克諧。」於是，嵇康乃從樂器的音質特色、各地區的音樂形態等來描述音樂的特徵，例如：

> 琴瑟之體，間遼而音埤，變希而聲清；以埤音御希變，不虛心靜聽，則不盡清和之極，是以體靜而心閒也。夫曲度不同，亦猶殊器之音耳。齊楚之曲多重，故情一；變妙，故思專。姣弄之音，挹眾聲之

〔註23〕湯用彤撰，《魏晉玄學論稿》，頁55。
〔註24〕此據《道藏集解》趙本引。參見樓宇烈校釋，《王弼集校釋》，頁13。
〔註25〕沈約撰，《宋書》，卷六十九，〈范曄傳〉，台北：鼎文書局，1980年，頁1831

美，會五音之和，其體瞻而用博，故心役于眾理。五音會，故歡放
而欲愜。

樂器的形制結構，會影響樂器的音色，如琴瑟的琴身長，間距遼遠，音域低
而變化少，故音色清和。而另一方面，各地的音樂曲度、旋律的變化，又有
不同的特色，例如齊、楚之曲，多有重覆而少變化，而華麗的小曲，則眾聲
齊集、五音諧和、豐瞻廣博，這些具體的樂器、音色、曲調等，皆可謂音樂
中「有」的層面，但此音聲之「有」最後又由無聲之體──「和」來加以統
攝，所謂「曲變雖眾，亦大同于和。」（〈聲無哀樂論〉）可說典型地呈現了王
弼所謂「返無全有」、「因有明無」的理論體系。

其次，在阮籍〈樂論〉中，亦同時具備「有」與「無」的二個面相，其
以音樂源自於「自然之道」──此即為「氣」，「氣」的理想狀態為陰陽調和，
而陰陽調和的前提為清靜不煩，因此落實在音樂的層面上，即以平淡易簡之
雅樂為代表，故其曰：「乾坤易簡，故雅樂不煩。道德平淡，故五聲無味。」
然而，無論其如何平淡、易簡，只要是音樂，皆須透過音聲為其媒介，這一
點，阮籍亦不可否認，因此，阮籍特別重視八音的產地、五聲的調和及音律
的準確就是為了強調音樂的和諧與規律性，因為若樂器的形制有所改易、音
律有所不確，那麼就會影響雅樂的平和精神，因此其言：「八音有本體，五聲
有自然，其同物者以大小相君。」（〈樂論〉）在阮籍看來，現象界的一切音聲、
樂器，無論是空桑之琴，雲和之瑟，孤竹之管、泗濱之磬或各種律管，皆源
於天地之象、自然之道，可見「有」生於「無」，但「無」又不能無所表現，
故其落實於現象界中，即為平淡不煩的雅樂，此乃意味著阮籍是在「有」的
萬殊之聲中寄寓著對平淡易簡的「無」或「道」的追求。

其次，在魏晉樂賦中亦充滿著有無互滲的精神，如陳窈〈箏賦〉曰：
伊夫箏之為體，惟高亮而殊特。應六律之修和，與七始乎消息。括
八音之精要，超眾器之表式。後夔創制，子野考成。列柱成律，既
和且平。度中楷模，不縮不盈。總八風而熙泰，羌貫微而洞靈。牙
氏攘袂而奮手，鍾期傾耳以靜聽。奏清角之要妙，咏驊騮與鹿鳴。
獸連軒而率舞，鳳踉蹌而集庭。泛濫浮沈，逸響發揮。翕然若絕，
皎如復迴。爾乃祕豔曲，卓礫殊異。周旋去留，千變萬態。（《全晉
文》卷一百四十四）
陳窈認為，箏因具有特殊之體制，故音質高亢清亮，再加上列柱，可以調和律

呂，使音韻和諧，故曰「列柱成律，既和且平。」箏除了具有形制上之優越性以外，陳窈還藉由名師伯牙來彈奏《清角》、《騶虞》及《鹿鳴》等名曲，特別彰顯出「獸連軒而率舞，鳳跟蹌而集庭」的效果，此可謂具體音聲之「有」的呈現。而具體音聲之「有」，透過主體心靈想像馳騁的作用，乃有各種形態變化之美，所謂「泛濫浮沈，逸響發揮。翕然若絕，皎如復迴。爾乃祕豔曲，卓礫殊異。周旋去留，千變萬態。」聲音的變化，周旋去留，飄忽迷離，時而似絕未絕，時而迴旋左右，宛若恍兮惚兮之道境，故又可稱之為「無」，因此，此「無」並非空無，「有」亦非形質之有，而是交流互滲、體用無間的。

　　夏侯淳〈笙賦〉亦有此一涵攝有、無之境界表現，其言：

> 嗟萬物之殊觀，莫比美乎音聲。總眾異以合體，匪求一以取成。雖
> 琴瑟之既麗，猶靡尚乎清笙。爾乃採桐竹，剪朱密。摘長松之流肥，
> 咸崑崙之所出。抑揚噓吸，或呬或吹，擘挌挹按，同覆互移。初進
> 飛龍，重繼鵾雞。振引合和，如會如離。若夫纏緜約殺，足使放達
> 者循察。通豫平曠，足使廉規者棄節。沖虛冷澹，足使貪榮者退讓。
> 開明爽亮，足使慢惰者進竭。豈眾樂之能倫，邈奇特而殊絕。(《全
> 晉文》卷六十九)

笙的材質，主要取自於桐竹，而桐竹聲清，故笙以清麗的音質為特色。而在實際的吹奏中，則是透過呼吸的調控及指法的變換移動來演奏，在名曲如《飛龍》、《鵾雞》的旋律交織中，時而纏綿約殺，時而通豫平曠，時而沖虛冷澹，時而開明爽亮，可見，笙樂的千變萬態、玄妙幽微乃是透過具體之「有」而顯，正如《老子》第二十一章所言：「道之為物，惟恍惟惚。惚兮恍兮，其中有象；恍兮惚兮，其中有物。窈兮冥兮，其中有精。其精甚真，其中有信。」道體雖恍惚窈冥，然其中又含有物質性的存在，而在物質性之中，又呈現出主體精神之感悟。此正如呂溫之〈樂出虛賦〉所言：

> 和而出者樂之情，虛而應者物之聲。或洞爾以形受，乃泠然而韻生。
> 去默歸喧，始兆成文之象。從無入有，方為飾喜之名。其始也，因
> 妙有而來，向無間而至，披洪纖清濁之響，滿絲竹陶匏之器。根乎
> 寂寂，故難辨於將萌。率爾熙熙。亦不知其所自。(《全唐文》卷六
> 百二十五)

由無入有，即是由形而上的本體化為具體之音象，此即「披洪纖清濁之聲響，滿絲竹陶匏之器」，有此具體之音聲，才能讓人在在聆賞的過程中，產生和樂

喜悅之情，但由於音聲之體無形無象、窈兮冥兮，故若問音樂之所由，則難辨於將萌，雖有眾音之所發，卻不知所自，說明了有無之間相互滲透與連續的關係。因此，羅藝峰即以音樂的特質乃是遊走於具體可感的「正象」與隱蔽模糊的「負象」之間，在可見的表層形態與不可見的深層結構中遊戲，此即「有」與「無」之關係，其言：

> 作為非象之象，生無際之際不佔空間而投諸於時光之河的音樂雖虛
> 靈游漫，卻都在可感知的正象與暗隱著的負象之間行走，在表層形
> 態與深層涵容之間遊戲，似乎可以說：意與象之間有著非常活躍的
> 雙向建構，意是象之意，象是意之象，意象的根本特質，是自由。

〔註26〕

「正象」指完成的、具體可感的形象，即音樂中的調式音級，「負象」則為音樂的深層結構，諸如道、太極、氣、神等，因此，音樂乃是在具體可感的調式音級中流動著虛靈無象的道、無、意，形成十分活躍的雙向建構。

三、由音樂審美所開顯的心靈之遊

由於音樂本身的特質乃是遊走於有與無之間，而其最大的特質即是自由，因此主體在音樂的審美過程中，即可超越有限的現象界而進入一種微妙玄通之道境，而魏晉時期，「道」又等同於「無」、「自然」，因此，當主體回歸於「道」時，同時即是復返於「自然」，故《老子》第二十五章曰：「人法地，地法天，天法道，道法自然。」按劉墨的說法，在中國藝術美學之中，「自然」往往擁有一層更深的含義，也就是吾人向存在本質的回歸。這種返回有二個意義，一是屬於吾人內在自然的「性本」，一個是自然形態本身——即道家思想中的「自然」，就是指包含了外部自然（「丘山」、「園田」、「虛室」……）與內部自然（「性本」、「含道」、「澄懷」、「無處世意」、「玄心」）這二者意義上的「自然」。〔註27〕從這個角度來看，音樂既源於自然之道，也可視為天地精神之體現。因此，方東美即指出，中國所有藝術形式的基本原理即是「原天地之美而達萬物之理。」其言：

> 天地之大美即在普遍生命之流行變化，創造不息。我們若要原天地
> 之美，則直透之道，也就在協和宇宙，參贊化育，深體天人合一之

〔註26〕羅藝峰，〈中國音樂的意象美學論綱〉，《中國音樂美學研討會論文集》，頁23。
〔註27〕劉墨著，《中國藝術美學》，頁225。

道，相與決而俱化，以顯露同樣的創造，宣洩同樣的生香活意。換
句話說，天地之美寄於生命，在於盎然生意與燦然活力，而生命之
美形於創造，在於浩然生氣與酣然創意。〔註28〕

從這個角度來看，樂律、樂論、樂賦三者，所呈現的即是一種和諧的宇宙精
神，例如樂律以陰陽配律呂、五聲配四時，又以律管測候節氣，將律曆結合，
說明了中國天人合一的思維模式，宗白華於〈中國文化的美麗精神往哪裡去〉
一文中即說道：

四時的運行，生育萬物，對我們展示著天地創造性的旋律的秘密。
一切在此中生長流動，具有節奏與和諧。古人拿音樂裡的五聲配合
四時五行，拿十二律配于十二月（《漢書・律曆志》），使我們一歲中
的生活融化在音樂的節奏中，從容不迫而感到內部有意義有價值，
充實而美。〔註29〕

這說明了日月之運行、四時之遞嬗象徵著宇宙和諧之規律，而音律與天地之
道相通，故音律之和同時也反映著宇宙之和，《晉書・律曆志》即言：「神道
廣大，妙本於陰陽，形器精微，義先於律呂。聖人觀四時之變，刻玉紀其盈
虛。察五行之聲，鑄金均其清濁，所以遂八風而宣九德，和大樂而成政道。」
音律通於四時五行，能遂八風而宣九德，足以使萬物和樂而成就政道。

其次，嵇阮之樂論以音樂爲「天地之體、萬物之性」（阮籍〈樂論〉）此
一體性，即爲「和」，因此，音樂乃能使萬物和氣均通、各適其類。如此一來，
主體心靈受到音樂之和的感發，則和心足於內，和氣見於外，那麼凱樂之情，
見於金石，含弘光大，顯於音聲，最後則達到萬國同風、芳榮濟茂的和諧之
境。因此，宗白華即言：

音樂是形式的和諧，也是心靈的律動，一鏡的兩面是不能分開的。
心靈必須表現於形式之中，而形式必須是心靈的節奏，就同大宇宙
的秩序定律與生命之流動演進不相違背，而同爲一體一樣。〔註30〕

音樂以「和」爲體性，故能使人的心靈產生和諧，而人心靈的律動又與宇宙
秩序的律動相通，因此，人、音樂、自然乃是一渾全的整體。

〔註28〕方東美著，《中國人生哲學》，台北：黎明文化事業股份有限公司，2005年，
　　　　頁283。
〔註29〕宗白華著，《藝境》，北京：北京大學出版社，1989年，頁170～171。
〔註30〕宗白華著，《藝境》，頁67。

再者，就樂賦而言，無論是樂器之生長環境、樂器製作、演奏場景或者主體內在情感之引發，都與自然密切相關。例如琴材的生長，乃是在自然神麗的環境中，吸收日月精華才能產生絕佳的音色，故曰「含天地之醇和兮，吸日月之休光。」（嵇康〈琴賦〉）而樂器製作則是法象天地、陰陽與四時，以體現陰陽五行之原理，所謂「中虛外實，天地之象也；盤圓柄直，陰陽之序也；柱十有二，配律呂也；四絃，法四時也。」（傅玄〈琵琶賦〉序）演奏場景則是在「時陽初暖，臨川送離。酒酣徒擾，樂闋日移。」（潘岳〈笙賦〉）的日暮黃昏之際，「攜友生，解嚴顏，擢幽情。」（潘岳〈笙賦〉）藉由笙樂的演奏與流轉，流露彼此心中之幽情，並聆賞新聲曲變之奇韻橫逸。亦或者是「三春之初，麗服以時，乃攜友生，以遨以嬉。涉蘭圃，登重基；背長林，翳華芝；臨清流，賦新詩。嘉魚龍之逸豫，樂百卉之榮滋。理重華之遺操，慨遠慕而常思。」（嵇康〈琴賦〉）在春光明媚、百卉榮滋的長林清流之中，彈奏虞舜之琴曲，遙想古人而遠慕常思，此皆說明音樂與自然乃是融為一體的。至於審美主體之情感，亦是由自然季節的推移所引發，所謂「秋節既至，百物具成。嚴霜告殺，草木殞零。賓鳥鼓翼，蟋蟀悲鳴。羈旅之士，感時用情。乃命狄人，操笳揚清。」（杜摯〈笳賦〉）「感時用情」說明了在秋天萬物殞落的時節中，羈旅之士因被放逐在外，產生一種悲涼的感受，於是乃命狄人操笳來呼應其內在的感受。

可見，音樂與自然之間，具有一種相互交融的關係，故劉墨即言：

> 中國音樂的大音是晃漾在整個宇宙之間的。而音樂之產生在中國藝術美學之中，是一種感而化生的運動——它表徵著對宇宙萬物的哲理體認，而以此為基礎的情感論，也就勢必認為，情感作為一種感應形態，已不僅是屬於自我方面的特殊存在，而更是一種宇宙間生命律動的自然節奏。〔註31〕

音樂既表徵著對宇宙萬物的哲理體認，那麼，主體透過對音樂的實踐，即能與宇宙天地之精神合拍，在大自然中悠遊自得、無繫無累，例如嵇康之四言詩所言：

> 輕車迅邁，息彼長林。春木載榮，布葉垂陰。習習谷風，吹我素琴。咬咬黃鳥，顧儔弄音。感寤馳情，思我所欽。心之憂矣，永嘯長吟。
>
> （〈兄秀才公穆入軍贈詩〉第十二首）

〔註31〕劉墨，《中國藝術美學》，頁 313。

> 息徒蘭圃，秣馬華山；流磻平皋，垂綸長川。目送歸鴻，手揮五弦。
> 俯仰自得，遊心泰玄。嘉彼釣叟，得魚忘筌。郢人逝矣，誰可盡言？
> （〈兄秀才公穆入軍贈詩〉第十四首）

在此，音樂乃是在林木交錯、春木載榮的情境中產生，此時，主體棄絕一切
的紛擾，而以一種優游平和、舒緩從容的生命姿態投身於疏朗、曠遠而寧靜
的天地之間，「息」於長林，「遊」心太玄，逍遙自在地享受生命本身，與大
化流行合而為一，並透過手揮五弦的裊裊樂聲，開展出一種俯仰自得的生命
境界。因此，蕭馳即言：

> 「目送歸鴻，手揮五絃」或許是中國詩歌裡所出現過的人在天地之
> 間一個最美的姿勢：當鴻陣嘹唳著自天穹下緩緩掠過，詩人凝睇間
> 蕭然會意，手指亦不自主地自琴絃上掠過——這是以音樂的心靈去
> 感悟天、人之間諧和的律動。在詩人的送目和鴻之間，是一片無狀
> 無象的空明，是心靈放開，任鴻自去歸、人自去揮絃的自由空間。
> 此虛靈的空間是玄學對藝術的最大贈與，是心靈作逍遙之遊的無限
> 境域，故而以下詩人「俯仰自得，遊心太玄」，如宗白華所說，「躍
> 入大自然的節奏裡去」，以感受其中難言的「大音」。〔註32〕

主體藉由音樂的心靈去感受天人之間的律動，躍入了大自然的節奏中，在無
限開闊的宇宙中，「遺物棄鄙累，逍遙遊太和。」（〈五言詩三首答二郭〉之二）
此即是《莊子・天下》所謂「獨與天地精神往來」的生命境界，如此，主體
精神乃可上下千載，縱橫馳騁，「入無窮之門，以處壙埌之野。」（《莊子・應
帝王》）因此，方東美即言：

> 中國藝術家正因能參贊化育，與此宇宙生命渾然同體，浩然同流，
> 所以能昂然不朽於美的樂園之中。綜觀中國藝術，即使在技術「語
> 言」的系統中，不論色彩、線條、輪廓、音質、距離與氣韻，也都
> 在盡情的表達這種宇宙觀念，「它是對其整體性的一種觀點，也是對
> 人類私欲偏見的一種超脫，對精神怡然自得的一種境界。」〔註33〕

可見，中國的藝術家，在藝術的實踐過程中，因能與天地合其德，與四時合

〔註32〕 蕭馳，〈嵇康與莊學超越境界在抒情傳統中之開啓〉，《漢學研究》，2007 年 6
　　　月，第 25 卷第第 1 期，頁 100。
〔註33〕 方東美著，《中國人生哲學》，台北：黎明文化事業股份有限公司，2005 年，
　　　頁 290。

其序，所以能達到最高的和諧，此即嵇康所謂「以大和爲至樂」（〈答難養生論〉）的生命境界，如此，則能遊心于玄默，使生命得到無限的自由與解放。

小　結

　　本章旨在透過玄學的思維方式，從有無、體用的觀點，重新審視魏晉樂律、樂論及樂賦之間的關係，試圖從文本中考察在現象界的音聲之「有」與形上境界之「無」當中，究竟何者爲重的問題，此亦呼應著《世說新語·術解》第一條中所謂「神解」與「闇解」的探索。事實上，從魏晉的文本來看，具體的音聲之美，包括音律的建構、曲目的豐富性、樂器性質的殊異、音樂風格的多變等一直是魏晉文人所關注的焦點，此可從荀勗對音律的重視、嵇康之〈聲無哀樂論〉、〈琴賦〉、阮籍之〈樂論〉、孫楚〈笳賦〉及潘岳〈笙賦〉中見到，說明此一時期的音樂觀點，在很大程度上，已側重於音樂自身的內在結構，由音樂的角度來發掘音樂的特質，逐漸排除由先秦到漢代以來，將音樂視爲修身理性的手段之道德意識，充份彰顯出魏晉時期藝術自覺的特色。

　　但另一方面，由於老莊思想的影響，又促使文人們在具體的音聲之美以外，進一步探尋其背後玄妙幽深的音樂境界，尤其是《老子》的「大音希聲」，《莊子》之「天籟」及無聲之「和」等，皆滲透在魏晉的音樂理想之中，例如嵇康之〈聲無哀樂論〉及〈琴賦〉，即將無聲無象之「和」視爲音樂的本體，而有「音聲有自然之和」的說法，並將老莊逍遙無待的精神融入於音樂實踐中，透過琴樂的演奏，達到一種遺世高蹈、齊物逍遙的生命境界。這一點，亦爲成公綏的〈嘯賦〉所繼承，其強調嘯詠的緣由，乃是「愍流俗之未悟，獨超然而先覺」，故盡棄塵累、超於物表，以窮究性命道德之玄奧。這種以無爲心，逍遙乎無爲之境的追求，可謂嵇康〈琴賦〉之嗣響。至於魏晉樂賦，則是將道體本身窈冥恍惚的特質，轉化於音樂的表現之中，凸顯出其數轉難測、精微玄妙的音樂境界，例如孫瓊之〈箜篌賦〉、傅玄之〈琵琶賦〉及伏滔之〈長笛賦〉等，皆有所呈現。

　　但值得思考的是，若尅就音樂的完整性來看，無論是側重於音樂的具體音聲，或強調形上境界，其實都各有所偏，因爲「有」與「無」皆同時被包含在音樂之中，缺乏現象界之五音，則大音無由彰顯，而僅守音律的規範，又無法表現音樂的境界，因此王弼即言：「音而聲者，非大音也。然則，四象

不形，則大象無以暢；五音不聲，則大音無以至。」（〈老子指略〉）此一說法，最能說明音樂的「有」與「無」之間的關係，大音為至高的無聲之境，然若無五音，則大音亦無由而至，這種有↔無之間的雙迴向關係，可以嵇康之〈聲無哀樂論〉做為代表，其一方面以「和」作為音聲之體，落實於現象界的五音六律，形成宮商集比的和諧，最後又收攝於「和」，而開展出音樂的形上境界，充份說明了王弼的理路。至於阮籍之〈樂論〉則將其「無」或道，寄寓於平淡易簡的雅樂之中，而以雅樂為最理想的音樂，因此阮籍便十分強調樂器的產地、管長或弦長的比例及定音標準等，做為演奏雅樂的條件，說明了「無」仍須藉「有」來表現。此外，陳窈之〈箏賦〉及夏侯淳之〈笙賦〉等，都是在具體的樂器演奏中，呈現出飄忽迷離、玄妙幽微的特質，說明無聲的樂境，須透過有象的音聲才能彰顯，這些例證，皆可謂王弼「因有明無」、「由用見體」的思想體現。

　　既然音樂同時兼具「有」與「無」之特質，而在魏晉，「無」又等同於「道」與「自然」，因此阮籍即以音樂源於自然之道，如此一來，主體的音樂實踐即可被視為是對自然與天地精神之復歸。首先，從樂律、樂論及樂賦三者來看，無不體現出和諧的宇宙精神，例如樂律以陰陽配律呂、五聲配四時，反映著宇宙的節奏與韻律，而樂論則以音樂為「天地之體、萬物之性」（阮籍〈樂論〉），此一體性即為「自然之和」，故能使萬物和氣均通、各適其類。此外，就樂賦來說，無論是樂器之生長環境、製作、演奏場景或主體內在情感之引發，都與自然密切相關，因此，宗白華即言：「音樂和建築的秩序結構，尤能直接地啟示宇宙真體的內部和諧與節奏，所以一切藝術趨向音樂的狀態、建築的意匠。」〔註 34〕音樂的律動與和諧反映著宇宙的律動，因此，主體在音樂的實踐過程中，自能與天地精神合拍，稱適而上遂，此即嵇康所言：「目送歸鴻，手揮五弦，俯仰自得，遊心泰玄。」（嵇康〈兄秀才公穆入軍贈詩〉第十四首）在一片曠遠疏朗的天地之中，主體透過音樂的心靈去感受宇宙的律動，超越世俗的種種紛擾與束縛，出入六合，遊乎九州，入無窮之門，以遊無極之野，生命遨遊於無邊無垠的宇宙之中，獲得無限的自由與解放，終而達到「逍遙遊太和」（〈五言詩三首答二郭〉之二）的境界，而體現天人合一的最高和諧。

〔註34〕宗白華著，《美學散步》，頁 79。

第七章　結論——會而共成一天

　　經由前幾章的論述，本文得到以下幾點結論：第一，從《晉書‧律曆志》來看，中國古人的音樂觀，始終與「氣」的概念，如風、陰陽、五行等密切相關，此乃由於中國以農立國，必須順應農時以進行農業活動，而四時節氣的循環運行又是由風向、陰陽之氣的消長所支配，因此，古人發現，透過律管可以測候季節風向，故有「以音律省土風」（《國語‧周語》上）的說法。隨後，「氣」的概念二分陰陽，如《國語‧周語》上云：「夫天地之氣，不失其序；若過其序，民亂之也。陽伏而不能出，陰迫而不能蒸，於是有地震。」此時，「陰陽說」開始漸次發展，逐漸形成自己的體系。

　　「五行說」亦歷經了由五方爲綱到五材爲綱的發展過程，及至春秋時期，乃盛行金、木、水、火、土五種元素的「五行說」，認爲萬物皆是由五行雜糅而成，而音樂亦源於五行。春秋末期，陰陽與五行開始結合，乃產生「天有六氣，降生五味，發爲五色，徵爲五聲。」（《左傳‧昭公元年》）的說法。爾後，伶州鳩又凸出了陰陽在六氣中的地位，明確地將十二律呂與陰陽五行連繫起來，以黃鍾、太簇、姑洗、蕤賓、夷則、無射等六律屬陽；大呂、夾鍾、仲呂、林鍾、南呂、應鍾等六閒屬陰，而黃鍾含元處中，故能宣養六氣、九德，故律呂與陰陽五行的關係更爲密切。及至《管子》則將陰陽四時與五聲、五味、五節、五數、五方等結合起來，試圖將天道、地道與人道加以貫通，建構出一較爲有序的系統。及至《呂氏春秋》，乃明確提出「音樂之所由來者遠矣，生於度量，本於太一。」（《呂氏春秋‧季夏紀‧大樂》）將「太一」視爲音樂之本原，同時又將四時、五行、五音、十二月、十二律、天干、地支等相互配合，建構一完整的宇宙圖式。至此之後，《淮南子》、《史記》、《漢書》、

《後漢書》及《晉書》皆循此一模式,將五行配五聲、陰陽配十二律,並以十二律對應陰陽之氣的消長且與萬物之生長盛衰密切相關,確立了音樂與陰陽五行的關係。

由此,透過「物類相召」的原理,即「氣同則會,聲比則應」(《春秋繁露‧同類相動》)的模式,產生了「候氣說」。「候氣」乃是在一塗釁周密的密室內以律管測候節氣,由於律管與陰陽之氣具有對應性,因此只要某一節氣一到,律管上的葭莩灰便會飛散,這種說法究竟是否屬實,歷來的學者眾說紛紜。然而,若從另一個角度來看,其實,以陰陽五行的模式來思考音樂,並非迷信,而是一種「關聯式的思考」,在此一系統之內,各種事物之間,不偏重於外在的因果關係,而是藉由「感應」來相互作用,這些符號間的關聯或對應,乃是宇宙中的一部份,彼此皆被賦與某種內在的性質,使其按照特殊的方式來進行,因此,萬物的存在皆依賴於整個「宇宙有機體」而為其構成的一部份。它們之間的相互作用,並非由於機械的因,而是出於一種神祕的共鳴。在此圖式中,陰陽、五行、音律等皆可相互對應,透過「同氣相求」的法則,與天地萬物相互感通,而形成一整體關係網。

第二,古人從陰陽氣的消長來了解宇宙日月的運行規律,再經過一定階段的發展之後,開始以數理的方式來詮釋宇宙,故有所謂「律曆之數乃天地之道」(《淮南子‧天文訓》)的說法。而音律與曆法一樣,具有數理特性,因為「律」的主要意義,就是在於「立均出度」(《國語‧周語》下)「立均」是確立音階中的律高,而「出度」則為律高的弦長比。透過各音之間的弦長比,以訂定音階中各音的音高,音樂才能美妙動聽,否則無論是獨奏或合奏,皆難以入耳。從《晉書‧律曆志》的律制來看,主要有三分損益律及純律二種。「三分損益律」的產生乃是將一弦長分為三段,捨其三分之一,取其三分之二稱為「三分損一」,此為「下生」。若增三分之一,成為三分之四,則為「三分益一」,此為「上生」。透過此種方式生律,可生出高五度及低四度的律。最早對「三分損益律」提出明確弦長比的文獻為《管子‧地員篇》,其在說明土壤、井深與音律的關係時,涉及了生律法的問題,找出了五音之間的弦長比。爾後,《呂氏春秋》則依此生律法算出十二律的弦長比,而《淮南子》、《史記》、《漢書》、《後漢書》及《晉書》便都是以「三分損益律」為主要的生律法。

第三、有關魏晉音樂的探討,除了《晉書‧律曆志》以「氣」為音樂之本原,並由「氣」發展到由數理邏輯的方式來推算「音律」,充份說明了音樂

本身的聲學性質之外，阮籍、嵇康之樂論亦沿著氣化宇宙論的脈絡，賦予音樂形上學的體性，並融合玄學精神，開啟了一種新的音樂觀點。首先，阮籍乃由其「自然觀」的角度，提出「此自然之道，樂之所始也。」（〈樂論〉）的說法。其以音樂源自於「氣」，而「氣」最和諧的狀態為「和」，因此，透過音樂上的律呂和諧，又能反過來調和陰陽，使萬物各得其所。從這個角度出發，阮籍更進一步提出「八音有本體」及「五聲有自然」，並以「常處」、「常數」來對應此二個概念，八音之本體所指乃是金、石、絲、竹、匏、土、革、木八種樂器材質，而這些材質，有絕佳的產地，故能發出最調和淳均的音色。至於「五聲有自然」，「自然」一方面指「氣」，一方面又可指由「氣」所衍伸而來的「數」的概念，物體振動後透過空氣來傳遞，此為自然原理，而此一原理由數理的方式表現出來，即是所謂「以大小相君，應黃鐘之氣，故必有常數。」「常數」即指五音的弦長比，弦長比按三分損益法所形成，故為一和諧有序的狀態。由此，阮籍又以音樂的秩序與和諧做為理想，將此延伸到具體的社會當中，試圖建構出一尊卑有序、上下有等的人倫世界，因此，其乃提倡儒家「禮樂一體」的精神，認為「禮治其外，樂化其內。禮樂正而天下平。」因此聖人制禮作樂，立調適之音，建平和之聲，使舞蹈者從容和順，歌詠先王之德，如此乃能移風易俗，使百姓心氣和洽。但另一方面，其又援道入儒，在〈樂論〉中出現「正樂聲希」、「五聲無味」及「音聲不譁，漠然未兆」等用語，清楚體現老莊對阮籍的影響。同時，阮籍還有意識地將儒家所謂「樂者，樂也。」（《荀子・樂論》）的審美體驗轉向「至樂使人無欲，心平氣定」（阮籍〈樂論〉）的虛靜境界，將儒家肯家音樂在人倫社會所帶來的欣悅之情，轉換成「至樂無樂」（《莊子・至樂》）的超越心境。因此，阮籍之樂論，可說是從音樂本體之形上建構出發，由樂之和諧建構出人間萬物之和諧，再藉由禮樂教化來涵養人心，使人在平淡易簡的雅樂中，轉化為一種清虛無執的心靈狀態，由此體會「至樂無樂」之「大樂」。

而嵇康之〈聲無哀樂論〉，亦是由「氣」→「律」的模式來說明音聲之原，並且從這個角度來說明「聲無哀樂」之理。其以音聲源於天地陰陽之氣，因此有其不變之本體，此一本體，即為音聲「自然之和」。那麼，同樣源於「自然之和」的律呂，乃能與四時之氣相互對應，節氣一到，其管內的葭莩灰便會自然飛散，不假人以為用，說明了音律的自然屬性，同時，嵇康又進一步指出，音律的產生，乃是透過三分損益法而來，與人為無關，所謂「上生下

生，所以均五聲之和，敘剛柔之分也。」律呂的作用在於協調五音，分別陰陽，可見音律本身有其自律性結構，與主觀之人情不相涉。嵇康在此凸出了音樂本身的內在結構，而排除聲音本身包含哀樂的成份。為了區辨心為主觀、聲為客觀的不同層次，嵇康還從名實之別的角度來說明此一問題，認為歌哭與哀樂乃是兩個不同層面的事，哀樂為內心之真情，歌哭為外在的形式，二者沒有必然的對應性。因此，嵇康論音樂，與前人有很大的不同，前人往往著重在聲音對人的影響，由此衍伸到政治教化各個領域，期望藉由音樂的功效達到移風易俗的目的，然而嵇康則將音樂的本體訴諸於「自然之和」，給予音樂一種客觀屬性，並由形上之和來論現象界的五音六律之和，更為細膩地探索音樂本身的曲風、樂器音質的美感等，例如琵琶、箏笛因發音部份間距短促，故聲高而急促，而琴瑟則因發音部份間距遼遠故音調低沈而聲音清和，齊楚之曲多所重覆，而姣弄之音則具眾聲之美，清楚地由樂器形制結構以及不同的曲風來說明音樂的特色。但嵇康雖然深刻了解現象界的音聲之美，卻仍將其收攝到形而上的「和」境中，所謂「曲變雖眾，而大同于和。」將無象的「和聲」視為最高境界。再由音樂的本體之「和」，銜接主體與音樂之間的關係。因此，嵇康乃提出「樂之為體，以心為主」的說法。對嵇康而言，被哀樂俗情所繾繞的心，因尚未達到「和」的境界，故無法與「無主于喜怒，亦應無主于哀樂」的太和之聲合拍，因此只有透過「守之以一，養之以和」的修養工夫所呈現的「和心」，才能擺脫名利、喜怒、聲色、滋味及思慮之牽纏，而回歸到「愛憎不棲于情，憂喜不留于意。泊然無感，而體氣和平」的狀態，唯此，才能與無象之和聲相應，而達到心靈、音樂與天地之間的最高和諧。

　　第四、阮籍、嵇康之樂論，乃是從「自然觀」的角度來探索音樂之本原，側重於形上原理之建構，而魏晉之樂賦，則在更多的層面上，反映出魏晉時期的文化現象，以及樂器形制、音色、曲風、意蘊等。與兩漢樂賦比較起來，魏晉樂賦的數量有明顯的上升趨勢，並且增加了一些新型的樂器做為表現對象，呈現出一片繁榮的景象。而此一現象，與當時士人的愛樂風尚以及俗樂與胡樂的興盛密切相關。由於魏晉時期玄風大盛，而玄學旨在追求無限與玄遠，那麼，置身在音樂的天地中，最能遠離塵囂、遊心物外，因此士人們往往藉由音聲的揮灑，超越俗累而達到怡志養神的目的，如此一來，愛樂之風乃席捲士林，許多文人甚至具有音樂家學淵源的背景，例如嵇氏與阮氏家族。

而俗樂及胡樂的興盛，則使得民間及胡地所流行的樂器，例如笙、笛、琵琶、節、箏、箜篌等，成為賦作的對象，由於俗樂的樂曲本身，其風格變化多端，或淒切幽怨、或蒼涼遒勁等，皆能悅人耳目、動盪人心，因此在許多賦作中，乃出現許多俗樂的曲目，如〈六引〉、〈白紵〉、〈梁父〉、〈王昭〉、〈楚妃〉、〈千里〉等，說明了魏晉時期俗樂興盛的狀況。

第五、本文試圖透過玄學中「有」與「無」的二個面相，來稼接起樂律、樂論及樂賦三者，同時，也呼應著「神解」與「闇解」的討論。從音樂的審美來看，包含了客體音聲之「有」與主體心靈活動之「無」的二個面相，就「有」的層次來看，最重要者即是音律，因為音律乃是一切音樂表現的基礎，若是音聲不諧，即無美感可言。因此，荀勖重新釐定音律的緣由，就是在確認音聲的和諧。只有各音之間的音準精確無誤，那麼眾器合鳴時，才能悅耳動聽。其次，音聲之美又包含了各種樂器的音色表現，例如琴、鼓吹、笙、笛等，皆有不同的特色，而大抵來說，魏晉時期在音色的表現上，主要著重在清音與明亮的追求，如陸機〈鼓吹賦〉所言「適清響以定奏」、嵇康〈琴賦〉所云「斐韡奐爛」等，皆以音色的清麗明亮為主。此外，旋律的各種變化，例如上行、下行、反復、環繞、迴旋等，都能給人不同的審美感受，如孫瓊〈箜篌賦〉中所謂「數轉難測，聲變無方」即說明了旋律進行的千姿百態，而這種對橫向旋律思維的強烈興趣，實與中國文化重視時間的性格有關，由於中國文化重視日月四時的運行，而四時運行又源於「氣化」宇宙觀，因此「氣」的流動便化為音樂藝術的表現手段，在此表現形式中，充滿了深邃感與虛靈感。

此外，除了具體的音聲之「有」，音樂尚有一超越於現象界之外，如道體般窈冥深遠的「無」的境界，此即《老子》之「大音希聲」，《莊子》之「天籟」與「無聲之和」，這種對於道境的追求，亦反映在魏晉的音樂文本之中，例如阮籍〈清思賦〉即以真正的大音，乃是微妙無形，寂寞無聽者，故主體唯有在恬淡清虛、空靈寂靜的心靈狀態中，才能體悟此一大音。而阮瑀〈箏賦〉亦以箏之奇妙，在於能「極五音之幽微，苞群聲以作主。」成公綏〈嘯賦〉亦以嘯聲之美，能通神悟靈、窮幽測深。這些例證，都說明了魏晉文人崇尚虛靈幽渺的精神向度。

然而，無論是偏重於現象界的音聲之美，或是側重於形上至道之體證，皆有所不足，因為音樂做為藝術門類之一，乃兼具了物質與精神、有與無二

個向度，因此，韓康伯引王弼所言：「夫無不可以無名，必因於有，故常於有物之極，而必明其所由之宗也。」最能貼切於音樂之獨特性。具體音聲雖非大音，然而大音必落實於五音六律中而顯，否則無以至。這樣的理路，亦反映在嵇康的〈聲無哀樂論〉之中，其以無象之「和」為聲音之體性，當其下貫於現象界時，則五音六律無不和諧，然而「曲變雖眾，亦大同于和。」典型地反映了王弼「返無全有」、「因有明無」的思維模式。

最後，從有、無的面相來看，魏晉時期的「無」又等同於「道」、「自然」，因此，源於自然之道的音樂，即可說是天地精神之體現，例如樂律以陰陽五行配合五音十二律，即是以音樂的內在秩序反映著宇宙的和諧。而嵇阮樂論則指出音樂為天地萬物之體性，此一體性為「和」，而音樂之和能影響人心之和，因此和心與和樂相應，則能開展出萬國同風、芳榮濟茂的大道之境。至於樂賦，則無論是樂器的生長環境、樂器製作、演奏場景或主體內在情感之引發，皆與自然密切相關。因此，主體在音樂的實踐中，乃能與宇宙精神合拍，由音樂的律動躍入自然的律動，在靜謐疏朗的天地中，遨遊於無邊無際的宇宙之中，盡棄物累，逍遙遊太和，達到「精神四達竝流，無所不極，上際於天，下蟠於地。」（〈刻意〉）的至和至樂之境。

參考書目

一、專　書

1. 毛亨傳、鄭玄箋、孔穎達疏，《毛詩正義》，北京：北京大學出版社，1999年。

2. 王弼注、孔穎達疏，《周易正義》，北京：北京大學出版社，2000年。

3. 孔安國傳、孔穎達正義，《尚書正義》，台北：新文豐出版公司，2001年。

4. 鄭元注、賈公彥疏，《周禮注疏》，台北：新文豐出版公司，2001年。

5. 鄭玄注、孔穎達疏，《禮記正義》，北京：北京大學出版社，2000年。

6. 左丘明傳、杜預注、孔穎達正義，《春秋左傳正義》，北京：北京大學出版社，2000年。

7. 楊伯峻編著，《春秋左傳注》，高雄：復文圖書出版社，1991年。

8. 何晏等注、邢昺疏，《論語注疏》，台北：新文豐出版公司，2001年。

9. 郭璞注、邢昺疏，《爾雅注疏》，北京：北京大學出版社，1999年。

10. 左丘明撰、韋昭注，《國語·周語》，上海：上海古籍出版社，1978年。

11. 司馬遷撰，《史記》，北京：中華書局，1989年。

12. 瀧川龜太郎撰，《史記會注考證》，台北：文史哲出版社，1997年。

13. 張文虎著，《校刊史記集解索隱正義札記》，台北：學海出版社，1979年。

14. 班固撰，《漢書》，台北：鼎文書局，1983年。

15. 司馬彪著，《後漢書志》，台北：史學出版社，1974年。

16. 房玄齡等撰，《晉書》，北京：中華書局，2003年。

17. 沈約撰，《宋書》，台北：鼎文書局，1980年。

18. 蕭子顯撰，《新校本南齊書》，台北：鼎文書局，1980年。

19. 魏收、謝啟昆撰,《新校本魏書附西魏書》,台北:鼎文書局,1980年。

20. 魏微等撰,《新校本隋書附索引一》,台北:鼎文書局,1980年。

21. 劉昫撰,《舊唐書》,台北:鼎文書局,1981年。

22. 趙爾巽、柯劭忞編纂,《清史稿》,台北:洪氏出版社,1981年。

23. 馬端臨撰,《文獻通考》,台北:台灣商務印書館,1987年。

24. 鄭樵撰,《通志》,台北:台灣商務印書館,1987年。

25. 司馬光編著、胡三省音註,《資治通鑑》,北平:古籍出版社,1956年。

26. 陳立撰,《白虎通疏證》,北京:中華書局,2007年。

27. 戴震撰,《中庸補注》,臺北:藝文印書館,1971年。

28. 黎翔鳳撰,《管子校注》,北京:中華書局,2004年。

29. 王冬珍、徐文助、陳郁夫、陳麗桂校注,《管子》,台北:國立編譯館,2002年。

30. 王弼等著,《老子四種》,台北:大安出版社,1999年。

31. 朱謙之撰,《老子校釋》,北京:中華書局,1984年。

32. 王淮注釋,《老子探義》,台北:台灣商務印書館,1998年。

33. 郭慶藩輯,《莊子集釋》,台北:華正書局,1991年。

34. 憨山釋德清註,《莊子內篇註》,台北:建康書局,1956年。

35. 林希逸著,《莊子鬳齋口義校注》,北京:中華書局,1997年。

36. 朱熹集注,《孟子集注》,京都:中文出版社,1984年。

37. 梁啟雄著,《荀子柬釋》,台北:台灣商務印書館,1973年。

38. 王愷鑾校正,《尹文子校正》,台北:台灣商務印書館,1965年。

39. 公孫龍撰,《公孫龍子》,台北:台灣中華書局,1966年。

40. 陳奇猷校注,《韓非子》,台北:華正書局,1975年。

41. 陳奇猷校釋,《呂氏春秋校釋》,台北:華正書局,1985年。

42. 王利器著,《呂氏春秋注疏》,成都:巴蜀書社,2002年。

43. 何寧撰,《淮南子集釋》,北京:中華書局,2006年。

44. 蘇輿撰,《春秋繁露義證》,北京:中華書局,1992年。

45. 桓譚撰、孫馮翼輯注,《桓子新論》,台北:中華書局,1981年。

46. 黃暉撰,《論衡校釋》,北京:中華書局,1990年。

47. 《黃帝素問靈樞經》,台北:藝文印書館,1966年。

48. 劉劭撰、劉昞注,《人物志》,台北:商務印書館,1967年。

49. 葛洪撰,《抱朴子》,台北:中國子學名著集成編印基金會,1978年。

50. 張載撰,《張子全書》,台北:台灣商務印書館,1968年。

51. 洪興祖撰，《楚辭補注》，台北：藝文印書館，1986 年。

52. 嚴可均校輯，《全漢文》，北京：中華書局，1991 年。

53. 嚴可均校輯，《全三國文》，北京：商務印書館，2006 年。

54. 嚴可均校輯，《全晉文》，北京：商務印書館，2006 年。

55. 董誥等編，《全唐文》，北京：中華書局，1987 年。

56. 郭茂倩編撰，《樂府詩集》，台北：里仁書局，1999 年。

57. 蕭統編、李善注，《文選》，上海：上海古籍出版社，1986 年。

58. 劉勰著、詹鍈義證，《文心雕龍義證》，上海：上海古籍出版社，1994 年。

59. 彭叔夏撰，《文苑英華》，台北：台灣華文書局，1965 年。

60. 逯欽立輯校，《先秦漢魏晉南北朝詩》，北京：中華書局，2006 年。

61. 歐陽詢撰，《藝文類聚》，台北：文光出版社，1974 年。

62. 李昉編纂，《太平御覽》，台北：新興書局，1959 年。

63. 余嘉錫撰，《世說新語箋疏》，台北：華正書局，1991 年。

64. 余嘉錫著，《四庫提要辨證》，昆明：雲南人民出版社，2004 年。

65. 戴明揚校注，《嵇康集校注》，台北：河洛圖書出版社，1978 年。

66. 樓宇烈校釋，《王弼集校釋》，台北：華正書局，1992 年。

67. 陳伯君校注，《阮籍集校注》，北京：中華書局，1987 年。

68. 左松超著，《說苑集證》，台北：國立編譯館，2001 年。

69. 唐武后撰，《樂書要錄》，台北：藝文印書館，1965 年。

70. 馬國翰輯，《玉函山房輯佚書》，台北：中文出版社，1990 年。

71. 沈括著，《夢溪筆談》，香港：中華書局，1987 年。

72. 段安節撰，《樂府雜錄》，台北：台灣商務印書館，1966 年。

73. 封演撰，《封氏聞見記》，台北：新文豐出版公司，1984 年。

74. 蔡邕撰，《琴操》，台北：藝文印書館，1970 年。

75. 張國光點校，《金聖嘆批才子古文》，武漢：湖北人民出版社，1986 年。

76. 唐寅撰，《唐伯虎先生全集》，台北：台灣學生書局，1979 年。

77. 許慎撰、段玉裁注，《說文解字注》，高雄：復文圖書出版社，2004 年。

78. 朱載堉撰，《律學新說》，北京：人民音樂出版社，1997 年。

79. 朱載堉撰、馮文慈點注，《律呂精義內篇》，北京：人民音樂出版社，1998 年。

80. 《欽定四庫全書薈要·子部·御製律呂正義後編》，台北：世界書局，1988 年。

二、今人論著

1. 趙憨之著，《等韻源流》，台北：文史哲出版社，1985 年。

2. 張錦鴻著，《基礎樂理》，台北：大陸書店，1984 年。

3. 戴念祖著，《朱載堉：明代的科學和藝術巨星》，北京：人民出版社，1986 年。

4. 戴念祖著，《中國物理學史大系・聲學史》，長沙：湖南教育出版社，2000 年。

5. 中國藝術研究院音樂研究所，《中國音樂史圖鑒》，北京：人民音樂出版社，1996 年。

6. 吳釗著，《追尋逝去的音樂蹤迹——圖説中國音樂史》，北京：東方出版社，1999 年。

7. 王光祈編，《中國音樂史》，桂林：廣西師範大學，2005 年。

8. 楊蔭瀏著，《中國音樂史綱》，台北：樂韻出版社，1996 年。

9. 蕭興華著，《中國音樂史》，台北：文津出版社，1994 年。

10. 金文達著，《中國古代音樂史》，北京：人民音樂出版社，2003 年。

11. 楊蔭瀏著，《中國古代音樂史稿》，台北：丹青圖書有限公司，1985 年。

12. 劉再生著，《中國古代音樂史簡述》，北京：人民音樂出版社，1995 年。

13. 陳應時、陳聆群主編，《中國音樂簡史》，北京：高等教育出版社，2006 年。

14. 孫敏、王麗芬著，《洛陽古代音樂文化史迹》，北京：文物出版社，2004 年。

15. 王耀華、杜亞雄編著，《中國傳統音樂概論》，福州：福建教育出版社，2006 年。

16. 王耀華等著，《中國傳統音樂樂譜學》，福州：福建教育出版社，2006 年。

17. 黃翔鵬著，《溯流探源——中國傳統音樂研究》，北京：人民音樂出版社，1993 年。

18. 黃翔鵬著，《傳統是一條河流》，北京：人民音樂出版社，1990 年。

19. 黃翔鵬編著，《中國傳統音樂一百八十調譜例集》，北京：人民音樂出版社，2003 年。

20. 《中國大百科全書・音樂舞蹈卷》，台北：錦繡出版事業有限公司，1993 年。

21. 丹青藝叢編委會編，《中國音樂詞典》，台北：丹青圖書有限公司，1986 年。

22. 杜亞雄著，《中國傳統樂理教程》，上海：上海音樂出版社，2004 年。

23. 杜亞雄、秦德祥著，《中國樂理》，上海：上海音樂出版社，2007年。

24. 杜亞雄著，《民族音樂學概論》，湖南：湖南文藝出版社，2002年。

25. 吉聯抗譯注，《春秋戰國秦漢音樂史料譯注》，台北：源流出版社，1982年。

26. 吉聯抗輯譯，《魏晉南北朝音樂史料》，上海：上海文藝出版社，1982年。

27. 吉聯抗譯注，《嵇康·聲無哀樂論》，北京：人民音出版社，1982年。

28. 李純一著，《困知選錄》，上海：上海音樂學院出版社，2004年。

29. 馮文慈主編，《中外音樂交流史》，湖南：湖南教育出版社，1998年。

30. 劉志明著，《西洋音樂史與風格》，台北：全音樂譜出版社，1994年。

31. Sachs Curt 著、林勝儀譯，《比較音樂學》，台北：全音樂譜出版社，1982年。

32. 丘瓊蓀校釋，《歷代樂志律志校釋》，北京：人民音樂出版社，1999年。

33. 繆天瑞著，《律學》，北京：人民音樂出版社，2002年。

34. 陳應時著，《中國樂律學發微》，上海：上海音樂學院出版社，2004年。

35. 童忠良著，《對稱樂學論集》，上海：上海音樂學院出版社，2004年。

36. 吳南薰著，《律學會通》，北京：科學出版社，1964年。

37. 崔憲著，《探律集》，上海：上海音樂學院出版社，2004年。

38. 王洪軍著，《鐘律研究》，上海：上海音樂學院出版社，2007年。

39. 王子初著，《荀勖笛律研究》，北京：人民音樂出版社，2001年。

40. 王子初著，《殘鐘錄》，上海：上海音樂學院出版社，2004年。

41. 王子初著，《中國音樂考古學》，福州：福建教育出版社，2004年。

42. 王德塤著，《中國樂曲考古學理論與實踐》，貴陽：貴州人民出版社，1998年。

43. 劉承華著，《中國音樂的人文闡釋》，上海：上海音樂出版社，2002年。

44. 郭平著，《魏晉風度與音樂》，合肥：安徽文藝出版社，2000年。

45. 林謙三著，《東亞樂器考》，北京：人民音樂出版社，1999年。

46. 彭吉象主編，《中國藝術學》，北京：北京大學出版社，2008年。

47. 葉明媚著，《古琴音樂藝術》，台北：台灣商務印書館，1992年。

48. 苗建華著，《古琴美學思想研究》，上海：上海音樂學院出版社，2006年。

49. 許健編著，《琴史初編》，北京：人民音樂出版社，1982年。

50. 修海林、羅小平著，《音樂美學通論》，上海：上海音樂出版社，2002年。

51. 修海林著，《中國古代音樂美學》，福州：福建教育出版社，2004年。

52. 蔡仲德著，《中國音樂美學史》，台北：藍燈文化事業股份有限公司，1983

年。

53. 蔡仲德著，《中國音樂美學史資料注譯》，北京：人民音樂出版社，2004年。

54. 蔡仲德著，《音樂與文化的人本主義思考》，廣東：廣東人民出版社，1999年。

55. 蔣孔陽著，《先秦音樂美學思想論稿》，北京：人民文學出版社，2006年。

56. 葉純之、蔣一民著，《音樂美學導論》，北京：北京大學出版社，1988年。

57. 李美燕著，《琴道與美學：琴道之思想基礎與美學價值之研究：自先秦兩漢迄魏晉南北朝》，北京：社會科學文獻出版社，2002年。

58. 徐麗眞著，《嵇康的音樂美學》，台北：國立編譯館，1997年。

59. 張蕙慧著，《嵇康音樂美學思想探究》，台北：文史哲出版社，1997年。

60. 恩里科‧福比尼（Enrico Fubini）著、修子建譯，《西方音樂美學史》，長沙：湖南文藝出版社，2004年。

61. 蒂埃里‧德‧迪弗著、秦海鷹譯，《藝術之名：爲了一種現代性的考古學》，湖南：湖南美術出版社，2001年。

62. 愛德華‧漢斯立克著、楊業治譯，《論音樂的美——音樂美學的修改芻議》，北京：人民音樂出版社，2003年。

63. 于潤洋著，《現代西方音樂哲學導論》，長沙：湖南教育出版社，2002年。

64. 沈冬著，《唐代樂舞新論》，台北：里仁書局，2000年。

65. 李天民、余國芳著，《中國舞蹈史》，台北：大卷文化有限公司，2000年。

66. 錢鍾書著，《談藝錄》，台北：書林出版有限公司，1988年。

67. 徐復觀著，《中國藝術精神》，台北：台灣學生書局，1992年。

68. 宗白華著，《美學散步》，上海：上海人民出版社，1999年。

69. 宗白華著，《藝境》，北京：北京大學出版社，1989年。

70. 李澤厚、劉綱紀主編，《中國美學史》，台北：谷風出版社，1987年。

71. 敏澤著，《中國美學思想史》，濟南：齊魯書社，1987年。

72. 葉朗著，《中國美學史》，台北：文津出版社，1996年。

73. 張涵、史鴻文著，《中華美學史》，北京：西苑出版社，1995年。

74. 樓昔勇著，《美學導論》，上海：華東師範大學出版社，1997年。

75. 劉墨著，《中國藝術美學》，江蘇：江蘇教育出版社，1993年。

76. 袁濟喜著，《和：審美理想之維》，南昌：百花洲文藝出版社，2001年。

77. 袁濟喜著，《六朝美學》，北京：北京大學出版社，1992年。

78. 羅曼‧英加登著，《對文學的藝術作品的認識》，台北：商鼎文化出版社，1991年。

79. Tatarkiewcz Wladyslaw 著、劉文潭譯,《西洋古代美學》,台北:聯經出版社,1981 年。

80. 胡厚宣主編,《甲骨文合集釋文》,北京:中國社科出版社,1999 年。

81. 胡厚宣撰,《甲骨學商史論叢》,台北:台灣大通出版社,1972 年。

82. 羅振玉著,《殷盧書契考釋》,台北:藝文印書館,1969 年。

83. 于省吾著,《殷契駢枝全編》,台北:藝文印書館,1975 年。

84. 錢穆著,《中國學術史思想史論叢》,台北:蘭臺出版社,2000 年。

85. 小野澤精一、福永光司、山井涌編著、李慶譯,《氣的思想——中國自然觀和人的觀念的發展》,上海:上海人民出版社,1999 年。

86. 李申著,《中國古代哲學和自然科學》,上海:上海人民出版社,2002 年。

87. 楊儒賓、黃俊傑編,《中國古代思維方式探索》,台北:正中書局,1996 年。

88. 顧頡剛編著,《古史辨》(第五冊),台北:藍燈文化事業有限公司,1993 年。

89. 方東美著,《中國人生哲學》,台北:黎明文化事業股份有限公司,2005 年。

90. 李漢三著,《先秦兩漢之陰陽五行學說》,台北:維新書局,1978 年。

91. 陳麗桂著,《秦漢時期的黃老思想》,台北:文津出版社,1997 年。

92. 唐君毅著,《中國哲學原論‧原道篇》,台北:台灣學生書局,1980 年。

93. 余英時著,《中國知識階層史論》(古代篇),台北:聯經出版社,1980 年。

94. 徐復觀著,《中國人性論史》(先秦篇),台北:台灣學生書局,1994 年。

95. 勞思光著,《新編中國哲學史》,台北:三民書局,2001 年。

96. 馮友蘭著,《中國哲學史附補編》,台北:藍燈文化事業股份有限公司,1989 年。

97. 李澤厚著,《中國古代思想史論》,台北:漢京文化事業有限公司,1987 年。

98. 牟宗三著,《中國哲學十九講》,台北:台灣學生書局,1989 年。

99. 牟宗三著,《中西哲學之會通十四講》,台北:台灣學生書局,1990 年。

100. 牟宗三講述、陶國璋整理,《莊子齊物論義理演析》,香港:中華書局,1998 年。

101. 陳鼓應著,《老莊新論》,上海:上海古籍出版社,1997 年。

102. 王淮注釋,《老子探義》,台北:台灣商務印書館,1998 年。

103. 孫以楷主編,陳廣忠、梁宗華著,《道家與中國哲學》,北京:人民出版

社，2004 年。

104. 張祥龍著，《海德格爾思想與中國天道──終極視域的開啟與交融》，北京：三聯書店，1996 年。

105. Needham Joseph 著、陳立夫譯，《中國之科學與文明》（第七冊），台北：台灣商務印書館，1976 年。

106. 黑格爾著，《哲學史講演錄》，北京：商務印書館，1959 年。

107. 牟宗三著，《才性與玄理》，台北：台灣學生書局，1993 年。

108. 余敦康著，《魏晉玄學史》，北京：北京大學出版社，2005 年。

109. 戴璉璋著，《玄智、玄理與文化發展》，台北：中研院文哲所，2003 年。

110. 賀昌群、劉大杰、袁行霈著，《魏晉思想》（甲編三種），台北：里仁書局，1995 年。

111. 魯迅、容肇祖、湯用彤著，《魏晉思想》（乙編三種），台北：里仁書局，1995 年。

112. 湯用彤撰，《魏晉玄學論稿》，上海：上海古籍出版社，2005 年。

113. 湯一介著，《郭象與魏晉玄學》，北京：北京大學出版社，2000 年。

114. 何啓民著，《魏晉思想與談風》，台北：學生書局，1990 年。

115. 高華平著，《玄學趣味》，武漢：湖北教育出版社，1997 年。

116. 康中乾著，《有無之辨──魏晉玄學本體思想再解讀》，北京：人民出版社，2003 年。

117. 吳冠宏著，《魏晉玄義與聲論新探》，台北：里仁書局，2006 年。

118. 羅宗強著，《玄學與魏晉士人心態》，天津：天津教育出版社，2005 年。

119. 逯耀東著，《魏晉史學的思想與社會基礎》，北京：中華書局，2006 年。

120. 莊耀郎著，《郭象玄學》，台北：里仁書局，1998 年。

121. 何啓民著，《竹林七賢研究》，台北：學生書局，1978 年。

122. 范子燁著，《中古文人生活研究》，濟南：山東教育出版社，2001 年。

123. 王曉毅著，《王弼評傳》，南京：南京大學出版社，1996 年。

124. 余敦康著，《何晏王弼玄學新探》，山東：齊魯書社，1991 年。

125. 高晨陽著，《阮籍評傳》，南京：南京大學出版社，1994 年。

126. 曾春海著，《竹林玄學的典範──嵇康》，台北：萬卷樓圖書有限公司，2000 年。

127. 童強著，《嵇康評傳》，南京：南京大學出版社，2006 年。

128. 張節末著，《嵇康美學》，杭州：浙江人民出版社，1994 年。

129. 莊萬壽著，《嵇康研究及年譜》，台北：台灣學生書局，1990 年。

130. 謝大寧著，《歷史的嵇康與玄學的嵇康——從玄學史看嵇康思想的兩個側面》，台北：文史哲出版社，1997 年。

131. 萬繩楠著，《魏晉南北朝文化史》，上海：東方出版中心，2007 年。

132. 萬繩楠整理，《陳寅恪魏晉南北朝史講演錄》，貴陽：貴州人民出版社，2007 年。

133. 廖國棟著，《魏晉詠物賦研究》，台北：文史哲出版社，1990 年。

134. 餘江著，《漢唐藝術賦研究》，北京：學苑出版社，2005 年。

135. 馬積高著，《賦史》，上海：上海古籍出版社，1998 年。

136. 王琳著，《六朝辭賦史》，哈爾濱：黑龍江教育出版社，1998 年。

137. 徐公持編著，《魏晉文學史》，北京：人民文學出版社，2006 年。

138. 郭建勛著，《漢魏六朝騷體文學研究》，湖南：湖南教育出版社，1997 年。

139. 李豐楙著，《六朝隋唐仙道類小說研究》，台北：台灣學生，1986 年。

140. 錢鍾書著，《管錐編》，北京：中華書局，1979 年。

141. 錢鍾書著，《七綴集》，台北：書林出版有限公司，1990 年。

142. 丘光明著，《中國度量衡》，北京：新華出版社，1993 年。

143. 席澤宗著，《中國天文學史文集》，北京：科學出版社，1984 年。

144. 徐復等編，《古代漢語大詞典》，上海：上海辭書出版社，2007 年。

145. Bodde Derk. *Essays on Chinese Civilization.* NJ:Princeton University Press. 1981.

146. Gulik R.H.Van. *The Lore of The Chinese Lute.* Tokyo:Sophia University. 1969.

147. Freeman Kathleen. *The Pre-Socratic Philosophers:A Companion to Diels, fragmente der Vorsokratiker.* MA:Harvard University Press.1948.

148. Ingarden Roman. trans.by Czerniawski Adam. *The Work of Music and the Problem of Its Identity.* Berkeley:University of California Press.1986.

149. Malcolm Budd. *Values of Art.* London:Penguin Press.1995.

150. Rameau Jean-Philippe. trans. by Gossett Philip. *Treatise on Harmony.* New York:Dover Publications.1971.

151. Stephen Davies.*Musical Meaning and Expression.* Cornell University Press.1994.

三、碩博士論文

1. 江建俊，《魏晉玄理與玄風之研究》，文化大學中文研究所博士論文，1987 年。

2. 林朝成，《魏晉玄學的自然觀與自然美學研究》，國立台灣大學哲學研究

所博士論文，1992年。

3. 吳冠宏，《魏晉玄論與士風新探——以情爲綜合及詮釋進路》，國立台灣大學中文研究所博士論文，1997年。

4. 周大興，《王弼玄學與魏晉名教觀念的演變》，文化大學哲學研究所博士論文，1995年。

5. 林麗眞，《魏晉清談主題之研究》，國立台灣大學中文研究所博士論文，1978年。

6. 莊耀郎，《王弼玄學》，國立台灣師範大學國文研究所博士論文，1991年。

7. 鄭毓瑜，《六朝藝術理論中之審美觀研究》，國立台灣大學中國文學研究所博士論文，1990年。

8. 陳昌明，《從形體觀論六朝美學》，國立台灣大學中國文學研究所博士論文，1992年。

9. 沈冬，《隋唐西域樂部與樂律之研究》，國立台灣大學中國文學研究所博士論文，1991年。

10. 何美諭，《魏晉樂論與樂賦音樂審美研究》，國立成功大學中國文學研究所博士論文，2008年。

11. 陳玉燕，《魏晉音樂史》，國立台灣師範大學音樂研究所碩士論文，1997年。

12. 黃韻涵，《嵇康〈聲無哀樂論〉與阮籍〈樂論〉比較研究》，中國文化大學哲學研究所碩士論文，2007年。

13. 鄭明慧，《嵇康與漢斯里克音樂美學研究》，中國文化大學藝術研究所碩士論文，1987年。

14. 楊旋，《嵇康之養生觀與樂論研究》，東海大學中文所碩士論文，2002年。

15. 吳明芳，《阮籍嵇康音樂美學思想及其比較研究》，國立高雄師範大學國文所碩士論文，2005年。

16. 張珍禎，《嵇康〈聲無哀樂論之玄學思維——論題架構的思想格局對魏晉思潮之回應》，國立台灣師範大學國文研究所碩士論文，2006年。

17. 何淑雅，《嵇康之音樂思維及其藝術精神——魏晉玄學的一個側面：美感世界與道的追尋》，暨南國際大學中文所碩士論文，1999年。

18. 郭慧娟，《魏晉樂賦的音樂美學觀》，輔仁大學中國文學研究所碩士論文，1997年。

19. 戴伊澄，《文選音樂類賦篇研究》，國立台灣師範大學國文研究所碩士論文，2002年。

20. 楊佩螢，《從六朝樂賦再探文學抒情傳統》，國立台灣師範大學國文研究所碩士論文，2004年。

21. 董蕊,《魏晉音樂賦初探》,北京師範大學古典文獻學碩士論文,2004 年。

22. 孫鵬,《漢魏六朝音樂賦研究》,南京師範大學古代文學碩士論文,2005 年。

23. 徐恩廣,《從「吹聲」到「異響」——論上古至魏晉「嘯」的音樂文化》,國立成功大學藝術研究所碩士論文,2003 年。

24. 郭璟瑩,《魏晉名士養生思想研究——以養生成仙思想爲中心》,國立台灣大學中國文學研究所碩士論文,2004 年。

四、期　刊

1. 黃翔鵬,〈樂問——中國傳統音樂歷代疑案百題〉(上),《音樂研究》,1997 年第 3 期,頁 5～24。

2. 黃翔鵬,〈樂問——中國傳統音樂歷代疑案百題〉(中),《音樂研究》,1997 年第 4 期,頁 14～33。

3. 黃翔鵬,〈樂問——中國傳統音樂歷代疑案百題〉(下),《音樂研究》,1998 年第 1 期,頁 38～57。

4. 劉再生紀錄整理,〈楊蔭瀏關於音樂問題的一次談話〉,《音樂研究》,2003 年第 3 期,頁 24～29。

5. 蒲亨建,〈樂學與律學關係中的一個疑問——以五度相生原理爲例〉,《中國音樂學》,1994 年第 3 期,頁 132～136。

6. 夏野,〈中國古代音階的變遷和樂律理論的演進〉,《音樂藝術——上海音樂學院學報》,1996 年第 3 期,頁 1～8。

7. 杜亞雄,〈「旋宮」、「犯調」之我見〉,《中國音樂學》,2003 年第 3 期,頁 133～137。

8. 李俊龍,〈讀五音和《律原》〉,《中國中醫基礎醫學雜誌》,2003 年第 9 卷,第 8 期,頁 55～58。

9. 郭小利,〈三分損益律與五度相生律兩者關係之辨析〉,《天津音樂學院學報》,1998 年第 2 期,頁 21～22。

10. 王潤婷,〈中國調式音樂理論之探討〉,《藝術學報》,1996 年 12 月,第 59 期,頁 157～166。

11. 劉勇,〈何爲「同均三宮」——「同均三宮」研究綜述〉,《音樂研究》,2000 年第 3 期,頁 71～80。

12. 陳其翔、陸志華,〈旋宮論——右旋還是左旋〉,《黃鐘武漢音樂學院學報》,1996 年第 4 期,頁 33～39。

13. 唐繼凱,〈中國古代天文曆法與律呂之學——中國傳統律呂之學及律曆合一學說初探〉,《交響——西安音樂學院學報》,2003 年第 3 期,頁 24～

32。

14. 劉道遠，〈中國古代十二音律釋名及其與天文曆法的對應關係〉，《音樂藝術》，1988 年 9 月，第 3 期，頁 10～16。

15. 郭樹群，〈試論自然倍音列對中華民族早期樂律思維的影響〉，《天津音樂學院學報》，1999 年第 1 期，頁 8～15。

16. 郭樹群，〈試論自然倍音列對中華民族早期樂律思維的影響〉（二），《天津音樂學院學報》，1999 年第 2 期，頁 4～10。

17. 崔憲，〈先秦樂律的歷史流變〉（上），《黃鐘》，1994 年第 1 期，頁 1～9。

18. 傅榮賢，〈京房律學略論〉，《中國音樂》，1992 年第 2 期，頁 37～38。

19. E.G.麥克倫、黃翔鵬、孟憲福譯，〈曾侯乙青銅編鐘——巴比倫的生物物理學在古中國〉，《中國音樂學》，1986 年 9 月，第 3 期，頁 96～112。

20. 陳正生，〈從「泰始笛」的複製談同均三宮等問題〉，《中國音樂》，1997 年第 3 期，頁 29～30。

21. 陳正生，〈笛律與古代定音樂器製作〉，《黃鐘》，2003 年第 1 期，頁 73～77。

22. 王洪軍，〈《國語·周語下》的鐘律文獻再解讀〉，《中國音樂學》，2006 年第 4 期，頁 13～19、67。

23. 修海林，〈曾侯乙編鐘六陽律的三度定律及其音階型態〉，《中國音樂》，1988 年第 1 期，頁 9～11。

24. 張子銳，〈古代陰陽說在樂器製作實踐中的運用〉，《交響——西安音樂學院學報》，1995 年第 3 期，16～20。

25. 沈冬，〈先秦律學考〉，《台大中文學報》，1991 年 6 月，第 4 期，頁 341～358。

26. 沈冬，〈蔡元定十八律理論平議——兼論朱子與「律呂新書」〉，《台大中文學報》，1995 年 4 月，第 7 期，頁 121～154。

27. 陳萬鼐，〈朱載堉律學之研究〉，《東吳文史學報》，1990 年 3 月，第 8 期，頁 267～326。

28. 陳萬鼐，〈漢京房六十律之研究〉，《東吳大學中國藝術史學刊》，1981 年 7 月，第 11 期，頁 1～25。

29. 陳萬鼐，〈中國古代音樂的基準：談馬王堆的竽律〉，《故宮文物月刊》，1984 年 1 月，第 1 卷第 10 期，頁 49～55。

30. 劉美枝，〈《試從漢代樂律思想略論樂律與曆法之關係〉，《台灣音樂研究》，2006 年 10 月，第 3 期，頁 21～44。

31. 張蕙慧，〈呂氏春秋的音樂觀與樂律學〉，《新竹師範學報》，1987 年 12 月，第 1 期，頁 129～157。

32. 李成渝，〈《管子》、《呂氏春秋》生律法之異同〉，《黃鐘》，1999 年第 4 期，頁 70～73。

33. 陳應時，〈《管子》、《呂氏春秋》的生律法及其它〉，《黃鐘》，2000 年第 3 期，頁 64～68。

34. 陳應時，〈律學四題〉，《中國音樂》，1992 年第 2 期，頁 29～32。

35. 陳萬鼐，〈漢京房六十律之研究〉，《東吳大學中國藝術史集刊》，1981 年 7 月，第 11 期，頁 1～25。

36. 王子初，〈京房和他的六十律〉，《中國音樂》，1984 年第 3 期，頁 24～26。

37. 陳正生，〈60 律 360 律評析〉，《星海音樂學院學報》，2000 年 3 月，第 78 卷第 1 期，頁 15～17。

38. 徐復觀，〈呂氏春秋及其對漢代學術與政治的影響〉，《新亞書院學術年刊》，1972 年 9 月，第 14 期，頁 1～53。

39. 白奚，〈中國古代陰陽與五行說的合流——《管子》陰陽五行思想新探〉，《中國社會科學》，1997 年第 5 期，頁 24～34。

40. 樂愛國，〈《管子》的陰陽五行說與自然科學〉，《管子學刊》，1994 年第 3 期，頁 9～13。

41. 梁韋弦，〈《禮記·月令》《呂氏春秋·十二月紀》及《周髀算經》所記之節氣〉，《古籍整理研究學刊》，2001 年第 5 期，頁 10～12、30。

42. 張乾元，〈呂律中的時空合一觀〉，《宿州師專學報》，1999 年第 2 期，頁 84～86。

43. 傅武光，〈呂氏春秋與陰陽家〉，《教學與研究》， 1989 年 6 月，第 11 期，頁 159～187。

44. 劉長林，〈陰陽的認識論意義〉，《中國社會科學院研究生院學報》，2006 年 9 月，第 5 期，頁 25～32。

45. 黃一農、張志誠，〈中國傳統候氣說的演進與衰頹〉，《清華學報》，1993 年 6 月，第 23 卷第 3 期，頁 125～147。

46. 高柏園，〈阮籍〈樂論〉的美學意義〉，《鵝湖》，1992 年 6 月，第 17 卷第 12 期，頁 34～44。

47. 周大興，〈阮籍〈樂論〉的儒道性格評議〉，《中國文化月刊》，1993 年 3 月，第 161 期，頁 61～80。

48. 劉運好，〈阮籍《樂論》與正始美學理想〉，《皖西學院學報》，1999 年 2 月，第 15 卷第 1 期，頁 17～22。

49. 修海林，〈「樂」作為文化行為方式的存在——答劉再生《聲無哀樂論》兼及今譯的概念理解問題〉，《音樂藝術——上海音樂學院學報》，2001 年第 2 期，頁 81～83。

50. 謝大寧，〈試析〈聲無哀樂論〉之玄理〉，《中國學術年刊》，1997 年 3 月，第 18 期，頁 159～173。

51. 朱明基，〈關於《聲無哀樂論》中「聲」的表述方式探討〉，《民族民間音樂・音樂探索》，1999 年 4 月，頁 39～42。

52. 蕭振邦，〈嵇康〈聲無哀樂論〉探究──兼解牟宗三疏〉，《鵝湖學誌》，2003 年 12 月，第 31 期，頁 1～62。

53. 嶒舟，〈愈辯愈明眞理在──《樂記》、《聲無哀樂論》學術討論會紀略〉，《中央音樂學院學報》，1985 年第 3 期，頁 3～8。

54. 李明，〈試釋《聲無哀樂論》之「聲」〉，《中央音樂學院學報》，1995 年第 4 期，頁 12～18。

55. 李美燕，〈從〈聲無哀樂論〉探析嵇康的「和聲」義〉，《鵝湖月刊》，2001 年 3 月，頁 40～50。

56. 李耀南，〈作爲「自然之理」的聲無哀樂──嵇康《聲無哀樂論》的一種解讀〉，《鵝湖月刊》，2004 年 9 月，頁 19～32。

57. 王志成，〈嵇康《聲無哀樂論》「聲」之焦點透視〉，《藝術百家》，2001 年第 3 期，頁 104～105。

58. 蕭馳，〈嵇康與莊學超越境界在抒情傳統中之開啓〉，《漢學研究》，2007 年 6 月，第 25 卷第 1 期，頁 100～129。

59. 高柏園，〈論莊子與嵇康的養生論〉，《鵝湖》，1989 年 10 月，第 172 期，頁 11～18。

60. 李豐楙，〈嵇康養生思想之研究〉，《靜宜女子文理學院學報》，1979 年 6 月，第 2 期，頁 37～66。

61. 吳旫，〈嵇康「聲心異軌」論及其音樂美學〉，《鵝湖月刊》，1985 年 10 月，第 124 期，頁 48～53。

62. 吳冠宏，〈嵇康〈明膽論〉之明膽關係試探〉，《東華漢學》，2003 年 2 月，頁 261～282。

63. 李美燕，〈「琴道」在漢代的歷史定位與文化意義〉，《中國學術年刊》，1999 年 3 月，第 20 卷，頁 267～294、606。

64. 錢雯，〈清峻：嵇康的玄思與詩情〉，《安徽師範大學學報》（人文社會科學版），2002 年 9 月，第 30 卷第 5 期，頁 565～569、573。

65. 李美燕，〈高羅佩論古琴音樂之美──以《琴道》的論述爲主〉，《藝術評論》，2007 年第 17 期，頁 211～229。

66. 李美燕，〈《史記・律書》中「律曆一體」的天人宇宙觀〉，《國文學報》，2003 年 12 月，第 34 期，頁 119～139。

67. 周大興，〈有邪？無邪？ ──王弼對《老子》之道的詮釋〉，《中國文哲研究集刊》，2006 年 9 月，第 20 期，頁 145～175。

68. 吳冠宏，〈王弼聖人有情說與儒、道、玄思想之關涉與分判〉，《國文學報》，2007 年 12 月，第 42 期，頁 55～86。

69. 陳鼓應，〈王弼體用論新詮〉，《漢學研究》，2004 年 6 月，第 22 卷第 1 期，頁 1～20。

70. 莊耀郎，〈王弼之有無義析論〉，《國文學報》，1992 年 6 月，第 21 期，頁 145～166。

71. 高晨陽，〈論玄學「有」「無」範疇的根本義蘊〉，《文史哲》，1996 年 6 月，第 4 期，頁 26～32。

72. 葛榮晉，〈魏晉玄學「有無之辯」的邏輯發展〉，《河北師院學報》（社會科學版），1994 年第 1 期，頁 37～53。

73. 莊耀郎，〈魏晉玄學家的聖人觀〉，《國文學報》，1993 年 6 月，第 22 期，頁 105～134。

74. 莊耀郎，〈魏晉玄學釋義及其分期之商榷〉，《鵝湖學誌》，1991 年 6 月，第 6 期，頁 33～61。

75. 曾春海，〈「氣」在魏晉玄學與美學中的理論蘊義〉，《哲學與文化》，2006 年 8 月，第 33 卷第 8 期，頁 67～81。

76. 王葆玹，〈魏晉玄學與情感主義倫理學說〉，《哲學與文化》，1995 年 11 月，第 22 卷第 11 期，頁 1034～1042。

77. 王曉衛，〈魏晉的樂賦及當時的看重清音之風〉，《貴州大學學報》（社會科學版），2003 年 11 月，第 21 卷第 6 期，頁 71～78。

78. 劉志偉，〈《文選》音樂賦創作程式與美學意蘊發微〉，《西北師大學報》（社會科學版），1996 年 9 月，第 33 卷第 5 期，頁 21～25。

79. 韓暉，〈《文選》音樂賦類名與蕭統音樂觀探析〉，《廣西師範大學學報》（哲學社會科學版），2006 年 7 月，第 42 卷第 3 期，頁 72～76。

80. 侯立兵，〈漢魏六朝音樂賦的文化考察〉，《零陵學院學報》，2004 年 7 月，第 25 卷第 4 期，頁 1～4。

81. 小尾郊一著、高輝陽譯，〈魏晉文學所表現的自然及自然觀〉（一），《藝術學報》，1988 年 6 月，第 42 期，頁 77～135。

82. 宗明華，〈莊子與魏晉文學中的隱逸思想〉，《山西大學學報》（哲學社會科學版），2000 年 5 月，第 23 卷第 2 期，頁 31～35。

83. 蔡明玲，〈從漢匈關係的視域討論胡笳在漢文化中的意義展演〉，《徐州師範大學學報》（哲學社會科學版），2007 年 5 月，第 33 卷第 3 期，頁 18～25。

84. 羅藝峰，〈中國音樂的意象美學論綱〉，《中國音樂美學研討會論文集》，香港：香港大學亞州研究中心，香港民族音樂學會，1995，頁 19～40。

85. 李曙明，〈天人心音論——音樂存在方式觀〉，《西北民族學院學報》（哲學社會科學版），1996 年專輯，頁 17～18。